譯註 禮記集說大全 明堂位

編　陳澔(元)

附　正義・訓纂・集解

譯註 禮記集說大全

明堂位

編　陳澔（元）

附　正義・訓纂・集解

鄭秉燮 譯

역자서문

「명당위(明堂位)」편은 논란이 많은 문헌이다. 이 편은 명당(明堂)에 대한 제도를 설명하며, 주공(周公)이 섭정(攝政)을 했던 일화와 노(魯)나라에서 사용한 천자의 예악(禮樂)을 기록하고 있는데, 역대 학자들은 주공이 성왕(成王) 대신 천자의 지위에 올라서 정사를 다스렸다는 문장을 납득할 수 없었고, 제후국에 불과한 노나라에서 천자의 예악을 사용했다는 기록도 납득할 수 없었다. 그래서 주공의 섭정에 대한 온갖 설명들이 고안되어, 주공은 단지 총재(冢宰)의 자리에 올라 성왕을 보좌한 것에 불과하다고 반박하거나 「명당위」편의 내용은 과장된 기술에 불과하다고 취급하기도 한다.

주공의 섭정문제는 천자 중심의 왕조사회에서는 민감한 사안이 된다. 실제로 주공이 섭정을 했었는지도 알 수 없지만, 『서경(書經)』의 기록을 역사적 사실로 믿어왔던 학자들에게는 논란의 여지가 되었다. 또 왕망(王莽)의 신(新)나라는 실제로 신하의 섭정을 빌미로 왕권을 전복시킨 사례가 되어, 주공의 섭정 또한 조심스럽게 접근해야만 했다. 주공에 대한 찬양은 공자에 버금갔으므로, 주공의 섭정 자체를 부인하는 학자들은 없었지만, 문제가 된 것은 『예기』 등에 나타난 기록이다. 주공이 천자의 지위에 올랐다는 표현이 나오기 때문인데, 한대(漢代)에는 이 문제를 심각하게 받아들이지는 않았던 것 같다. 그러나 후대의 주석들에서는 주공이 천자의 지위에 올랐다는 말 자체를 잘못된 기록이라고 부인하며, 주공은 단지 성왕을 보좌한 것에 불과하다고 설명한다. 후대 왕조는 전제왕권을 강화하게 되어, 천자의 권위는 절대적으로 인식되었다. 따라서 아무리 주공이라고 하더라도, 신하의 입장에서 천자의 자리에 오른다는 표현은 받아들일 수 없었던 것이다.

주공에 대한 문제와 더불어서, 항상 대두되는 것은 노나라에서 시행된 천자의 예악이다. 『예기』 등의 기록에서는 주공의 업적을 높게 평가하여, 성왕이 노나라에 대해 천자의 예악을 사용할 수 있도록 허락을 해주었다고 했는데, 학자들에게는 매우 곤혹스러운 기술이 된다. 예(禮)의 질서는 계층적 차등성을 전제로 한다. 천자를 정점으로 한 신분적 차등은 곧 사회질서를 의미하므로, 제후가 본분을 벗어나 천자의 예악을 사용하는 것은 비례(非禮)이자 참례(僭禮)가 된다. 그러나 주공에 대한 제사 때 천자의 예악을 사용하도록 했다는 기술은 비례나 참례로 규정할 수 없는 것이었으므로, 별도의 예외 항목을 설정해야만 한다. 예(禮)의 질서를 강화하기 위해서는 예외 항목 자체를 둘 수 없지만, 주공에 대한 존숭의식에 따르면, 『예기』 등의 기술을 단순히 잘못된 기록이라고 간주할 수 없게 된다. 따라서 역대 학자들은 주공을 존숭하는 입장에서는 예외 규정을 인정하면서도, 주공에 대한 제사에 한정되었던 것이 후대로 내려갈수록 일반화되어 참례가 되었다고 설명한다. 한편 질서의식을 강조하는 입장에서는 성왕이 허락을 해주고 노나라에서 그것을 요청하거나 받아들인 일 자체가 모두 잘못되었다고 비판하는데, 이때에도 역시 주공 본인에게 잘못을 돌리지는 않는다. 이러한 해석들은 천자를 중심으로 한 예의 질서와 주공에 대한 존숭의식을 접목시키기 위한 고뇌의 산물이다.

『예기』의 기록들을 검증할 때, 가장 큰 걸림돌은 각 기록들의 출처가 불분명하며, 『예기』로 편집되는 과정 또한 불투명하다는 점이다. 『예기』의 전신이 되는 『기(記)』 자체는 대부분 고문(古文)으로 작성된 기록이기 때문에, 그 출원에 의심되는 부분이 많다. 또 『의례』를 전수했던 경사(經師)들은 각종 기록들을 남겼는데, 그 중 일부가 『예기』로 편입되었을 가능성도 있고, 전한초기(前漢初期) 때 새로운 예제를 창안했던 것이 『예기』로 편입되었을 가능성도 있다. 또 『예기』의 문장들을 살펴보면, 문장 중간에 해당 기록에 대한 주석이 본문으로 잘못 삽입된 것들도 있는데, 『예기』 49편의 편찬과정이 불투명하기 때문에, 각 기록들이 어떠한 과정을 거쳐 현재의 모습으로 정립되었는지 확정할 수 없는 상태이다.

이곳 「명당위」편의 기록을 자세히 실펴보면, 주공에 대한 일화로 시작되는데, 후반부의 문장들은 각 기물 및 제도 등에 대해서, 각 시대별로 해당하는 것들을 나열하고 있다. 역대 주석가들은 「명당위」편 자체를 하나의 독립된 문헌으로 간주하여, 후반부의 기록을 노나라에서 갖추고 있었던 기물 및 제도들을 기술한 것이라고 설명하지만, 후반부의 문장들은 이전 문장과 성향이 전혀 다른 기록이다. 본래의 기록에 붙어 있었던 주석들이 본문으로 잘못 삽입되었을 가능성도 있고, 또 명당과 관련된 내용을 기술하며, 노나라에서 천자의 예악을 사용했다는 사실에 주목하여, 역대 왕조의 제도와 기물이 기술되어 있던 다른 문헌의 내용을 이곳에 첨부한 것일 수도 있다. 이러한 문제들은 앞으로 『예기』에 대한 연구가 보다 체계적으로 진행되면, 조금이나마 밝혀질 수 있으리라 생각한다.

「명당위」편의 출간을 통해, 『예기』 완역에 한 걸음 더 가까이 다가갔다. 책 한 권을 출산할 때마다, 내 자신도 모르는 뿌듯함에 마음이 들뜨기도 하는데, 그럴 때마다 깜짝 놀란다. 사람이라면 누구나 과시욕, 자부심 뭐 이러한 것들이 없을 수 없겠지만, 내 자신의 수준을 가장 잘 알고 있기 때문에, 오역에 대한 부담감이 매번 더 커진다. 매번 보잘것없는 실력으로 번역서를 낸다는 것에 부끄러움을 느낀다. 번역상 나타난 문제는 전적으로 역자의 실력이 부족하기 때문이다. 다만 이 책을 통해서, 작은 도움이 되었으면 하는 바람이다.

역자는 성균관 대학교에서 유교철학(儒教哲學)을 전공했으며, 예악학(禮樂學) 전공으로 박사논문을 작성했다. 이 자리를 통해, 대학원에 진학하여 경학사상(經學思想)을 전공할 수 있도록 지도해주신 서경요 선생님과

논문을 지도해주신 오석원 선생님, 이기동 선생님, 이상은 선생님, 조남욱 선생님께 감사를 드린다. 또 경서연구회(經書硏究會)를 만들어 후배들에게 경전에 대한 이해를 넓혀주신 임옥균 선생님, 경서연구회 역대 회장님인 김동민, 원용준, 김종석, 길훈섭 선배님께도 감사를 드리고, 함께 『예기』를 공부하고 있는 김회숙, 손정민, 김동숙, 임용균 회원님들께도 감사를 드린다. 끝으로 「명당위」편을 출판할 수 있도록 허락해주신 학고방의 하운근 사장님께도 감사를 전한다.

일러두기 ⋙

1. 본 책은 역주서(譯註書)로써, 『예기집설대전(禮記集說大全)』의 「명당위(明堂位)」편을 완역하고, 자세한 주석을 첨부했다. 송대(宋代) 이전의 주석을 포함하고자 하여, 『예기정의(禮記正義)』를 함께 수록하였다. 그리고 송대 이후의 주석인 청대(淸代)의 주석을 포함하고자 하여 『예기훈찬(禮記訓纂)』과 『예기집해(禮記集解)』를 함께 수록하였다.

2. 『예기』 경문(經文)의 경우, 의역으로만 번역하면 문장을 번역한 방식을 확인하기 어렵고, 보충 설명 없이 직역으로만 번역하면 내용을 이해하기 힘들다. 따라서 경문에 한하여 직역과 의역을 함께 수록하였다. 나머지 주석들에 대해서는 의역을 위주로 번역하였다

3. 『예기』 경문에 대한 해석은 진호의 『예기집설』 주석에 근거하였다. 경문 해석에 있어서, 『예기정의』, 『예기훈찬』, 『예기집해』마다 이견(異見)이 많다. 『예기집설대전』의 소주(小註) 또한 진호의 주장과 이견을 보이는 곳이 있고, 소주 사이에도 이견이 많다. 따라서 『예기』 경문 해석의 표준은 진호의 『예기집설』 주석에 근거했으며, 진호가 설명하지 않은 부분들은 『대전』의 소주를 참고하였다. 또한 경문 해석에 있어서 『예기정의』, 『예기훈찬』, 『예기집해』에 나타나는 이견들은 특별한 경우를 제외하고는 각각의 문장을 읽어보면, 경문에 대한 이견을 알 수 있기 때문에, 이러한 경우에는 주석처리를 하지 않았다.

4. 본 역서가 저본으로 삼은 책은 다음과 같다.

- 『禮記』, 서울 : 保景文化社, 초판 1984 (5판 1995)
- 『禮記正義』 1～4(전4권, 『十三經注疏 整理本』 12～15), 北京 : 北京大學出版社, 초판 2000
- 朱彬 撰, 『禮記訓纂』 上・下(전2권), 北京 : 中華書局, 초판 1996 (2쇄 1998)
- 孫希旦 撰, 『禮記集解』 上・中・下(전3권), 北京 : 中華書局, 초판 1989 (4쇄 2007)

5. 본 책은 『예기』의 경문, 진호의 『집설』, 호광 등이 찬정한 『대전』의 세주, 정현의 주, 육덕명의 『경전석문』, 공영달의 소, 주빈(朱彬)의 『훈찬』, 손희단(孫希旦)의 『집해』 순으로 번역하였다.

6. 본래 『예기』「명당위」편은 목차가 없으며, 내용 구분에 있어서도 학자들마다 의견차이가 있다. 또한 내용의 연관성으로 인하여, 장과 절을 나누기가 애매한 부분이 많다. 본 책의 목차는 역자가 임의대로 나눈 것이며, 세세하게 분절하여, 독자들이 관련내용들을 찾아보기 쉽게 하였다.

7. 본 책의 뒷부분에는 《明堂位 人名 및 用語 辭典》을 수록하였다. 본문에 처음으로 등장하는 용어 및 인명에 대해서는 주석처리를 하였다. 이후에 같은 용어가 등장할 때마다 동일한 주석처리를 할 수 없어서, 뒷부분에 사전으로 수록한 것이다. 가나다순으로 기록하여, 번역문을 읽는 도중 앞부분에서 설명했던 고유명사나 인명 등에 대해서 쉽게 찾아볼 수 있도록 하였다.

【398a】

昔者，周公朝諸侯于明堂之位，天子負斧依南鄕而立.

【398a】 등과 같이 【 】안에 숫자가 기입되어 있는 것은 『예기』의 '경문'을 뜻한다. '398'은 보경문화사(保景文化社)판본의 페이지를 말한다. 'a'는 a단에 기록되어 있다는 표시이다. 밑의 그림은 보경문화사판본의 한 페이지 단락을 구분한 표시이다.

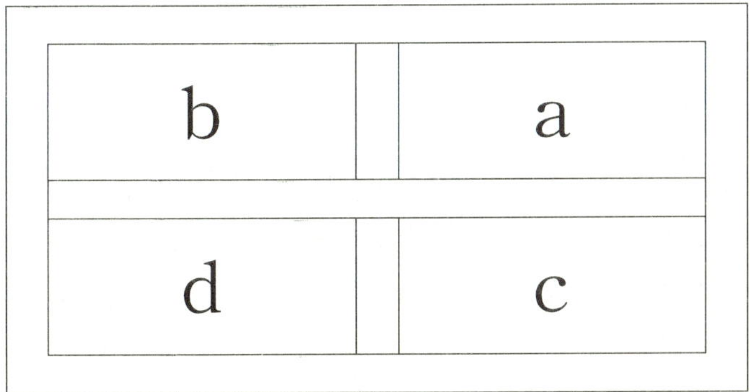

◆ 集說 斧依，說見曲禮.

"集說"로 표시된 것은 진호(陳澔)의 『예기집설(禮記集說)』 주석을 뜻한다.

◆ 大全 新安王氏曰: 武王末受命，克商二年有疾，周公告於三王，於是有金縢之書.

"大全"으로 표시된 것은 호광(胡廣) 등이 찬정(撰定)한 『예기집설대전』의 세주(細註)를 뜻한다.

◆ **鄭注** 周公攝王位, 以明堂之禮儀朝諸侯也.

"**鄭注**"로 표시된 것은 『예기정의(禮記正義)』에 수록된 정현(鄭玄)의 주(注)를 뜻한다.

◆ **釋文** 朝, 直遙反, 注及下皆同.

"**釋文**"으로 표시된 것은 『예기정의』에 수록된 육덕명(陸德明)의 『경전석문(經典釋文)』을 뜻한다. 『경전석문』의 내용은 글자들의 음을 설명하고, 간략한 풀이를 한 것인데, 육덕명 당시의 음가로 기록이 되었기 때문에, 현재의 음과는 맞지 않는 부분이 많다. 단순히 참고만 하기 바란다.

◆ **孔疏** "昔者"至"位也". ○正義曰: 此一節明周公朝諸侯於明堂之儀.

"**孔疏**"로 표시된 것은 『예기정의』에 수록된 공영달(孔穎達)의 소(疏)를 뜻한다. 공영달의 주석은 경문과 정현의 주에 대해서 세분화하여 기록되어 있다. 따라서 '●'으로 표시된 부분은 공영달이 경문에 대해 주석을 한 부분이고, '◎'으로 표시된 부분은 정현의 주에 대해 주석을 한 부분이다. 한편 '○'으로 표시된 부분은 공영달의 주석 부분이다.

◆ **訓纂** 三禮圖曰: 扆, 從廣八尺, 畫斧文, 今之屛風則遺象也.

"**訓纂**" 으로 표시된 것은 『예기훈찬(禮記訓纂)』에 수록된 주석이다. 『예기훈찬』 또한 기존 주석들을 종합한 책이므로, 『예기집설대전』 및 『예기정의』와 중복되는 부분은 생략하였다.

◆ **集解** 陳氏祥道曰: 成王宅憂, 周公位冢宰, 百官總己以聽.

"**集解**" 로 표시된 것은 『예기집해(禮記集解)』에 수록된 주석이다. 『예기집해』 또한 기존 주석들을 종합한 책이므로, 『예기집설대전』 및 『예기정의』와 중복되는 부분은 생략하였다.

◆ 원문 및 번역문 중 '▼'로 표시된 부분은 한글로 표기할 수 없는 한자를 기록한 부분이다. 예를 들어 '▼(囧/皿)'의 경우 맹(盟)자의 이체자인데, '明'자 대신 '囧'자가 들어간 한자를 프로그램상 삽입할 수가 없어서, '▼(囧/皿)'으로 표시한 것이다. 즉 '▼(A/B)'의 형식으로 기록된 경우, A에 해당하는 글자가 한 글자의 상단 부분에 해당하고, B에 해당하는 글자가 한 글자의 하단 부분에 해당한다는 표시이다. 또한 '▼(A+B)'의 형식으로 기록된 경우, A에 해당하는 글자가 한 글자의 좌측 부분에 해당하고, B에 해당하는 글자가 한 글자의 우측 부분에 해당한다는 표시이다. 또한 '▼((A-B)/C)'의 형식으로 기록된 경우, A에 해당하는 글자에서 B 부분을 뺀 글자가 한 글자의 상단 부분에 해당하고, C에 해당하는 글자가 한 글자의 하단 부분에 해당한다는 표시이다.

목차

그림목차

경문목차

【398a】

禮禮記集說大全卷之十四 /『예기집설대전』 제 14 권
明堂位 第十四 /「명당위」 제 14 편

集說 嚴陵方氏曰: 孔子言宗祀文王於明堂, 則祀事以之明故也. 孟子言行王政於明堂, 則政事以之明故也. 此言朝諸侯於明堂, 則朝事以之明故也. 謂之明則一, 所以謂之明則有三焉. 此主朝事之明, 故以位言之. 君臣·上下·尊卑·前後, 各有所位焉, 故曰明堂位也.

번역 엄릉방씨[1]가 말하길, 공자(孔子)는 "명당(明堂)[2]에서 문왕(文王)을 종주로 삼아 제사를 지낸다."[3]고 했으니, 제사는 이곳을 통해서 밝게 드러나기 때문이다. 맹자(孟子)는 "명당에서 왕도정치를 시행한다."[4]고 했으니, 정치는 이곳을 통해서 밝게 드러나기 때문이다. 이곳에서는 명당에서 제후들을 조회한다고 했으니, 조회는 이곳을 통해서 밝게 드러나기 때문이다. 그곳에 대해 '명(明)'자를 붙여서 부르는 것은 동일하지만, '명(明)'자를 붙여서 부른 이유에는 세 가지가 있다. 이곳에서는 조회의 도의를 밝게 드

1) 엄릉방씨(嚴陵方氏, ?~?) : =방각(方愨)·방씨(方氏)·방성부(方性夫). 송대(宋代)의 유학자이다. 이름은 각(愨)이다. 자(字)는 성부(性夫)이다. 『예기집해(禮記集解)』를 지었고, 『예기집설대전(禮記集說大全)』에는 그의 주장이 많이 인용되고 있다.

2) 명당(明堂)은 일반적으로 고대 제왕이 정교(政敎)를 베풀던 장소를 지칭하는 용어로 사용되었다. 이곳에서는 조회(朝會), 제사(祭祀), 경상(慶賞), 선사(選士), 양로(養老), 교학(敎學) 등의 국가 주요 업무가 시행되었다. 『맹자』「양혜왕하(梁惠王下)」편에는 "夫明堂者, 王者之堂也."라는 용례가 있고, 『옥태신영(玉台新詠)』「목난사(木蘭辭)」편에도 "歸來見天子, 天子坐明堂."이라는 용례가 있다. '명당'의 규모나 제도는 시대마다 다르다. 또한 '명당'이라는 건물군 중에서 남쪽의 실(室)을 가리키는 용어로도 사용되었다.

3) 『효경』「성치장(聖治章)」: 宗祀文王於明堂, 以配上帝.

4) 『맹자』「양혜왕하(梁惠王下)」: 孟子對曰, "夫明堂者, 王者之堂也. 王欲行王政, 則勿毁之矣."

러내는 것에 주안점을 두고 있다. 그렇기 때문에 '위(位)'자를 붙여서 말한 것이다. 군신 · 상하 · 존비 · 전후에는 제각각의 자리가 있다. 그렇기 때문에 '명당위(明堂位)'라고 부른 것이다.

孔疏 陸曰: 鄭云: "以其記諸侯朝周公於明堂所陳列之位."

번역 육덕명[5]이 말하길, 정현[6]은 "이 편의 기록은 제후들이 명당(明堂)에서 주공(周公)을 조회할 때, 나열되는 자리에 대해서 기록을 했기 때문이다."라고 했다.

孔疏 正義曰: 按鄭目錄云: "名曰明堂[7]者, 以其記諸侯朝周公於明堂之時, 幷陳列之位也. 在國之陽, 其制東西九筵, 南北七筵, 堂崇一筵, 五室, 凡室二筵. 此於別錄屬明堂陰陽." 按異義: 今戴禮說·盛德記曰: "明堂者, 自古有之. 凡九室, 室四戶八牖, 共三十六戶, 七十二牖, 以茅蓋屋, 上圓下方, 所以朝諸侯. 其外有水, 名曰辟雍." 明堂月令說: "明堂高三丈, 東西九仞, 南北七筵, 上圓下方, 四堂十二室, 室四戶八牖, 其宮方三百步, 在近郊三十里." 講學大夫淳于登說云: "明堂在國之陽, 三里之外, 七里之內, 丙巳之地, 就陽位, 上圓下方, 八窗四闥, 布政之宮, 故稱明堂. 明堂, 盛貌. 周公祀文王於明堂, 以配上帝五精之神, 太微之庭中有五帝坐位." 古周禮 · 孝經說: "明堂, 文王之廟. 夏后氏曰世室, 殷人曰重屋, 周人曰明堂. 東西九筵, 南北七筵, 堂崇一筵, 五室, 凡室二筵, 蓋之以茅. 周公所以祀文王於明堂, 以昭事上帝." 許君謹按: "今禮古

---

5) 육덕명(陸德明, A.D.550~A.D.630) : =육원랑(陸元朗). 당대(唐代)의 경학자이다. 이름은 원랑(元朗)이고, 자(字)는 덕명(德明)이다. 훈고학에 뛰어났으며, 『경전석문(經典釋文)』 등을 남겼다.

6) 정현(鄭玄, A.D.127~A.D.200) : =정강성(鄭康成) · 정씨(鄭氏). 한대(漢代)의 유학자이다. 자(字)는 강성(康成)이다. 『주역(周易)』, 『상서(尙書)』, 『모시(毛詩)』, 『주례(周禮)』, 『의례(儀禮)』, 『예기(禮記)』, 『논어(論語)』, 『효경(孝經)』 등에 주석을 하였다.

7) '명당(明堂)'에 대하여. 『십삼경주소(十三經注疏)』 북경대 출판본에서는 "'명당' 뒤에, 위씨(衛氏)의 『집설(集說)』에는 '위(位)'자가 기록되어 있다."라고 했다.

禮, 各以義說, 無明文以知之.” 鄭駁之云: “戴禮所云, 雖出盛德篇, 云九室三十六戶七十二牖, 似[8]秦相呂不韋作春秋時說者, 蓋非古制也. 四堂十二室, 字誤, 本書云九堂十二室. 淳于登之言, 取義於孝經·援神契, 說宗祀文王於明堂, 以配上帝, 曰明堂者, 上圓下方, 八窗四闥, 布政之宮, 在國之陽. 帝者, 諦也, 象上可承五精之神. 五精之神, 實在大微, 在辰爲巳, 是以登云然. 今漢立明堂於丙巳, 由此爲之.” 如鄭此言, 用淳于登之說. 此別錄所云, 依考工記之文. 然先代諸儒各爲所說不一, 故蔡邕明堂月令章句: “明堂者, 天子大廟, 所以祭祀. 夏后氏世室, 殷人重屋, 周人明堂, 饗功養老, 教學選士, 皆在其中.” 故言取正室之貌, 則曰大廟; 取其正室, 則曰大室; 取其堂, 則曰明堂; 取其四時之學, 則曰大學; 取其圓水, 則曰辟雍: 雖名別而實同. 鄭必以爲各異者, 袁準正論: “明堂·宗廟·大學, 禮之本物也. 事義不同, 各有所爲. 而世之論者, 合以爲一體, 取詩·書放逸之文, 經典相似之語, 推而致之. 考之人情, 失之遠矣. 宗廟之中, 人所致敬, 幽隱清淨, 鬼神所居, 而使衆學處焉, 饗射其中, 人鬼慢黷, 死生交錯, 囚俘截耳, 瘡痍流血, 以干鬼神, 非其理也. 茅茨采椽, 至質之物, 建日月, 乘玉路, 以處其中, 非其類也. 夫宗廟, 鬼神所居, 祭天而於人鬼之室, 非其處也. 王者五門, 宗廟在一門之內, 若射在於廟, 而張三侯. 又辟雍在內, 人物衆多, 殆非宗廟之中所能容也.” 如準之所論, 是鄭不同之意. 然考工記: “明堂, 南北七筵, 每室二筵.” 則南北三室, 居六筵, 室外南北唯有一筵, 宗廟路寢, 制如明堂. 旣殯在路寢室外, 得容殯者, 路寢雖制似明堂, 其室不敢踰廟, 其實寬大矣. 故多士傳云: “天子堂廣九雉, 三分其廣, 以二爲內, 五分其內, 以一爲高. 東房·西房·北堂各三雉.” 是其闊得容殯也. 或可殯在中央土室之前, 近西, 在金室之東, 不必要在堂簷之下.

번역 정현의 『목록』[9]을 살펴보면, “편명을 ‘명당(明堂)’이라고 지은 이

8) ‘사(似)’자에 대하여. ‘사’자는 본래 ‘이(以)’자로 기록되어 있었는데, 완원(阮元)의 『교감기(校勘記)』에서는 “『민본(閩本)』·『감본(監本)』·『모본(毛本)』에는 ‘사’자로 기록되어 있고, 위씨(衛氏)의 『집설(集說)』에도 동일하게 기록되어 있다. 따라서 이곳 판본은 ‘사’자를 ‘이’자로 잘못 기록한 것이다.”라고 했다.

9) 『목록(目錄)』은 정현이 찬술했다고 전해지는 『삼례목록(三禮目錄)』을 가리

유는 이 편이 제후들이 명당(明堂)에서 주공(周公)을 조회하는 시기를 기록하고, 아울러 그들이 나열되는 자리에 대해서 진술했기 때문이다. 국성 중 양(陽)에 해당하는 방위에 있으며, 만드는 제도에 있어서는 동서의 길이는 9연(筵)[10]이며, 남북의 길이는 7연(筵)이고, 당(堂)의 높이는 1연(筵)이며, 5개의 실(室)이 있는데, 모든 실(室)의 길이는 2연(筵)이다. 이 편을 『별록』[11]에서는 '명당음양(明堂陰陽)' 항목에 포함시켰다."라고 했다. 『오경이의』[12]를 살펴보면 다음과 같이 말했다. 현재 『대례설(戴禮說)』「성덕기(盛德記)」편에서는 "'명당(明堂)'이라는 것은 고대로부터 있어왔다. 모두 9개의 실(室)이 있으며, 실(室)에는 4개의 방문[戶]과 8개의 들창[牖]이 있으니, 총 36개의 호(戶)와 72개의 유(牖)가 있고, 띠풀[茅]을 엮어서 지붕을 덮고, 위는 원형으로 만들고 아래는 사각형으로 만들었으며, 제후를 조회하던 장소이다. 그 곁에 물이 두르고 있어서, 그곳을 '벽옹(辟雍)'[13]이라고도 부른다."라고 했다. 『명당월령(明堂月令)』에서는 "명당의 높이는 3장(丈)이고, 동서의 길이는 9인(仞)[14]이며, 남북의 길이는 7연(筵)이고, 위는 원형으로

킨다. 『십삼경주소(十三經注疏)』에서 인용되고 있지만, 이 책은 『수서(隋書)』가 편찬될 당시에 이미 일실되어 존재하지 않았다. 『수서』「경적지(經籍志)」편에는 "三禮目錄一卷, 鄭玄撰, 梁有陶弘景注一卷, 亡."이라는 기록이 있다.

10) 연(筵)은 길이를 재는 단위이다. 1장(丈)을 1연(筵)이라고 부른다. 9척(尺)을 1연(筵)으로 보는 설도 있다.

11) 『별록(別錄)』은 후한(後漢) 때 유향(劉向)이 찬(撰)했다고 전해지는 책이다. 현재는 일실되어 존재하지 않으며, 『한서(漢書)』「예문지(藝文志)」편을 통해서 대략적인 내용만을 추측해볼 수 있다.

12) 『오경이의(五經異義)』는 후한(後漢) 때의 학자인 허신(許愼)이 지은 책이다. 유실되었는데, 송대(宋代) 때 학자들이 다시 모아서 엮었다. 오경(五經)에 관한 고금(古今)의 유설(遺說)과 이의(異義)를 싣고, 그에 대한 시비(是非)를 판별한 내용들이다.

13) 벽옹(辟廱)은 벽옹(辟雍)과 같은 말이다. 천자의 국성(國城)에 있는 태학(太學)을 지칭한다. '벽(辟)'자는 밝다는 뜻이고, '옹(雍)'자는 조화롭다는 뜻이다. '벽옹'은 천자가 이곳을 통해 천하의 모든 사람들을 밝고 조화롭게 만든다는 뜻이다. 참고로 제후국에 있는 태학을 반궁(頖宮: =泮宮)이라고 부른다.

14) 인(仞)은 길이를 재는 단위이다. 7척(尺)이 1인(仞)이 된다. 일설에는 8척

만들고 아래는 사각형으로 만들었으며, 4개의 당(堂)과 12개의 실(室)이 있고, 실(室)에는 4개의 호(戶)와 8개의 유(牖)가 있는데, 그 건물군은 사방 300보(步)의 크기이며, 근교(近郊)에서 30리(里) 떨어진 곳에 있다."라고 했다. 강학대부(講學大夫)인 순우등(淳于登)은 "명당은 국성 중 양(陽)에 해당하는 장소에 있으니, 3리(里) 밖과 7리(里) 안쪽의 지역 중 병사(丙巳)에 해당하는 땅에서, 양(陽)의 방위에 해당하는 장소를 찾아서, 위는 둥글고 아래는 사각형으로 만들며, 8개의 창문[窗]과 4개의 문[闥]이 있고, 정사를 펼치던 건물이다. 그렇기 때문에 '명당(明堂)'이라고 지칭한다. '명당(明堂)'이라는 말은 융성한 모습을 뜻한다. 주공(周公)은 명당에서 문왕(文王)에 대해 제사를 지내서, 다섯 정기를 주관하는 상제(上帝)에게 배향을 했는데, 태미(太微)[15]의 마당에는 오제좌(五帝坐)[16]의 자리가 있다."라고 주장했

(尺)을 1인(仞)이라고도 한다. 『논어』「자장(子張)」편에서는 "夫子之牆數仞, 不得其門而入者, 不見宗廟之美, 百官之富, 得其門者或寡矣."라고 했는데, 이에 대한 하안(何晏)의 『집해(集解)』에서는 "七尺曰仞也"라고 풀이했고, 『의례』「향사(鄕射)」편에는 "杠長三仞."이라고 했는데, 이에 대한 정현의 주에서는 "七尺曰仞."이라고 풀이했다. 한편 『한서(漢書)』「식화지상(食貨志上)」편에는 "神農之敎曰: 有石城十仞, 湯池百步, 帶甲百萬而亡粟, 弗能守也."라고 했는데, 이에 대한 안사고(顔師古)의 주에서는 "應劭曰: '仞, 五尺六寸也.' 師古曰: '此說非也. 八尺曰仞, 取人申臂之一尋也.'"라고 풀이했다.

15) 태미(太微)는 삼원(三垣) 중의 하나이다. 태미원(太微垣)·태미궁(太微宮)으로 부르기도 한다. 고대에는 천체(天體) 상에 나타나는 별들을 '삼원', 28수(宿) 등으로 분류하였는데, 그 중 '삼원'은 '태미원', 자미원(紫微垣), 천시원(天市垣)을 가리킨다. 송대(宋代)의 왕응린(王應麟)은 『소학감주(小學紺珠)』「천도(天道)·삼원(三垣)」편에서 "三垣, 上垣太微十星, 中垣紫微十五星, 下垣天市二十二星. 三垣, 四十七星."이라고 기록했다. 즉 '삼원' 중 '태미원'에는 10개의 별들이 속하고, '자미원'에는 15개의 별들이 속하며, '천시원'에는 22개의 별들이 속하여, '삼원'에는 모두 47개의 별들이 속해있었다는 설명이다.

16) 오제좌(五帝坐)는 오제좌(五帝座)라고도 부른다. 별자리 이름으로, 태미원(太微垣)에 속해있다. 5개의 별들로 이루어져 있으며, 그 형태는 정사각형에 가까운데, 정중앙에 1개의 별이 있고, 나머지 4개의 별이 동·서·남·북의 방향에서 둘러싸고 있는 형태이다. 중앙의 별은 황제(黃帝)의 자리로, 함추뉴(含樞紐)의 신에 해당하고, 그 위치는 '태미원'의 정중앙이 된다. 나머지 4개의 별은 동쪽에 있는 창제(蒼帝)인 영위앙(靈威仰), 남쪽의 적제(赤帝)인 적

다. 고문(古文) 『주례』와 위서(緯書) 『효경설(孝經說)』에서는 "명당은 문왕의 묘(廟)이다. 하후씨(夏后氏) 때에는 '세실(世室)'이라고 불렀고, 은(殷)나라 때에는 '중옥(重屋)'이라고 불렀으며, 주(周)나라 때에는 '명당(明堂)'이라고 불렀다. 동서의 길이는 9연(筵)이고, 남북의 길이는 7연(筵)이며, 당(堂)의 높이는 1연(筵)이고, 5개의 실(室)이 있는데, 모든 실(室)은 그 길이가 2연(筵)이며, 띠풀을 엮어서 지붕을 올렸다. 주공은 명당에서 문왕에 대한 제사를 지냄으로써, 상제(上帝)를 섬겼다."라고 했다. 내[17]가 살펴보니, "현재의 예법과 고대의 예법에서는 각각 그 뜻에 따라 주장을 했는데, 명확한 경문을 통해서 그러한 사실을 알았던 것이 아니다."라고 했다. 정현이 그 사안을 반박하며, "『대례(戴禮)』에서 말한 내용은 비록 「성덕(盛德)」편에서 도출하여, 9개의 실(室)에 36개의 호(戶)가 있고, 72개의 유(牖)가 있다고 했는데, 이것은 진(秦)나라의 재상이었던 여불위[18]가 『여씨춘추』[19]를 편찬했을 때, 당시에 주장했던 내용과 유사하니, 아마도 그 내용은 고대의 제도가 아니었을 것이다. 4개의 당(堂)에 12개의 실(室)이 있다는 것은 글자의 오류이다. 본래의 서적에는 '9개의 당(堂)에 12개의 실(室)이 있다.'

표노(赤熛怒), 서쪽의 백제(白帝)인 백소구(白昭矩: =白招拒), 북쪽의 흑제(黑帝)인 협광기(叶光紀)에 해당한다. 『사기(史記)』「천관서(天官書)」편에는 "衡, 太微, 三光之廷 …… 其內五星, 五帝坐."라는 기록이 있는데, 이에 대한 장수절(張守節)의 『정의(正義)』에서는 "黃帝坐一星, 在太微宮中, 含樞紐之神. 四星夾黃帝坐, 蒼帝東方靈威仰之神, 赤帝南方赤熛怒之神, 白帝西方白昭矩之神, 黑帝北方叶光紀之神. 五帝並設, 神靈集謀者也."라고 풀이했다.

17) 허신(許愼, A.D.30~A.D.124) : =허숙중(許叔重). 후한(後漢) 때의 학자이다. 자(字)는 숙중(叔重)이다. 『설문해자(說文解字)』의 저자로 널리 알려져 있으며, 다른 저서로는 『오경이의(五經異義)』가 있으나 산일되었다. 『오경이의』는 송대(宋代) 때 다시 편찬되었으나 진위를 따지기 힘들다.

18) 여불위(呂不韋. ?~B.C.235) : 전국시대(戰國時代) 말기(末期)의 정치가이다. 진(秦)나라의 상국(相國)을 지낼 때, 여러 학자들을 초빙하여 『여씨춘추(呂氏春秋)』를 작성하였다.

19) 『여씨춘추(呂氏春秋)』는 여불위(呂不韋)가 편찬한 책이다. 『사기(史記)』「문언후열전(文言侯列傳)」편의 기록에 의하면, 여불위가 여러 학자들을 불러 모아서, 학문을 토론하게 하고, 그것을 모아서 『여씨춘추』를 편찬했다고 전해진다. 12개의 기(紀), 8개의 남(覽), 6개의 논(論)으로 구성되어 있다.

고 기록되어 있다. 순우등이 말한 내용은 『효경』의 위서인 『원신계』[20]에서 그 내용을 취하여, 명당에서 문왕을 종주로 삼아 제사를 지내어, 상제에게 배향했다고 주장했고, '명당(明堂)'이라고 부르는 이유는 위는 원형이고 아래는 사각형이며, 8개의 창과 4개의 문이 있으며, 정사를 펼치던 건물인데, 국성 중 양(陽)에 해당하는 방위에 있기 때문이라고 했다. '제(帝)'자는 '부르짖다[諦].'는 뜻으로, 위로 다섯 정기를 담당하는 신을 계승할 수 있음을 상징한다. 다섯 정기의 신은 실제로 대미(大微)에 있으며, 천상을 12방위로 나누면 그 별자리는 사(巳) 방위가 된다. 이러한 까닭으로 순우등은 이처럼 말하게 된 것이다. 현재 한(漢)나라에서는 명당(明堂)을 병사(丙巳) 방위에 지었는데, 이것도 순우등의 주장에 따라서 지은 것이다."라고 했다. 정현의 이와 같은 주장은 순우등의 주장을 차용한 것이다. 『별록』에서 언급한 내용은 『고공기』[21]의 문장에 따른 것이다. 그런데 선대 유학자들은 제각각 주장하는 내용이 일치하지 않았다. 그렇기 때문에 채옹[22]의 『명당음양장구(明堂月令章句)』에서는 "'명당(明堂)'이라는 것은 천자의 태묘(太廟)이며, 제사를 지내는 장소이다. 하후씨 때에는 세실이라고 했고, 은나라 때에

---

20) 『원신계(援神契)』는 『효경(孝經)』에 대한 위서(緯書) 중 하나이다. '위서'는 경서(經書)의 부족한 내용을 보충하기 위해 위작된 것으로, 서한(西漢) 말기에 유행하기 시작하여, 동한(東漢) 시기에 크게 성행하였으며, 남조(南朝) 송나라 때가 되어서야 비로소 금지되기 시작하였다.

21) 『고공기(考工記)』는 『동관고공기(冬官考工記)』라고도 부른다. 공인(工人)들에 대한 공예기술(工藝技術) 서적이다. 작자는 미상이다. 강영(江永)은 『고공기』의 작자를 제(齊)나라 사람으로 추정하였고, 곽말약(郭沫若)은 춘추시대(春秋時代) 말기에 제나라에서 제작된 관서(官書)와 관련이 깊다고 추정하였다. 『주례(周禮)』는 천관(天官), 지관(地官), 춘관(春官), 하관(夏官), 추관(秋官), 동관(冬官) 등 육관(六官)의 체제로 구성되어 있는데, 그 중 '동관'에 대한 기록이 누락되어 있어서, 한(漢)나라 무제(武帝) 때, 『고공기』를 가지고 누락된 부분을 보충하게 되었다. 그렇기 때문에 『고공기』를 또한 『동관고공기』라고도 부르는 것이다. 각종 공인들의 직책과 직무들이 기록되어 있다.

22) 채옹(蔡邕, A.D.131～A.D.192) : 후한(後漢) 때의 학자이다. 자(字)는 백개(伯喈)이다. A.D.189년 동탁(董卓)에게 발탁되어, 시어사(侍御史)와 좌중랑장(左中郎將) 등을 역임하였으나, 동탁이 죽은 후 투옥되어 옥중에서 죽었다. 박학하였으며 술수(術數), 천문(天文), 사장(辭章) 등에 조예가 깊었다.

는 중옥이라고 했으며, 주나라 때에는 명당이라고 했는데, 공로에 대해 위로하고, 노인을 봉양하며, 가르치고 배우며, 관리들을 선발하는 일들도 모두 그 건물에서 시행했다."라고 한 것이다. 그래서 정실(正室)의 모양에 따라서 말을 하게 된다면, '태묘(太廟)'라고 부르는 것이고, 정실에 따라서 부르게 된다면, '대실(大室)'이라고 부르는 것이며, 그 당(堂)에 따라서 부르게 된다면, '명당(明堂)'이라고 부르는 것이다. 또한 사계절 동안 가르치는 일에 따라서 부르게 된다면, '대학(大學)'이라고 부르는 것이고, 물이 건물을 두르고 있는 것에 따라서 부르게 된다면, '벽옹(辟雍)'이라고 부르는 것이다. 비록 그 명칭들이 다르지만, 실제로는 동일한 장소이다. 정현이 각각 명칭을 달리했다는 사실을 분명히 알 수 있었던 이유에 대해서, 원준[23]의 『정론(正論)』에서는 "명당 · 종묘 · 대학은 예(禮)를 실천하는 근본 건물이다. 사안과 뜻이 달라서, 각각에 시행하는 일들이 있다. 그런데 세간의 학자들은 각 건물을 합하여 하나로 보았는데, 『시』·『서』에 뒤섞여 있는 문장, 경전에서 이와 유사한 문장들을 가져다가 추측을 해서 이러한 주장을 한 것이다. 그러나 인정에 따라 고찰해보면, 크게 위배된다. 종묘는 사람들이 지극히 공경을 나타내야 하는 장소이며, 그윽하고 청정한 장소여서, 귀신들이 머무는 곳인데, 많은 학생들을 그곳에 기거하도록 하고, 그 안에서 향사례(鄕射禮)를 시행하면, 사람과 귀신이 모두 경박해지고, 삶과 죽음이 뒤섞이며, 포로의 귀를 자르고, 재앙으로 인해 피를 바쳐서, 귀신의 일에 간여를 한다고 하니, 그 도리가 아니다. 띠풀로 지붕을 엎고, 채연(采椽)을 사용하는 것은 지극히 질박한 사물을 이용하는 것인데, 일월(日月)이 새겨진 깃발을 세우고, 옥로(玉路)에 타서, 그 안에 머문다고 한다면, 해당하는 부류가 아니다. 무릇 종묘라는 곳은 귀신이 머무는 장소이며, 하늘에 대한 제사를 지내는 곳이므로, 인귀(人鬼)가 머무는 실(室)이 있다면, 적합한 장소가 아니다. 천자는 궁성에는 다섯 개의 문을 두는데, 종묘는 그 중 한 개의 문

---

23) 원준(袁準, ?~?) : =서진(西晉) 때의 학자이다. 자(字)는 효니(孝尼)이다. 부친은 원환(袁渙)이다. 저서로는 『상복경(喪服經)』·『시전(詩傳)』·『주관전(周官傳)』·『주역전(周易傳)』 등이 있다.

안쪽에 있으니, 만약 활 쏘는 장소가 묘에 있다면, 그 공간은 3개의 과녁을 둘 만큼 벌려야 한다. 또 벽옹(辟雍)이 그 안에 있다면, 사람과 관련 기물이 매우 많으니, 종묘 안에 모두 수용할 수 없다."라고 했다. 이와 같은 원준의 논의는 정현과 의견차이를 보이는 부분이다. 그런데 『고공기』에서는 "명당(明堂)은 남북의 길이가 7연(筵)이고, 실(室)마다의 길이는 2연(筵)이다."[24] 라고 했으니, 남북쪽에 있는 3개의 실(室)은 6연(筵)의 길이를 차지하며, 실(室) 밖 남북으로는 오직 1연(筵)만 있게 되고, 종묘와 노침(路寢)을 만드는 제도는 명당과 같다. 빈소를 차리는 장소가 노침의 실(室) 바깥이라면, 빈소를 차릴 수 있는 공간을 포함할 수 있어야 하니, 노침을 만드는 제도가 비록 명당과 유사하지만, 그 실(室)은 묘(廟)보다 클 수 없다. 그러나 실제로는 매우 컸던 것이다. 『서』「주서(周書)·다사(多士)」편의 전(傳)에서는 "천자의 당(堂)은 그 너비가 9치(雉)[25]이며, 그 너비를 세 등분으로 나누면, 2만큼은 그 안쪽이 되고, 그 안쪽을 다섯 등분하며, 1만큼은 높이가 된다. 동쪽 방(房)과 서쪽 방(房) 및 북쪽 당(堂)은 각각 3치(雉)이다."라고 했으니, 빈소를 포함할 수 있을 만큼 넓다는 사실을 나타낸다. 혹은 중앙의 토실(土室) 앞에 빈소를 차려서, 서쪽과 가깝게 하여, 금실(金室)의 동쪽에 있었다면, 당(堂)의 처마 밑에 둘 필요가 없게 된다.

訓纂 汪氏中曰: 逸周書明堂篇: "周公相武王以伐紂, 旣克紂, 六年而武王崩. 成王嗣, 幼弱, 未能踐天子之位. 周公攝政, 君天下, 弭亂, 六年而天下大治, 乃會方國諸侯於宗周, 大朝諸侯於明堂之位." 因是而制爲會同, 以發四方之禁, 施天下之政. 習禮者傳釋其文, 以爲朝事義. 而魯之儒又因周書之舊而增飾之, 爲明堂位篇, 以表周公之功. 四海九州之君, 咸在國中, 不足以容之, 故爲壇于郊. 淳于登以爲三里之外, 七里之內, 是也. 其制爲壇三百步, 其深四尺, 旁各一門, 爲周公攝政六年, 大朝諸侯, 宗祀文王以配上帝之所.

---

24) 『주례』「동관고공기(冬官考工記)·장인(匠人)」: 周人明堂, 度九尺之筵, 東西九筵, 南北七筵, 堂崇一筵, 五室, 凡室二筵.

25) 치(雉)는 거리를 재는 단위이다. 높이가 1장(丈)이고, 길이가 3장인 것을 1 '치'라고 부른다.

번역 왕중[26)]이 말하길, 『일주서(逸周書)』「명당(明堂)」편에서는 "주공(周公)은 무왕(武王)을 도와서 주(紂)임금을 정벌했고, 주임금을 물리친 이후 6년이 지나자 무왕이 붕어했다. 성왕(成王)이 계승을 하였지만, 유약하여, 천자의 지위에 설 수 없었다. 주공이 섭정을 하여, 천하를 통치하였고, 환란을 그치게 하니, 6년이 지나자 천하가 크게 다스려져서, 사방의 제후들을 종주(宗周)[27)]에 모이게 하고, 명당(明堂)의 자리에서 제후들에 대한 성대한 조회를 열었다."라고 했다. 이것을 기회로 회동(會同)[28)]에 대한 제도를 만들고, 사방에 금령을 반포하였으며, 천하에 정령을 시행하였다. 예법을 익힌 자들은 그 문장을 풀이하여 전수를 했는데, 조정의 정사에 대한 뜻으로 여겼다. 노(魯)나라의 유학자들은 또한 「주서(周書)」의 옛 기록에 근거하여, 내용을 더하고 문장을 다듬어서, 「명당위」편을 만들고, 주공의 공덕을 표장하였다. 사해(四海)와 구주(九州)를 다스리는 군주들이 모두 수도에 머물러 있었으므로, 모두를 수용하기에는 부족하였기 때문에, 교외에 제단을 만들었다. 순우등(淳于登)은 3리(里) 밖으로부터 7리(里) 이내에 있다고 여겼는데, 바로 이곳을 가리킨다. 그 제도는 제단을 사방 300보(步)의 길이로 만들고, 깊이를 4척(尺)으로 했으며, 측면에는 각각 1개의 문을 달았고, 주공이 섭정을 했던 6년 동안 제후들에게 성대한 조회를 받고, 문왕(文王)을 종주로 여겨 제사를 지내서, 상제(上帝)에게 배향하는 장소로 정했다.

---

26) 왕중(汪中, A.D.1744~A.D.1794) : 청(淸)나라 때의 학자이다. 자(字)는 용보(容甫)이다. 저서로는 『경의지신기(經義知新記)』·『묵자표징(墨子表徵)』·『상서고이(尙書考異)』 등이 있다.

27) 종주(宗周)는 주(周)왕실을 뜻한다. 제후국은 주왕실을 종주(宗主)로 삼았기 때문에, 주왕실을 '종주'라고 부른다.

28) 회동(會同)은 제후들이 천자를 찾아뵙는 예법을 통칭하는 용어이다. 또한 각 계절마다 정기적으로 찾아뵙는 것을 회(會)라고 부르고, 제후들이 대규모로 찾아뵙는 것을 동(同)이라고 불러서, 구분을 짓기도 한다. 각종 회견 등을 가리키는 용어로도 사용된다. 『시』「소아(小雅)·거공(車攻)」편에는 "赤芾金舃, 會同有繹."이라는 기록이 있는데, 이에 대한 모전(毛傳)에서는 "時見曰會, 殷見曰同. 繹, 陳也."라고 풀이했다.

集解 此篇記周公相成王朝諸侯於明堂以致太平, 而成王賜魯以天子之禮樂也.

번역 「명당위」편은 주공(周公)이 성왕(成王)을 도와서 명당(明堂)에서 제후들의 조회를 받아, 천하를 태평하게 다스렸고, 성왕이 노(魯)나라에 천자의 예악(禮樂)을 하사했던 일을 기록하고 있다.

集解 魯用天子禮樂, 蓋東遷以後之僭禮, 惠公始請之, 而僖公以後始行之者也. 孔子曰: "魯之郊·禘, 非禮也. 周公其衰矣!" 使果成王所賜, 孔子何以發此嘆乎? 記者不知其非, 而反盛誇之以爲美. 且四代之尊, 魯用犧·象·山罍而已, 三代之爵, 魯用玉琖仍雕而已, 三代之灌尊, 魯用黃目而已, 其餘未嘗用也, 而記於魯之所未嘗用者亦備陳之. 烝·嘗·社·蜡, 諸侯之常祀也, 而以爲天子之祭; 振木鐸, 諸侯之常政也, 而以爲天子之政; 分器, 同姓諸侯之所同得也, 而以爲天子之器. 其鋪張失實如此. 唯四代之制, 畧有見於此者, 君子亦有考焉爾.

번역 노(魯)나라는 천자의 예악(禮樂)을 사용했는데, 무릇 동쪽으로 옮겨간 이후 예법을 참람되게 사용하게 된 이유는 혜공(惠公)이 처음으로 요청을 하고, 희공(僖公) 이후에 처음으로 사용했기 때문이다. 공자(孔子)는 "노나라에서 교(郊)제사와 체(禘)제사를 지낸 것은 비례이다. 주공(周公)의 도(道)가 쇠약해진 것이구나!"[29]라고 했다. 만약 성왕(成王)이 하사를 해준 것이라면, 공자가 어떻게 이러한 탄식을 했단 말인가? 『예기』를 기록한 자는 그것이 잘못되었다는 사실을 알지 못하고, 도리어 과대포장하고, 이름답다고 여겼다. 또 사대(四代)에서 사용했던 술동이에 있어서, 노나라에서는 희(犧)·상(象)·산뢰(山罍)만 사용했을 따름이며, 삼대(三代)에서 사용했던 술잔에 있어서도, 노나라는 다듬어서 조각한 옥잔(玉琖)만을 사용했을 따름이며, 삼대에서 사용하던 관준(灌尊)에 있어서도, 노나라는 황목(黃目)만 사용했을 따름이며, 나머지 것들에 대해서는 일찍이 사용한 적이 없었는데,

---

29) 『예기』「예운(禮運)」【272c】: 孔子曰: 嗚呼哀哉! 我觀周道, 幽厲傷之, 吾舍魯何適矣? 魯之郊禘, 非禮也, 周公其衰矣. 杞之郊也, 禹也, 宋之郊也, 契也, 是天子之事守也. 故天子祭天地, 諸侯祭社稷.

『예기』를 기록한 자는 노나라에서 사용했던 적이 없는 기물에 대해서도 모두 기술을 하였다. 증(烝)·상(嘗)·사(社)·사(蜡)에 대한 제사는 제후가 일상적으로 지내는 제사인데, 이것을 천자의 제사로 여겼고, 목탁(木鐸)을 두드리는 것은 제후가 일상적으로 정령을 반포하는 일인데, 이것을 천자의 정치로 여겼으며, 천자가 나눠줬던 기물들은 동성(同姓)의 제후들이라면 모두 얻었던 것인데, 이것을 천자의 기물이라고 여겼다. 이처럼 과장된 기술들은 실상을 놓친 것이다. 다만 사대의 제도에 있어서, 대체적으로 이곳에 나타나는 기록들은 군자가 또한 참고할 만한 점이 있을 따름이다.

그림 0-1 ▣ 주나라의 명당(明堂)

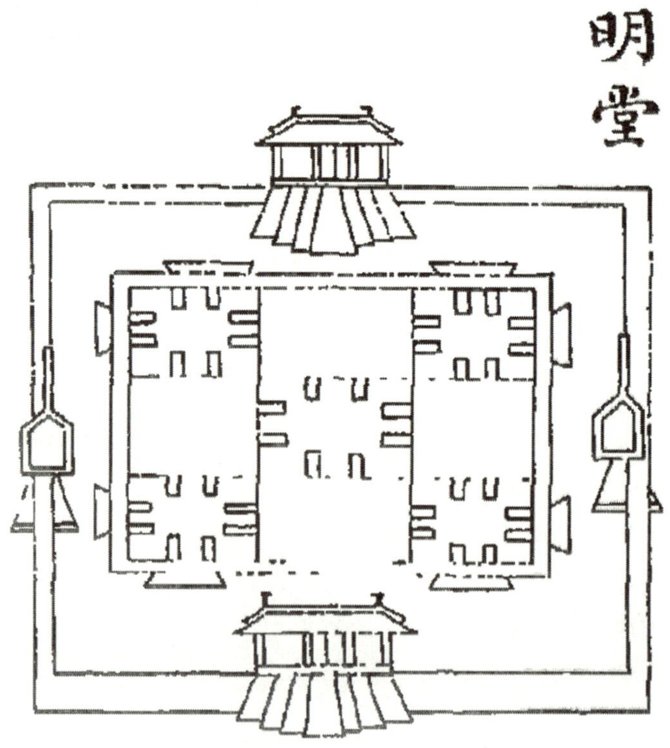

▸ 출처: 『삼례도집주(三禮圖集注)』 4권

그림 0-2 ▣ 주나라의 명당(明堂)-『삼재도회』

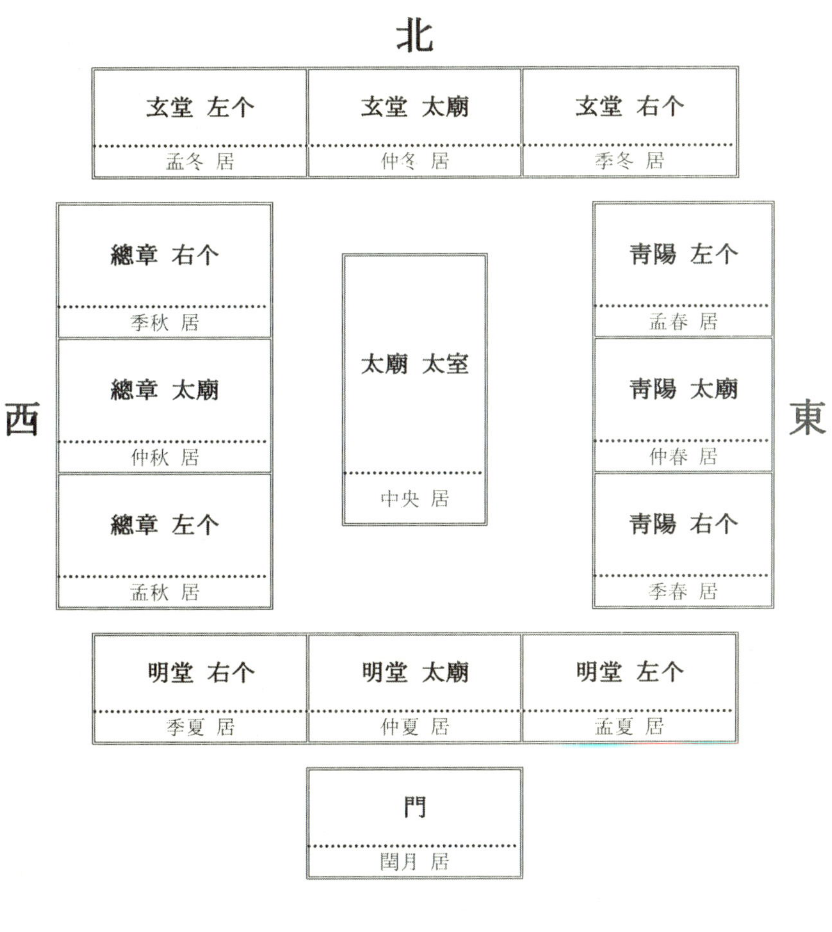

▸ **참고:** 『삼재도회(三才圖會)』

그림 0-3 ▣ 주나라의 명당(明堂)-주자의 설

北

玄堂 左个 總章 右个 季秋·孟冬 居	玄堂 太廟 仲冬 居	玄堂 右个 青陽 左个 孟春·季冬 居
總章 太廟 仲秋 居	太廟 太室 中央 居	青陽 太廟 仲春 居
總章 左个 明堂 右个 季夏·孟秋 居	明堂 太廟 仲夏 居	青陽 右个 明堂 左个 季春·孟夏 居

西 東

南

▸ 참고: 『주자어류(朱子語類)』

그림 0-4 ▣ 하나라의 세실(世室)

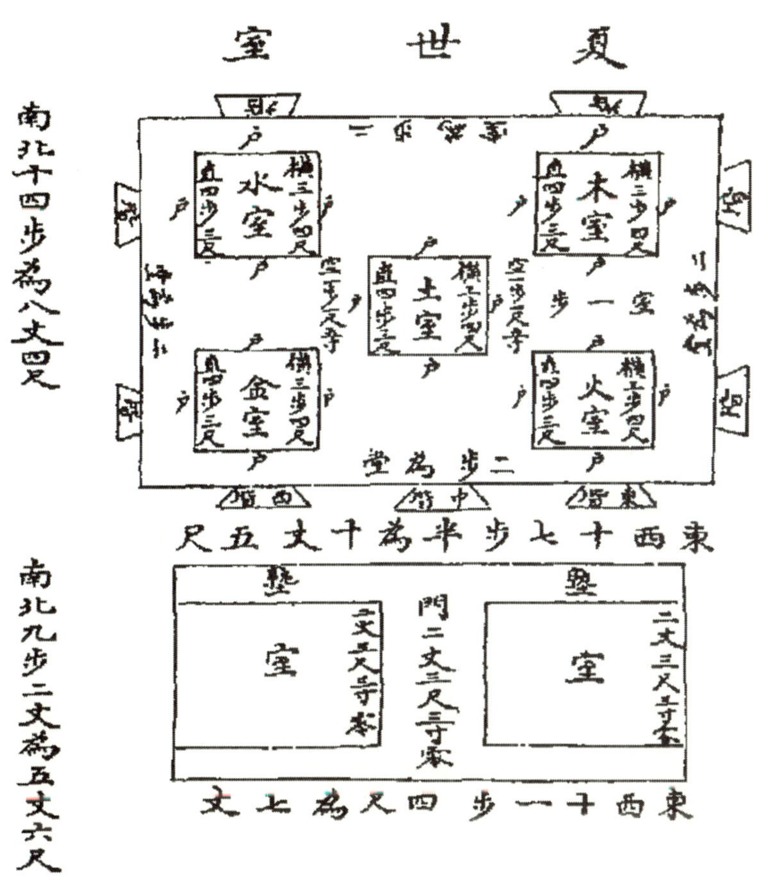

▸ **출처:**『삼례도(三禮圖)』 1권

그림 0-5 ▣ 하나라의 세실(世室)

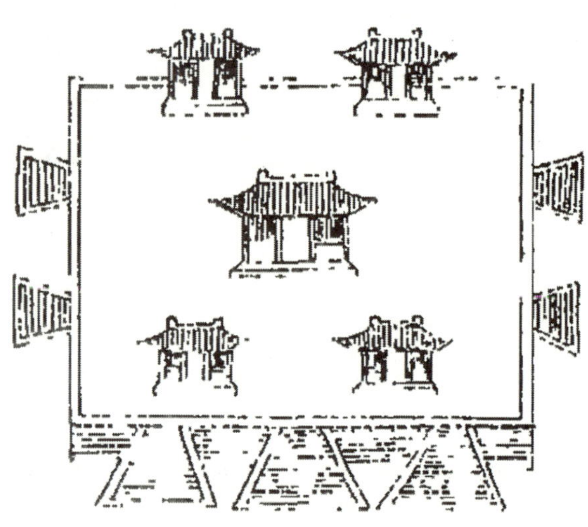

▸ **출처:**『육경도(六經圖)』4권

그림 0-6 ▣ 은나라의 중옥(重屋)

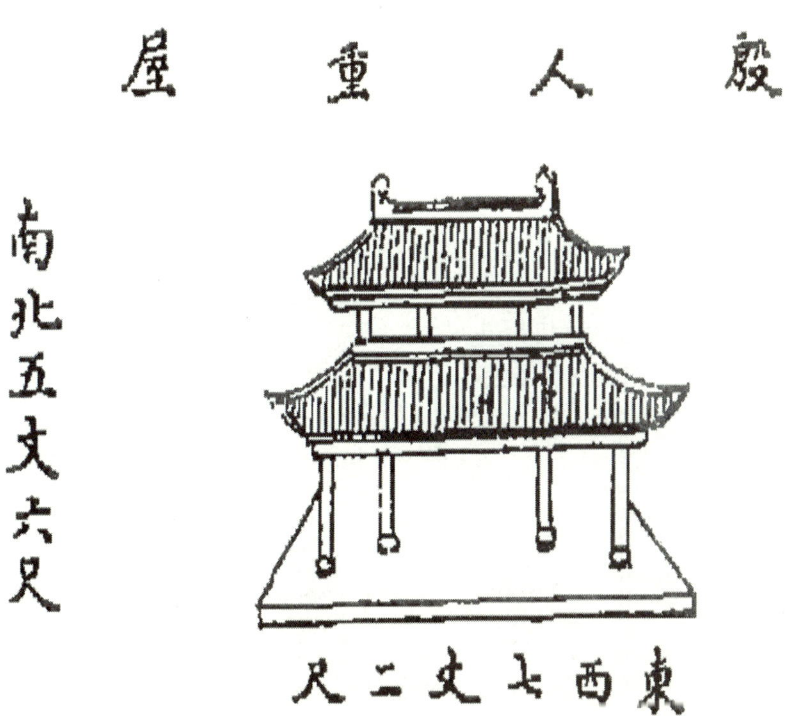

▸ **출처:**『삼례도(三禮圖)』 1권

그림 0-7 ▣ 은나라의 중옥(重屋)

屋 重

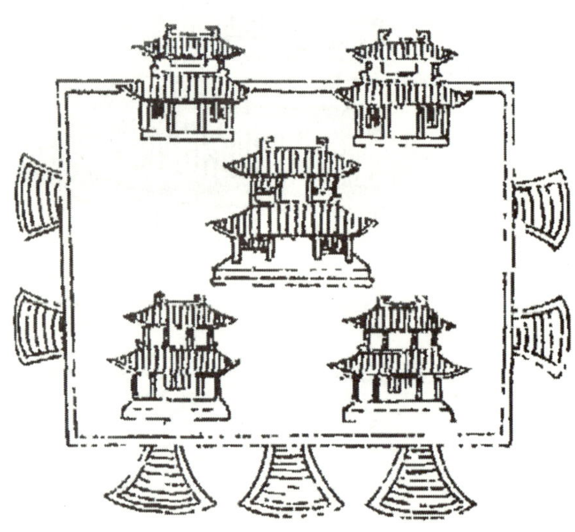

▸ **출처**: 『육경도(六經圖)』 4권

그림 0-8 ▣ 벽옹(辟雍: =辟廱)

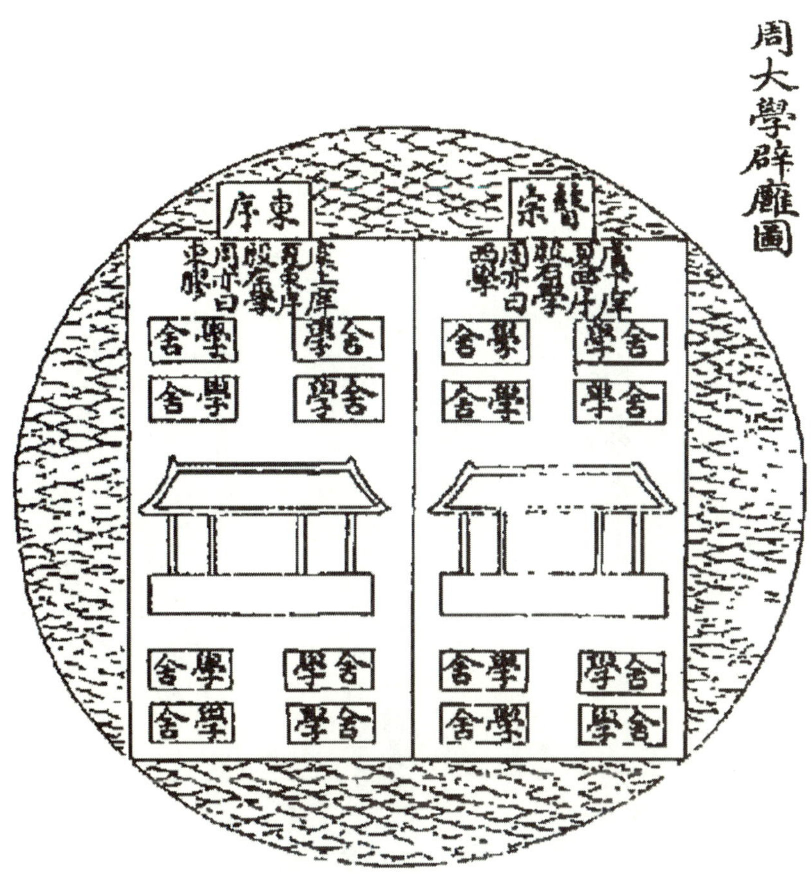

▸ **출처**: 『주례도설(周禮圖說)』 하권

그림 0-9 ▣ 태미(太微)와 오제좌(五帝座: =帝座)

▸ 출처: 『흠정사고전서(欽定四庫全書)』「도서편(圖書編)」 16권

그림 0-10 ▣ 주(周)나라 세계도(世系圖) Ⅰ : 후직(后稷)부터 강왕(康王)까지

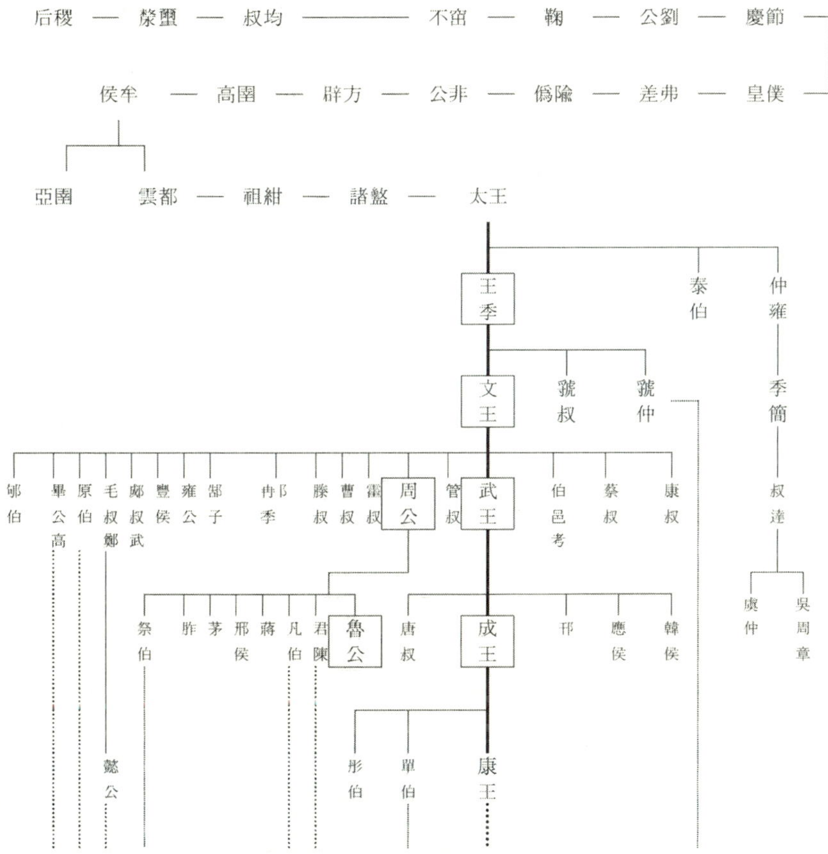

▸ **출처**: 『역사(繹史)』 1권 「역사세계도(繹史世系圖)」

그림 0-11 ▣ 주(周)나라 세계도(世系圖) Ⅱ : 강왕(康王)부터 정정왕(貞定王)까지

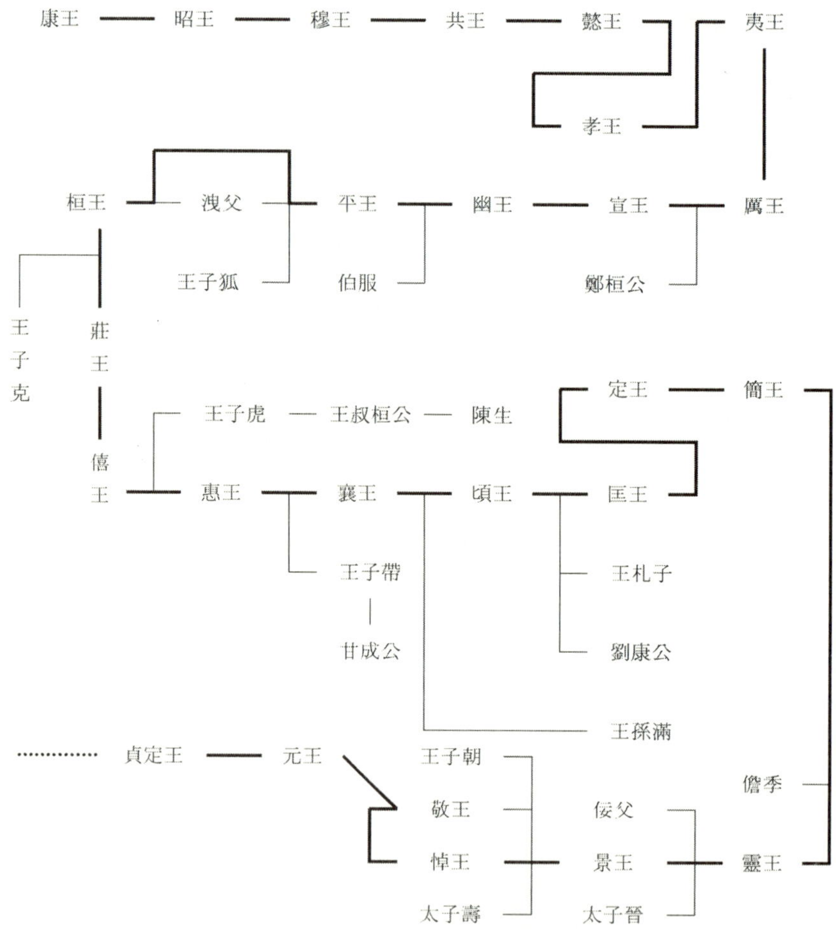

▸ **출처**: 『역사(繹史)』 1권 「역사세계도(繹史世系圖)」

그림 0-12 ▣ 주(周)나라 세계도(世系圖) Ⅲ : 정정왕(貞定王)부터 난왕(赧王)까지

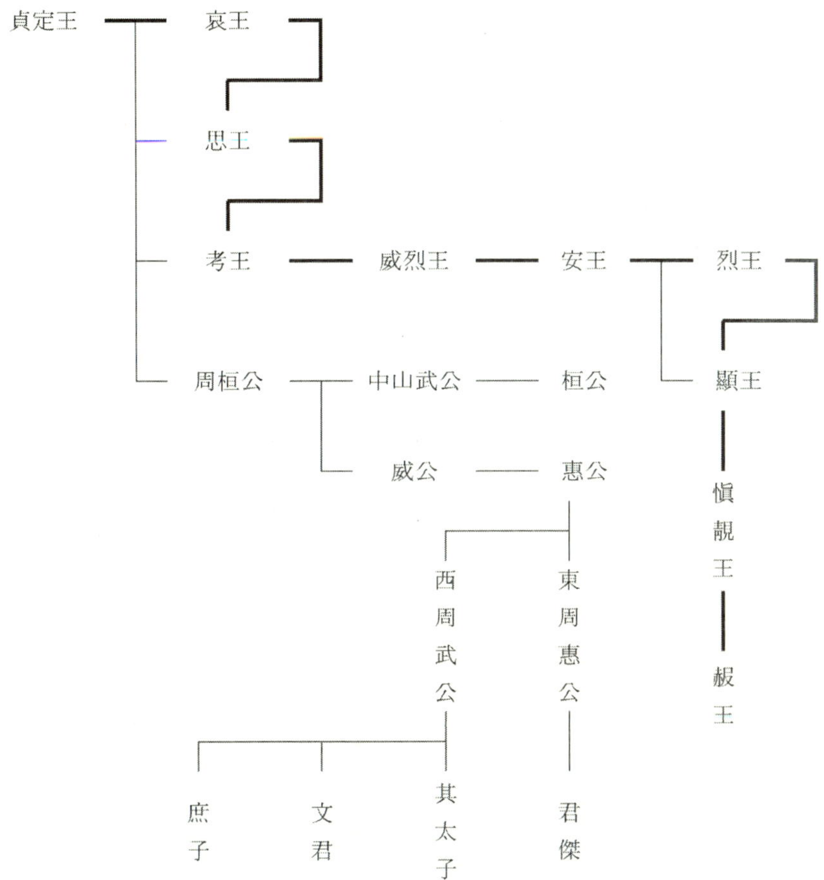

▸ **출처**: 『역사(繹史)』 1권 「역사세계도(繹史世系圖)」

그림 0-13 ▣ 노(魯)나라 세계도(世系圖)

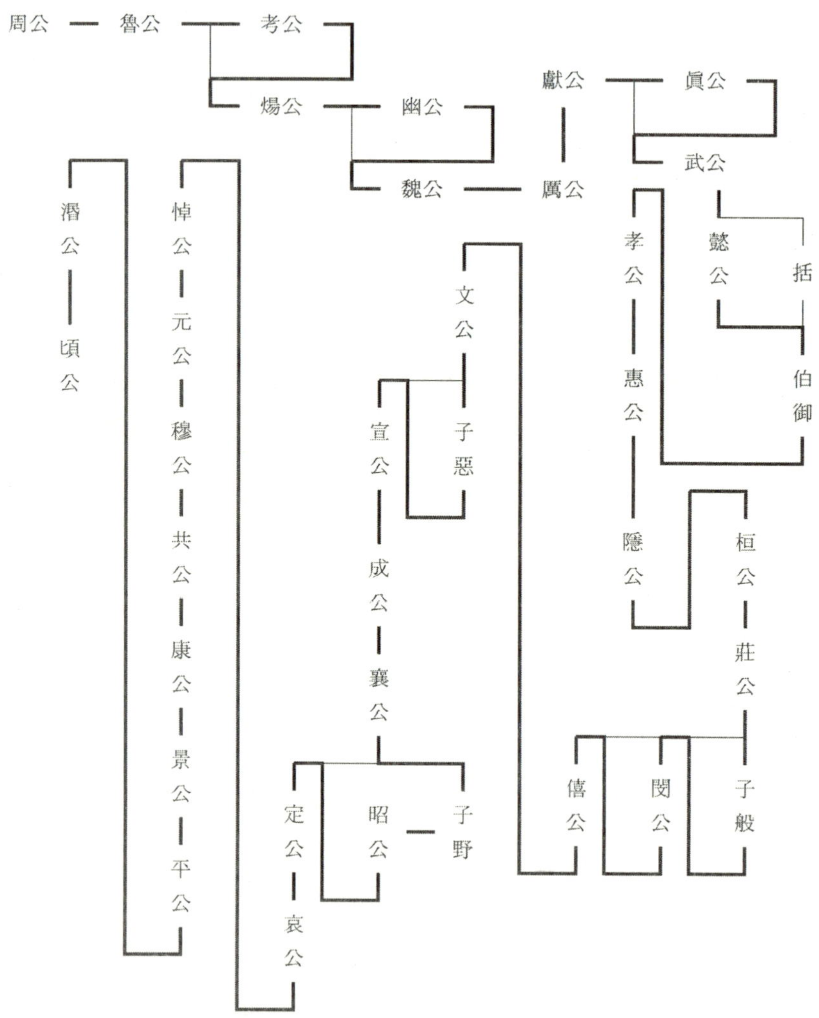

▸ 출처: 『역사(繹史)』 1권 「역사세계도(繹史世系圖)」

• 제 1 절 •

명당(明堂)에서의 조회

【398a】

昔者，周公朝諸侯于明堂之位，天子負斧依南鄉而立.

직역 昔者에 周公이 明堂의 位에서 諸侯를 朝함에, 天子는 斧依를 負하고 南鄉하여 立이라.

의역 예전에 주공(周公)이 명당(明堂)의 자리에서 제후들의 조회를 받음에, 천자는 부의(斧依)를 등지고 남쪽을 바라보며 섰다.

集說 斧依, 說見曲禮.

번역 '부의(斧依)'는 그 설명이 『예기』「곡례(曲禮)」편에 나온다.[1)]

集說 石梁王氏曰: 註云: "周公攝王位." 又云: "天子卽周公." 周公爲冢宰時, 成王年已十四, 非攝位, 但攝政, 周公未嘗爲天子, 豈可以天子爲周公? 此

---

1) 『예기』「곡례하(曲禮下)」【57b~c】에는 "天子當依而立, 諸侯北面而見天子曰覲. 天子當宁而立, 諸公東面·諸侯西面曰朝."라는 문장이 있고, 이 기록에 대한 진호(陳澔)의 『집설(集說)』에서는 "依, 狀如屛風, 以絳爲質, 高八尺, 東西當戶牖之間, 繡爲斧文, 亦曰斧依. 天子見諸侯, 則依而立負之, 而南面以對諸侯也."라고 했다. 즉 "공영달(孔穎達)의 소(疏)에서 말하길, '의(依)'는 그 모양이 병풍(屛風)과 같은 것으로, 붉은색 천으로 바탕을 짜며, 그 높이는 8척(尺)이 되고, 동서 방향으로 문[戶]과 창[牖] 사이에 두며, 도끼 모양을 수놓았기 때문에, 또한 '부의(斧依)'라고도 부른다. 천자가 제후들을 조견하게 되면, 의(依)를 세우고서 그것을 등지고 서며, 남쪽을 바라보며 제후들을 대면하게 된다."라는 뜻이다.

記者之妄, 註亦曲狥之.

번역 석량왕씨[2]가 말하길, 정현의 주에서는 "주공(周公)이 천자의 자리에 대신 올랐다."라고 했고, 또 "천자는 곧 주공이다."라고 했다. 주공이 총재(冢宰)[3]를 맡고 있었을 때, 성왕(成王)의 나이는 이미 14세였으니, 천자의 자리에서 대신 정치를 시행한 것이 아니며, 단지 정치를 도왔던 것이고, 주공은 일찍이 천자가 된 적이 없었는데, 어찌하여 천자를 주공이라고 여길 수 있는가? 이것은 『예기』를 기록한 자가 망령되게 쓴 기록이며, 정현의 주에서도 또한 왜곡된 주장을 한 것이다.

大全 新安王氏曰: 武王末受命, 克商二年有疾, 周公告於三王, 於是有金縢之書. 武王崩, 成王幼, 周公東征後, 諸侯來朝, 成王卽政, 於是受朝於明堂. 周公相成王朝諸侯, 禮也, 謂攝王位, 非禮也.

번역 신안왕씨[4]가 말하길, 무왕(武王)은 말년에 천명(天命)을 받았고, 은(殷)나라를 물리친 이후 2년이 지나자 병에 걸렸으며, 주공(周公)은 삼왕(三王)에게 무왕의 쾌유를 빌며 기원을 했고, 이때에 『서』「금등(金縢)」편의 기록이 나왔다. 무왕이 붕어했을 때 성왕(成王)은 나이가 어렸으며, 주공이 동쪽으로 정벌을 나선 이후, 제후들이 찾아와서 조회를 했고, 성왕이 정치를 주관하게 되었으며, 이때에 명당(明堂)에서 조회를 받았다. 주공이 성왕을 도와서 제후들의 조회를 보게 한 것은 예법에 맞지만, 천자의 자리에 올라서 정치를 도왔다고 한다면, 비례가 된다.

---

2) 석량왕씨(石梁王氏, ?~?) : 자세한 이력이 남아 있지 않다.

3) 총재(冢宰)는 대재(大宰)와 같은 말이다. '대재'는 태재(太宰)라고도 부른다. '대재'는 은(殷)나라 때 설치된 관직이라고 전해지며, 주(周)나라에서는 '총재'라고도 불렀다. 『주례(周禮)』의 체제상으로는 천관(天官)의 수장이며, 경(卿) 1명이 담당했다. 『주례』의 체제상으로는 가장 높은 관직이다. 따라서 '대재'가 담당했던 일은 국정 전반에 대한 것이었다.

4) 신안왕씨(新安王氏, A.D.1138~A.D.1218) : =왕염(王炎)·왕회숙(王晦叔). 남송(南宋) 때의 역학자(易學者)이다. 자는 회숙(晦叔)이다.

鄭注 周公攝王位, 以明堂之禮儀朝諸侯也. 不於宗廟, 辟王也. 天子, 周公也. 負之言背也. 斧依, 爲斧文屛風於戶牖之間, 周公於前立焉.

번역 주공(周公)은 천자의 자리에 대신 올라서, 명당(明堂)에서 시행되는 의례를 통해 제후들을 조회하였다. 종묘(宗廟)에서 시행하지 않았던 이유는 천자의 예법을 피하기 위해서이다. 이 문장의 '천자(天子)'는 주공을 뜻한다. '부(負)'자는 "등지다[背]."는 뜻이다. '부의(斧依)'는 도끼 무늬가 새겨진 병풍으로, 호(戶)와 들창 사이에 세워두며, 주공은 그 앞에 서 있었다.

釋文 朝, 直遙反, 注及下皆同. 辟, 王音避, 一本作"辟正王". 斧音甫. 依, 本又作扆, 同, 於豈反, 注同. 鄕, 許亮反. 偝, 本又作背, 音倍. 屛, 並經反. 牖音酉.

번역 '朝'자는 '直(직)'자와 '遙(요)'자의 반절음이며, 정현의 주 및 아래 문장에 나오는 글자도 모두 그 음이 이와 같다. '辟'자의 왕음(王音)은 '避(피)'이며, 다른 판본에는 '辟正王'이라고 기록되어 있다. '斧'자의 음은 '甫(보)'이다. '依'자는 판본에 따라서 또한 '扆'자로도 기록하는데, 두 글자는 그 음이 동일하며, '於(어)'자와 '豈(기)'자의 반절음이 되고, 정현의 주에 나오는 글자도 그 음이 동일하다. '鄕'자는 '許(허)'자와 '亮(량)'자의 반절음이다. '偝'자는 판본에 따라서 또한 '背'자로도 기록하는데, 그 음은 '倍(배)'이다. '屛'자는 '並(병)'자와 '經(경)'자의 반절음이다. '牖'자의 음은 '酉(유)'이다.

孔疏 ●"昔者"至"位也". ○正義曰: 此一[5]節明周公朝諸侯於明堂之儀, 及諸侯夷狄所立之處, 各依文解之.

번역 ●經文: "昔者"~"位也". ○이곳 문단은 주공(周公)이 명당(明堂)

---

5) '일(一)'자에 대하여. '일'자는 본래 '하(下)'자로 기록되어 있었는데, 완원(阮元)의 『교감기(校勘記)』에서는 "『모본(毛本)』에는 '하'자가 '일'자로 기록되어 있다."라고 했다.

에서 제후들의 조회를 받았던 의례와 제후와 오랑캐의 군주들이 서 있었던 장소에 대해서 나타내고 있으니, 각각의 문장에 따라서 풀이하겠다.

孔疏 ◎注"周公"至"王也". ○正義曰: "周公攝王位"者, 攝, 代也. 以成王年幼, 周公代之居位, 故云"攝王位". 然周公攝位而死稱薨, 不云崩, 魯隱公攝諸侯之位而稱薨, 同正諸侯者, 鄭箴膏肓云: "周公歸政, 就臣位乃死, 何得記崩? 隱公見死於君位, 不稱薨云何?" 又玄發墨守云: "隱爲攝位, 周公爲攝政, 雖俱相幼君, 攝政與攝位異也." 云"不於宗廟, 辟王也"者, 按覲禮, 諸侯受次于廟門外, 是覲在廟. 今在明堂, 故云"辟王", 謂辟成王也.

번역 ◎鄭注: "周公"~"王也". ○정현이 "주공(周公)은 천자의 자리에 대신 올랐다."라고 했는데, '섭(攝)'자는 "대신하다[代]."는 뜻이다. 성왕(成王)의 나이가 너무 어려서, 주공이 대신 그 자리에 올랐다. 그렇기 때문에 "천자의 자리를 대신하다."라고 말한 것이다. 그러나 주공은 그 지위를 대신하면서도 그가 죽었을 때에는 일반 제후들처럼 '훙(薨)'이라고 기록했고, 천자처럼 '붕(崩)'이라고 하지 않았으며, 노(魯)나라 은공(隱公)은 제후의 지위를 대신했는데, 그가 죽었을 때 '훙(薨)'이라고 했으니, 정식 제후와 동일하게 여긴 것이다. 이 문제에 대해서 정현의 『잠고황(箴膏肓)』에서는 "주공은 정권을 되돌려주고, 신하의 자리로 물러났는데, 곧 죽었으니, 어떻게 붕(崩)이라고 기록할 수 있겠는가? 은공은 군주의 자리에서 죽었으니, 훙(薨)이라고 기록하지 않는다면 무엇이라 표현하겠는가?"라고 했다. 또 정현은 『발묵수(發墨守)』에서 "은공은 그 지위를 대신하였고, 주공은 그 정치를 대신하였는데, 비록 둘 모두 어린 군주를 도왔지만, 정치를 대신하는 일과 지위를 대신하는 일은 다르다."라고 했다. 정현이 "종묘(宗廟)에서 시행하지 않았던 이유는 천자의 예법을 피하기 위해서이다."라고 했는데, 『의례』「근례(覲禮)」편을 살펴보면, 제후는 묘문(廟門) 밖에서 차(次)를 받는다고 했으니, 이것은 묘(廟)에서 근례를 시행했다는 사실을 나타낸다. 현재는 명당(明堂)에서 시행했기 때문에, "천자의 예법을 피한다."라고 말한 것으로, 성왕(成王)이 따라야 하는 예법을 피했다는 의미이다.

孔疏 ◎注"天子"至"立焉". ○正義曰: 以周公朝諸侯, 居天子位, 故云"天子, 周公也". 故大誥云"王若曰". 鄭云: "王謂周公, 居攝命大事, 則權稱王也." 王肅以爲稱成王命, 故稱王, 與鄭異也. 王肅以家語之文"武王崩, 成王年十三", 鄭康成用衛宏之說, 武王崩時, 成王年十歲, 與王肅異也. 云"斧依, 爲斧文屛風於戶牖之間"者, 釋宮云: "牖戶之間謂之扆." 今云"斧依", 故知"爲斧文屛風於戶牖間". 皇氏云: "在明堂中央, 大室戶牖間."

번역 ◎鄭注: "天子"~"立焉". ○주공(周公)은 제후들을 조회하며, 천자의 자리에 있었기 때문에, "천자는 주공이다."라고 말한 것이다. 그래서 『서』「대고(大誥)」편에서는 '왕약왈(王若曰)'[6]이라고 기록한 것이며, 정현은 "왕은 주공을 뜻하니, 그 지위에 위치하여 대신해서 중대한 사안을 명령하였으니, 권도에 따라 '왕(王)'이라 지칭한 것이다."라고 한 것이다. 왕숙[7]은 성왕(成王)의 명령을 지칭하였기 때문에, '왕(王)'으로 기록했다고 여겼으니, 정현의 주장과 다르다. 왕숙은 『공자가어』[8]에서 "무왕(武王)이 붕어했을 때, 성왕의 나이는 13세였다."[9]라고 한 기록에 따랐고, 정현은 위굉[10]의 주장에 따라, 무왕이 붕어했을 때, 성왕의 나이는 10세라고 여겨, 왕숙과 다르게 생각했다. 정현이 "'부의(斧依)'는 도끼 무늬가 새겨진 병풍으로, 호(戶)와 들창 사이에 세워둔다."라고 했는데, 『이아』「석궁(釋宮)」편에서는 "들창과 호(戶) 사이를 이(扆)라고 부른다."[11]라고 했다. 이곳에서는 '부의

---

6) 『서』「주서(周書)·대고(大誥)」: 王若曰, 猷. 大誥爾多邦越爾御事.

7) 왕숙(王肅, A.D.195~A.D.256) : 위진남북조(魏晉南北朝) 때의 위(魏)나라 경학자이다. 자(字)는 자옹(子雍)이다. 출신지는 동해(東海)이다. 부친 왕랑(王朗)으로부터 금문학(今文學)을 공부했으나, 고문학(古文學)의 고증적인 해석을 따랐다. 『상서(尙書)』, 『시경(詩經)』, 『좌전(左傳)』, 『논어(論語)』 및 삼례(三禮)에 대한 주석을 남겼다.

8) 『공자가어(孔子家語)』는 공자(孔子)의 언행 및 제자들과의 일화를 기록한 문헌이다. 전한(前漢) 초기에 공안국(孔安國)이 이 책을 편집했다는 학설도 있지만, 현존하는 『공자가어』는 일반적으로 왕숙(王肅)의 위작으로 인식된다.

9) 『공자가어(孔子家語)』「관송(冠頌)」: 天子冠者, 武王崩, 成王年十有三而嗣立, 周公居冢宰, 攝政以治天下.

10) 위굉(衛宏, ?~?) : 후한(後漢) 때의 학자이다. 자(字)는 경중(敬仲)이다. 저서로는 『고문상서훈지(古文尙書訓旨)』·「모시서(毛詩序)」 등이 있다.

(斧依)'라고 기록했기 때문에, "도끼무늬가 새겨진 병풍을 호(戶)와 들창 사이에 세운다."는 말이 사실임을 알 수 있다. 황간[12]은 "명당의 중앙에 위치하며, 대실(大室)의 호(戶)와 들창 사이에 있다."라고 했다.

訓纂 三禮圖曰: 扆, 從廣八尺, 畫斧文, 今之屛風則遺象也.

번역 『삼례도』[13]에서 말하길, '의(扆)'는 세로의 폭이 8척(尺)이며, 도끼무늬를 그리니, 현재의 병풍(屛風)은 곧 의(扆)의 남겨진 제도에 따라 만든 기물이다.

訓纂 吳幼淸曰: 周公制禮作樂之事備, 乃會侯·甸·男·采·衛五服之諸侯, 營洛邑. 此記言"周公朝諸侯于明堂之位", 蓋是周公制作之時, 定此朝位. 天子, 謂王也. 舊注謂"周公攝王位, 朝諸侯", 非也.

번역 오유청[14]이 말하길, 주공(周公)이 예악(禮樂)을 제정하여 제도를 완비하였는데, 그 일이 끝나자 곧 후(侯)·전(甸)·남(男)·채(采)·위(衛) 등 오복(五服)[15]의 제후들을 조회하고, 낙읍(洛邑)을 건설했다. 이곳 기록

---

11) 『이아』「석궁(釋宮)」: 牖戶之間謂之扆, 其內謂之家. 東西牆謂之序.

12) 황간(皇侃, A.D.488~A.D.545) : =황씨(皇氏). 남조(南朝) 때 양(梁)나라의 경학자이다. 『주례(周禮)』, 『의례(儀禮)』, 『예기(禮記)』 등에 해박하여, 『상복문구의소(喪服文句義疏)』, 『예기의소(禮記義疏)』, 『예기강소(禮記講疏)』 등을 지었지만, 현재는 전해지지 않는다. 그 일부가 마국한(馬國翰)의 『옥함산방집일서(玉函山房輯佚書)』에 수록되어 있다.

13) 『삼례도(三禮圖)』는 삼례(三禮)에 나타나는 각종 명물(名物) 등에 대한 도해(圖解)를 한 책이다. 『수서(隋書)』「경적지(經籍志)」를 비롯하여, 각종 사서(史書)에는 각 시대마다 편찬된 『삼례도』에 대한 기록이 나오지만, 현재는 전해지지 않는다. 현재 남아있는 『삼례도』는 송대(宋代) 섭숭의(聶崇義)의 『삼례도』 20권과 명대(明代) 유적(劉績)의 『삼례도』 4권이다.

14) 오징(吳澄, A.D.1249~A.D.1333) : =임천오씨(臨川吳氏)·오유청(吳幼淸). 송원대(宋元代)의 유학자이다. 이름은 징(澄)이다. 자(字)는 유청(幼淸)이다. 저서로 『예기해(禮記解)』가 있다.

15) 오복(五服)은 천자의 수도 밖의 땅을 다섯 종류의 지역으로 구분한 것이

에서는 '주공조제후우명당지위(周公朝諸侯于明堂之位)'라고 했는데, 이 말은 주공이 제도를 제정했을 때, 이러한 조회를 받는 자리를 확정했다는 뜻인 것 같다. '천자(天子)'는 왕(王)을 뜻한다. 옛 주석에서는 "주공이 천자의 지위를 대신하여, 제후를 조회했다."라고 했는데, 잘못된 주장이다.

集解 陳氏祥道曰: 成王宅憂, 周公位冢宰, 百官總己以聽. 及旣成洛邑, 輔成王以朝諸侯, 乃率以祀文王. 若曰"代之而受朝", 則誤矣. "代之"之說, 始於荀卿, 盛於漢儒, 於是以"復子明辟"爲還政之事, 以"誕保文武受命, 惟七年"爲攝政之年, 是皆不知書者也.

번역 진상도[16]가 말하길, 성왕(成王)이 부친의 상사(喪事)를 치르는 도중이었으므로, 주공(周公)은 총재(冢宰)의 지위에 올라서, 백관(百官)[17]이 자신을 통해 정무를 처리하도록 했다. 낙읍(洛邑)을 완성한 이후, 성왕을 도와서 제후들을 조회하게 하여, 곧 모두를 이끌어 문왕(文王)에게 제사를 지내도록 했다. 만약 "대신하여 조회를 받았다."라고 한다면, 잘못된 주장

다. 천자의 수도로부터 사방 500리(里)씩 떨어진 곳까지 한 종류의 지역으로 구분하였는데, 천자의 수도에서 가까운 순서대로 기록하면 후복(侯服)·전복(甸服)·수복(綏服)·요복(要服)·황복(荒服) 순이 된다. 『서』「우서(虞書)·우공(禹貢)」편에는 "五百里甸服. 百里賦納總. 二百里納銍. 三百里納秸服. 四百里粟, 五百里米. 五百里侯服. 百里采. 二百里男邦. 三百里諸侯. 五百里綏服. 三百里揆文敎. 二百里奮武衛. 五百里要服. 三百里夷, 二百里蔡. 五百里荒服. 三百里蠻. 二百里流."라는 기록이 있다. 한편 '오복'의 명칭에 대해서, 수복(綏服), 요복(要服), 황복(荒服) 대신 남복(男服), 채복(采服), 위복(衛服)으로 부르기도 한다.

16) 진상도(陳祥道, A.D.1159~A.D.1223) : =장락진씨(長樂陳氏)·진씨(陳氏)·진용지(陳用之). 북송대(北宋代)의 유학자이다. 자(字)는 용지(用之)이다. 장락(長樂) 지역 출신으로, 1067년에 과거에 급제하여 태상박사(太常博士) 등을 지냈다. 왕안석(王安石)의 제자로, 그의 학문을 전파하는데 공헌하였다. 저서에는 『예서(禮書)』, 『논어전해(論語全解)』 등이 있다.

17) 백관(百官)은 공경(公卿) 이하의 관리들을 뜻한다. 또한 각 부서의 하급 관리들을 총칭하는 용어로도 사용되었다. 『예기』「교특생(郊特牲)」편에는 "獻命庫門之內, 戒百官也."라는 기록이 있고, 이에 대한 정현의 주에서는 "百官, 公卿以下也."라고 풀이하였다.

이다. "대신하다."라는 주장은 순자(荀子)에게서 시작되었고, 한(漢)나라 유학자들 사이에서 성행하였는데, 이를 통해 "그대 명군(明君)에게 아뢰옵니다."[18]라는 말을 정사를 되돌려준 사안으로 여겼고, "문왕과 무왕이 받은 천명(天命)을 보호한지 7년이다."[19]라는 말을 섭정을 했던 기간으로 여겼는데, 이 모두는 『서』를 잘 모르는 자들이 하는 주장이다.

集解 愚謂: 周公營洛邑爲東都, 侯·甸·男·邦·采·衛咸在, 王在新邑. 烝祭歲, 王賓殺禋咸格, 朝諸侯於明堂必在是時. 四時常朝受於廟, 大朝覲則爲壇明堂, 以祀天布政, 本非朝諸侯之所, 此蓋以洛邑初成, 故大朝覲之事特於明堂行之, 蓋異其事以新天下之耳目, 乃一時創行之典也. 成王免喪卽政, 求助群臣, 見於閔予小子諸詩, 必無至六年尙不能朝諸侯之理. 且成王旣至東都, 率諸侯以祀文武, 而周公乃代之受朝, 是二天子也. 尙書·左傳之言周公, 不過曰"位冢宰, 正百工"而已, 曰"相王室以尹天下"而已, 未有言其踐天子位者, 而荀卿始言之. 禮記出於漢儒, 遂有"周公踐阼, 朝諸侯於明堂"之說, 皆欲侈周公之事而失其實者也.

번역 내가 생각하기에, 주공(周公)은 낙읍(洛邑)을 건설하여, 동쪽 수도로 삼았고, 후(侯)·전(甸)·남(男)·방(邦)·채(采)·위(衛)의 지역에 속하는 제후들도 모두 그 안에 있었으며, 천자는 새로운 도읍에 머물렀다. 증(烝)[20]제사를 지내는 해, 왕빈(王賓)[21]이 살인(殺禋)[22]을 하자 모두 이르렀다고 했으니,[23] 명당(明堂)에서 제후에게 조회를 받았던 것은 반드시 이

---

18) 『서』「주서(周書)·낙고(洛誥)」: 周公拜手稽首曰, 朕復子明辟.

19) 『서』「주서(周書)·낙고(洛誥)」: 惟周公誕保文武受命, 惟七年.

20) 증(烝)은 겨울에 종묘(宗廟)에서 지내는 제사를 뜻한다. '증'자는 중(衆)자의 뜻으로, 겨울에는 만물 중에 성숙한 것이 많다는 의미에서 붙여진 말이다. 『백호통(白虎通)』「종묘(宗廟)」편에는 "冬曰烝者, 烝之爲言衆也, 冬之物成者衆."이라는 기록이 있다.

21) 왕빈(王賓)은 천자의 제사를 돕는 제후(諸侯)를 뜻한다.

22) 살인(殺禋)은 희생물을 도축하여, 태조(太祖)에 대한 제사를 지낸다는 뜻이다. '살(殺)'자는 희생물을 도축한다는 뜻이며, '인(禋)'자는 제사를 지낸다는 뜻이다.

시기에 했을 것이다. 사계절마다 시행하는 일상적인 조회는 묘(廟)에서 받지만, 성대한 조근(朝覲)[24]인 경우라면, 제단을 쌓은 명당에서 받았는데, 이곳은 하늘에 대한 제사를 지내고 정사를 반포하는 곳이니, 본래 제후에게 조회를 받는 장소는 아니다. 그런데 이곳에서 조회를 받았던 것은 아마도 낙읍을 처음으로 완성하였기 때문에, 성대한 규모의 조근을 특별히 명당에서 시행했던 것이다. 무릇 그 사안을 특별하게 여겨서, 천하의 이목을 집중시켰던 것이니, 일시적으로 창안하여 시행한 제도이다. 성왕은 상(喪)을 끝내고 곧 정치를 다스렸고, 뭇 신하들의 조력을 구하였고, 이러한 사실은 「민여소자(閔予小子)」 등의 여러 시에 나타나므로, 6년이 흘렀는데도, 여전히 제후에게서 조회를 받지 못했다는 이치는 분명 없었을 것이다. 또 성왕이 이미 동쪽 수도에 왔을 때, 제후들을 통솔하여 문왕(文王)과 무왕(武王)에게 제사를 지냈는데, 주공(周公)이 대신하여 조회를 받았다면, 이것은 2명의 천자가 있는 꼴이 된다. 『상서』와 『좌전』에서 말하는 주공은 단지 "총재(冢宰)의 지위에 올라서, 백공(百工)[25]을 올바르게 다스렸다."[26]

---

23) 『서』「주서(周書)·낙고(洛誥)」 : 戊辰, 王在新邑, 烝祭歲, …… 王賓殺禋, 咸格, 王入太室祼.

24) 조근(朝覲)은 군주가 신하를 만나보는 예법(禮法)을 뜻한다. 군주가 신하를 만나보는 예법에는 조(朝), 근(覲), 종(宗), 우(遇), 회(會), 동(同) 등이 있었는데, 이것을 총칭하여 '조근'으로 부르기도 한다. 한편 '조근'은 신하가 군주를 찾아뵙는 예법을 뜻하기도 한다. 고대에는 제후가 천자를 찾아뵐 때, 각 계절별로 그 명칭을 다르게 불렀다. 봄에 찾아뵙는 것을 조(朝)라고 부르며, 여름에 찾아뵙는 것을 종(宗)이라고 부르고, 가을에 찾아뵙는 것을 근(覲)이라고 부르며, 겨울에 찾아뵙는 것을 우(遇)라고 부른다. '조근'은 이러한 예법들을 총칭하는 말이다.

25) 백공(百工)은 각종 장인(匠人)들을 총칭하는 말이다. 『묵자(墨子)』「절용중(節用中)」편에는 "凡天下群百工, 輪車鞼匏, 陶冶梓匠, 使各從事其所能."이라는 용례가 있다. 또한 '백공'은 모든 관리들을 뜻하는 백관(百官)의 뜻으로도 사용된다. 『서』「우서(虞書) · 요전(堯典)」편에도 "允釐百工, 庶績咸熙."이라는 기록이 나오고, 『춘추좌씨전』「소공(昭公) 5년」편에도 "王子朝因舊官百工之喪職秩者, 與靈景之族以作亂."이라는 기록이 나온다.

26) 『서』「주서(周書) · 채중지명(蔡仲之命)」 : 惟周公位冢宰, 正百工, 群叔流言, 乃致辟管叔于商, 囚蔡叔于郭鄰, 以車七乘, 降霍叔于庶人, 三年不齒.

라고 한 것에 불과할 따름이며, "왕실(王室)을 도와서 천하를 다스렸다."[27] 라고 말할 수 있을 따름이니, 천자의 지위에 대신 올랐다고는 말한 적이 없는데, 이러한 말은 순자가 처음으로 말했다. 『예기』는 한(漢)나라 때의 유학자들에게서 나온 기록이기 때문에, 결국에는 "주공이 주인의 자리에 올라서, 명당에서 제후를 조회하였다."라는 말을 만들어내게 되었으니, 이 모두는 주공이 했던 일을 과장하고자 한 것이지만, 실상을 놓친 것이다.

27) 『춘추좌씨전』「정공(定公) 4년」 : 昔武王克商, 成王定之, 選建明德, 以蕃屛周. 故周公相王室, 以尹天下, 於周爲睦.

그림 1-1 ▣ 문왕(文王)

▸ **출처**: 『삼재도회(三才圖會)』「인물(人物)」 1권

그림 1-2 ▣ 무왕(武王)

▸ 출처: 『삼재도회(三才圖會)』「인물(人物)」 1권

그림 1-3 ▣ 성왕(成王)

▸ **출처**: 『삼재도회(三才圖會)』「인물(人物)」 1권

그림 1-4 ■ 주공(周公)

▸ 출처: 『삼재도회(三才圖會)』「인물(人物)」 4권

그림 1-5 ▣ 부의(斧依: =斧扆)

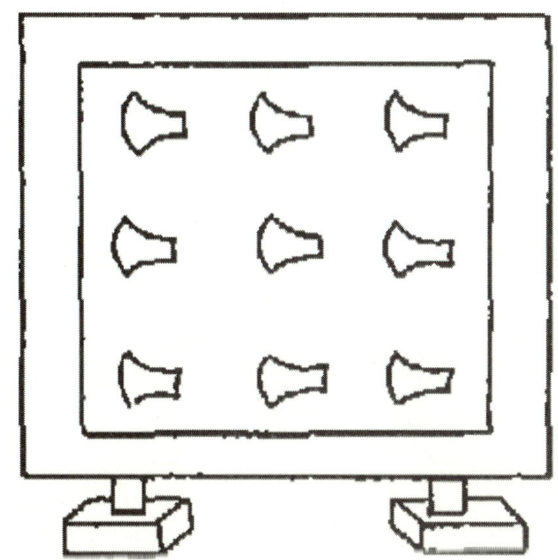

▸ **출처**: 『삼례도집주(三禮圖集注)』 8권

그림 1-6 ▣ 주공(周公)이 기도를 드리기 위해 제단을 쌓는 모습

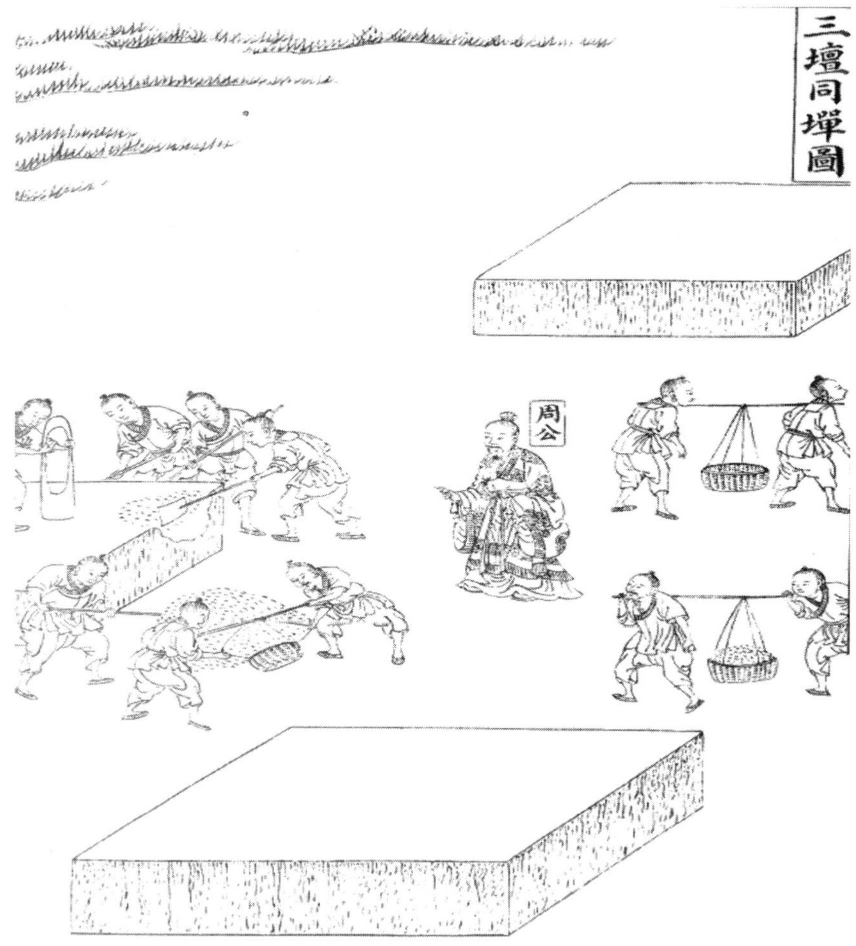

▸ 출처: 『흠정서경도설(欽定書經圖說)』 26권 「삼단동선도(三壇同墠圖)」

그림 1-7 ▣ 무왕(武王)의 병 때문에 태사(太史)가 축문을 읽는 모습

▸ **출처**: 『흠정서경도설(欽定書經圖說)』 26권 「태사책축도(太史冊祝圖)」

그림 1-8 ▣ 주나라의 구복(九服)·육복(六服)·오복(五服)

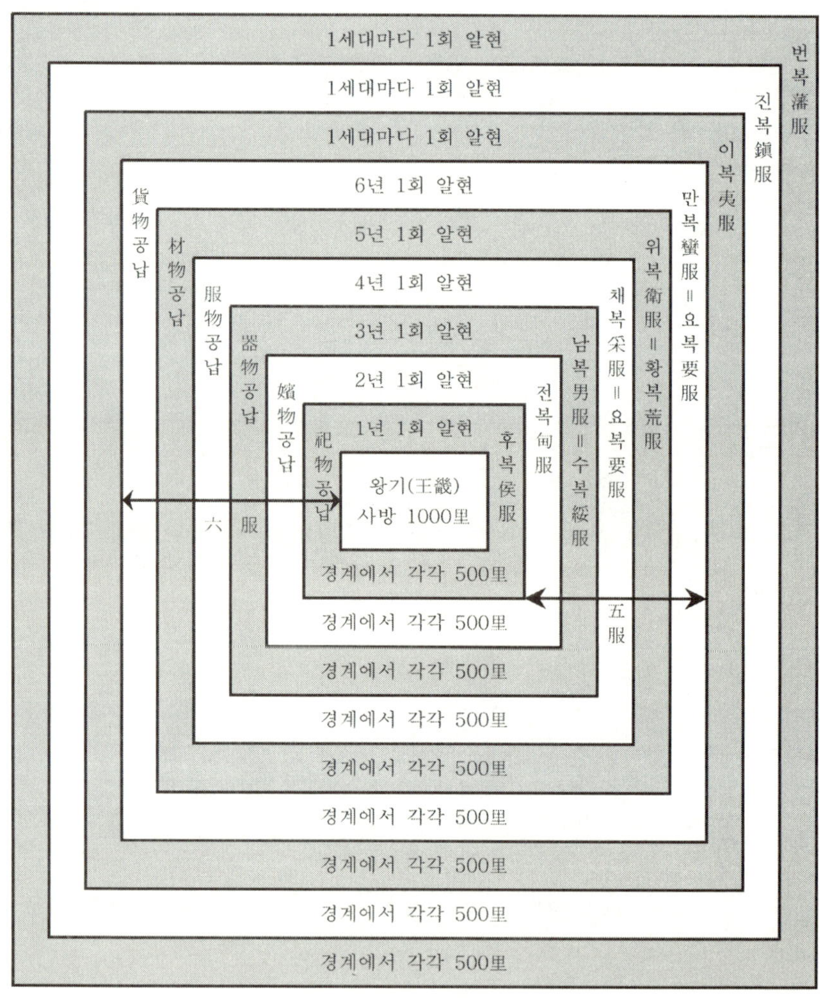

▸ **참조**: 『삼재도회(三才圖會)』「지리(地理)」 14권

【398b】

三公，中階之前，北面東上．諸侯之位，阼階之東，西面北上．諸伯之國，西階之西，東面北上．諸子之國，門東，北面東上．諸男之國，門西，北面東上．

지역 三公은 中階의 前에서, 北面하고 東上한다. 諸侯의 位는 阼階의 東에서, 西面하고 北上한다. 諸伯의 國은 西階의 西에서, 東面하고 北上한다. 諸子의 國은 門東에서, 北面하고 東上한다. 諸男의 國은 門西에서, 北面하고 東上한다.

의역 조회를 할 때, 삼공(三公)은 가운데 계단 앞에서 북쪽을 바라보며 동쪽 끝에서부터 선다. 후작들의 자리는 동쪽 계단의 동쪽에서 서쪽을 바라보며 북쪽 끝에서부터 선다. 백작들의 자리는 서쪽 계단의 서쪽에서 동쪽을 바라보며 북쪽 끝에서부터 선다. 자작들의 자리는 문의 동쪽에서 북쪽을 바라보며 동쪽 끝에서부터 선다. 남작들의 자리는 문의 서쪽에서 북쪽을 바라보며 동쪽 끝에서부터 선다.

集說 疏曰: 中階者, 南面三階故稱中. 諸伯以下皆云國, 此云位者, 以三公不云位, 諸侯在諸國之上, 特擧位言之, 明以下皆朝位也.

번역 공영달[28]의 소(疏)에서 말하길, '중계(中階)'라는 것은 남쪽을 향해 세 개의 계단이 설치되기 때문에, '가운데[中]'라고 지칭한 것이다. 백작으로부터 그 이하의 제후들에 대해서는 모두 '국(國)'이라고 말했고, 후작에 대해서는 '위(位)'라고 말했다. 그 이유는 삼공(三公)에 대해서는 위(位)라고 말하지 않았고, 후작은 제후국들 중에서도 상등에 해당하므로, 특별히 '위(位)'라고 말한 것이니, 그 이하의 내용들이 모두 조회를 할 때의 위치가 됨을 나타낸다.

---

28) 공영달(孔穎達, A.D.574～A.D.648) : =공씨(孔氏). 당대(唐代)의 경학자이다. 자(字)는 중달(仲達)이고, 시호(諡號)는 헌공(憲公)이다. 『오경정의(五經正義)』를 찬정(撰定)하는데 중심적인 역할을 했다.

孔疏 ●"三公, 中階之前, 北面東上", 此以下一經明朝位之法. 周公已居天子位, 餘有二公, 而云"三公"者, 擧國本數言之. "中階"者, 南面三階, 故稱"中".

번역 ●經文: "三公, 中階之前, 北面東上". ○이곳 문장부터 그 이하의 경문들은 조회의 자리에 대한 법도를 나타내고 있다. 주공(周公)은 이미 천자의 자리에 위치하였으니, 삼공(三公)[29] 중에는 나머지 2명만 남게 되는데, 이곳에서 '삼공(三公)'이라고 말한 것은 본래의 수에 따라서 말했기 때문이다. 경문의 "中階"에 대하여. 남쪽을 향하여 3개의 계단이 설치되기 때문에, 가운데 있는 계단을 '중(中)'이라고 지칭한 것이다.

孔疏 ●"諸侯之位, 阼階之東, 西面北上"者, 侯對伯爲尊, 故在阼階, 阼階近主位也. 按"諸伯"以下, 皆云"之國", 此云"位"者, 以三公旣云"中階之前", 不云"位". 諸侯在諸國之上, 特擧位言之, 明以下皆朝位也.

번역 ●經文: "諸侯之位, 阼階之東, 西面北上". ○후작은 백작과 대비해 보면, 더욱 존귀한 자가 된다. 그렇기 때문에 동쪽 계단에 위치하니, 동쪽 계단은 주인의 위치와 가깝기 때문이다. '제백(諸伯)'이라고 한 말로부터 그 이하의 구문들을 살펴보면, 모두 '지국(之國)'이라고 했는데, 이곳에서는 '위(位)'라고 했다. 그 이유는 삼공에 대해서는 이미 '가운데 계단의 앞'이라고 하여, '위(位)'자를 기록하지 않았기 때문이다. 후작들은 제후국들 중에서도 상등에 속하므로, 특별히 '위(位)'라고 말한 것이니, 그 이하의 기록들

---

29) 삼공(三公)은 중앙정부의 가장 높은 관직자 3명을 합쳐서 부르는 말이다. '삼공'에 속한 관직명에 대해서는 각 시대별로 차이가 있다. 『사기(史記)』「은본기(殷本紀)」편에는 "以西伯昌, 九侯, 鄂侯, 爲三公."이라는 기록이 있다. 즉 은나라 때에는 서백(西伯)인 창(昌), 구후(九侯), 악후(鄂侯)들을 '삼공'으로 삼았다. 또한 주(周)나라 때에는 태사(太師), 태부(太傅), 태보(太保)를 '삼공'으로 삼았다. 『서』「주서(周書)·주관(周官)」편에는 "立太師·太傅·太保, 玆惟三公, 論道經邦, 燮理陰陽."이라는 기록이 있다. 한편 『한서(漢書)』「백관공경표서(百官公卿表序)」에 따르면 사마(司馬), 사도(司徒), 사공(司空)을 '삼공'으로 삼았다는 기록이 있다.

이 모두 조회를 할 때의 위치가 됨을 나타낸다.

【398c】

九夷之國, 東門之外, 西面北上. 八蠻之國, 南門之外, 北面東上. 六戎之國, 西門之外, 東面南上. 五狄之國, 北門之外, 南面東上.

직역 九夷의 國은 東門의 外에서, 西面하고 北上한다. 八蠻의 國은 南門의 外에서, 北面하고 東上한다. 六戎의 國은 西門의 外에서, 東面하고 南上한다. 五狄의 國은 北門의 外에서 南面하고 東上한다.

의역 조회를 할 때, 구이(九夷)[30]에 해당하는 제후들은 동쪽 문밖에서 서쪽을 바라보며 북쪽 끝에서부터 선다. 팔만(八蠻)[31]에 해당하는 제후들은 남쪽 문밖에서 북쪽을 바라보며 동쪽 끝에서부터 선다. 육융(六戎)[32]에 해당하는 제후들은 서

---

30) 구이(九夷)는 고대 중국의 동쪽 지역에 거주하던 아홉 종류의 소수 민족을 뜻한다. 또한 그들이 거주하는 지역 전체를 가리키는 용어로도 사용되었다. 아홉 종류의 소수 민족을 견이(畎夷)·우이(于夷)·방이(方夷)·황이(黃夷)·백이(白夷)·적이(赤夷)·현이(玄夷)·풍이(風夷)·양이(陽夷)라고 정의하기도 한다. 『논어』「자한(子罕)」편에는 "子欲居九夷."라는 기록이 있고, 이에 대한 하안(何晏)의 『집해(集解)』에서는 마융(馬融)의 주장을 인용하여, "東方之夷有九種."이라고 풀이했으며, 『후한서(後漢書)』「동이전(東夷傳)」편에는 "夷有九種. 曰, 畎夷·于夷·方夷·黃夷·白夷·赤夷·玄夷·風夷·陽夷."라는 기록이 있다.

31) 팔만(八蠻)은 고대 중국의 남쪽 지역에 거주하던 여덟 종류의 소수 민족을 뜻한다. 또한 그들이 거주하는 지역 전체를 가리키는 용어로도 사용되었다. 여덟 종류의 소수 민족을 천축(天竺)·해수(咳首)·초요(僬僥)·파종(跛踵)·천흉(穿胸)·담이(儋耳)·구지(狗軹)·방춘(旁春)이라고 정의하기도 한다. 『예기』「왕제(王制)」편에는 "南方曰蠻. 雕題交趾, 有不火食者矣"이라는 기록이 있고, 이에 대한 공영달(孔穎達)의 소(疏)에서는 『이아』에 대한 이순(李巡)의 주장을 인용하며, "一曰天竺, 二曰咳首, 三曰僬僥, 四曰跛踵, 五曰穿胸, 六曰儋耳, 七曰狗軹, 八曰旁春."이라고 풀이했다.

32) 육융(六戎)은 고대 중국의 서쪽 지역에 거주하던 여섯 종류의 소수 민족을

쪽 문밖에서 동쪽을 바라보며 남쪽 끝에서부터 선다. 오적(五狄)[33]에 해당하는 제후들은 북쪽 문밖에서 남쪽을 바라보며 동쪽 끝에서부터 선다.

集說 夷蠻戎狄, 各從其方之門, 而以右爲尊, 獨南面東上者不然. 方氏以爲南面疑於君, 故與北面者同其上也.

번역 동이·남만·서융·북적에 해당하는 제후들은 각각 자기가 속한 방위의 문쪽에 서게 되는데, 우측을 존귀한 자리로 여기지만, 유독 남쪽을 바라보며 동쪽 끝에서부터 서는 자만은 그렇지 않다. 방씨는 남쪽을 바라보는 것은 군주처럼 따른다는 의혹을 사기 때문에, 북쪽을 바라보는 자들과 존귀하게 여기는 방향을 동일하게 했다고 여겼다.

孔疏 ●"九夷之國, 東門之外, 西面北上"者, 皇氏云: "在東門外之南, 故北上."

번역 ●經文: "九夷之國, 東門之外, 西面北上". ○황간은 "동쪽 문밖의 남쪽에 위치하기 때문에, 북쪽 끝에서부터 선다."라고 했다.

뜻한다. 또한 그들이 거주하는 지역 전체를 가리키는 용어로도 사용되었다. 여섯 종류의 소수 민족을 요이(僥夷)·융앙(戎央)노백(老白)·기강(耆羌)·비식(鼻息)·천강(天剛)이라고 정의하기도 한다. 『예기』「왕제(王制)」편에는 "西方曰戎, 被髮衣皮, 有不粒食者矣."라는 기록이 있고, 이에 대한 공영달(孔穎達)의 소(疏)에서는 『이아』에 대한 이순(李巡)의 주장을 인용하며, "一曰僥夷, 二曰戎央, 三曰老白, 四曰耆羌, 五曰鼻息, 六曰天剛."이라고 풀이했다.

33) 오적(五狄)은 고대 중국의 북쪽 지역에 거주하던 다섯 종류의 소수 민족을 뜻한다. 또한 그들이 거주하는 지역 전체를 가리키는 용어로도 사용되었다. 다섯 종류의 소수 민족을 월지(月支)·예맥(穢貊)·흉노(匈奴)·단우(單于)·백옥(白屋)이라고 정의하기도 한다. 『예기』「왕제(王制)」편에는 "北方曰狄, 衣羽毛穴居, 有不粒食者矣."라는 기록이 있고, 이에 대한 공영달(孔穎達)의 소(疏)에서는 『이아』에 대한 이순(李巡)의 주장을 인용하며, "一曰月支, 二曰穢貊, 三曰匈奴, 四曰單于, 五曰白屋."이라고 풀이했다.

孔疏 ●"八蠻之國, 南門之外, 北面東上"者, 皇氏云: "在南門外之西, 故東上."

번역 ●經文: "八蠻之國, 南門之外, 北面東上". ○황간은 "남쪽 문밖의 서쪽에 위치하기 때문에, 동쪽 끝에서부터 선다."라고 했다.

孔疏 ●"六戎之國, 西門之外, 東面南上"者, 皇氏云: "在西門外之北, 故南上."

번역 ●經文: "六戎之國, 西門之外, 東面南上". ○황간은 "서쪽 문밖의 북쪽에 위치하기 때문에, 남쪽 끝에서부터 선다."라고 했다.

孔疏 ●"五狄之國, 北門之外, 南面東上"者, 皇氏云: "在北門外之東." 今按經云"東上", 則宜在北門外之西, 故"東上".

번역 ●經文: "五狄之國, 北門之外, 南面東上". ○황간은 "북쪽 문밖의 동쪽에 위치한다."라고 했다. 현재 경문을 살펴보면, "동쪽 끝에서부터 선다."라고 했으니, 마땅히 북쪽 문밖의 서쪽이 되어야 한다. 그렇기 때문에 "동쪽 끝에서부터 선다."라고 한 것이다.

【398c】

九采之國, 應門之外, 北面東上.

직역 九采의 國은 應門의 外에서, 北面하고 東上한다.

의역 조회를 할 때, 구주(九州)의 목(牧)들은 정문 밖에서 북쪽을 바라보며 동쪽 끝에서부터 선다.

集說 疏曰: 此是九州之牧, 謂之采者, 以采取當州美物而貢天子. 故王制云: "千里之外曰采". 明堂無重門, 但有應門耳.

번역 공영달의 소(疏)에서 말하길, 이들은 구주(九州)의 목(牧)[34]을 가리키는데, '채(采)'라고 말한 이유는 해당 주(州)의 좋은 사물을 채취하여, 천자에게 공납하기 때문이다. 그래서 『예기』「왕제(王制)」편에서는 "1000리(里)의 밖의 땅을 채(采)라고 부른다."[35]라고 했던 것이다. 명당(明堂)에는 겹겹의 문이 없고, 단지 응문(應門)만 있을 따름이다.

釋文 采, 七在反.

번역 '采'자는 '七(칠)'자와 '在(재)'자의 반절음이다.

孔疏 ●"九采之國, 應門之外, 北面東上", 皇氏云: "在應門外之西." 此是九州之牧, 謂之采者, 以采取當州美物, 而貢天子. 故王制云: "千里之外曰采." 注云: "取其美物以當穀稅." 采亦是事, 言各掌其當州諸侯之事, 卽此注云"牧居外而糾察之", 是也.

번역 ●經文: "九采之國, 應門之外, 北面東上". ○황간은 "응문(應門) 밖의 서쪽에 있다."라고 했다. 여기에서 말하는 자들은 구주(九州)의 목(牧)인데, '채(采)'라고 부른 이유는 해당 주(州)의 좋은 사물들을 채취하여, 천자에게 공납하기 때문이다. 그래서 『예기』「왕제(王制)」편에서는 "1000리(里) 밖의 땅을 채(采)라고 부른다."라고 한 것이고, 정현의 주에서는 "좋은 사물

34) 구목(九牧)은 구주(九州)의 목(牧)들을 뜻한다. 고대 중국은 천하를 '구주'로 구분하였는데, 각각의 주(州)에는 여러 제후들이 속해 있었다. 그 중에서 가장 뛰어난 자를 그 '주'에 속해있었던 제후들의 수장으로 삼았는데, 그를 '목'이라고 부르는 것이다. 『예기』「곡례하(曲禮下)」편에는 "九州之長, 入天子之國曰牧"이라는 기록이 있는데, 이에 대한 정현의 주에서는 "每一州之中, 天子選諸侯之賢者以爲之牧也."라고 풀이했다.

35) 『예기』「왕제(王制)」【148b】: 千里之內曰甸, 千里之外曰采, 曰流.

들을 채취하여, 세금으로 충당한다."라고 한 것이다. '채(采)'자는 그 사안을 가리키는데, 목(牧)은 각자 해당 주(州)에 속한 제후들에 대한 일을 담당하니, 이곳 주에서 "목(牧)은 외부에 머물며, 그들을 감찰한다."라고 한 뜻에 해당한다.

그림 1-9 ▣ 구주(九州)-『서』「우공(禹貢)」

▸ **출처:** 『흠정사고전서(欽定四庫全書)』「도서편(圖書編)」 31권

그림 1-10 ▣ 구주(九州)-『주례』

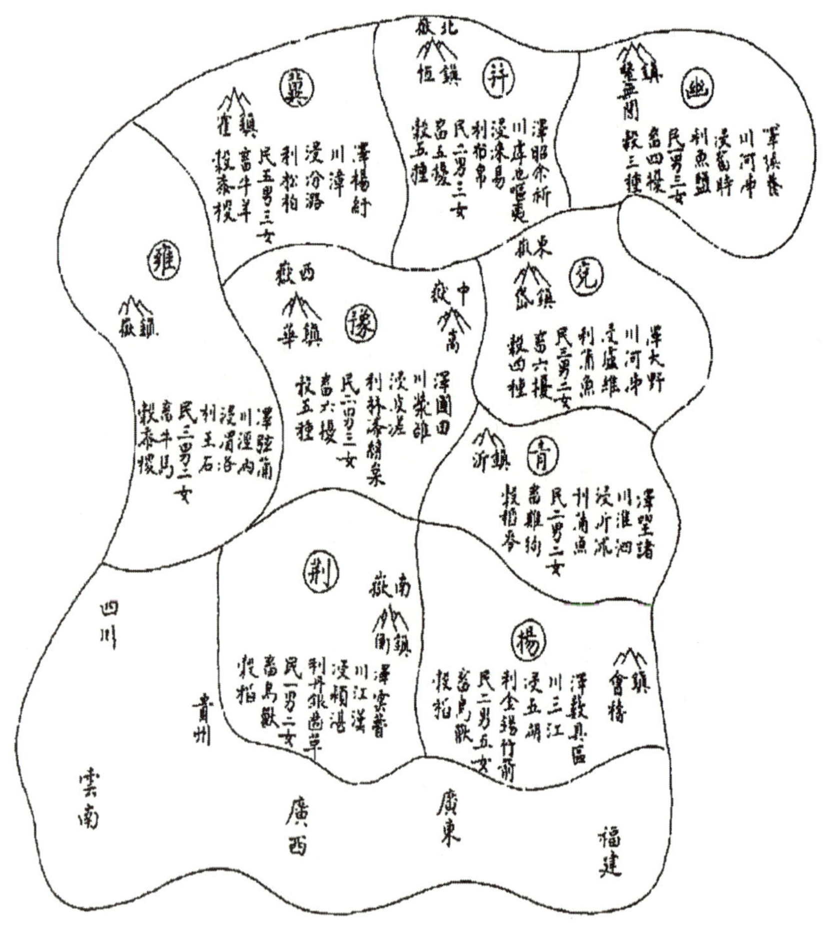

▸ 출처: 『주례도설(周禮圖說)』 상권

【398d】

四塞世告至. 此周公明堂之位也. 明堂也者, 明諸侯之尊卑也.

직역 四塞는 世에 至를 告한다. 此는 周公의 明堂의 位이다. 明堂이란 者는 諸侯의 尊卑를 明한다.

의역 구주(九州) 밖 변경 지역의 오랑캐 나라에서는 한 세대마다 한 차례 찾아와서 자신들이 왔음을 아뢰게 된다. 이러한 내용들은 주공(周公)이 제정한 명당(明堂)에서의 위치에 해당한다. '명당(明堂)'이라는 것은 제후들의 서열을 나타내는 건물이다.

集說 四塞, 九州之外夷狄也. 若天子新卽位, 或其國君易世, 皆一來朝告至, 故云世告至也.

번역 '사새(四塞)'는 구주(九州)[36] 밖의 오랑캐들을 뜻한다. 만약 천자

---

36) 구주(九州)는 9개의 주(州)를 뜻한다. 고대 중국에서는 중원 지역을 9개의 주로 구분하여, 다스렸다. 따라서 '구주'는 오랑캐 지역과 대비되는 중국 땅을 지칭하는 용어로 사용되었다. '구주'의 포함되는 '주'의 이름들은 각 기록마다 차이를 보인다. 『서』「우서(虞書)·우공(禹貢)」편에는 "禹敷土, 隨山刊木, 奠高山大川. 冀州既載. …… 濟河惟兗州. 九河既道. …… 海岱惟青州. 嵎夷既略, 濰淄其道. …… 海岱及淮惟徐州, 淮沂其乂, 蒙羽其藝. …… 淮海惟揚州, 彭蠡其豬, 陽鳥攸居. …… 荊及衡陽惟荊州. 江漢朝宗于海. …… 荊河惟豫州, 伊洛瀍澗, 既入于河. …… 華陽黑水惟梁州. 岷嶓既藝, 沱潛既道. …… 黑水西河惟雍州. 弱水既西."라는 기록이 있다. 즉 『서』에 기록된 '구주'는 기주(冀州)·연주(兗州)·청주(青州)·서주(徐州)·양주(揚州)·형주(荊州)·예주(豫州)·양주(梁州)·옹주(雍州)이다. 한편 『이아』「석지(釋地)」편에는 "兩河間曰冀州. 河南曰豫州. 河西曰雝州. 漢南曰荊州. 江南曰楊州. 濟河間曰兗州. 濟東曰徐州. 燕曰幽州. 齊曰營州."라는 기록이 있다. 즉 『이아』에 기록된 '구주'는 『서』의 기록과 달리, '서주'와 '양'주에 대한 기록이 없고, 대신 유주(幽州)와 영주(營州)가 기록되어 있다. 또 『주례』「하관(夏官)·직방씨(職方氏)」편에는 "乃辨九州之國使同貫利. 東南曰揚州. …… 正南曰荊州. …… 河南曰豫州. …… 正東曰青州. …… 河東曰兗州. …… 正西

가 새롭게 즉위를 했거나 혹은 그 나라들 중 군주가 바뀐 나라가 있다면, 그들 나라에서는 모두 한 차례 찾아와 조회를 하며, 자신들이 찾아오게 되었음을 아뢴다. 그렇기 때문에 "세대마다 한차례 찾아왔음을 아뢴다."라고 말한 것이다.

大全 山陰陸氏曰: 諸侯, 阼階之東, 西面北上, 諸伯, 西階之西, 東面北上, 是謂明諸侯之尊卑.

번역 산음육씨[37]가 말하길, 후작들은 동쪽 계단의 동쪽에서, 서쪽을 바라보며 북쪽 끝에서부터 서고, 백작들은 서쪽 계단의 서쪽에서, 동쪽을 바라보며 북쪽 끝에서부터 서니, 이러한 것들은 제후들의 서열을 나타냄을 뜻한다.

鄭注 朝之禮不於此, 周公權用之也. 朝位之上, 上近主位, 尊也. 九采, 九州之牧, 典貢職者也. 正門謂之應門, 二伯帥諸侯而入, 牧居外而糾察之也. 四塞謂夷服·鎭服·蕃服, 在四方爲蔽塞者. 新君卽位, 則乃朝. 周禮: "侯服歲一見, 甸服二歲一見, 男服三歲一見, 采服四歲一見, 衛服五歲一見, 要服六歲一見. 九州之外, 謂之蕃國, 世一見." 朝於此, 所以正儀辨等也.

번역 조회의 예법은 이곳에서 시행하지 않는데, 주공(周公)은 권도에 따라 임시방편으로 사용한 것이다. 조회의 위치에는 상등의 자리가 있는데, 상등의 자리는 주군의 자리와 가깝기 때문에, 존귀하다. '구채(九采)'는 구

曰雍州. …… 東北曰幽州. …… 河內曰冀州. …… 正北曰幷州."라는 기록이 있다. 즉 『주례』에 기록된 '구주'는 『서』의 기록과 달리, '서주'와 '양주'에 대한 기록이 없고, 대신 '유주'와 병주(幷州)에 대한 기록이 있다. 이외에도 일부 차이를 보이는 기록들이 있다.

37) 산음육씨(山陰陸氏, A.D.1042~A.D.1102) : =육농사(陸農師)·육전(陸佃). 북송(北宋) 때의 유학자이다. 자(字)는 농사(農師)이며, 호(號)는 도산(陶山)이다. 어려서 집안이 매우 가난했다고 전해지며, 왕안석(王安石)에게 수학하였으나 왕안석의 신법에 대해서는 반대하였다. 저서로는 『비아(埤雅)』, 『춘추후전(春秋後傳)』, 『도산집(陶山集)』 등이 있다.

주(九州)의 목(牧)을 뜻한다. 공직(貢職)을 담당하는 자이다. 정문을 '응문(應門)'이라고 부르니, 이백(二伯)[38]은 휘하의 제후들을 통솔하여 들어오며, 목(牧)은 밖에 머물며 감찰한다. '사새(四塞)'는 이복(夷服)[39] · 진복(鎭服)[40] · 번복(蕃服)[41]에 속한 자들을 뜻하니, 사방 변경에 속하여, 중국의

---

38) 이백(二伯)은 주(周)나라 초기에 천하를 동서(東西)로 양분하여, 각 방위에 있던 제후들을 다스렸던 2명의 주요 신하를 가리키는 말이다. 구체적 인물로는 주공(周公)과 소공(召公)이 '이백'을 맡았었다고 전해진다. 『공총자(孔叢子)』「거위(居衛)」편에는 "古之帝王, 中分天下, 使二公治之, 謂之二伯."이라는 기록이 있고, 『예기』「왕제(王制)」편에는 "八伯各以其屬, 屬於天子之老二人, 分天下以爲左右, 曰二伯."이라는 기록이 있는데, 이에 대한 정현의 주에서는 "自陝以東, 周公主之, 自陝以西, 召公主之."라고 풀이했다.

39) 이복(夷服)은 요복(要服)과 진복(鎭服) 사이에 있는 땅을 뜻한다. 천자의 수도 밖으로 사방 3000리(里)와 3500리 사이에 있었던 땅을 가리킨다. 이곳부터 중원과 구분되어, 오랑캐 지역으로 규정되었다. '이복'의 '이(夷)'자는 이 지역이 오랑캐 지역에 해당하기 때문에, 붙여진 글자이다. '복(服)'자는 천자를 위해 복종한다는 뜻이다. 『주례』「하관(夏官)·직방씨(職方氏)」편에는 "又其外方五百里曰蠻服, 又其外方五百里曰夷服, 又其外方五百里曰鎭服."이라는 기록이 있고, 이에 대한 가공언(賈公彦)의 소(疏)에서는 "諸言夷者, 以其在夷狄中, 故以夷言之."라고 풀이했다.

40) 진복(鎭服)은 이복(夷服)과 번복(藩服) 사이에 있는 땅을 뜻한다. 천자의 수도 밖으로 사방 3500리(里)리와 4000리 사이에 있었던 땅을 가리킨다. 오랑캐 지역에 해당한다. '진복'의 '진(鎭)'자는 이 지역이 오랑캐 지역 중에서도 깊숙한 곳에 위치하여, 그들을 진압하기 위해 보루를 만들어서 지킬 필요가 있기 때문에, 붙여진 글자이다. '복(服)'자는 천자를 위해 복종한다는 뜻이다. 『주례』「하관(夏官) · 직방씨(職方氏)」편에는 "又其外方五百里曰夷服, 又其外方五百里曰鎭服, 又其外方五百里曰藩服."이라는 기록이 있고, 이에 대한 가공언(賈公彦)의 소(疏)에서는 "言鎭者, 以其入夷狄深, 故須鎭守之."라고 풀이했다.

41) 번복(藩服)은 번복(蕃服)이라고도 부른다. 진복(鎭服) 밖에 있는 땅으로, 가장 멀리 떨어진 지역이다. 천자의 수도 밖으로 사방 4000리(里)와 4500리 사이에 있었던 땅을 가리킨다. 오랑캐 지역에 해당한다. '번복'의 '번(藩)'자는 이 지역이 가장 멀리 떨어져서 있어서, 울타리가 둘러져 있으므로, 붙여진 글자이다. '복(服)'자는 천자를 위해 복종한다는 뜻이다. 『주례』「하관(夏官) · 직방씨(職方氏)」편에는 "又其外方五百里曰鎭服, 又其外方五百里曰藩服."이라는 기록이 있고, 이에 대한 가공언(賈公彦)의 소(疏)에서는 "言藩者, 以其最在外爲藩蘺, 故以藩爲稱."이라고 풀이했다.

울타리가 되는 자들이다. 새로운 군주가 즉위하면, 곧 조회를 온다. 『주례』에서는 "후복(侯服)[42]에 속한 제후는 1년에 1번 조회를 오고, 전복(甸服)[43]에 속한 제후는 2년에 1번 조회를 오며, 남복(男服)[44]에 속한 제후는 3년에 1번 조회를 오고, 채복(采服)[45]에 속한 제후는 4년에 1번 조회를 오며, 위복

---

42) 후복(侯服)은 천자의 수도와 붙어 있는 지역이다. '후복'의 '후(侯)'자는 '후(候)'자의 뜻으로, 천자를 위해 척후병의 임무를 수행한다는 의미이다. '복(服)'자는 천자를 위해 복종한다는 뜻이다. 하(夏)나라 때의 제도에서는 전복(甸服)과 위치가 바뀌어, 천자의 수도로부터 사방 500리(里) 떨어진 곳까지를 '전복'이라고 불렀고, 전복 밖의 사방 500리 떨어진 곳까지를 '후복'이라고 불렀다. 『서』「우서(虞書)·우공(禹貢)」편에는 "五百里甸服 …… 五百里侯服."이라는 기록이 있고, 이에 대한 공안국(孔安國)의 전(傳)에서는 "甸服外之五百里. 侯, 候也, 斥候而服事."라고 풀이했다. 한편 주(酒)나라 때에는 천자의 수도 밖으로 사방 500리 떨어진 곳까지를 '후복'이라고 불렀고, '전복'은 '후복' 밖에 위치했다. 『주례』「하관(夏官)·직방씨(職方氏)」편에는 "乃辨九服之邦國, 方千里曰王畿, 其外方五百里曰侯服, 又其外方五百里曰甸服."이라는 기록이 있다.

43) 전복(甸服)은 천자의 수도 밖의 지역이다. '전복'의 '전(甸)'자는 '전(田)'자의 뜻으로, 천자가 정사를 펼치는데 필요한 조세를 거두던 지역이라는 뜻이다. '복(服)'자는 천자를 위해 복종한다는 뜻이다. 하(夏)나라 때의 제도에서는 천자의 수도와 연접한 지역이 '전복'이 되었는데, 천자의 수도로부터 사방 500리(里) 떨어진 곳까지를 '전복'이라고 불렀다. 『서』「우서(虞書)·우공(禹貢)」편에는 "錫土姓, 祗台德先, 不距朕行, 五百里甸服."이라는 기록이 있고, 이에 대한 공안국(孔安國)의 전(傳)에서는 "規方千里之內謂之甸服, 爲天子服治田, 去王城面五百里."라고 풀이했다. 한편 주(周)나라 때에는 '전복'의 자리에 대신 '후복(侯服)'이 위치하였으며, '전복'은 '후복' 밖의 사방 500리 떨어진 곳까지를 뜻하였다. 『주례』「하관(夏官)·직방씨(職方氏)」편에는 "乃辨九服之邦國, 方千里曰王畿, 其外方五百里曰侯服, 又其外方五百里曰甸服."이라는 기록이 있다.

44) 남복(男服)은 전복(甸服)과 채복(采服) 사이에 있는 땅을 뜻한다. 천자의 수도 밖으로 사방 1000리(里)와 1500리(里) 사이에 있었던 땅을 가리킨다. '남복'의 '남(男)'자는 임무를 맡는다는 뜻으로, 천자를 위해 다스리는 임무를 담당한다는 뜻이다. '복(服)'자는 천자를 위해 복종한다는 뜻이다. 『주례』「하관(夏官)·직방씨(職方氏)」편에는 "乃辨九服之邦國, 方千里曰王畿, 其外方五百里曰侯服, 又其外方五百里曰甸服, 又其外方五百里曰男服."이라는 기록이 있고, 이에 대한 가공언(賈公彦)의 소(疏)에서는 "言男者, 男之言任也, 爲王任其職理."라고 풀이했다.

45) 채복(采服)은 남복(男服)과 위복(衛服) 사이에 있는 땅을 뜻한다. 천자의 수

(衛服)[46]에 속한 제후는 5년에 1번 조회를 오고, 요복(要服)[47]에 속한 제후는 6년에 1번 조회를 온다. 구주(九州) 밖에 속한 나라를 '번국(蕃國)'[48]이

도 밖으로 사방 1500리(里)와 2000리 사이에 있었던 땅을 가리킨다. '채복'의 '채(采)'자는 돌본다는 뜻으로, 천자를 위해서, 백성들을 돌보며, 산출된 물건들을 천자에게 바친다는 뜻이다. '복(服)'자는 천자를 위해 복종한다는 뜻이다. 『주례』「하관(夏官) · 직방씨(職方氏)」편에는 "又其外方五百里曰男服, 又其外方五百里曰采服, 又其外方五百里曰衛服."이라는 기록이 있고, 이에 대한 가공언(賈公彦)의 소(疏)에서는 "采者, 事也, 爲王事民以供上."이라고 풀이했다.

46) 위복(衛服)은 채복(采服)과 요복(要服: =蠻服) 사이에 있는 땅을 뜻한다. 천자의 수도 밖으로 사방 2000리(里)와 2500리 사이에 있었던 땅을 가리킨다. '위복'의 '위(衛)'자는 수호한다는 뜻으로, 천자를 위해서 외부의 침입을 막는다는 의미이다. '복(服)'자는 천자를 위해 복종한다는 뜻이다. 『주례』「하관(夏官) · 직방씨(職方氏)」편에는 "又其外方五百里曰采服, 又其外方五百里曰衛服, 又其外方五百里曰蠻服."이라는 기록이 있고, 이에 대한 가공언(賈公彦)의 소(疏)에서는 "言衛者, 爲王衛禦."라고 풀이했다.

47) 요복(要服)은 위복(衛服)과 이복(夷服) 사이에 있는 땅을 뜻한다. 천자의 수도 밖으로 사방 2500리(里)와 3000리 사이에 있었던 땅을 가리킨다. '요복'의 '요(要)'자는 결속시킨다는 뜻으로, 중원의 문화를 수호하며 지킨다는 의미이다. '복(服)'자는 천자를 위해 복종한다는 뜻이다. 한편 '요복'은 '만복(蠻服)'이라고도 부른다. '만복'의 '만(蠻)'자는 오랑캐들의 지역과 인접해 있기 때문에 붙여진 명칭으로, 교화를 베풀어 오랑캐들도 교화되도록 한다는 뜻이다. 『서』「우서(虞書) · 우공(禹貢)」편에는 "五百里要服."이라는 기록이 있고, 이에 대한 공안국(孔安國)의 전(傳)에서는 "綏服外之五百里, 要束以文敎."라고 풀이했으며, 『주례』「하관(夏官) · 직방씨(職方氏)」편에는 "又其外方五百里曰衛服, 又其外方五百里曰蠻服, 又其外方五百里曰夷服."이라는 기록이 있고, 이에 대한 가공언(賈公彦)의 소(疏)에서는 "言蠻者, 近夷狄, 蠻之言縻, 以政敎縻來之, 自北已下皆夷狄."이라고 풀이했다.

48) 번국(蕃國)은 본래 주(周)나라 때의 구주(九州) 밖의 나라들을 지칭하는 말이다. 후대에는 오랑캐 나라들을 범칭하는 용어로도 사용되었다. 주나라 때에는 구복(九服)으로 천하의 땅을 구획하였는데, 구복 중 육복(六服)까지는 중원 지역으로 구분되며, 육복 이외의 세 개의 지역은 오랑캐 땅으로 분류하였다. 이 세 개의 지역은 이복(夷服) · 진복(鎭服) · 번복(藩服)이며, 이 지역에 세운 나라를 '번국'이라고 부른다. 『주례』「추관(秋官) · 대행인(大行人)」편에는 "九州之外, 謂之蕃國."이라는 기록이 있는데, 이에 대한 손이양(孫詒讓)의 『정의(正義)』에서는 "職方氏九服, 蠻服以外, 有夷 · 鎭 · 藩三服. …… 是此蕃國卽職方外三服也."라고 풀이했다.

라고 부르며, 그들은 한 세대에 1번 조회를 온다."[49]라고 했다. 이러한 장소에서 조회를 하는 이유는 의례를 바로잡아서 등급을 변별하기 위해서였다.

釋文 塞, 先代反, 注同, 又先則反. "此周公明堂之位也", 本或無"周公"之字. 近, 附近之近. 藩, 本又作蕃, 方元反, 下同. 壹見, 壹又作一, 下賢遍反, 下同. 要, 一遙反.

번역 '塞'자는 '先(선)'자와 '代(대)'자의 반절음이며, 정현의 주에 나오는 글자도 그 음이 이와 같고, 또한 '先(선)'자와 '則(칙)'자의 반절음도 된다. "此周公明堂之位也"에서, 판본에 따라 '周公'이라는 두 글자가 없는 기록도 있다. '近'자는, '부근(附近)'이라고 할 때의 '近'자이다. '藩'자는 판본에 따라 또한 '蕃'자로도 기록하는데, 그 음은 '方(방)'자와 '元(원)'자의 반절음이며, 아래문장에 나오는 글자도 그 음이 이와 같다. '壹見'에서의 '壹'자는 또한 '一'자로도 기록하며, '見'자는 그 음이 '賢(현)'자와 '遍(편)'자의 반절음이고, 아래문장에 나오는 글자도 그 음이 이와 같다. '要'자는 '一(일)'자와 '遙(요)'자의 반절음이다.

孔疏 ●"四塞, 世告至"者, 此謂九州之外, 夷·鎭·蕃三服夷狄爲四方蕃塞, 每世一來朝告至, 或新王卽位而來朝, 或己君初卽位, 故云"世告至"也.

번역 ●經文: "四塞, 世告至". ○이들은 구주(九州)의 목(牧)을 가리키니, 이복(夷服)·진복(鎭服)·번복(蕃服) 등 세 지역에 속한 오랑캐들로, 사방 변경의 울타리가 되며, 매 세대마다 한 차례 찾아와 조회를 하고, 자신들이 온 사실을 아뢰고 되는데, 새로운 천자가 즉위를 하면 찾아와서 조회를

---

49) 『주례』「추관(秋官)·대행인(大行人)」: 邦畿方千里, 其外方五百里謂之<u>侯服, 歲壹見</u>, 其貢祀物. 又其外方五百里謂之<u>甸服, 二歲壹見</u>, 其貢嬪物. 又其外方五百里謂之<u>男服, 三歲壹見</u>, 其貢器物. 又其外方五百里謂之<u>采服, 四歲壹見</u>, 其貢服物. 又其外方五百里謂之<u>衛服, 五歲壹見</u>, 其貢材物. 又其外方五百里謂之<u>要服, 六歲壹見</u>, 其貢貨物. <u>九州之外謂之蕃國, 世壹見</u>, 各以其所貴寶爲摯.

하거나 자기 나라의 군주가 즉위를 하면 찾아온다. 그렇기 때문에 "세대마다 한 번 찾아와서 찾아왔음을 아뢴다."라고 말한 것이다.

孔疏 ◎注"朝位"至"一見". ○正義曰: "上近主位, 尊也"者, 三公則東上, 侯尊於伯, 故在東. 子尊於男, 亦在東, 是"上近主位, 尊也". 云"正門謂之應門"者, 以明堂更無重門, 非路門外之應門, 以爾雅·釋宮云: "正門謂之應門." 李巡云: "宮中南嚮大門, 應門也." 應, 是當也. 以當朝正門, 故謂之應門. 但天子宮內有路寢, 故應門之內有路門. 明堂旣無路寢, 故無路門及以外諸門, 但有應門耳. 云"二伯帥諸侯而入"者, 按顧命, 畢公率東方諸侯入應門右, 召公率西方諸侯入應門左, 是也. 云"牧居外而糾察之也"者, 伯旣領之入應門, 故牧居應門外, 糾察諸侯後入不如儀者. 引周禮"侯服歲一見"以下, 是大行人文也. 引之者, 證夷狄世一見, 則經之"四塞, 世告至", 是也. 其夷狄之名, 此云"九夷·八蠻·六戎·五狄", 按職方云"四夷·八蠻·七閩·九貉·五戎·六狄", 爾雅·釋地文云"九夷·八狄·七戎·六蠻, 謂之四海", 不同者, 爾雅·釋地所云謂殷代, 此"明堂", 周公朝諸侯及職方, 並謂周禮, 但戎狄之數, 五·六不同. 故鄭志趙商問曰: "職方掌四夷·八蠻·七閩·九貉·五戎·六狄之數, 注云: '周之所服國數.' 明堂云: 朝位服事之國數, 夷九蠻八戎六狄五. 禮文事異, 不達其數." 故鄭答云: "職方: 四夷, 謂四方夷狄也. 九貉卽九夷, 在東方. 八蠻在南方, 閩其別也. 戎狄之數, 或六或五, 兩文異. 爾雅雖有與同, 皆數爾, 無別國之名, 不甚明, 故不定也." 如鄭此言, 夷狄之名, 旣無別國顯其名, 數或六或五, 不可知也.

번역 ◎鄭注: "朝位"~"一見". ○정현이 "상등의 자리는 주군의 자리와 가깝기 때문에, 존귀하다."라고 했는데, 삼공(三公)은 동쪽 끝에서부터 위치하고, 후작은 백작보다 존귀하기 때문에, 동쪽에 있게 된다. 자작은 남작보다 존귀하므로 또한 동쪽에 있게 된다. 이것이 "상등의 자리는 주군의 자리와 가깝기 때문에, 존귀하다."라는 뜻이다. 정현이 "정문을 '응문(應門)'이라고 부른다."라고 했는데, 명당(明堂)에는 겹겹의 문이 없으니, 노문(路門)[50] 밖에 설치된 응문(應門)[51]을 뜻하지 않기 때문이고, 『이아』「석궁(釋

宮)」편에서는 “정문(正門)을 응문(應門)이라고 부른다.”라고 했는데, 이순의 주에서는 “궁중에 남쪽을 향해 있는 대문을 응문이라고 한다.”라고 했기 때문이다. ‘응(應)’자는 “~에 해당하다[當].”는 뜻이다. 조회 장소에 해당하는 정문이기 때문에, ‘응문(應門)’이라고 한 것이다. 다만 천자의 궁성 안쪽에는 노침(路寢)[52]이 있기 때문에, 응문 안쪽에는 노문이 있게 된다. 명당에는 이미 노침 자체가 없기 때문에, 노문 및 그 밖에 있는 여러 문들이 없고, 단지 응문만 있을 따름이다. 정현이 “이백(二伯)은 휘하의 제후들을 통솔하여 들어온다.”라고 했는데, 『서』「고명(顧命)」편을 살펴보면, 필공(畢公)은 동쪽 지역의 제후들을 통솔하여, 응문의 우측으로 들어왔고, 소공(召公)은 서쪽 지역의 제후들을 통솔하여, 응문의 좌측으로 들어왔다[53]고 한 말이 바로 이러한 사실을 나타낸다. 정현이 “목(牧)은 밖에 머물며 감찰한다.”라고 했는데, 백(伯)은 제후들을 통솔하여 응문으로 들어간다고 했기 때문에, 목(牧)은 응문 밖에 머물며, 제후들 중 뒤에 들어가는 자가 앞서 행했던 의례처럼 하지 않는지를 감찰한다. 정현이 『주례』를 인용하여, “후복(侯服)에 속한 제후는 1년에 1번 조회를 온다.”라고 한 문장부터 그 이하

---

50) 노문(路門)은 고대 궁실(宮室) 건축물 중에서도 가장 안쪽에 있었던 정문이다. 여러 문들 중에서 노침(路寢)에 가장 가까운 위치에 있었기 때문에, ‘노문’이라는 명칭이 붙게 되었다. 『주례』「동관고공기(冬官考工記)·장인(匠人)」편에는 “路門不容乘車之五个.”라는 기록이 있는데, 이에 대한 정현의 주에서는 “路門者, 大寢之門.”라고 풀이하였고, 가공언(賈公彦)의 소(疏)에서는 “路門以近路寢, 故特小爲之.”라고 풀이하였다.

51) 응문(應門)은 궁(宮)의 정문을 가리킨다. 『시』「대아(大雅)·면(緜)」편에는 “迺立應門, 應門將將.”이라는 기록이 있는데, 이에 대한 모전(毛傳)에서는 “王之正門曰應門.”이라고 풀이하였다.

52) 노침(路寢)은 천자나 제후가 정무를 처리하던 정전(正殿)이다. 『시』「노송(魯頌)·민궁(閟宮)」편에는 “松桷有舃, 路寢孔碩.”이라는 기록이 있는데, 이에 대한 모전(毛傳)에서는 “路寢, 正寢也.”라고 풀이했고, 『문선(文選)』에 수록된 장형(張衡)의 ‘서경부(西京賦)’에는 “正殿路寢, 用朝群辟.”이라는 기록이 있는데, 이에 대한 설종(薛綜)의 주에서는“周曰路寢, 漢曰正殿.”이라고 하여, 주(周)나라에서는 ‘정전’을 ‘노침’으로 불렀다고 풀이했다.

53) 『서』「주서(周書)·강왕지고(康王之誥)」: 王出在應門之內. 太保率西方諸侯, 入應門左, 畢公率東方諸侯, 入應門右, 皆布乘黃朱.

의 기록들은 「대행인(大行人)」편의 문장이다. 정현이 이 문장을 인용한 이유는 오랑캐들이 세대마다 1차례 조회로 찾아온다는 사실을 증명하기 위해서이니, 경문에서 "사새(四塞)는 세대마다 한 차례 찾아와서 이르렀음을 아뢴다."는 말이 바로 이러한 사실을 나타낸다. 오랑캐에 대한 명칭에 있어서, 이곳 기록에서는 '구이(九夷)'·'팔만(八蠻)'·'육융(六戎)'·'오적(五狄)'이라고 했는데, 『주례』「직방(職方)」편의 기록을 살펴보면, '사이(四夷)'·'팔만(八蠻)'·'칠민(七閩)'·'구맥(九貉)'·'오융(五戎)'·'육적(六狄)'이라고 했으며,[54] 『이아』「석지(釋地)」편의 기록에서는 "구이(九夷)·팔적(八狄)·칠융(七戎)·육만(六蠻)을 '사해(四海)'라고 부른다."[55]고 하여, 서로 다르다. 그 이유는 『이아』「석지」편에서 말한 내용은 은(殷)나라 때의 명칭을 뜻하며, 이곳에서 '명당(明堂)'이라고 했는데, 주공(周公)이 제후들의 조회를 받은 것과 「직방」편의 기록들은 모두 주(周)나라 때의 예법을 가리킨다. 다만 융(戎)과 적(狄)에 있어서는 그 수에 5나 6 등의 다른 점이 있을 뿐이다. 그렇기 때문에 『정지』[56]에서는 조상[57]이 질문을 하며, "직방씨(職方氏)는 사이(四夷)·팔만(八蠻)·칠민(七閩)·구맥(九貉)·오융(五戎)·육적(六狄)을 담당한다고 했는데, 그 수치들에 대해, 주에서는 '주(周)나라에 복종한 국가들의 수이다.'라고 했습니다. 그런데 「명당위」편에서는 조회를 할 때의 자리에 있어서, 복종하는 나라의 수를 설명하며, 이(夷)는 9, 만(蠻)은 8, 융(戎)은 6, 적(狄)은 5라고 했습니다. 제도와 그 사안이 나르나고 하너라도, 그 수치에 차이가 생기는 이유는 모르겠습니다."라고 했다. 그래서 정현

54) 『주례』「하관(夏官)·직방씨(職方氏)」: 職方氏; 掌天下之圖, 以掌天下之地, 辨其邦國·都鄙·四夷·八蠻·七閩·九貉·五戎·六狄之人民與其財用·九穀·六畜之數要, 周知其利害.

55) 『이아』「석지(釋地)」: 九夷·八狄·七戎·六蠻, 謂之四海.

56) 『정지(鄭志)』는 정현(鄭玄)과 그의 제자들이 오경(五經)에 대해서 문답을 주고받은 내용을 기록한 문헌이다. 『논어』의 형식에 의거하여, 정현의 제자들이 편찬하였다. 『후한서(後漢書)』「장조정열전(張曹鄭列傳)」편에는 "門人相與撰玄荅諸弟子問五經, 依論語作鄭志八篇."라는 기록이 있다.

57) 조상(趙商, ?~?) : 정현(鄭玄)의 제자이다. 자(字)는 자성(子聲)이다. 하내(河內) 지역 출신이다.

은 대답을 하며, "「직방씨」편에서 사이(四夷)라고 했는데, 이것은 사방의 이적(夷狄)을 가리킨다. 구맥(九貉)은 곧 구이(九夷)에 해당하니, 동쪽 지역에 분포해 있다. 팔만(八蠻)은 남쪽 지역에 분포해 있고, 민(閩)은 그 분파에 해당한다. 융(戎)과 적(狄)의 수에 있어서, 어떤 곳에서는 6이라고 했고 또 5라고도 하여, 두 문장에 차이가 있다. 『이아』의 기록이 비록 이곳 기록과 동일한 점이 있더라도, 모두 수치만을 들었고, 별도의 국가 이름을 기록하지 않았으므로, 자세히 살펴볼 수 없다. 그렇기 때문에 확정할 수 없다."라고 했다. 정현의 이러한 주장대로라면, 오랑캐 국가의 이름에 있어서, 별도의 국가에 대해서 그 이름을 명확하게 나타낸 것이 없으니, 그 수에 있어서 어떤 곳에서는 6이라고 하고 또 어떤 곳에서는 5라고 한 차이는 알 수 없다.

孔疏 ●"明堂"至"卑也". ○正義曰: 所以朝諸侯於明堂者, 欲顯明諸侯之尊卑, 故就尊嚴之處以朝之.

번역 ●經文: "明堂"~"卑也". ○명당(明堂)에서 제후들을 조회하는 이유는 제후들의 서열을 명확히 드러내고자 했기 때문이다. 그래서 존엄한 자리에 나아가서 조회를 했던 것이다.

孔疏 ◎注"朝於"至"等也". ○正義曰: 解周公所以朝諸侯在此明堂之意. 云"正儀辨等"者, 大司馬職文. 彼云"設儀辨位, 以等邦國", 鄭略言之.

번역 ◎鄭注: "朝於"~"等也". ○주공(周公)이 명당(明堂)에서 제후들을 조회했던 이유를 설명한 글이다. 정현이 "의례를 바로잡아서 등급을 변별하다."라고 했는데, 이것은 『주례』「대사마(大司馬)」편의 직무 기록에 나오는 문장이다.[58] 「대사마」편에서는 "의례를 제정하고, 위치를 변별하여, 나라의 등급을 매긴다."라고 했으므로, 정현이 간략히 기록한 것이다.

---

58) 『주례』「하관(夏官)·대사마(大司馬)」: 設儀辨位以等邦國.

訓纂 金氏榜曰: 所謂合諸侯之明堂, 于周官經司儀及覲禮見宮壇之制, 于明堂位見階門之位, 大戴禮記朝事義則兼擧之. 盛德篇曰"明堂者, 所以明諸侯尊卑", "其宮方三百步, 在近郊." 此爲壇爲宮, 謂之明堂, 無室·廟·个之制, 唯四面表其門, 則不殊覲禮于祀方明, 言反則出拜日爲出其宮門, 可知方明之祀配以受命之王. 古文尙書伊訓: "伊尹祀于先王, 誕資有牧方明." 漢書援之而曰: "言雖有成湯·大丁·外丙之服, 以冬至越茀祀先王于方明, 以配上帝." 孝經: "宗祀文王于明堂, 以配上帝." 殷周典禮, 相沿之可稽者若此.

번역 금방[59]이 말하길, 이른바 제후들을 불러 모았다는 명당(明堂)에 대해서, 『주례』의 경문인 「사의(司儀)」편과 『의례』「근례(覲禮)」편에는 궁성과 제단의 제도가 나타나 있고, 「명당위」편에는 계단과 문의 위치가 나타나 있으며, 『대대례기』[60]「조사의(朝事義)」편에서는 이것들을 모두 제시하고 있다. 그리고 『대대례기』「성덕(盛德)」편에서는 "'명당(明堂)'이라는 것은 제후들의 서열을 나타내는 방법이다."라고 했고, "그 궁성은 사방 300보(步)의 크기이며, 근교(近郊)에 있다."라고 했다.[61] 이것은 제단을 만들고

59) 금방(金榜, A.D.1735~A.D.1801) : 청(淸)나라 때의 학자이다. 자(字)는 예중(蕊中)·보지(輔之)이다. 한림원수찬(翰林院修撰) 등을 지냈으며, 외조부(外祖父)가 죽자 복상(服喪)을 하고, 이후 두문불출하며 오로지 독서와 저술에만 전념하였다. 대진(戴震)과 동학(同學)했으며, 『예전(禮箋)』 등을 지술하였다.

60) 『대대례기(大戴禮記)』는 『대대례(大戴禮)』·『대대기(大戴記)』라고도 부른다. 대덕(戴德)이 편찬한 예(禮)에 대한 서적이다. 당시 사람들은 그를 대대(大戴)라고 불렀고, 그의 조카 대성(戴聖)을 소대(小戴)라고 불렀기 때문에, 이러한 명칭이 생겨났다. '대성'이 편찬한 『소대례기(小戴禮記)』는 성행을 하였지만, 『대대례기』는 성행하지 못하여, 많은 편들이 없어졌다. 현재는 단지 삼십여 편만이 남아 있다. 정현(鄭玄)의 『육예론(六藝論)』에서는 그가 85편을 전수하였다고 기록하고 있는데, 현재 남아 있는 기록 중에는 1편부터 38편까지의 내용이 모두 없어져서 남아 있지 않다. 남아 있는 편들은 39번 째 「주언(主言)」편부터 81번 째 「역본명(易本命)」편까지인데, 그 중에서도 43~35편, 61편이 없어졌으며, 73편은 특이하게도 2편으로 구성되어 있다.

61) 『대대례기(大戴禮記)』「명당(明堂)」 : 明堂者, 所以明諸侯尊卑. 外水曰辟雍, 南蠻、東夷、北狄、西戎. 明堂月令, 赤綴戶也, 白綴牖也. 二九四七五三六一八.

하나의 궁성 건물로 만든 것을 '명당(明堂)'이라고 부른다는 사실을 나타내며, 실(室)·묘(廟)·개(个)를 설치하는 제도가 없으며, 오직 네 방면에만 그 문을 두었을 뿐이니, 「근례」편에서 방명(方明)[62]에게 제사를 지낸다고 했던 기록[63]과 차이가 없으며, 되돌아왔다고 말했다면, 밖으로 나가서 해에 대해서 절을 한다는 것은 궁문(宮門) 밖으로 나가는 것을 뜻하니, 방명에 대한 제사에서는 천명(天命)을 받은 천자를 배향하게 됨을 알 수 있다. 『고문상서』「이훈(伊訓)」편에서는 "이윤(伊尹)이 선왕에게 제사를 지냄에, 방명에 대한 제사를 도우라고 하였다."라고 했고, 『한서(漢書)』에서는 이 내용을 인용하고, "비록 성탕(成湯)·대정(大丁)·외병(外丙) 등의 상(喪)이 있더라도, 동지(冬至)가 되면 밧줄을 넘어가서 방명에게 선왕에 대한 제사를 지내어, 상제에게 배향한다는 뜻이다."[64]라고 했고, 『효경』에서는

堂高三尺, 東西九筵, 南北七筵, 上圓下方. 九室十二堂, 室四戶, 戶二牖, 其宮方三百步. 在近郊, 近郊三十里.

62) 방명(方明)은 상하(上下)와 사방(四方)의 신명(神明)을 형상화한 것을 뜻한다. 신명(神明)을 형상화한 것이기 때문에, '명(明)'자를 붙이는 것이고, 상하(上下)와 사방(四方)을 형상화한 것이기 때문에, '방(方)'자를 붙여서, '방명'이라고 부르는 것이다. 나무를 이용해서 만들며, 사방 4척(尺)의 크기로 만들고, 여섯 가지 색깔로 만들고, 또 여섯 가지 옥을 설치한다. 고대에 제후가 천자를 조회하거나 회맹을 맺을 때, 또 천자가 제사를 지낼 때 설치했었다. 여섯 가지 색깔은 상하(上下) 및 사방(四方)을 형상화하기 위한 것으로, 동쪽에 해당하는 청색, 남쪽에 해당하는 적색, 서쪽에 해당하는 백색, 북쪽에 해당하는 흑색, 상에 해당하는 현색, 하에 해당하는 황색이 여기에 해당한다. 또 여섯 가지의 옥의 경우에도 상하(上下) 및 사방(四方)을 형상화하기 위한 것으로, 상에는 규(圭)를 설치하고, 하에는 벽(璧)을 설치하며, 남쪽에는 장(璋)을 설치하고, 서쪽에는 호(琥)를 설치하며, 북쪽에는 황(璜)을 설치하고, 동쪽에는 규(圭)를 설치한다. 『의례』「근례(覲禮)」편에는 "諸侯覲于天子, 爲宮方三百步, 四門, 壇十有二尋, 深四尺, 加方明于其上. 方明者, 木也, 方四尺. 設六色, 東方青, 南方赤, 西方白, 北方黑, 上玄, 下黃. 設六玉, 上圭, 下璧, 南方璋, 西方琥, 北方璜, 東方圭."라는 기록이 있고, 이에 대한 정현의 주에서는 "方明者, 上下四方神明之象也."라고 풀이했으며, 가공언(賈公彦)의 소(疏)에서는 "謂合木爲上下四方, 故名方; 此則神明之象, 故名明. 此鄭解得名方明神之義也."라고 풀이했다.

63) 『의례』「근례(覲禮)」: 天子乘龍, 載大旆, 象日月, 升龍·降龍, 出拜日於東門之外, 反祀方明. 禮日於南門外, 禮月與四瀆於北門外, 禮山川丘陵於西門外.

"명당에서 문왕을 종주로 삼아 제사를 지내어, 상제에게 배향한다."[65]라고 했다. 이처럼 은나라와 주나라가 그 예법을 서로 답습했다는 사실을 고찰할 수 있다.

集解 三公, 謂二伯, 統領諸侯者也. 明堂九階: 東西北各二階, 而南面三階. 中階·阼階·賓階, 南面之三階也. 三公中階之前, 以對王爲尊也. 門東門西, 應門之左右也. 明堂四面有門, 而南門之內又有應門也. 諸侯言"位", 諸伯以下言"國", 互見之也. 諸侯·諸伯·諸子·諸男, 此侯·甸·男·采·衛五服之諸侯在中國者也. 九夷·八蠻·六戎·五狄在九服之外, 所謂"四海"者也. 九采之國, 謂蠻服諸侯也. 王制: "千里之外, 曰采曰流." 自蠻服以內, 皆謂之采, 其地在九州之內, 采取美物以貢天子, 大行人侯服"貢祀物", 至要服"貢貨物", 是也. 采之地盡於蠻服, 故謂蠻服爲九采. 四塞, 四方邊塞之國, 夷·鎭·蕃三服之諸侯在九州之外者也. 世告至者, 謂無朝貢常期, 每父死子立, 及嗣王卽位, 乃一來至, 大行人"九州之外, 謂之蕃國, 世壹見", 是也. 四塞之國, 蓋在四門之內, 與夷·蠻·戎·狄相近, 象蕃國之守候邊塞而外與四海接也. 侯·甸·男·采·衛在應門內, 要服在應門外, 蕃國在四門內, 四海在四門外. 以應門之內象中國, 以四門之內象九服, 近者在內, 遠者在外. 此諸侯朝位之差也. 孔氏曰: 九夷之國, 在東門外之南, 故北上. 八蠻在南門外之西, 故東上. 六戎在西門外之北, 故南上. 五狄在北門外之西, 故東上.

번역 '삼공(三公)'은 이백(二伯)을 뜻하니, 제후들을 통솔하는 자이다. 명당(明堂)에는 9개의 계단이 있다. 동쪽·서쪽·북쪽에 각각 2개의 계단이 있고, 남쪽에는 3개의 계단이 있다. 가운데 계단, 동쪽 계단, 빈객의 계단이 남쪽을 향해 있는 3개의 계단이다. 삼공은 가운데 계단 앞에 있으니, 천자와 마주함을 존귀하게 여기기 때문이다. 문의 동쪽과 문의 서쪽은 응문(應

---

64) 『한서(漢書)』「율력지(律曆志)」: 伊訓篇曰, "惟太甲元年十有二月乙丑朔, 伊尹祀于先王, 誕資有牧方明." 言雖有成湯·太丁·外丙之服, 以冬至越茀祀先王于方明, 以配上帝, 是朔旦冬至之歲也.

65) 『효경』「성치장(聖治章)」: 昔者周公郊祀后稷以配天. 宗祀文王於明堂以配上帝.

門)의 좌우측을 뜻한다. 명당에는 네 방면에 모두 문이 있었고, 남쪽 문 안쪽에는 또한 응문이 있었다. 제후(諸侯)에 대해서는 '위(位)'라고 말했고, 제백(諸伯)으로부터 그 이하의 계층에 대해서는 '국(國)'이라고 말했는데, 상호 호환이 되도록 기록했기 때문이다. '제후(諸侯)'·'제백(諸伯)'·'제자(諸子)'·'제남(諸男)'은 후복(侯服)·전복(甸服)·남복(男服)·채복(采服)·위복(衛服) 등 오복(五服)에 속한 제후들로, 중국(中國)에 포함된 자들이다. '구이(九夷)'·'팔만(八蠻)'·'육융(六戎)'·'오적(五狄)'은 구복(九服)[66] 밖에 속한 자들로, 이른바 '사해(四海)'라고 부르는 자들이다. '구채지국(九采之國)'은 만복(蠻服)에 속한 제후들을 뜻한다. 『예기』「왕제(王制)」편에서는 "1000리(里)의 밖의 땅을 채(采)라고 부르며, 유(流)라고도 부른다."[67]라고 했다. 만복(蠻服)으로부터 그 이내의 지역에 대해서는 모두 '채(采)'라고 부르는데, 구주(九州) 안에 속한 지역에서는 좋은 사물들을 채집하여, 천자에게 공물을 바치니, 『주례』「대행인(大行人)」편에서 후복(侯服)에 속한 제후들에 대해, "제사에 사용될 물건들을 공납한다."라고 한 문장부터, 요복(要服)에 속한 제후들에 대해, "재화를 공납한다."라고 한 기록까지가 바로 이러한 뜻을 나타낸다. 채집하여 공납을 바치는 지역은 만복에서 끝나게 된다. 그렇기 때문에 만복을 '구채(九采)'라고 부른 것이다. '사새(四塞)'는 사

66) 구복(九服)은 천자의 수도를 제외하고, 그 이외의 땅을 9개의 지역으로 구분한 것을 뜻한다. 천하의 정중앙에서 사방 1000리(里)의 땅을 왕기(王畿)라고 부르고, 그 밖으로 사방 500리의 땅을 후복(侯服)이라고 부르며, 그 밖으로 사방 500리의 땅을 전복(甸服)이라고 부르고, 그 밖으로 사방 500리의 땅을 남복(男服)이라고 부르며, 그 밖으로 사방 500리의 땅을 채복(采服)이라고 부르고, 그 밖으로 사방 500리의 땅을 위복(衛服)이라고 부르며, 그 밖으로 사방 500리의 땅을 만복(蠻服)이라고 부르고, 그 밖으로 사방 500리의 땅을 이복(夷服)이라고 부르며, 그 밖으로 사방 500리의 땅을 진복(鎭服)이라고 부르고, 그 밖으로 사방 500리의 땅을 번복(藩服)이라고 부른다. 『주례』「하관(夏官)·직방씨(職方氏)」편에는 "乃辨九服之邦國, 方千里曰王畿, 其外方五百里曰侯服, 又其外方五百里曰甸服, 又其外方五百里曰男服, 又其外方五百里曰采服, 又其外方五百里曰衛服, 又其外方五百里曰蠻服, 又其外方五百里曰夷服, 又其外方五百里曰鎭服, 又其外方五百里曰藩服."이라는 기록이 있다.

67) 『예기』「왕제(王制)」【148b】: 千里之內曰甸, <u>千里之外曰采, 曰流</u>.

방의 변경 국가를 뜻하니, 이복(夷服) · 진복(鎭服) · 번복(蕃服) 등 세 지역에 속한 제후들로, 구주 밖에 있는 자들이다. '세고지(世告至)'라는 말은 일정한 주기에 따라 조회를 와서 공납을 하는 일이 없고, 부친이 죽어서 그의 아들이 즉위를 할 때 및 천자의 계승자가 즉위를 했을 때마다 한 차례 찾아온다는 뜻이니, 「대행인」편에서 "구주 밖의 지역을 번국(蕃國)이라고 부르니, 세대마다 한 차례 찾아온다."라고 한 말이 바로 이러한 사실을 나타낸다. 네 방면의 변경 국가 제후들은 아마도 네 방면에 달려 있는 문 안쪽에 위치하여, 이(夷) · 만(蠻) · 융(戎) · 적(狄)에 해당하는 제후들과 거리가 가까웠을 것이니, 번국(蕃國)이 국경 지역을 수호하며, 외부로 사해와 접해 있다는 사실을 상징한다. 후복(侯服) · 전복(甸服) · 남복(男服) · 채복(采服) · 위복(衛服)에 속한 제후들은 응문 안쪽에 있고, 요복(要服)에 속한 제후들은 응문 바깥쪽에 있으며, 번국(蕃國)에 속한 제후들은 네 방면의 문 안쪽에 있고, 사해(四海)에 속한 제후들은 네 방면의 문 바깥쪽에 있다. 응문 안쪽은 중국(中國)을 상징하고, 네 방면의 문 안쪽은 구복(九服)을 상징하며, 거리가 가까운 자는 문 안쪽에 위치하고, 먼 자는 문 바깥쪽에 위치한다. 이것은 제후들이 조회를 하며 서게 되는 위치의 차등이다. 공영달은 구이(九夷)에 해당하는 제후들은 동쪽 문밖의 남쪽에 위치하기 때문에, 북쪽 끝에서부터 선다. 팔만(八蠻)에 해당하는 제후들은 남쪽 문밖의 서쪽에 위치하기 때문에, 동쪽 끝에서부터 선다. 육융(六戎)에 해당하는 제후들은 서쪽 문밖의 북쪽에 위치하기 때문에, 남쪽 끝에서부터 선다. 오적(五狄)에 해당하는 제후들은 북쪽 문밖의 서쪽에 위치하기 때문에, 동쪽 끝에서부터 선다고 했다.

集解 陳氏祥道曰: 周禮外朝之位, 左孤 · 卿, 右公 · 侯 · 伯 · 子 · 男, 射人"孤東面, 卿大夫西面", 皆尙右, 東西面者皆尙北, 路門之左右者皆尙中. 而明堂位諸侯西面, 諸伯東面, 則不尙右, 在門東 · 門西者東上, 則不尙中, 在西門之外者東面南上, 則不尙北, 何也? 儀禮諸侯覲於天子, 壇壝宮於國外, 上介皆奉其君之旂置於宮, 尙左, 公 · 侯 · 伯 · 子 · 男皆就其旂而立, 位皆東上. 是朝於國外與國內之禮異也. 明堂位與壇壝宮相類, 蓋亦國外之禮然也.

번역 진상도가 말하길, 『주례』에 나온 외조(外朝)[68]의 위치에 있어서, 고(孤)와 경(卿)은 좌측에 있고, 공작 · 후작 · 백작 · 자작 · 남작은 우측에 위치하며, 『주례』「사인(射人)」편에서는 "고(孤)는 동쪽을 바라보며, 경과 대부는 서쪽을 바라본다."[69]라고 했으니, 모두 우측을 높은 자리로 여긴 것이며, 동쪽과 서쪽을 바라보는 자들은 모두 북쪽을 높은 자리로 여긴 것이고, 노문(路門)의 좌우측에 있는 자들은 모두 중앙을 높은 자리로 여긴 것이다. 그런데 「명당위」편에서는 제후(諸侯)가 서쪽을 바라보고, 제백(諸伯)이 동쪽을 바라본다고 했으니, 우측을 숭상한 것이 아니며, 문의 동쪽과 문의 서쪽에 있는 자들은 동쪽 끝에서부터 선다고 했으니, 중앙을 숭상한 것이 아니고, 서쪽 문밖에 있는 자들은 동쪽을 바라보며 남쪽 끝에서부터 선다고 했으니, 북쪽을 숭상한 것이 아닌데, 이것은 어찌된 영문인가? 『의례』에서는 제후들이 천자에 대해 근례(覲禮)를 시행할 때, 국성 밖에 제단과 담장을 설치하고, 상개(上介)는 모두 군주의 깃발을 받들어서 담장 주변에 설치하고, 좌측을 숭상한다고 했으며, 공작 · 후작 · 백작 · 자작 · 남작들은 모두 자신들의 깃발이 있는 곳에 나아가서 선다고 했으니, 그 자리에서는 모두 동쪽 끝에서부터 서게 된다. 이것은 국성 밖과 국성 안쪽에서 조회를 하는 예법이 다르다는 사실을 나타낸다. 명당에서의 위치는 제단과 담장이 있는 곳에서의 위치와 유사하므로, 아마도 명당에서의 예법은 또한 국성 밖에서 시행했던 예법처럼 했을 것이다.

---

68) 외조(外朝)는 내조(內朝)와 대비되는 말이며, 천자 및 제후가 정사(政事)를 처리하던 곳이다. 『주례』「춘관(秋官) · 조사(朝士)」편에 대한 정현의 주에서는 "周天子諸侯皆有三朝. 外朝一, 內朝二. 內朝之在路門內者, 或謂之燕朝."라는 기록이 있다. 즉 천자 및 제후는 3개의 조(朝)를 두는데, 1개는 '외조'이며, 나머지 2개는 내조가 된다. 『국어(國語)』「노어하(魯語下)」편에는 "天子及諸侯合民事於外朝, 合神事於內朝. 自卿以下, 合官職於外朝, 合家事於內朝."라는 기록이 있고, 이 문장에 나타난 '외조'에 대해서, 위소(韋昭)는 "言與百官考合民事於外朝也."라고 풀이했다. 즉 '외조'는 모든 관료들과 함께, 백성들과 관련된 정무를 처리하던 장소이다.

69) 『주례』「하관(夏官) · 사인(射人)」: 射人掌國之三公 · 孤 · 卿 · 大夫之位, 三公北面, 孤東面, 卿 · 大夫西面. 其摯, 三公執璧, 孤執皮帛, 卿執羔, 大夫鴈.

集解 愚謂: 明堂蓋以其在國之陽而洞然通明, 故以爲名, 朝諸侯特一時之事耳. 以爲明諸侯之尊卑, 乃附會之說也.

번역 내가 생각하기에, 명당(明堂)은 아마도 국성 중에서도 양(陽)의 방위에 해당하는 곳에 위치하여, 소통되며 매우 밝았을 것이기 때문에, 이러한 뜻에서 명칭을 삼은 것이며, 제후들을 조회하는 것은 단지 일시적인 사안에 해당할 뿐이다. 이것을 제후들의 서열을 밝히는 뜻으로 여긴다면, 견강부회의 주장이 된다.

그림 1-11 ▣ 천자오문삼조도(天子五門三朝圖)

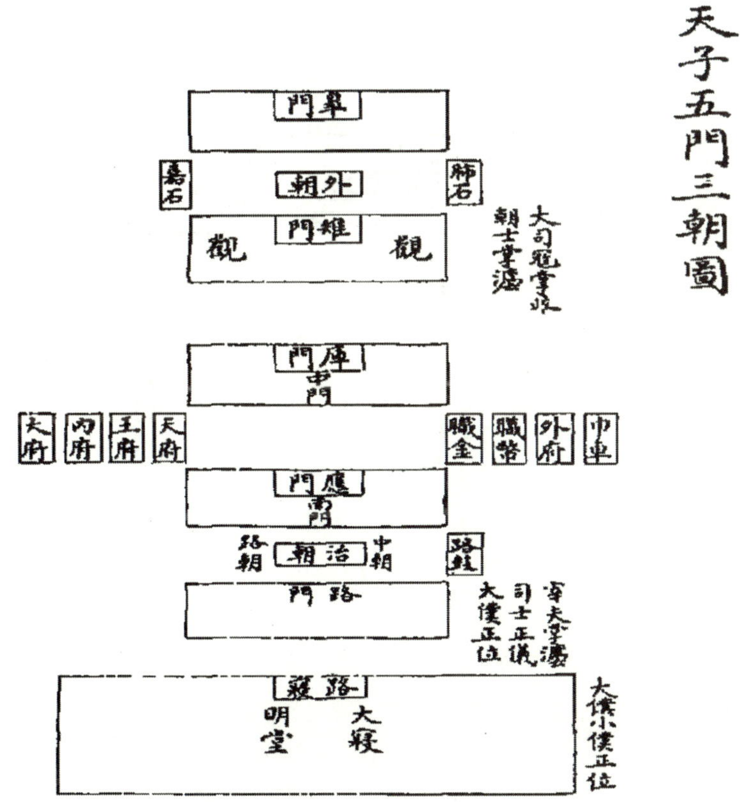

▸ **출처**: 『주례도설(周禮圖說)』 상권

그림 1-12 ▣ 방명(方明)

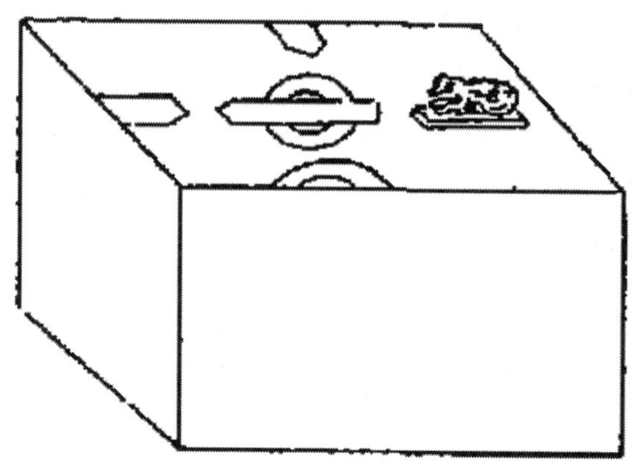

▸ **출처:** 상-『삼례도집주(三禮圖集注)』 11권
하-『육경도(六經圖)』 5권

그림 1-13 ▣ 은나라 세계도(世系圖)

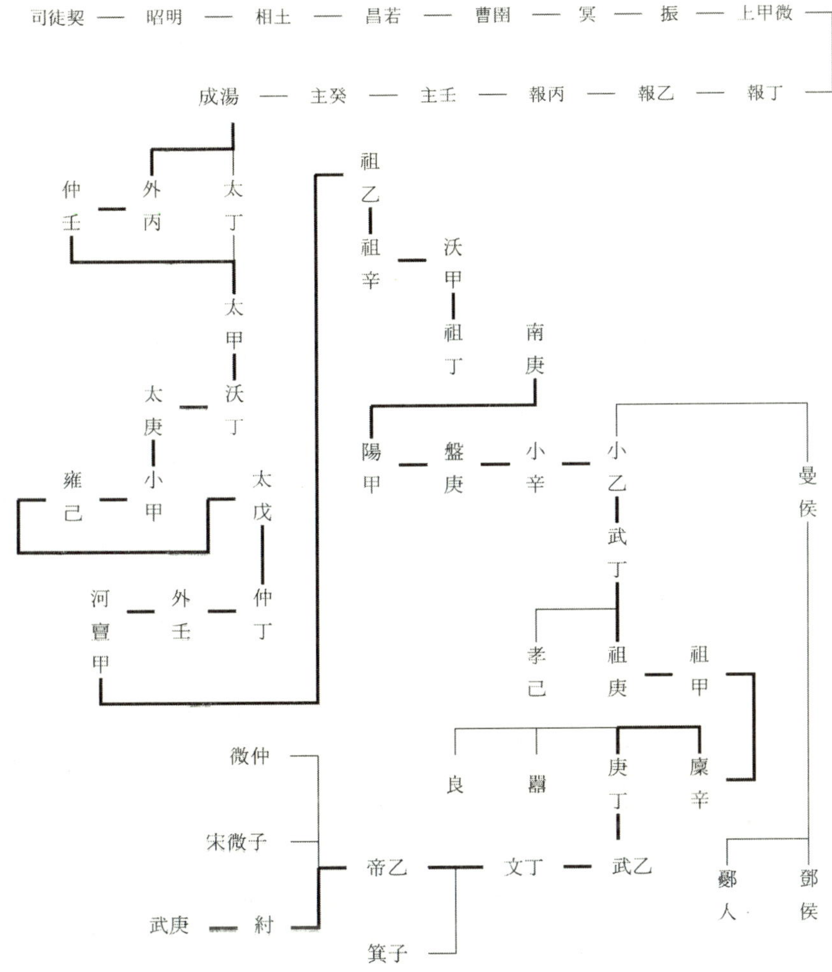

▸ **출처**: 『역사(繹史)』 1권 「역사세계도(繹史世系圖)」

• 제 2 절 •

주공(周公)의 공로와 노(魯)나라의 교(郊)제사

【398d】

昔殷紂亂天下, 脯鬼侯以饗諸侯, 是以周公相武王以伐紂. 武王崩, 成王幼弱, 周公踐天子之位以治天下. 六年朝諸侯於明堂, 制禮作樂頒度量, 而天下大服. 七年致政於成王.

직역 昔에 殷紂는 天下를 亂하니, 鬼侯를 脯하여 諸侯에게 饗하니, 是以로 周公이 武王을 相하여 紂를 伐이라. 武王이 崩하자, 成王은 幼弱하여, 周公이 天子의 位를 踐하여 天下를 治라. 六年에 明堂에서 諸侯를 朝하고, 禮를 制하고 樂을 作하며 度量을 頒하여, 天下가 大服이라. 七年에 成王에게 政을 致라.

의역 옛적에 은(殷)나라 주(紂)임금은 천하를 혼란스럽게 만들었으니, 귀후(鬼侯)를 죽여, 그 살을 포로 떠서 제후들에게 음식으로 대접하기에 이르렀다. 그래서 주공(周公)은 무왕(武王)을 도와서 주임금을 정벌했다. 무왕이 붕어했을 때, 성왕(成王)은 나이가 너무 어려서, 주공은 천자의 자리에 올라, 천하를 대신 다스렸다. 6년이 지난 이후 명당(明堂)에서 제후들에게 조회를 받았고, 예악(禮樂) 및 도량형을 반포하여, 천하가 모두 따르게 되었다. 7년째에 성왕에게 다시 정권을 되돌려주었다.

集說 鬼, 國名. 易曰: "高宗伐鬼方." 殺人以爲薦羞, 惡之極也, 故伐之. 六年五服一朝, 蓋始於此.

번역 '귀(鬼)'는 국가의 이름이다. 『역』에서는 "고종(高宗)이 귀방(鬼方)을 정벌했다."[1]라고 했다. 사람을 죽여, 그 고기로 음식을 만들었으니, 지극히 악한 행위가 된다. 그렇기 때문에 정벌을 했다. 6년의 주기로 오복(五服)

에 속한 제후들이 한 차례 조회를 한 것은 아마도 이때로부터 비롯된 것이다.

集說 石梁王氏曰: 只以詩 · 書證之, 卽知周公但居冢宰攝政, 未嘗在天子位. "周公相, 踐阼而治", 文王世子此語爲是. 詩小序之言亦不可據, 註引魯頌, 豈盡伯禽時事哉?

번역 석량왕씨가 말하길, 『시』와 『서』를 통해 증명을 해보면, 주공(周公)은 단지 총재(冢宰)의 지위에 있으면서 섭정을 한 것일 뿐임을 알 수 있으니, 일찍이 천자의 지위에 머문 적이 없었다. "주공이 재상이 되어, 조(阼)에 올라 다스렸다."[2]라고 했는데, 「문왕세자」편의 이 기록이 옳은 주장이다. 『시』의 「소서(小序)」에서 기록한 말 또한 근거로 삼을 수 없는데, 정현의 주에서는 「노송(魯頌)」편을 인용하였으니, 어찌 이 모두가 백금(伯禽) 당시의 일이라 하겠는가?

集說 劉氏曰: 此蓋因洛誥篇首, 有周公曰"朕復子明辟"之辭, 篇終有"周公誕保文武受命惟七年"之語, 遂生此論, 謂周公踐天子位, 七年而致政於成王也. 殊不知"復子明辟"者, 周公營洛遣使告卜之辭; "受命惟七年"者, 史臣敍周公留後治洛, 凡七年而薨也. 書傳中九峯蔡氏之辨, 可謂深切著明.

번역 유씨[3]가 말하길, 이 기록은 아마도 『서』「낙고(洛誥)」편의 첫 머리에 나오는 기록 중 주공(周公)에 대해서, "나는 그대 밝은 군주에게 복명(復命)한다."[4]라는 말이 있고, 편의 끝에 "주공이 문왕(文王)과 무왕(武王)이 받은 천명(天命)을 크게 보존하기를 7년 동안 하였다."[5]라는 말이 있어서,

---

1) 『역』「기제괘(旣濟卦) · 효사(爻辭)」 : 九三, <u>高宗伐鬼方</u>, 三年克之, 小人勿用.
2) 『예기』「문왕세자(文王世子)」【248b】 : 成王幼, 不能涖阼. <u>周公相, 踐阼而治</u>, 抗世子法於伯禽, 欲令成王之知父子 · 君臣 · 長幼之道也. 成王有過, 則撻伯禽, 所以示成王世子之道也, 文王之爲世子也.
3) 유씨(劉氏, ?~?) : =유맹야(劉孟冶). 자세한 이력이 남아 있지 않다.
4) 『서』「주서(周書) · 낙고(洛誥)」 : 周公拜手稽首曰, <u>朕復子明辟</u>. 王如弗敢及天基命定命, 予乃胤保, 大相東土, 其基作民明辟.

이에 따라 결국 이러한 논의를 만들어냈던 것이니, 주공이 천자의 지위에 올랐고, 7년이 지난 이후에 성왕(成王)에게 정치를 돌려주었다는 주장이다. 이러한 주장을 하게 된 이유는 아마도 '복자명벽(復子明辟)'이라는 말이 주공이 낙읍을 건설하여, 사신을 파견해서 거북점을 치며 아뢰었던 말이라는 사실을 몰랐기 때문이며, 또 '수명유칠년(受命惟七年)'이라는 말이 주공이 머물게 된 이후 낙읍을 다스렸는데, 총 7년이 걸렸고 그 이후에 죽었다는 사실을 사관이 서술한 것임을 알지 못했기 때문이다. 『서전』에 기록된 구봉채씨[6]의 변론은 이 사실을 매우 자세히 드러냈다고 평가할 수 있다.

大全 新安王氏曰: 書傳稱五年營成周, 六年制禮作樂, 七年致政於成王, 明年王乃卽政. 以周書洛誥等篇攷之不合. 此稱六年朝諸侯於明堂, 七年致政於成王, 亦未可盡信. 洛誥稱在十有二月, 周公誕保文武受命, 惟七年, 則七年致政明矣. 然七年春召公營洛, 周公乃命殷民丕作, 則大誥東征殺武庚, 命微子, 於是唐叔得禾, 王命唐叔歸於周公, 其事皆在六年. 至七年春, 方營洛邑, 則朝諸侯於明堂, 決不在六年也.

번역 신안왕씨가 말하길, 『서전』에서는 5년째에 성주(成周)[7]를 건설하고, 6년째에 예악(禮樂)을 제정하였으며, 7년째에 성왕(成王)에게 정권을 돌려주었고, 그 다음해에 천자가 정사를 본격적으로 다스렸다고 했다. 그런데 『서』「주서(周書)·낙고(洛誥)」 등의 편을 통해 고찰해보면, 그 사안이 합치되지 않는다. 그리고 이곳에서는 6년째에 명당(明堂)에서 제후들을 조회

---

5) 『서』「주서(周書)·낙고(洛誥)」: 惟周公誕保文武受命, 惟七年.

6) 채침(蔡沈, A.D.1167~A.D.1230): =구봉채씨(九峯蔡氏)·채구봉(蔡九峯). 남송(南宋) 때의 학자이다. 자(字)는 중묵(仲默)이고, 호(號)는 구봉(九峯)이다. 주자의 문인이자 사위이다. 주자가 완성하지 못했던 『서집전(書集傳)』을 완성하였다.

7) 성주(成周)는 서주(西周)의 동쪽 도읍인 낙읍(洛邑)을 뜻하는 말이다. 『서』「주서(周書)·낙고(洛誥)」편에는 "召公旣相宅, 周公往營成周."라는 기록이 있다. 한편 '성주'는 주공(周公)이 성왕(成王)을 보필하여, 태평성세를 이룬 시기를 뜻하기도 한다.

했다고 했고, 7년째에 성왕에게 정권을 되돌려주었다고 했는데, 이 또한 모두 믿을 수 없다. 「낙고」편에서는 12월에, 주공(周公)이 문왕(文王)과 무왕(武王)이 받은 천명(天命)을 크게 보존하였으니, 총 7년 동안 하였다고 했다면, 7년째에 정권을 되돌려주었다는 사실이 명백하다. 그런데 7년째 봄에는 소공(召公)이 낙읍을 건설했고, 주공은 곧 은(殷)나라 유민들에게 명령을 하여, 큰 사업을 했다고 했으니,[8] 『서』「대고(大誥)」편에서는 동쪽으로 정벌을 나서 무경(武庚)을 주살했고, 미자(微子)에게 명령을 했다고 했는데, 이때에 당숙(唐叔)은 벼를 얻었고, 천자는 당숙에게 명령하여 주공에게 벼를 보내주라고 했는데, 그 일들은 모두 6년째에 일어났다. 그리고 7년째 봄에 이르게 되면, 낙읍을 건설하게 되니, 명당에서 제후들을 조회했다는 사안은 결코 6년째에 시행할 수 없다.

鄭注 以人肉爲薦羞, 惡之甚也. 踐猶履也. 頒讀爲班. 度, 謂丈尺高卑廣狹也. 量謂豆·區·斗·斛·筐·筥所容受. 致政, 以王事歸授之.

번역 사람의 고기로 음식을 만들었으니, 매우 악한 행동이다. '천(踐)'자는 "밟다[履]."는 뜻이다. '반(頒)'자는 "반포하다[班]."는 뜻으로 풀이한다. '도(度)'자는 길이·높이·폭 등을 뜻한다. 양(量)은 두(豆)·구(區)·두(斗)·곡(斛)·광(筐)·거(筥) 등에 담을 수 있는 용량을 뜻한다. '치정(致政)'은 천자가 시행해야 할 일들을 되돌려주었다는 뜻이다.

釋文 紂, 直九反. 相, 息亮反. 頒音班. 量, 徐音亮, 注同. 區, 烏侯反. 筐音匡. 筥, 紀呂反.

번역 '紂'자는 '直(직)'자와 '九(구)'자의 반절음이다. '相'자는 '息(식)'자와 '亮(량)'자의 반절음이다. '頒'자의 음은 '班(반)'이다. '量'자의 서음(徐音)은 '亮(량)'이며, 정현의 주에 나오는 글자도 그 음이 이와 같다. '區'자는

8) 『서』「주서(周書)·소고(召誥)」: 越七日甲子, 周公乃朝用書, 命庶殷侯甸男邦伯. 厥既命殷庶, 庶殷丕作.

'烏(오)'자와 '侯(후)'자의 반절음이다. '筐'자의 음은 '匡(광)'이다. '筥'자는 '紀(기)'자와 '呂(려)'자의 반절음이다.

孔疏 ●"昔殷"至"天下". ○正義云: 此一節明周公有勳勞之事, 以殷紂亂天下, 周公相武王而伐之. 成王幼, 不能涖阼, 周公踐天子之位以攝之, 有大勳勞於天下, 所以封周公於魯, 行天子之禮樂及四代服器.

번역 ●經文: "昔殷"~"天下". ○이곳 문단은 주공(周公)이 훈공을 세운 사안을 나타내고 있으니, 은(殷)나라 주(紂)임금이 천하를 어지럽혀서, 주공이 무왕(武王)을 도와 정벌한 것이다. 성왕(成王)은 어렸으므로, 주인의 자리에 오를 수 없어서, 주공이 천자의 자리에 서서 섭정을 하여, 천하를 안정시킨 큰 공훈을 세우게 되었다. 그래서 노(魯)나라에 주공을 분봉하여, 천자의 예악(禮樂) 및 사대(四代)[9]의 복식과 기물을 사용하도록 했던 것이다.

孔疏 ●"脯鬼侯"者, 周本紀作"九侯", 故庾氏云: "史記·本紀云: 九侯有女入於紂, 九[10]侯女不好淫, 紂怒殺之." 九與鬼聲相近, 故有不同也.

번역 ●經文: "脯鬼侯". ○『사기(史記)』「주본기(周本紀)」편에는 '구후(九侯)'라고 기록되어 있다. 그렇기 때문에 유울[11]은 "『사기』「본기」에서는 구후는 주(紂)임금에게 여식을 시집보냈는데, 구후의 여식은 음란함을 좋아하지 않아서, 주임금이 대노하여 죽였다."라고 했다. '구(九)'자와 '귀(鬼)'

---

9) 사대(四代)는 우(虞), 하(夏), 은(殷), 주(周)의 4대(代) 왕조를 뜻한다. 『예기』「학기(學記)」편에는 "三王四代唯其師."라는 기록이 있는데, 이에 대한 정현의 주에서는 "四代, 虞·夏·殷·周."라고 풀이했다.

10) '구(九)'자에 대하여. '구'자는 본래 없던 글자인데, 완원(阮元)의 『교감기(校勘記)』에서는 "혜동(惠棟)의 『교송본(校宋本)』에는 '후(侯)'자 앞에 '구'자가 기록되어 있으니, 이곳 판본에는 잘못하여 글자가 누락된 것이다. 『민본(閩本)』·『감본(監本)』·『모본(毛本)』에도 동일하게 누락되어 있다."라고 했다.

11) 유울(庾蔚, ?~?) : =유씨(庾氏). 남조(南朝) 때 송(宋)나라 학자이다. 저서로는 『예기약해(禮記略解)』, 『예론초(禮論鈔)』, 『상복(喪服)』, 『상복세요(喪服世要)』, 『상복요기주(喪服要記注)』 등을 남겼다.

자는 소리가 서로 비슷하기 때문에, 글자를 다르게 기입한 기록도 있다.

孔疏 ●"武王崩, 成王幼弱"者, 家語云: "武王崩, 成王年十三." 鄭康成則以爲武王崩, 成王年十歲, 是幼弱也.

번역 ●經文: "武王崩, 成王幼弱". ○『공자가어』에서는 "무왕(武王)이 붕어했을 때, 성왕(成王)의 나이는 13세였다."라고 했다. 정현은 무왕이 붕어했을 때, 성왕의 나이가 10세였으므로, 유약하다고 했다고 여겼다.

孔疏 ●"六年朝諸侯於明堂, 制禮作樂, 頒度量"者, 周公攝政三年, 天下太平, 六年而始制禮作樂者, 書傳云: "周公將制禮作樂, 優游三年, 而不能作. 將大作, 恐天下莫我知也. 將小作, 則爲人子不能揚父之功烈德澤, 然後營洛邑, 以期天下之心. 於是四方民大和會. 周公曰: 示之以力役且猶至, 而況導之以禮樂乎?" 其度量六年則頒, 故鄭注尙書 · 康王之誥云: "攝政六年, 頒度量, 制其禮樂. 成王卽位, 乃始用之." 故洛誥云: "王肇稱殷禮, 祀于新邑." 是攝政七年冬也. 鄭云"猶用殷禮"者, 至成王卽位, 乃用周禮是也. 其周公制禮攝政, 孔 · 鄭不同. 孔以武王崩, 成王年十三, 至明年攝政, 管叔等流言, 故金縢云: "武王旣喪, 管叔及其群弟流言於國, 曰: '公將不利於孺子.'" 時成王年十四卽位, 攝政之元年, 周公東征管·蔡, 後二年克之. 故金縢云: "周公居東二年, 則罪人斯得." 除往年, 時成王年十六, 攝政之三年也. 故詩序云: "周公東征, 三年而歸." 攝政七年, 營洛邑, 封康叔而致政, 時成王年二十, 故孔注洛誥以時成王年二十, 是也. 鄭則以爲武王崩成王年十歲, 周書以武王十二月崩, 至成王年十二. 十二月喪畢, 成王將卽位, 稱己小, 求攝, 周公將代之, 管 · 蔡等流言, 周公懼之, 辟居東都. 故金縢云"武王旣喪, 管叔等流言, 周公乃告二公曰: '我之不辟, 無以告我先王.'" 旣喪, 謂喪服除. 辟, 謂辟居東都. 時成王年十三, 明年成王盡執拘周公屬黨, 故金縢云: "周公居東二年, 則罪人斯得." 罪人, 謂[12]周

---

12) '위(謂)'자에 대하여. '위'자는 본래 없던 글자인데, 완원(阮元)의 『교감기(校勘記)』에서는 "혜동(惠棟)의 『교송본(校宋本)』에는 '위'자가 기록되어 있으

公屬黨也. 時成王年十四, 至明年秋大熟, 有雷風之異, 故鄭注金縢云: "秋大熟, 謂二年之後." 明年秋[13]迎周公而反, 反則居攝之元年, 時成王年十五. 書傳所謂"一年救亂, 明年誅武庚管蔡"等, 書傳所謂"二年克殷, 明年自奄而還", 書傳所謂"三年踐奄, 四年封康叔", 書傳所謂"四年建侯·衛", 時成王年十八也. 故康誥云"孟侯", 書傳云"天子", 太[14]子十八稱孟侯. 明年營洛邑, 故書傳云"五年營成周, 六年制禮作樂, 七年致政於成王", 年二十一, 明年乃卽政, 時年二十二也. 禮旣是鄭學, 故具詳焉.

번역 ●經文: "六年朝諸侯於明堂, 制禮作樂, 頒度量". ○주공(周公)이 섭정을 한 후 3년이 지나자 천하가 태평하게 되었고, 6년째에는 비로소 예악(禮樂)을 만들었다고 했는데, 『서전』에서는 "주공이 예악(禮樂)을 제정하려고 해서, 3년 동안 노력을 했지만, 제대로 만들 수 없었다. 융성하게 만들었다면, 천하 사람들이 자신의 본의를 알아주지 못했을 것이다. 소략하게 만들었다면, 자식이 부친의 공적과 덕성을 드러낼 수 없었을 것이다. 이후 낙읍(洛邑)을 건설하여, 천하 사람들의 마음을 얻도록 도모했다. 이때에 사방 백성들이 크게 화합하였다. 주공은 힘써 노력함을 보여주었는데도 오히려 찾아왔는데, 하물며 예악으로 인도한다면 어떻겠는가?"라고 했다. 도량형의 경우에는 6년째에 반포를 했다. 그렇기 때문에 『상서』「강왕지고(康王之誥)」편에 대한 정현의 주에서는 "섭정을 한 후 6년째에 도량형을 반포하고, 예악을 제정했다. 성왕(成王)이 즉위를 하여, 비로소 사용하였다."라고 했다. 그렇기 때문에 『서』「낙고(洛誥)」편에서는 "천자께서는 은(殷)나라의 예법을 시행하시어, 새로운 도읍에서 제사를 지내십시오."[15]라

니, 이곳 판본에는 '위'자가 누락된 것이다. 『민본(閩本)』·『감본(監本)』·『모본(毛本)』에도 동일하게 누락되어 있다."라고 했다.

13) '추(秋)'자에 대하여. '추'자는 본래 없던 글자인데, 완원(阮元)의 『교감기(校勘記)』에서는 "혜동(惠棟)의 『교송본(校宋本)』에는 '추'자가 기록되어 있으니, 이곳 판본에는 '추'자가 누락된 것이다. 『민본(閩本)』·『감본(監本)』·『모본(毛本)』에도 동일하게 누락되어 있다."라고 했다.

14) '태(太)'자는 본래 '천(天)'자로 기록되어 있었는데, 손이양(孫詒讓)의 『교기(校記)』에서는 "'태자(太子)'를 '천자(天子)'로 잘못 기록한 것이다."라고 했다.

고 한 것이니, 이 시기는 섭정을 한 후 7년째 겨울에 해당한다. 정현은 "여전히 은나라의 예법을 사용했다."라고 했는데, 성왕이 즉위한 이후에는 곧 주(周)나라의 예법을 사용했던 것이다. 주공이 예악을 제정하고, 섭정을 한 일에 대해, 공안국[16]과 정현의 주장은 동일하지 않다. 공안국은 무왕이 붕어했을 때, 성왕의 나이가 13세였고, 그 다음해에 섭정을 하였는데, 관숙(管叔) 등이 유언비어를 퍼트렸기 때문에, 『서』「금등(金縢)」편에서는 "무왕이 죽자 관숙 및 여러 동생들은 나라에 유언비어를 퍼트려서, '주공은 장차 성왕에게 이롭지 않을 것이다.'"[17]라고 했다. 당시 성왕은 14세의 나이에 즉위를 했고, 섭정을 한 첫 해, 주공은 동쪽으로 관숙(管叔)과 채숙(蔡叔) 등의 정벌에 나서, 2년이 지난 뒤에 물리쳤다. 그렇기 때문에 「금등」편에서는 "주공이 동쪽에 머문 지 2년이 지나자 죄인을 잡았다."[18]라고 한 것이다. 정벌에 나선 해를 제외하면, 당시 성왕의 나이는 16세였고, 섭정을 한 지 3년째가 되는 해이다. 그렇기 때문에 『시서(詩序)』에서는 "주공이 동쪽으로 정벌을 나서, 3년이 지난 뒤에 되돌아왔다."[19]라고 한 것이다. 섭정을 한 지 7년째에는 낙읍(洛邑)을 건설했고, 강숙(康叔)을 분봉했으며, 정권을 되돌려주었으니, 당시 성왕의 나이는 20세였다. 그렇기 때문에 「낙고」편에 대한 공안국의 주에서는 당시 성왕의 나이를 20세로 여겼던 것이다. 반면 정현은 다음과 같이 여겼다. 무왕이 붕어했을 때, 성왕의 나이는 10세였고, 「주서」에서는 무왕이 12월에 붕어했다고 했으니, 성왕은 12세가 되던 해까지 복상(服喪) 기간이 된다. 그리고 12월이 되어 상(喪)이 끝날 때, 성왕은

---

15) 『서』「주서(周書) · 낙고(洛誥)」 : 周公曰, 王肇稱殷禮, 祀于新邑, 咸秩無文.

16) 공안국(孔安國, ?~?) : 전한(前漢) 때의 학자이다. 자(字)는 자국(子國)이다. 고문상서학(古文尙書學)의 개조(開祖)로 알려져 있다. 『십삼경주소(十三經注疏)』의 『상서정의(尙書正義)』에는 공안국의 전(傳)이 수록되어 있는데, 통상적으로 이 주석은 후대인들이 공안국의 이름에 가탁하여 붙인 문장으로 인식되고 있다.

17) 『서』「주서(周書) · 금등(金縢)」 : 武王旣喪, 管叔及其群弟, 乃流言於國曰, 公將不利於孺子.

18) 『서』「주서(周書) · 금등(金縢)」 : 周公居東二年, 則罪人斯得.

19) 『시』「빈풍(豳風) · 동산(東山)」편의 『모서』 : 周公東征, 三年而歸, 勞歸士, 大夫美之.

즉위를 하려고 했지만, 자신은 아직 어리다고 하며, 섭정을 요구했고, 주공이 대신 정사를 담당하려고 하자, 관숙과 채숙 등이 유언비어를 퍼뜨렸으며, 주공은 오해를 사게 될까를 염려하여, 동쪽 수도로 피신을 했다. 그래서 「금등」편에서는 "무왕의 상(喪)이 끝나자, 관숙과 채숙 등이 유언비어를 퍼트렸고, 주공은 곧 소공(召公)과 태공(太公)에게 말하여, '내가 피신하지 않는다면, 나의 선왕께 아뢸 것이 없습니다.'"[20]라고 한 것이다. '기상(旣喪)'은 상복을 벗었다는 뜻이다. '피(辟)'자는 피신하여 동쪽 수도에 머물렀다는 뜻이다. 당시 성왕의 나이는 13세였고, 그 다음해 성왕은 주공을 모함했던 주공의 친족들을 잡아들였다. 그렇기 때문에 「금등」편에서는 "주공이 동쪽 수도에 머문 지 2년째에, 죄인들을 잡아들였다."라고 한 것이다. 여기에서 '죄인(罪人)'이라고 한 자는 주공을 모함했던 주공의 친족들이다. 당시 성왕의 나이는 14세였고, 그 다음해 가을이 되었을 때, 큰 가뭄이 들고, 뇌우와 돌풍 등의 변고가 발생했다. 그래서 「금등」편에 대한 정현의 주에서는 "가을에 큰 가뭄이 들었다는 말은 2년이 지난 이후를 뜻한다."라고 한 것이다. 그 다음해 가을에 주공을 맞이하여 되돌아오게 했으니, 되돌아왔다면 섭정을 한 첫 해가 되며, 당시 성왕의 나이는 15세가 된다. 『서전』에서 "1년째에 난리를 평정하고, 그 다음해에 무경 및 관숙과 채숙을 주살했다."라는 등의 말, 『서전』에서 "2년째에 은(殷)나라 반란세력을 이기고, 그 다음해에 엄(奄)으로부터 되돌아왔다."라는 등의 말, 『서전』에서 "3년째에 엄(奄)을 정벌하고, 4년째에 강숙(康叔)을 분봉했다."라는 등의 말들이 이러한 사실을 나타내고, 『서전』에서 "4년째에 후(侯)와 위(衛)를 제후국으로 세웠다."라고 했는데, 당시 성왕의 나이는 18세였다. 그렇기 때문에 『서』「강고(康誥)」편에서는 '맹후(孟侯)'[21]라고 한 것이며, 『서전』에서는 '천자(天子)'라고 했던 것인데, 천자의 자식 중 나이가 18세가 되는 자를 '맹후(孟侯)'라고 지칭한 것이다. 그 다음해에 낙읍을 건설했다. 그렇기 때문에 『서전』에서는

---

20) 『서』「주서(周書)·금등(金縢)」: 武王旣喪, 管叔及其群弟, 乃流言於國曰, 公將不利於孺子. 周公乃告二公曰, 我之弗辟, 我無以告我先王.

21) 『서』「주서(周書)·강고(康誥)」: 王若曰, 孟侯, 朕其弟, 小子封.

"5년째에 성주를 건설하고, 6년째에 예악을 제정했으며, 7년째에 성왕에게 정권을 되돌려주었다."라고 한 것이니, 당시 성왕의 나이는 21세였으며, 그 다음해에 정치를 다스렸으니, 당시 나이는 22세가 된다. 예학 자체는 정현의 학문에서 비롯되었기 때문에, 관련 내용이 상세한 것이다.

集解 方氏慤曰: 紂之惡不止於脯鬼侯, 蓋擧其甚者, 以明武王之所以伐也.

번역 방각이 말하길, 주(紂)임금의 악행은 귀후(鬼侯)를 죽여 포로 만든 것에 그치지 않았으니, 아마도 그 중에서도 가장 심한 악행을 제시하여, 무왕(武王)이 정벌을 하게 된 이유를 나타낸 것이다.

集解 愚謂: 制禮以定民志, 作樂以和民心, 頒度量以一民俗, 故天下之服由此也.

번역 내가 생각하기에, 예(禮)를 제정하여, 백성들의 뜻을 안정시키고, 악(樂)을 제정하여, 백성들의 마음을 조화롭게 했으며, 도량형을 반포하여, 백성들의 풍속을 통일시켰기 때문에, 천하 사람들이 복종하게 된 것은 바로 이러한 것에서 비롯되었다.

그림 2-1 ■ 주공(周公)에 대해 유언비어를 퍼트리는 모습

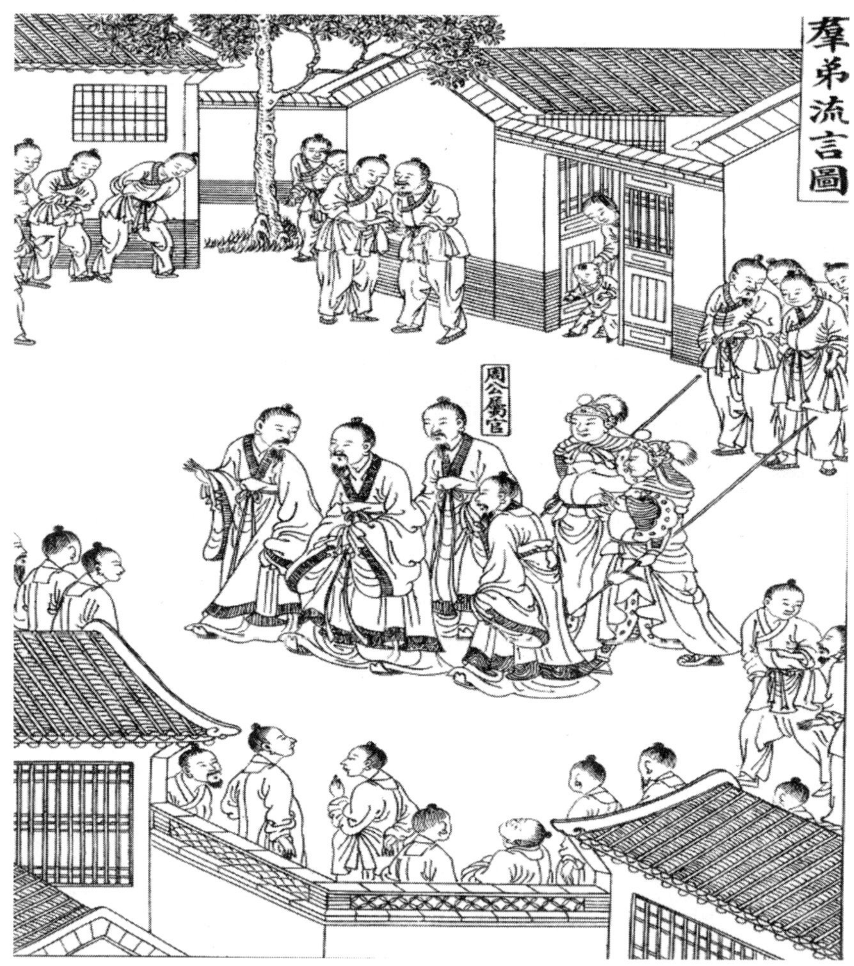

▸ 출처: 『흠정서경도설(欽定書經圖說)』 26권 「군제유언도(群弟流言圖)」

그림 2-2 ▣ 주공(周公)이 수도를 떠나 있기로 계획하는 모습

▸ **출처**: 『흠정서경도설(欽定書經圖說)』 26권 「밀모벽거도(密謀辟居圖)」

그림 2-3 ■ 주공(周公)이 동쪽 수도에 머물 때의 모습

▸ **출처**: 『흠정서경도설(欽定書經圖說)』 26권 「주공거동도(周公居東圖)」

그림 2-4 ▣ 주공(周公)에 대해 유언비어를 퍼트린 자를 잡아들이는 모습

▸ **출처:** 『흠정서경도설(欽定書經圖說)』 26권 「죄인사득도(罪人斯得圖)」

그림 2-5 ▣ 천둥번개와 비바람으로 인해 농사에 재해가 든 모습

▸ 출처: 『흠정서경도설(欽定書經圖說)』 26권 「뇌전이풍도(雷電以風圖)」

그림 2-6 ▣ 성왕(成王)이 금등(金縢)을 열어본 후 주공(周公)의 충심을 깨닫는 모습

▸ **출처**: 『흠정서경도설(欽定書經圖說)』 26권 「왕계금등도(王啓金縢圖)」

그림 2-7 ▣ 성왕(成王)이 주공(周公)을 맞이하기 위해 강숙(康叔)을 보내는 모습

▸ 출처: 『흠정서경도설(欽定書經圖說)』 26권 「예역주공도(禮逆周公圖)」

【399b~c】

成王以周公爲有勳勞於天下, 是以封周公於曲阜, 地方七百里, 革車千乘, 命魯公世世祀周公以天子之禮樂. 是以魯君孟春乘大路, 載弧韣, 旂十有二旒, 日月之章, 祀帝於郊, 配以后稷, 天子之禮也.

직역 成王은 周公을 天下에 勳勞가 有라 爲하고, 是以로 曲阜에 周公을 封하니, 地는 方七百里이며, 革車가 千乘이고, 魯公에게 命하여 世世히 周公을 祀함에 天子의 禮樂으로써 했다. 是以로 魯君은 孟春에 大路를 乘하고, 弧韣을 載하며, 旂에 十二旒하고, 日月의 章하며, 郊에서 帝에게 祀함에, 配하길 后稷으로써 하니, 天子의 禮이다.

의역 성왕(成王)은 정권을 되돌려 받은 뒤, 주공(周公)에게는 천하를 안정시킨 공로가 있다고 여겼다. 이러한 이유 때문에 노(魯)나라 곡부(曲阜)에 주공을 분봉했으니, 그 땅은 사방 700리(里)의 크기이며, 전쟁용 수레 1000승(乘)을 보유하는 규모이다. 그리고 노공(魯公)에게 명령하여, 주공에게 제사를 지낼 때에는 대대로 천자만 사용할 수 있는 예악(禮樂)을 이용하라고 했다. 이러한 이유로 노나라 군주는 맹춘(孟春)이 되면, 대로(大路)에 타고, 호독(弧韣)을 싣고, 깃발에는 12개의 깃술을 달고, 해와 달의 무늬를 새겼으며, 교(郊)에서 상제(上帝)에게 제사를 지내며, 후직(后稷)을 배향했으니, 이 모두는 천자가 시행하는 의례제도이다.

集說 論語稱伯禽爲魯公, 閟宮稱僖公爲魯侯, 又曰"俾侯于魯", 則魯本侯爵, 過稱公也. 孟子言公侯皆方百里, 又言周公封於魯地方百里, 而此云七百里者, 蓋以百里之田爲魯本國, 如後世食實封也; 并附庸爲七百里, 所謂錫之山川土田附庸也. 周禮, 封疆方五百里之制, 當時設法未行, 不可以據. 革車, 兵車也. 千乘, 田賦所出之數也. 孟春, 周正子月也. 大路, 殷祭天所乘之木路. 弧, 所以開張旌旗之幅, 其形如弓, 以竹爲之. 韣, 則弧之衣也. 旒, 屬於弧之正幅, 而畫日月以爲章也.

번역 『논어』에서는 백금(伯禽)을 노공(魯公)이라고 지칭했고,[22] 『시』「비궁(閟宮)」편에서는 희공(僖公)을 노후(魯侯)라고 지칭했으며,[23] 또 "노(魯)나라의 후작이 되도록 하다."[24]라고 했으니, 노나라 제후는 본래 후작의 작위를 가지고 있었지만, 공작[公]이라고 단계를 높여 지칭한 것이다. 맹자(孟子)는 공작과 후작의 영토는 모두 사방 100리(里)의 크기라고 했고,[25] 또 주공(周公)에 대해서는 노나라의 땅 사방 100리(里)의 영토에 분봉을 해줬다고 했는데,[26] 이곳에서는 사방 700리(里)라고 했다. 그 이유는 아마도 100리(里)의 땅은 노나라의 본래 영토이니, 후세에 식읍으로 받는 실제의 토지와 같은 것이며, 주변의 약소국들을 합하면 700리(里)가 되니, 이른바 "산천을 하사하시니, 토지와 약소국들이다."[27]는 말에 해당한다. 『주례』에서는 강역을 분봉할 때, 사방 500리(里)로 내려주는 제도가 있는데,[28] 당시에 이러한 제도를 만들었지만 아직 시행을 하지 않았던 것으로, 근거로 삼을 수 없다. '혁거(革車)'는 전쟁용 수레이다. 1000승(乘)은 토지에서 세금으로 산출되는 수레의 수치이다. '맹춘(孟春)'은 주(周)나라 정월인 건자(建子)의 달이다. '대로(大路)'는 은(殷)나라 때 하늘에 대한 제사를 지내며 탔던 목로(木路)를 뜻한다. '호(弧)'는 깃발의 폭을 펴게 만드는 것으로, 그 모습이 활처럼 생겼는데, 대나무로 만든다. '독(韣)'은 호(弧)를 입히는 천이다. '류

---

22) 『논어』「미자(微子)」: 周公謂魯公曰, "君子不施其親, 不使大臣怨乎不以. 故舊無大故, 則不棄也. 無求備於一人!"

23) 『시』「노송(魯頌)·비궁(閟宮)」편의 『모서』: 閟宮, 頌僖公能復周公之宇也.

24) 『시』「노송(魯頌)·비궁(閟宮)」: 后稷之孫, 實維大王. 居岐之陽, 實始翦商. 至于文武, 纘大王之緒, 致天之屆, 于牧之野. 無貳無虞, 上帝臨女. 敦商之旅, 克咸厥功. 王曰叔父, 建爾元子, 俾侯于魯. 大啓爾宇, 爲周室輔.

25) 『맹자』「만장하(萬章下)」: 4天子之制, 地方千里, 公侯皆方百里, 伯七十里, 子·男五十里, 凡四等.

26) 『맹자』「고자하(告子下)」: 周公之封於魯, 爲方百里也, 地非不足, 而儉於百里.

27) 『시』「노송(魯頌)·비궁(閟宮)」: 乃命魯公, 俾侯于東. 錫之山川, 土田附庸. 周公之孫, 莊公之子. 龍旂承祀, 六轡耳耳. 春秋匪解, 享祀不忒. 皇皇后帝, 皇祖后稷. 享以騂犧, 是饗是宜. 降福既多, 周公皇祖, 亦其福女.

28) 『주례』「지관(地官)·대사도(大司徒)」: 凡建邦國, 以土圭土其地而制其域: 諸公之地, 封疆方五百里, 其食者半; 諸侯之地, 封疆方四百里,

(旒)'는 호(弧)의 정폭(正幅)에 매다는 것으로, 해와 달의 그림을 그려서 무늬로 삼는다.

集說 王荊公謂: 周公能爲人臣所不能爲之功, 故可用人臣所不得用之禮樂. 程子曰: "是不知人臣之道也. 夫居周公之位, 則爲周公之事, 由其位而能爲者, 皆所當爲也. 周公乃盡其爲臣之職耳, 豈得獨用天子之禮樂哉? 成王之賜, 伯禽之受, 皆非也."

번역 왕형공[29]이 말하길, 주공(周公)은 일반 신하들이 세울 수 없는 공적을 이루었기 때문에, 일반 신하들이 사용할 수 없는 예악(禮樂)을 쓸 수 있었던 것이다. 정자는 "이것은 신하의 도리를 알지 못했기 때문이다. 무릇 주공의 입장이 된다면, 주공처럼 일을 해야 하는데, 이것은 그 지위에 따라서 할 수 있었던 것이므로, 모든 신하들이 마땅히 시행해야 할 것들이다. 주공은 신하로서의 직무를 다한 것일 뿐인데, 어찌 천자의 예악을 그 홀로 사용할 수 있겠는가? 성왕(成王)이 하사를 해주고, 백금(伯禽)이 받았던 것은 모두 잘못된 일이다."라고 했다.

集說 問: "孟子說齊魯皆封百里, 而先生向說齊魯始封七百里者, 何耶?" 朱子曰: "此等處皆難考"云云. 見告子下篇.

번역 어떤 이가 묻기를, "『맹자』에서는 제(齊)나라와 노(魯)나라가 모두 사방 100리(里)의 땅에 분봉을 받았다고 했는데, 선생께서 제나라와 노나라에 대해 설명을 하며 처음부터 700리(里)의 땅에 분봉을 받았다고 한 것은 어째서입니까?"라고 했고, 주자는 "이러한 등등의 문제들은 모두 고증하기가 어렵다."라고 대답했다. 자세한 설명은 『맹자』「고자하(告子下)」편

---

29) 왕안석(王安石, A.D.1021~A.D.1086) : =금릉왕씨(金陵王氏) · 왕개보(王介甫) · 왕문공(王文公) · 왕형공(王荊公) · 임천왕씨(臨川王氏). 북송(北宋) 때의 정치가이자 학자이다. 자(字)는 개보(介甫)이고, 호는 반산(半山)이다. 형(荊)에 봉작(封爵)되었다. 저서로는 『주관신의(周官新義)』 등이 있다.

에 대한 주자의 설명에 나온다.

大全 新安王氏曰: 此漢儒誇辭, 不可信也. 周禮雖曰諸侯之地, 五百里, 蓋兼附庸言之. 然其制實未嘗行, 故孟子曰周公封於魯, 太公封於齊, 爲方百里, 安得有七百里之地而封之? 天子之畿方千里, 其地百同, 魯之地若方七百里, 凡四十九同, 蓋半天子之國矣. 且周公身爲三公, 又爲東伯, 是謂上公. 周公旣歿, 伯禽乃是魯侯, 列侯之國, 方七百里, 非特成王不以封魯, 伯禽亦不敢受也. 魯頌所謂公車千乘, 公徒三萬, 其辭不無溢美. 天子地方千里, 謂之萬乘, 若魯地方七百里, 半天子之畿, 何止有車千乘耶? 伊川程氏曰: 成王之賜, 伯禽之受, 俱非也. 以愚觀之, 成王未必賜, 伯禽未必受, 蓋魯人僭用天子禮樂爾.

번역 신안왕씨가 말하길, 이 기록은 한(漢)나라 학자들이 과장되게 한 말이니, 믿을 수 없는 기록이다. 『주례』에서는 비록 "제후(諸侯)의 땅은 사방 500리(里)이다."라고 했지만, 아마도 부용(附庸)에 해당하는 약소국의 땅까지도 함께 언급한 기록일 것이다. 그러나 그 제도는 실제로 시행된 적이 없다. 그렇기 때문에 『맹자』에서는 노(魯)나라에 주공(周公)을 분봉하고, 제(齊)나라에 태공(太公)을 분봉했지만, 모두 사방 100리(里)의 크기라고 한 것인데, 어찌 사방 700리(里)의 땅으로 분봉을 해줄 수 있었겠는가? 천자의 수도는 사방 1000리(里)의 크기이니, 그 땅은 100동(同)[30]이 되고, 노나라의 땅이 만약 사방 700리(里)의 크기였다면, 모두 49동(同)이 되니, 천자의 수도와 비교해보면 그 반절이 되는 면적이다. 또 주공 본인은 삼공

---

30) 동(同)은 고대 토지의 면적을 재는 단위이다. 사방 100리(里)의 땅을 '동'이라고 했다. 『춘추좌씨전』「소공(召公) 23년」편에는 "無亦監乎若敖蚡冒至於武文, 土不過同, 愼其四竟, 猶不城郢."이라는 기록이 있는데, 이에 대한 두예(杜預)에 주에서는 "方百里爲一同."이라고 풀이했다. 참고적으로 사방 1리(里)의 면적은 1정(井)이 되고, 10정(井)은 1통(通)이 되며, 10통(通)은 1성(成)이 되니, 1성(成)은 사방 10리(里)의 면적이며, 10성(成)은 1종(終)이 되고, 10종(終)은 1동(同)이 되니, '동'은 사방 100리(里)의 크기가 된다. 『한서(漢書)』「형법지(刑法志)」편에는 "地方一里爲井, 井十爲通, 通十爲成, 成方十里; 成十爲終, 終十爲同, 同方百里."라는 기록이 있다.

(三公) 중 하나였으며, 또한 동쪽 지역을 담당하는 이백(二伯) 중 하나였으니, 상공(上公)[31]이 된다. 주공이 죽었을 때, 백금(伯禽)은 노나라 후작이었는데, 제후국들 중 하나의 국가가 사방 700리(里)의 크기였다고 한다면, 성왕은 이 정도 크기의 땅으로 노나라를 분봉해줄 수 없을 뿐만 아니라, 백금 또한 감히 받을 수 없었을 것이다. 『시』「노송(魯頌)」편에서 말한 "군주의 수레가 1000승(乘)이며, 군주의 군대가 3만이다."[32]라고 한 말은 지나치게 과장된 말이다. 천자의 땅은 사방 1000리(里)의 크기이며, 그 규모를 10000승(乘)이라고 하는데, 만약 노나라의 땅이 사방 700리(里)의 크기였다면, 천자의 수도와 비교해보더라도 반절의 크기가 되니, 어찌 수레가 1000승(乘)에 그쳤겠는가? 이천선생은 "성왕이 하사를 하고, 백금이 받았던 것 모두 잘못된 일이다."라고 했다. 내가 살펴보니, 성왕은 분명 하사를 했던 것이 아니며, 백금도 분명 받았던 것이 아니니, 아마도 노나라에서 참람되게 천자의 예악을 사용한 것일 뿐이다.

鄭注 王功曰勳, 事功曰勞. 曲阜, 魯地. 上公之封, 地方五百里, 加魯以四等之附庸, 方百里者二十四, 幷五五二十五, 積四十九, 開方之得七百里. 革車, 兵車也. 兵車千乘, 成國之賦也. 詩·魯頌曰: "王曰[33]叔父, 建爾元子, 俾

---

31) 상공(上公)은 주(周)나라 제도에 있었던 관직 등급이다. 본래 신하의 관직 등급은 8명(命)까지이다. 주나라 때에는 태사(太師), 태부(太傅), 태보(太保)와 같은 삼공(三公)들이 8명의 등급에 해당했다. 그런데 여기에 1명을 더하게 되면 9명이 되어, 특별직인 '상공'이 된다. 『주례』「춘관(春官)·전명(典命)」편에는 "<u>上公</u>九命爲伯, 其國家宮室車旗衣服禮儀, 皆以九爲節."이라는 기록이 있고, 이에 대한 정현의 주에서는 "上公, 謂王之三公有德者, 加命爲二伯. 二王之後亦爲上公."이라고 풀이하였다. 즉 '상공'은 삼공 중에서도 유덕(有德)한 자에게 1명을 더해주어, 제후들을 통솔하는 '두 명의 백(伯)[二伯]'으로 삼았다.

32) 『시』「노송(魯頌)·비궁(閟宮)」: <u>公車千乘</u>, 朱英綠縢, 二矛重弓. <u>公徒三萬</u>, 貝冑朱綅. 烝徒增增, 戎狄是膺, 荊舒是懲, 則莫我敢承. 俾爾昌而熾, 俾爾壽而富, 黃髮台背, 壽胥與試. 俾爾昌而大, 俾爾耆而艾, 萬有千歲, 眉壽無有害.

33) '왈(曰)'자에 대하여. 『십삼경주소(十三經注疏)』 북경대 출판본에서는 "'왈'자는 본래 '기(記)'자로 기록되어 있었는데, 『시』「노송(魯頌)·비궁(閟宮)」

侯于魯. 大啓爾宇, 爲周室輔. 乃命魯公, 俾侯于東, 錫之山川, 土田附庸." 又曰: "公車千乘, 朱英綠縢." 同之於周, 尊之也. 魯公, 謂伯禽. 孟春, 建子之月, 魯之始郊日以至. 大路, 殷之祭天車也. 弧, 旌旗所以張幅也, 其衣曰韣. 天子之旌旗, 畫日月. 帝, 謂蒼帝靈威仰也. 昊天上帝, 魯不祭.

번역 천자를 위해 쌓은 공적을 '훈(勳)'이라고 부르고, 어떤 사업을 통해 쌓은 공적을 '노(勞)'라고 부른다. '곡부(曲阜)'는 노(魯)나라의 땅을 가리킨다. 상공(上公)이 분봉을 받을 때, 그 땅은 사방 500리(里)의 크기이며, 노(魯)나라에 4등급에 해당하는 부용(附庸)국을 더해주었으니, 사방 100리(里)의 땅을 가진 군소 국가들이 24개이고, 사방 500리(里)의 땅은 5곱하기 5는 25가 되니, 이 땅까지 합치면 총 49라는 수치가 나오고, 개방(開方)의 계산법으로는 사방 700리(里)의 땅이 산출된다. '혁거(革車)'는 전쟁용 수레이다. 전쟁용 수레가 1000승(乘)이라는 말은 제후국 중에서도 대국(大國)에 해당하는 조세 규모이다. 『시』「노송(魯頌)」편에서는 "천자는 숙부여, 그대의 맏아들을 제후로 세워, 노(魯)나라의 후작으로 삼으니. 그대의 나라를 크게 일구어, 주(周)왕실을 보필하시오. 이에 노공(魯公)에게 명하여, 동쪽의 후작으로 세우고, 산천을 하사하니, 토지와 부용국이다."[34]라고 했다. 또 "군주의 수레는 1000승(乘)이며, 붉은색으로 창을 장식하고, 녹색으로 끈을 만들었다."[35]라고 했다. 주(周)왕실과 동일하게 따르게 했으니, 존귀하게 높였기 때문이다. '노공(魯公)'은 백금(伯禽)을 뜻한다. '맹춘(孟春)'은 건자(建子)의 달로, 노(魯)나라에서 처음으로 교(郊)제사를 지낼 때에는 그 날짜를 동지(冬至)로 정했다. '대로(大路)'는 은(殷)나라에서 하늘에 대한 제사 때 타던 수레이다. '호(弧)'는 깃대에 달아서 폭을 펴는 것이며, 그것에 입히는 천을 독(韣)이라고 부른다. 천자의 깃발에는 해와 달을 그린다. '제(帝)'는 창제(蒼帝)[36]인 영위앙(靈威仰)[37]이다. 호천상제(昊天上帝)[38]에

편의 기록에 근거해서 글자를 고쳤다."라고 했다.

34) 『시』「노송(魯頌)·비궁(閟宮)」: 王曰叔父, 建爾元子, 俾侯于魯. 大啓爾宇, 爲周室輔. 乃命魯公, 俾侯于東. 錫之山川, 土田附庸.

35) 『시』「노송(魯頌)·비궁(閟宮)」: 公車千乘, 朱英綠縢, 二矛重弓.

대해서, 노나라에서는 제사를 지내지 않았다.

釋文 乘, 繩證反, 注同. 卑, 必爾反, 本又作俾, 下同. 縢, 大登反.

번역 '乘'자는 '繩(승)'자와 '證(증)'자의 반절음이며, 정현의 주에 나오는 글자도 그 음이 이와 같다. '卑'자는 '必(필)'자와 '爾(이)'자의 반절음이며, 판본에 따라서는 또한 '俾'자로도 기록하며, 아래문장에 나오는 글자도 그 음이 이와 같다. '縢'자는 '大(대)'자와 '登(등)'자의 반절음이다.

---

36) 창제(蒼帝)는 창제(倉帝)라고도 하며, 동방(東方)을 주관하는 오제(五帝) 중 하나이다. 영위앙(靈威仰)을 가리킨다. 동쪽은 오행(五行)으로 따지면, 목(木)에 해당하는데, 나무의 색깔은 청색에 해당하여 '창(蒼)'자를 붙여서 부르는 것이다. 『사기(史記)』「천관서(天官書)」편에는 "蒼帝行德, 天門爲之開."라는 기록이 있고, 이에 대한 장수절(張守節)의 『정의(正義)』에서는 "蒼帝, 東方靈威仰之帝也."라고 풀이했다.

37) 영위앙(靈威仰)은 참위설(讖緯說)을 주장했던 자들이 섬기던 오제(五帝) 중 하나이다. 동방(東方)의 신(神)이자, 봄을 주관하는 신이다. 『예기』「대전(大傳)」편에는 "禮, 不王不禘, 王者禘其祖之所自出, 以其祖配之."라는 기록이 있는데, 이에 대한 정현의 주에서는 "王者之先祖皆感大微五帝之精以生. 蒼則靈威仰, 赤則赤熛怒, 黃則含樞紐, 白則白招拒, 黑則汁光紀."라고 풀이하였다.

38) 호천상제(昊天上帝)는 호천(昊天)과 상제(上帝)로 구분하여 해석하기도 하며, '호천상제'를 하나의 용어로 해석하기도 한다. 후자의 경우 '호천'이라는 말은 '상제'를 수식하는 말이다. 고대에는 축호(祝號)라는 것을 지어서 제사 때의 용어를 수식어로 꾸미게 되는데, '호천상제'의 경우는 '상제'에 대한 축호에 해당하며, 세부하여 설명하자면 신(神)의 명칭에 수식어를 붙이는 신호(神號)에 해당한다. 『예기』「예운(禮運)」편에는 "作其祝號, 玄酒以祭, 薦其血毛, 腥其俎, 孰其殽."라는 기록이 있고, 이에 대한 진호(陳澔)의 주에서는 "作其祝號者, 造爲鬼神及牲玉美號之辭. 神號, 如昊天上帝."라고 풀이했다. '호천'과 '상제'로 풀이할 경우, '상제'는 만물을 주재하는 자이며, '상천(上天)'이라고도 불렀다. 고대인들은 길흉(吉凶)과 화복(禍福)을 내릴 수 있는 능력을 갖추고 있었다고 생각하였다. 한편 '상제'는 오행(五行) 관념에 따라 동·서·남·북·중앙의 구분이 생기면서, 천상을 각각 나누어 다스리는 오제(五帝)로 설명되기도 한다. '호천'의 경우 천신(天神)을 뜻하는데, '상제'와 비슷한 개념이다. '호천'을 '상제'보다 상위의 개념으로 해석하여, 오제 위에서 군림하는 신으로 해석하는 경우도 있다.

孔疏 ◎注"致政"至"曰勞". ○正義曰: "致政, 以王事歸授之"者, 按洛誥云: "朕復子明辟." 是以王事歸授之也. 云"王功曰勳, 事功曰勞"者, 是司勳職文. 彼注云: "上功, 輔成王業, 若周公也." "事功曰勞"者, 注云: "以勞定國, 若禹也." 周公則勳·勞兼有也.

번역 ◎鄭注: "致政"~"曰勞". ○정현이 "'치정(致政)'은 천자가 시행해야할 일들을 되돌려주었다는 뜻이다."라고 했는데, 『서』「낙고(洛誥)」편을 살펴보면, "나는 그대 명군(明君)에게 복명(復命)한다."라고 했으니, 이 말은 천자의 일들을 되돌려준다는 뜻이다. 정현이 "천자를 위해 쌓은 공적을 '훈(勳)'이라고 부르고, 어떤 사업을 통해 쌓은 공적을 '노(勞)'라고 부른다."라고 했는데, 이것은 『주례』「사훈(司勳)」편의 직무 기록에 나오는 문장이다.[39] 「사훈」편에 대한 주에서는 "가장 뛰어난 공적으로, 마치 주공(周公)처럼 성왕(成王)의 과업을 보필한 것이다."라고 했다. "어떤 사업을 통해 쌓은 공적을 '노(勞)'라고 부른다."는 말에 대한 주에서는 "우(禹)임금처럼 노력을 통해 국가를 안정시킨 것이다."라고 했다. 주공은 훈(勳)과 노(勞)를 모두 갖췄다.

孔疏 ●"是以"至"禮也". ○正義曰: 自此以下, 皆爲周公有勳勞之事, 故成王特賜魯家用天子之禮, 兼四代服器, 各隨文解之.

번역 ●經文: "是以"~"禮也". ○이곳 문장으로부터 그 이하의 문장에 나오는 것들은 모두 주공(周公)이 공적을 세웠던 사안에 따라 부여된 것이다. 그렇기 때문에 성왕(成王)은 특별히 노(魯)나라에게 천자의 예(禮)를 사용하고, 사대(四代)의 복식과 기물을 갖출 수 있도록 하사를 해준 것이니, 각각의 문장에 따라서 풀이하겠다.

---

39) 『주례』「하관(夏官)·사훈(司勳)」: 王功曰勳. 國功曰功. 民功曰庸. 事功曰勞. 治功曰力. 戰功曰多.

孔疏 ◎注"曲阜"至"綠縢". ○正義曰: 云"曲阜, 魯地"者, 按費誓序云: "魯侯伯禽, 宅曲阜." 又按定四年左傳: "封於少皞之虛." 臣瓚注漢書: "云魯城內有曲阜, 逶迤長八九里." 云"加魯以四等之附庸"者, 魯受上公五百里之封, 又加四等附庸, 四等謂侯·伯·子·男也. 按大司徒注云: "公無附庸, 侯附庸九同, 伯附庸七同, 子附庸五同, 男附庸三同." 爲二十四同, 謂百里也. 旣受五百里之封, 五五二十五, 爲二十五同. 又加二十四同, 故云"積四十九, 開方計之, 得七百里". 云"兵車千乘, 成國之賦也"者, 按左傳云: "成國不過半天子之軍." 按論語千乘之賦, 居地方三百一十六里有畸, 諸侯之地三百里而下, 未成國也, 公則五百里, 侯四百里, 計地餘有千乘, 故謂之"成國". 引詩·魯頌以下者, 詩·頌·閟宮文也. 引之者, 證魯廣開土宇, 兵車千乘之事. 云"朱英綠縢"者, 言以朱爲英飾, 以綠爲縢約也.

번역 ◎鄭注: "曲阜"~"綠縢". ○정현이 "'곡부(曲阜)'는 노(魯)나라의 땅을 가리킨다."라고 했는데, 『서』「비서(費誓)」편의 「소서(小序)」에서는 "노나라 후작 백금(伯禽)은 곡부에 궁실을 세웠다."라고 했고, 또 정공(定公) 4년에 대한 『좌전』의 기록을 살펴보면, "소호(少皞)[40]의 터에 분봉을 받았다."[41]라고 했다. 『한서(漢書)』에 대한 신찬[42]의 주에서는 "노나라 궁

---

40) 금천씨(金天氏)는 소호(少皞: =少昊)의 별칭이다. 『춘추좌씨전』「소공(昭公) 1년」편에는 "昔金天氏有裔子曰昧, 爲玄冥師."라는 기록이 있는데, 이에 대한 두예(杜預)의 주에서는 "金天氏, 帝少昊."라고 풀이했다. '소호'는 오행(五行) 중 금덕(金德)을 통해 제왕에 올랐기 때문에, '금천(金天)'이라는 칭호가 붙게 되었다. 『한서(漢書)』「고금인표(古今人表)」편에는 "上上聖人, 少昊帝, 金天氏."라는 기록이 있는데, 이에 대한 안사고(顔師古)의 주에서는 장안(張晏)의 주장을 인용하여, "以金德王, 故號曰金天."이라고 풀이했다. '소호'는 고대 동이족의 제왕으로, 황제(黃帝)의 아들이었다고도 전해진다. 이름은 지(摯)인데, 질(質)이었다고도 한다. 새의 이름으로 관직명을 지었다고 전해지며, 사후에는 서방(西方)의 신(神)이 되었다고 전해진다. 『춘추좌씨전』「소공(昭公) 17년」편에는 "郯子曰 我高祖少皞摯之立也, 鳳鳥適至, 故紀於鳥, 爲鳥師而鳥名."이라는 기록이 있는데, 이에 대한 두예(杜預)의 주에서는 "少皞, 金天氏, 黃帝之子, 己姓之祖也."라고 풀이했다.

41) 『춘추좌씨전』「정공(定公) 4년」 : 分之土田陪敦·祝·宗·卜·史, 備物·典策, 官司·彝器, 因商奄之民, 命以伯禽而封於少皞之虛.

성 내에 곡부가 있으며, 구불구불하게 이어져 있는데, 그 길이는 8~9리(里) 정도이다."라고 했다. 정현이 "노나라에 4등급에 해당하는 부용(附庸)국을 더해주었다."라고 했는데, 노나라는 상공(上公)의 신분으로 사방 500리(里)의 땅을 분봉 받았고, 또 4등급에 해당하는 부용국을 더해주었는데, 여기에서 말하는 '사등(四等)'은 후작 · 백작 · 자작 · 남작의 제후국을 뜻한다. 『주례』「대사도(大司徒)」편에 대한 정현의 주를 살펴보면, "공작에게는 부용이 없고, 후작의 부용은 9동(同)이며, 백작의 부용은 7동(同)이고, 자작의 부용은 5동(同)이며, 남작의 부용은 3동(同)이다."[43]라고 했는데, 총 24동(同)이 되니, 사방 100리(里)의 땅에 해당한다. 이미 사방 500리(里)의 봉지를 받았으니, 5곱하기 5를 하면 25가 되어, 총 25동(同)이 된다. 또 거기에 24동(同)을 더했기 때문에, "총 49이며, 개방(開方)의 계산법으로 사방 700리(里)가 된다."라고 한 것이다. 정현이 "전쟁용 수레가 1000승(乘)이라는 말은 제후국 중에서도 대국(大國)에 해당하는 조세 규모이다."라고 했는데, 『좌전』을 살펴보면, "제후국 중 대국은 천자의 군대와 비교해보면, 그 반절을 넘길 수 없다."[44]라고 했다. 『논어』를 살펴보면, 1000승(乘)에 해당하는 세금은 사방 316여리(里)만큼을 차지한다고 했는데, 제후(諸侯)의 땅이 사방 300리(里)보다 작으면, 대국을 이룬 것이 아니며, 공작은 사방 500리(里)의 땅을 받고, 후작은 사방 400리(里)의 땅을 받으니, 그들의 땅을 계산해보면, 1000승(乘)보다 많은 세금이 나온다. 그렇기 때문에 '성국(成國)'이라고 말한 것이다. 정현이 『시』「노송(魯頌)」편의 구문을 인용했는데, 이것은 『시』「노송(魯頌)·비궁(閟宮)」편의 문장이다. 정현이 이 기록을 인용한 이유는 노(魯)

42) 신찬(臣瓚, ?~?) : 서진(西晉) 때의 학자이다. 성씨(姓氏) 및 행적에 대해서는 자세히 전해지지 않는다. 『집해음의(集解音義)』를 저술하였다고 전해지며, 책은 이미 소실되었지만, 안사고(顏師古) 등이 『한서(漢書)』의 주석을 달 때 이 책에 근거했다고 전해진다.

43) 이 문장은 『주례』「지관(地官) · 대사도(大司徒)」편의 "凡建邦國, 以土圭土其地而制其域, ……諸男之地, 封疆方百里, 其食者四之一."이라는 기록에 대한 정현의 주이다.

44) 『춘추좌씨전』「양공(襄公) 14년」 : <u>成國不過半天子之軍</u>. 周爲六軍, 諸侯之大者, 三軍可也.

나라의 땅이 넓고, 전쟁용 수레가 1000승(乘) 이상이 있었다는 사실을 증명하기 위해서이다. 정현이 "붉은색으로 창을 장식하고, 녹색으로 끈을 만들었다."라고 했는데, 이 말은 적색으로 창을 장식하고, 녹색으로 묶는 끈을 만들었다는 뜻이다.

孔疏 ◎注"同之"至"伯禽". ○正義曰: "同之於周"者, 謂同此周公於周之天子. 云"魯公, 謂伯禽"者, 尙書·費誓云: "魯侯伯禽, 宅曲阜." 時伯禽歸魯, 周公不之魯, 故公羊文十三年傳: "封魯公以爲周公也. 周公拜乎前, 魯公拜乎後. 曰生以養周公, 死以爲周公主. 然則周公之魯乎? 曰不之魯也. 曷爲不之魯? 欲天下之一乎周也." 言若周公之魯, 恐天下歸心於魯, 故不之魯, 使天下一心以事周.

번역 ◎鄭注: "同之"~"伯禽". ○정현이 "주(周)왕실과 동일하게 한다."라고 했는데, 이 말은 주공(周公)에 대해서 주왕실의 천자와 동일하게 대한다는 뜻이다. 정현이 "'노공(魯公)'은 백금(伯禽)이다."라고 했는데, 『상서』「비서(費誓)」편에서는 "노(魯)나라 후작 백금(伯禽)은 곡부(曲阜)에 궁실을 세웠다."라고 했으니, 당시 백금은 노나라로 되돌아왔고, 주공은 노나라로 가지 않았다. 그렇기 때문에 『공양전』에서는 문공(文公) 13년에 대한 전문에서, "노공을 분봉해준 것은 주공 때문이다. 주공은 앞에서 절을 했고, 노공은 뒤에서 절을 했다. 주공 생전에는 노나라를 통해서 주공을 봉양하고, 주공이 죽은 뒤에는 노공이 주공을 모시는 제사의 제주가 되라는 뜻이다. 그렇다면 주공은 노나라에 갔는가? 대답하자면, 노나라에 가지 않았다. 어찌 노나라에 가지 않았는가? 천하 사람들이 모두 주왕실에 따르게끔 만들고자 해서이다."[45]라고 한 것이다. 즉 이 말은 만약 주공이 노나라에 갔다면, 천하 사람들이 그 마음을 노나라로 귀의시키게 될 것이기 때문에, 노나라에 가지 않음으로써, 천하 사람들의 마음을 통합하여, 주왕실을 섬기

---

45) 『춘추공양전』「문공(文公) 13년」: 周公何以稱大廟于魯. 封魯公以爲周公也. 周公拜乎前, 魯, 拜乎後. 曰, 生以養周公. 死以爲周公主. 然則周公之魯乎, 曰, 不之魯也, 封魯公以爲周公主, 然則周公曷爲不之魯. 欲天下之一乎周也.

게 했다는 뜻이다.

孔疏 ◎注"孟春"至"不祭". ○正義曰: 知孟春是建子之月者, 以下云"季夏六月, 以禘禮祀周公", 若是夏之季夏, 非禘祭之月, 卽是周之季夏. 明此孟春亦周之孟春. 又雜記: "孟獻子曰: 正月日至, 可以有事於上帝." 故知此孟春是建子之月也. 云"魯之始郊日以至"者, 郊特牲云: "周之始郊日以至." 鄭旣破周爲魯, 故云"魯郊日以至". 云"大路, 殷之祭天車也"者, 以下文云"大路, 殷路". 知"祭天車"者, 以祭天尙質, 器用陶匏, 大路一就, 故知是祭天所用也. 以尊敬周公, 故用先代殷禮, 牲用白牡, 車乘殷路. 云"弧, 旌旗所以張幅也"者, 弧以竹爲之, 其形爲弓, 以張縿之幅. 故考工記: "弧旌枉矢, 以象弧也." 注云: "弧以張縿之幅." 云"其衣曰韣"者, 謂此弓之衣, 謂之爲韣. 云"天子之旌旗, 畫日月"者, 周禮: "日月爲常." 又云: "王建大常." 此云"日月之章", 與天子同也. 云"帝謂蒼帝靈威仰"者, 鄭恐是昊天上帝, 故明之云"靈威仰"也. 知非昊天上帝者, 以其配后稷, 后稷唯配靈威仰, 不配昊天上帝也. 鄭以此經唯云配以后稷, 故知昊天上帝, 魯不祭也.

번역 ◎鄭注: "孟春"~"不祭". ○맹춘(孟春)이 건자(建子)의 달에 해당함을 알 수 있는 이유는 아래문장에서 "계하(季夏) 6월에, 체(禘)제사의 예법으로 주공(周公)에게 제사를 지냈다."라고 했기 때문인데, 만약 하(夏)나라 역법에서의 계하(季夏)였다면, 체(禘)제사를 지내는 달이 아니므로, 이 시기는 주(周)나라 역법의 계하가 된다. 따라서 이 말은 이곳에서 말한 맹춘 역시 주나라 역법에서의 맹춘이 됨을 나타낸다. 또 『예기』「잡기(雜記)」편에서는 "맹헌자(孟獻子)는 정월(正月)에 동지(冬至)가 있어서, 상제(上帝)에게 제사를 지낼 수 있다고 했다."[46]고 했기 때문에, 이곳에 나온 맹춘이 건자의 달이 됨을 알 수 있다. 정현이 "노(魯)나라에서 처음으로 교(郊)제사를 지낼 때에는 그 날짜를 동지(冬至)로 정했다."라고 했는데, 『예기』「교특

---

46) 『예기』「잡기하(雜記下)」【521a】: 孟獻子曰, "正月日至, 可以有事於上帝. 七月日至, 可以有事於祖." 七月而禘, 獻子爲之也.

생(郊特牲)」편에서는 "주(周)나라에서 처음으로 교(郊)제사를 지낼 때에는 그 날짜를 동지(冬至)로 정했다."[47]라고 했다. 정현은 이미 「교특생」편의 기록에 대해서, 주(周)자를 노(魯)자로 고쳤기 때문에, "노(魯)나라에서 처음으로 교(郊)제사를 지낼 때에는 그 날짜를 동지(冬至)로 정했다."라고 말한 것이다. 정현이 "'대로(大路)'는 은(殷)나라에서 하늘에 대한 제사 때 타던 수레이다."라고 했는데, 아래문장에서 "대로(大路)는 은(殷)나라 때의 수레이다."라고 했기 때문이다. "하늘에 대한 제사 때 타는 수레이다."라는 말이 사실임을 알 수 있는 이유는 하늘에 대한 제사를 지낼 때에는 질박함을 숭상하며, 그릇에 있어서도 질그릇과 표주박을 사용하며,[48] 대로(大路)의 장식은 1취(就)[49]로 한다.[50] 그렇기 때문에 이 수레가 하늘에 대한 제사 때 사용하던 것임을 알 수 있다. 주공을 존경하기 때문에, 선대 은나라의 예법을 사용하여, 희생물은 백모(白牡)[51]를 사용하고, 수레는 은나라의 수레를 탔던 것이다. 정현이 "'호(弧)'는 깃대에 달아서 폭을 펴는 것이다."라고 했는데, 호(弧)는 대나무를 이용해서 만들고, 그 형태는 활과 같아서, 이것을 이용해 깃발의 폭을 편다. 그렇기 때문에 『고공기』에서는 "호정(弧旌)에 왕시(枉矢)를 두어, 이를 통해 호성(弧星)[52]을 본뜬다."[53]라고 했고, 정현의

---

47) 『예기』「교특생(郊特牲)」【328c】 : 周之始郊日以至.

48) 『예기』「교특생(郊特牲)」【328a】 : 大報天而主日也, 兆於南郊, 就陽位也. 掃地而祭, 於其質也. 器用陶匏, 以象天地之性也.

49) 취(就) 는 고대의 복식과 장식에 있어서, 다섯 가지 채색의 끈을 이용하여, 한 번 두르는 것을 뜻한다.

50) 『예기』「교특생(郊特牲)」【317d】 : 大路繁纓一就, 先路三就, 次路五就. 郊血, 大饗腥, 三獻爓, 一獻孰, 至敬不饗味而貴氣臭也.

51) 백모(白牡)는 고대에 천자 및 제후가 제사 때 사용했던 흰색의 소를 뜻한다. 『시』「노송(魯頌)·비궁(閟宮)」편에는 "白牡騂剛, 犧尊將將."이라는 기록이 있는데, 이에 대한 모전(毛傳)에서는 "白牡, 周公牲也."라고 풀이했다. 즉 노(魯)나라에서는 주공(周公)에 대한 제사 때, '백모'를 사용했다는 뜻이다. 한편 『예기』「교특생(郊特牲)」편에는 "諸侯之宮縣, 而祭以白牡, 擊玉磬, 朱干設錫, 冕而舞大武, 乘大路, 諸侯之僭禮也."라는 기록이 있는데, 이에 대한 정현의 주에서는 "白牡·大路, 殷天子禮也."라고 풀이했다. 즉 '백모'를 사용하여 제사를 지내는 것은 은(殷)나라 때 천자(天子)만이 사용할 수 있었던 예법이라는 뜻이다.

주에서는 "호(弧)는 깃발의 폭을 펴는 것이다."라고 한 것이다. 정현이 "호(弧)에 입히는 천을 독(韣)이라고 부른다."라고 했는데, 이것은 활을 담는 활집으로, '독(韣)'이라고 부른다는 뜻이다. 정현이 "천자의 깃발에는 해와 달을 그린다."라고 했는데, 『주례』에서는 "해와 달을 그려서 상(常)을 만든다."[54]라고 했고, 또 "천자는 대상(大常)의 깃발을 세운다."[55]라고 했는데, 이곳에서는 "해와 달의 무늬이다."라고 했으니, 천자의 경우와 동일하다. 정현이 "'제(帝)'는 창제(蒼帝)인 영위앙(靈威仰)이다."라고 했는데, 정현은 호천상제(昊天上帝)로 오해할 것을 염려했기 때문에, '영위앙(靈威仰)'이라고 명시한 것이다. 제사의 대상이 호천상제가 아니라는 사실을 알 수 있는 이유는 후직(后稷)을 함께 배향했기 때문이니, 후직은 오직 영위앙에게만 배향되며, 호천상제에게 배향할 수 없다. 정현은 이곳 경문에서 단지 "후직을 배향한다."라고 말했기 때문에, 호천상제에 대해서는 노나라에서 제사를 지내지 않았다는 사실을 알았다.

訓纂 廣雅: 天子十二斿至地, 諸侯九斿至軫, 卿大夫七斿至軹, 士三斿至肩.

번역 『광아』[56]에서 말하길, 천자는 12개의 깃술을 달아서 땅까지 내려

---

52) 호성(弧星)은 28수(宿)에 속하지 않지만, 28수 중 하나인 정수(井宿) 근처에 있는 별자리이다. 이리별이라고 부르는 낭성(狼星)의 동남쪽에 위치하며, 9개의 별들로 이루어져 있다.

53) 『주례』「동관고공기(冬官考工記)·주인(輈人)」: 弧旌枉矢, 以象弧也.

54) 『주례』「춘관(春官)·사상(司常)」: 司常掌九旗之物名, 各有屬, 以待國事. 日月爲常, 交龍爲旂, 通帛爲旜, 雜帛爲物, 熊虎爲旗, 鳥隼爲旟, 龜蛇爲旐, 全羽爲旞, 析羽爲旌.

55) 『주례』「춘관(春官)·사상(司常)」: 及國之大閱, 贊司馬頒旗物: 王建大常, 諸侯建旂, 孤卿建旜, 大夫士建物, 師都建旗, 州里建旟, 縣鄙建旐, 道車載旞, 斿車載旌.

56) 『광아(廣雅)』는 위(魏)나라 때 장읍(張揖)이 지은 자전(字典)이다. 『박아(博雅)』라고도 부른다. 『이아』의 체제를 계승하고, 새로운 내용을 보충하여, 경전(經典)에 기록된 글자들을 해석한 서적이다. 본래 상·중·하 3권으로 구성되어 있었지만, 수(隋)나라 조헌(曺憲)이 재차 10권으로 편집하였다. 한편 '광(廣)'자가 수나라 양제(煬帝)의 시호였기 때문에, 피휘를 하여, 『박

오게 만들고, 제후는 9개의 깃술을 달아서 수레의 진(軫)까지 내려오게 만들며, 경(卿)과 대부(大夫)는 7개의 깃술을 달아서 수레의 지(軹)까지 내려오게 만들고, 사(士)는 3개의 깃술을 달아서 어깨까지 내려오게 만든다.

集解 按: 載如字亦通.

번역 살펴보니, '재(載)'자는 글자대로 읽어도 해석이 통한다.

集解 愚謂: 鄭氏"四等附庸"之說, 本無所出. 周禮"諸公之地, 方五百里", 國之大者, 無踰於此. 若地方七百里, 半天子之地, 則雖漢時封三庶孽幾半天下者, 其廣大亦不至此. 此記者之夸辭耳. 以魯之封域考之, 北抵汶上, 東盡於海, 西鄰宋·衛, 南至泗水得淮, 其不得爲方七百里明矣. 公羊傳曰"周公白牡, 魯公騂犅, 群公不毛." "周公盛, 魯公燾, 群公廩", 則魯之祀周公, 其禮固有異矣, 然未有以見其用天子之禮樂也. 魯僭郊 · 禘, 見於禮運. 孔子之嘆, 及呂氏春秋之書; 武宮之立, 見於春秋; 乘大路, 設兩觀, 朱干玉戚以舞大武, 八佾以舞大夏, 皆僭天子之禮, 見於公羊傳子家駒之言. 則其所用四代之器服以爲出於成王之所賜者, 亦未可盡信也.

번역 내가 생각하기에, 정현이 "4등급의 부용(附庸) 국가이다."라고 한 말은 근거가 없는 주장이다. 『주례』에서는 "제공(諸公)의 땅은 사방 500리(里)의 크기이다."라고 했는데, 제후국 중 대국(大國)에 해당하는 나라는 이 크기를 벗어난 적이 없다. 만약 그 땅이 사방 700리(里)에 이르렀다면, 천자의 수도와 비교를 해봐도 반절에 해당하니, 비록 한(漢)나라 때 세 명의 서얼들에게 분봉을 해주며, 천자의 수도에 반절에 이르는 땅을 주었지만, 그때의 땅 크기 또한 이처럼 넓지 않았다. 이것은 『예기』를 기록한 자가 과장한 말일 뿐이다. 노(魯)나라에서 분봉을 받은 지역을 통해 고찰해보면, 북쪽으로는 문수(汶水)에 닿아 있었고, 동쪽으로는 바다와 접해 있었으며,

---

아』라고 부르게 되었다.

서쪽으로는 송(宋)나라 및 위(衛)나라와 이웃해 있었고, 남쪽으로 사수(泗水)에 이르면 회수(淮水)를 만나게 되었으니, 그 크기는 사방 700리(里)가 될 수 없었음이 명백하다. 『공양전』에서는 "주공(周公)에게는 백모(白牡)를 사용하고, 노공(魯公)에게는 성강(騂犅)[57]을 사용하며, 뭇 군주들에게는 불모(不毛)[58]를 사용한다."라고 했고, "주공에게는 새로 수확한 곡식을 바치고, 노공에게는 위에만 새로운 곡식을 담아서 바치며, 뭇 군주들에게는 오래된 곡식을 바친다."라고 했으니,[59] 노나라에서 주공에게 제사를 지낼 때, 그 예법에는 진실로 다른 군주들과는 다른 점이 있었다. 그러나 천자의 예악을 사용했다는 점은 나타나지 않는다. 노나라에서 참람되게 교(郊)제사[60]와 체(禘)제사[61]를 따라한 것은 『예기』「예운(禮運)」편에 나타난다. 공자가 비례를 시행함에 대해 탄식을 했던 일화는 『여씨춘추』의 기록에도

---

57) 성강(騂犅)은 제사 때 사용된 적색의 소를 뜻한다. 희생물을 관리하는 관청에서 사육을 한 소이다.

58) 불모(不毛)는 털색이 순일하지 않고, 색깔이 섞여 있는 가축을 뜻한다. 『춘추공양전』「문공(文公) 13년」에는 "魯祭周公, 何以爲牲? 周公用白牡, 魯公用騂犅, 群公不毛."라는 기록이 있는데, 이에 대한 하휴(何休)의 주에서는 "不毛, 不純色."이라고 풀이했다.

59) 『춘추공양전』「문공(文公) 13년」 : 魯祭周公, 何以爲牲. 周公用白牲. 魯公用騂犅. 群公不毛. 魯祭周公何以爲盛. 周公盛. 魯公燾. 群公廩.

60) 교제(郊祭)는 '교사(郊祀)'라고도 부른다. 교외(郊外)에서 천지(天地)에 제사를 지냈기 때문에 붙여진 명칭이다. 음양설(陰陽說)이 성행했던 한(漢)나라 때에는 하늘에 대한 제사는 양(陽)의 뜻을 따라 남교(南郊)에서 지냈고, 땅에 대한 제사는 음(陰)의 뜻을 따라 북교(北郊)에서 지냈다. 『한서』「교사지하(郊祀志下)」편에는 "帝王之事莫大乎承天之序, 承天之序莫重於郊祀. …… 祭天於南郊, 就陽之義也. 地於北郊, 卽陰之象也."라는 기록이 있다. 한편 '교사'는 후대에 제사를 범칭하는 용어로도 사용되었다. '교사' 중의 '교(郊)'자는 규모가 큰 제사를 뜻하며, '사(祀)'는 비교적 규모가 작은 제사들을 뜻한다.

61) 체제(禘祭)는 천신(天神) 및 조상신(祖上神)에게 지내는 '큰 제사[大祭]'를 뜻한다. 『이아』「석천(釋天)」편에는 "禘, 大祭也."라는 기록이 있고, 이에 대한 곽박(郭璞)의 주에서는 "五年一大祭."라고 풀이하여, 대제(大祭)로써의 체제사는 5년마다 1번씩 지낸다고 설명한다. 그러나 『예기』「왕제(王制)」에 수록된 각종 제사들에 대한 기록을 살펴보면, 체제사는 큰 제사임에는 분명하나, 반드시 5년마다 1번씩 지내는 제사는 아니었다.

영향을 미쳤고, 무궁(武宮)을 세운 일은 『춘추』에 나타나며, 대로(大路)를 타고, 양쪽에 관(觀)을 세웠으며, 주색의 방패와 옥으로 장식한 도끼를 들고 대무(大武)를 춤추고, 팔일(八佾)로써 대하(大夏)를 춤췄던 것은 모두 천자의 예법을 참람되게 따라한 것인데, 이러한 사실은 『공양전』의 자가구(子家駒)가 한 말에 나타난다. 그러므로 사대(四代)의 기물과 의복을 사용하도록 한 것이 성왕(成王)에게 하사를 받은 것에서 비롯되었다고 한 말 또한 신빙성이 없다.

集解 孟春, 夏正之孟春也. 左傳"啓蟄而郊", 孟獻子曰: "郊祀后稷, 以祈農事也. 故啓蟄而郊, 郊而卜耕." 此魯郊在建寅之月明矣. 凡經典所言祭祀之月, 皆擧夏正. 周禮大宗伯"以祠春享先王, 以禴夏享先王, 以嘗秋享先王, 以烝冬享先王", 大司樂"冬日至, 圜丘", "夏日至, 方丘"之類, 無不皆然, 唯春秋所書郊·禘·嘗·烝之月, 則爲周正耳. 天子祭天, 歲有九, 而魯僭其二焉, 郊及大雩是也, 皆祈祭也. 其冬至大報天之祭, 則魯未嘗行也. 大路, 天子祭天之車也. 弧, 以竹爲之, 其形象弓, 以張旌旗之幅, 考工記"弧旌·枉矢, 以象弧", 是也. 韣, 所以韜弧之衣也. 日月之章, 大常之旗也.

번역 '맹춘(孟春)'은 하정(夏正)[62]에서의 맹춘을 뜻한다. 『좌전』에서는 "계칩(啓蟄)[63]이 되어 교(郊)제사를 지낸다."[64]라고 했고, 맹헌자(孟獻子)

62) 하정(夏正)은 하(夏)나라의 정월(正月)을 뜻한다. 이러한 뜻에서 파생되어 하나라의 역법(曆法)을 지칭하기도 한다. 하력(夏曆)을 기준으로 두었을 때, 은(殷)나라는 12월을 정월로 삼았으며, 주(周)나라는 11월을 정월로 삼았다. 『사기(史記)』「역서(曆書)」편에서는 "秦及漢初曾一度以夏曆十月爲正月, 自漢武帝改用夏正后, 曆代沿用."이라고 하여, 진(秦)나라와 전한초기(前漢初期)에는 하력에서의 10월을 정월로 삼았다가, 한무제(漢武帝)부터는 다시 하력을 따랐다고 전해진다. 또한 '하력'은 농력(農曆)이라고도 부르는데, '하력'에 기준을 두었을 때, 농사의 시기와 가장 잘 맞았기 때문이다. 따라서 역대 왕조에서 역법을 개정할 때에는 '하력'에 기준을 두게 되었다.

63) 계칩(啓蟄)은 경칩(驚蟄)이라고도 부른다. 24절기 중 하나이다. 동물 및 곤충들은 겨울 동안 숨죽여 지내거나 겨울잠을 자게 되는데, 봄이 도래하게 되면, 다시 활동을 시작한다. 그렇기 때문에 깨운다는 의미에서 '계(啓)'자

는 "교(郊)제사를 지내며 후직(后稷)에게 제사를 지내서, 농사의 풍년을 기원한다. 그렇기 때문에 계칩이 되면 교제사를 지내고, 교제사를 지낸 뒤에는 농사에 대해서 거북점을 친다."[65]라고 했다. 이 기록은 노(魯)나라에서 교제사를 지냈던 시기는 건인(建寅)의 달에 해당한다는 사실을 나타낸다. 무릇 경전에서 언급하는 제사를 치르는 달은 모두 하정에 기준을 둔다. 『주례』「대종백(大宗伯)」편에서는 "사(祠)[66]제사의 방법으로 선왕에게 봄에 대한 제사를 지내고, 약(禴)[67]제사의 방법으로 선왕에게 여름에 대한 제사

나 '경(驚)'자를 붙여서 '계칩' 또는 '경칩'이라고 부르는 것이다. 한편 한(漢)나라 때에는 태초력(太初曆)이 시행되면서, '경칩'을 우수(雨水)라는 절기 뒤에 두어서, 하(夏)나라 때의 역법으로는 2월에 놓이는 절기가 되었지만, 고대의 '경칩'은 우수 전에 위치하여, 하나라 때의 역법으로는 1월에 놓이는 절기였다.

64) 『춘추좌씨전』「환공(桓公) 5년」: 秋, 大雩. 書, 不時也. 凡祀, 啓蟄而郊, 龍見而雩, 始殺而嘗, 閉蟄而烝. 過則書.

65) 『춘추좌씨전』「양공(襄公) 7년」: 孟獻子曰, "吾乃今而後知有卜·筮. 夫郊祀后稷, 以祈農事也. 是故啓蟄而郊, 郊而後耕. 今旣耕而卜郊, 宜其不從也."

66) 사(祠)는 봄에 종묘(宗廟)에서 지내는 제사를 뜻한다. '사'자는 음식[食]을 뜻하는 글자로, 선왕(先王)들에게 음식을 대접한나는 의미에서, 봄의 제사를 '사'라고 부르는 것이다. 『이아』「석천(釋天)」편에는 "春祭曰祠."라는 기록이 있는데, 이에 대한 곽박(郭璞)의 주에서는 "祠之言食."이라고 풀이했다. 한편 『예기』「왕제(王制)」편에는 "天子諸侯宗廟之祭, 春曰礿, 夏曰禘, 秋曰嘗, 冬曰烝."이라는 기록이 있고, 이에 대한 정현의 주에서는 "此蓋夏殷之祭名. 周則春曰祠, 夏曰礿, 以禘爲殷祭."라고 풀이했다. 즉 하(夏)나라와 은(殷)나라에서는 봄에 종묘에서 지내는 제사를 약(礿)이라고 불렀는데, 주(周)나라에 이르러, '약'이라는 명칭을 '사'로 고치게 되었다는 뜻이다.

67) 약(礿)은 약(禴)이라고도 부른다. 하(夏)나라와 은(殷)나라 때에는 봄에 종묘(宗廟)에서 지내는 제사를 뜻하는 용어로 사용하였지만, 주(周)나라 때에는 명칭을 고쳐서, 여름에 지내는 제사의 명칭으로 삼았다. '약(礿)'이 봄 제사를 뜻하는 용어로 사용될 때에는 적다[薄]라는 뜻으로, 봄에는 만물이 아직 성숙하지 않았으므로, 제사 때 차려내는 제수(祭需)들이 적게 된다. 그렇기 때문에 그 제사를 '약(礿)'이라고 부르는 것이다. 『예기』「왕제(王制)」편에는 "天子諸侯宗廟之祭, 春曰礿, 夏曰禘, 秋曰嘗, 冬曰烝."이라는 기록이 있고, 이에 대한 정현의 주에서는 "此蓋夏殷之祭名. 周則春曰祠, 夏曰礿, 以禘爲殷祭."라고 풀이했고, 진호(陳澔)의 『집설(集說)』에서는 "礿, 薄也. 春物未成, 祭品鮮薄也."라고 풀이했다. 한편 '약(礿)'자가 여름 제사를 뜻하는 용어로 사용될 때에는 삶다[汋=礿]의 뜻으로, 여름 4월에는 보리가 익어서, 삶아서 밥

를 지내며, 상(嘗)[68]제사의 방법으로 선왕에게 가을에 대한 제사를 지내고, 증(烝)제사의 방법으로 선왕에게 겨울에 대한 제사를 지낸다."[69]라고 했고, 『주례』「대사악(大司樂)」편에서는 "겨울 동지(冬至)가 되면, 환구(圜丘)[70]에서 제사를 지낸다."라고 했고, "여름 하지(夏至)가 되면, 방구(方丘)[71]에서 제사를 지낸다."라고 했는데,[72] 이러한 기록들은 모두 하정을 사용하지

을 지을 수가 있다. 여름 제사 때에는 이처럼 보리밥을 헌상하기 때문에, 그 제사를 '약(礿)'이라고 부르는 것이다. 『춘추공양전』「환공(桓公) 8년」편에는 "夏曰礿."이라는 기록이 있는데, 이에 대한 하휴(何休)의 주에서는 "薦尙麥苗, 麥始熟可礿, 故曰礿."이라고 풀이했다. 그리고 『주례』「춘관(春官) · 사존이(司尊彝)」편에서는 "春祠夏禴, 祼用雞彝·鳥彝, 皆有舟."라고 하여, 약(礿)을 '약(禴)'자로 기록하고 있다.

68) 상(嘗)은 가을에 종묘(宗廟)에서 지내는 제사를 뜻한다. 『이아』「석천(釋天)」편에는 "春祭曰祠, 夏祭曰礿, 秋祭曰嘗, 冬祭曰烝."이라는 기록이 있다. 즉 봄에 지내는 제사를 '사(祠)'라고 부르며, 여름에 지내는 제사를 '약(礿)'이라고 부르고, 가을에 지내는 제사를 '상(嘗)'이라고 부르며, 겨울에 지내는 제사를 '증(烝)'이라고 부른다. 한편 '상'제사는 성대한 규모로 거행하였기 때문에, '대상(大嘗)'이라고도 불렀으며, 가을에 지낸다는 뜻에서, '추상(秋嘗)'이라고도 불렀다. 또한 『춘추번로(春秋繁露)』「사제(四祭)」편에서는 "四祭者, 因四時之所生孰而祭其先祖父母也. 故春曰祠, 夏曰礿, 秋曰嘗, 冬曰蒸. …… 嘗者, 以七月嘗黍稷也."이라고 하여, 가을 제사인 상(嘗)제사는 7월에 시행하며, 서직(黍稷)을 흠향하도록 지낸다는 뜻에서 맛본다는 뜻의 '상'자를 붙였다고 설명한다.

69) 『주례』「춘관(春官) · 대종백(大宗伯)」 : 以肆獻祼享先王, 以饋食享先王, 以祠春享先王, 以禴夏享先王, 以嘗秋享先王, 以烝冬享先王.

70) 환구(圜丘)는 원구(圓丘)라고도 부른다. 고대에 제왕이 동지(冬至)에 제천(祭天) 의식을 집행하던 곳이다. 자연적으로 형성된 언덕의 형상을 본떠서, 흙을 높이 쌓아올려 만들었기 때문에, '구(丘)'자를 붙여서 부른 것이며, 하늘의 둥근 형상을 본떴다는 뜻에서 '환(圜)' 또는 '원(圓)'자를 붙여서 부른 것이다. 『주례』「춘관(春官) · 대사악(大司樂)」편에는 "冬日至, 於地上之圜丘奏之."라는 기록이 있고, 이에 대한 가공언(賈公彦)의 소(疏)에서는 "土之高者曰丘, 取自然之丘. 圜者, 象天圜也."라고 풀이했다.

71) 방구(方丘)는 방택(方澤)과 같은 말이다. 고대에 제왕이 땅에 제사를 지냈던 제단이다. 그 모양이 사각형이었기 때문에 '방(方)'자를 붙이고, 언덕처럼 흙을 쌓아서 만들었기 때문에 '구(丘)'자를 붙여서 부르는 것이다.

72) 『주례』「춘관(春官) · 대사악(大司樂)」 : 冬日至, 於地上之圜丘奏之, …… 夏日至, 於澤中之方丘奏之,

않은 것이 없다. 다만 『춘추』에서 기록하고 있는 교(郊) · 체(禘) · 상(嘗) · 증(烝)제사를 지내는 달만은 곧 주(周)나라의 역법에 따를 뿐이다. 천자는 하늘에 대한 제사를 1년에 9차례 지내는데, 노나라에서는 그 중 두 차례의 제사를 참람되게 따라한 것이니, 교(郊) 및 성대한 기후제가 바로 그것에 해당하는데, 모두 기원을 하는 제사에 해당한다. 동지에는 하늘에 대해 큰 보답을 하는 제사를 지내게 되는데, 노나라에서는 일찍이 시행한 적이 없다. '대로(大路)'는 천자가 하늘에 대한 제사 때 사용하는 수레이다. '호(弧)'는 대나무로 만들게 되는데, 그 형태는 활을 본뜬 것이며, 이것을 통해서 깃발의 폭을 펴게 되니, 『고공기』에서 "호정(弧旌)에 왕시(枉矢)를 두어, 이로써 호성(弧星)을 본뜬다."라고 한 말이 바로 이것을 가리킨다. '독(韣)'은 호(弧)를 넣는 주머니이다. 해와 달의 무늬는 대상(大常)의 깃발을 뜻한다.

그림 2-8 ▣ 후직(后稷)

后稷像

▸ 출처: 『삼재도회(三才圖會)』「인물(人物)」 4권

그림 2-9 ▣ 후대 천자의 목로(木路)

木輅

▸ **출처**: 『삼재도회(三才圖會)』「기용(器用)」 5권

그림 2-10 ▣ 대국(大國) 사방 100리(里) 구조도

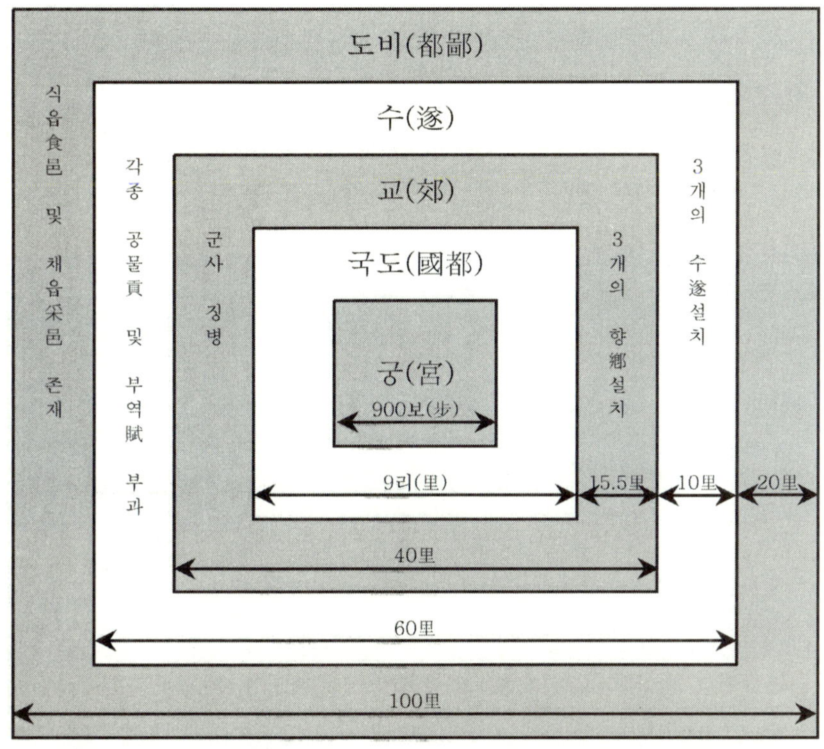

▸ **참조:** 『삼재도회(三才圖會)』「지리(地理)」 14권 및 『삼례도(三禮圖)』 1권

그림 2-11 ▣ 차국(次國) 사방 70리(里) 구조도

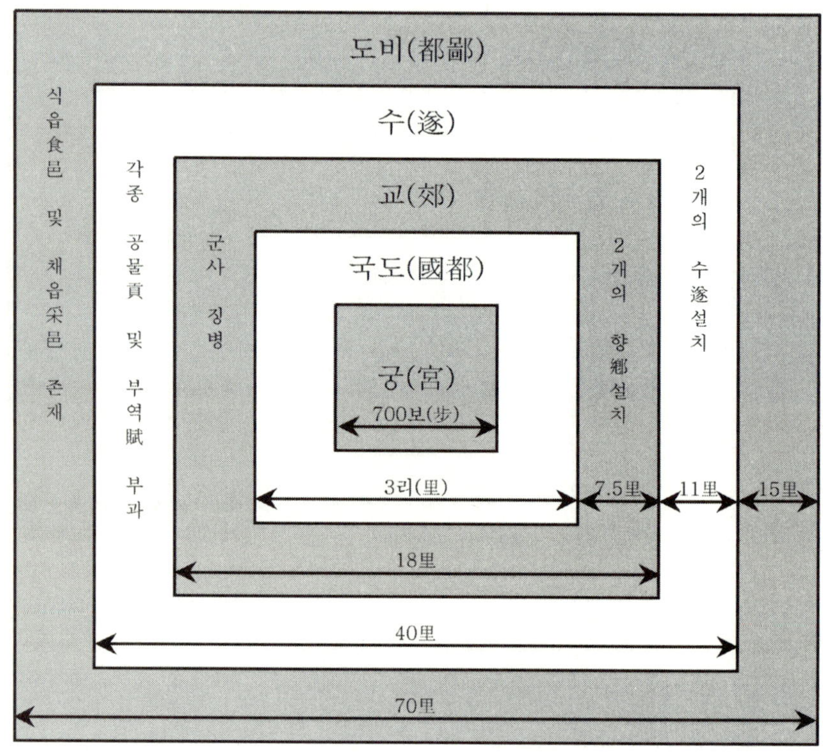

▸ **참조**: 『삼재도회(三才圖會)』「지리(地理)」 14권 및 『삼례도(三禮圖)』 1권

그림 2-12 ■ 소국(小國) 사방 50리(里) 구조도

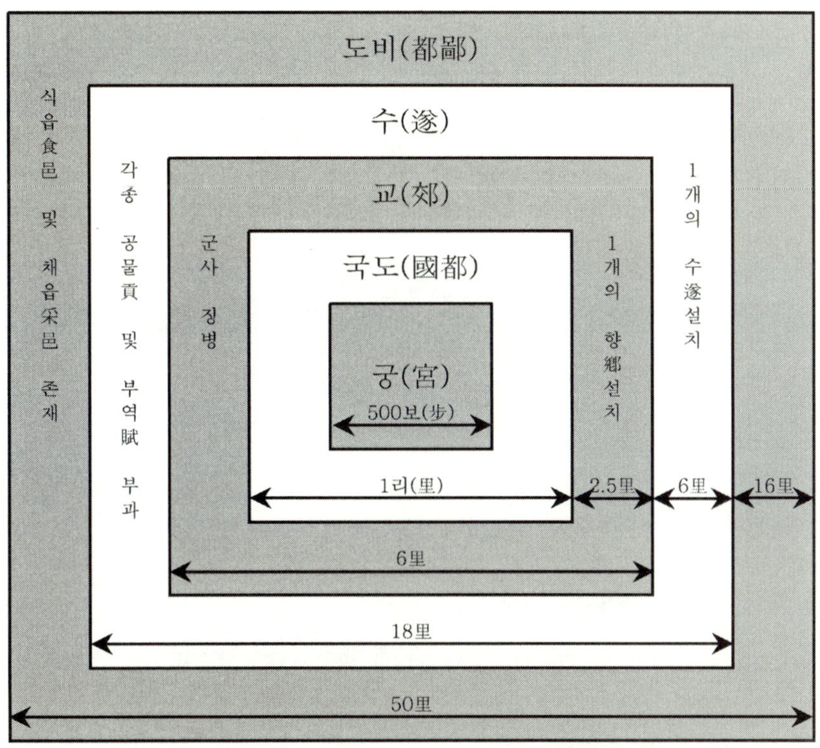

▸ **참조**: 『삼재도회(三才圖會)』「지리(地理)」 14권 및 『삼례도(三禮圖)』 1권

그림 2-13 ▣ 고대의 전쟁용 수레

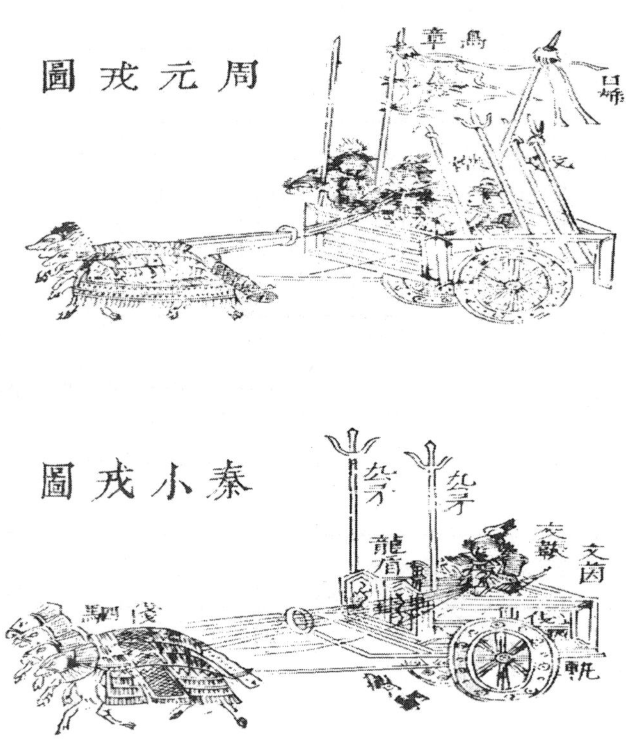

▸ **출처:** 『삼재도회(三才圖會)』「기용(器用)」 5권

그림 2-14 ▣ 호성(弧星)

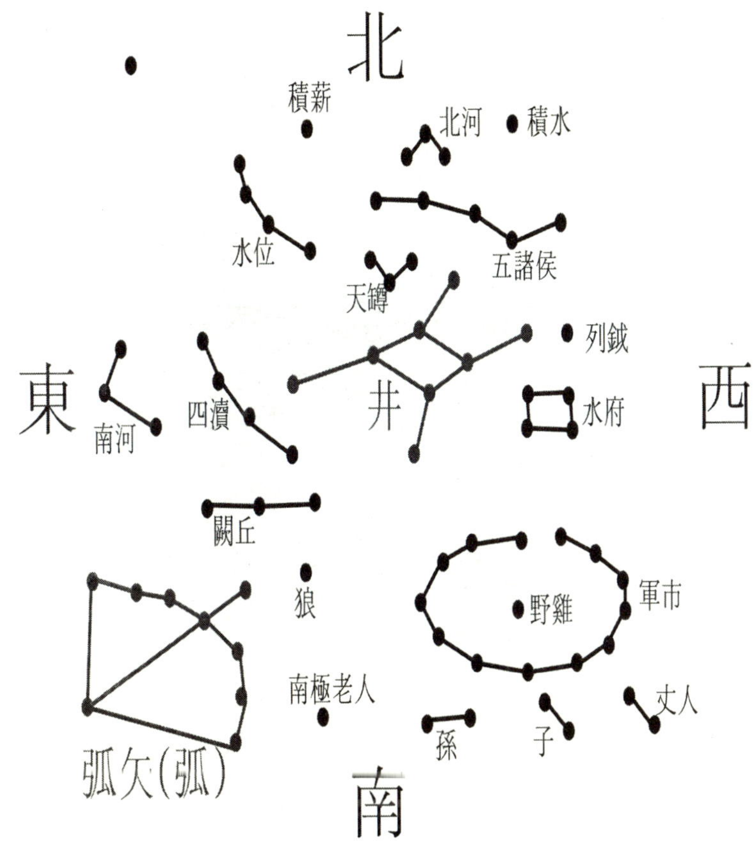

▸ **참조:** 『삼재도회(三才圖會)』「천문(天文)」

그림 2-15 ▣ 대상(大常: =太常)

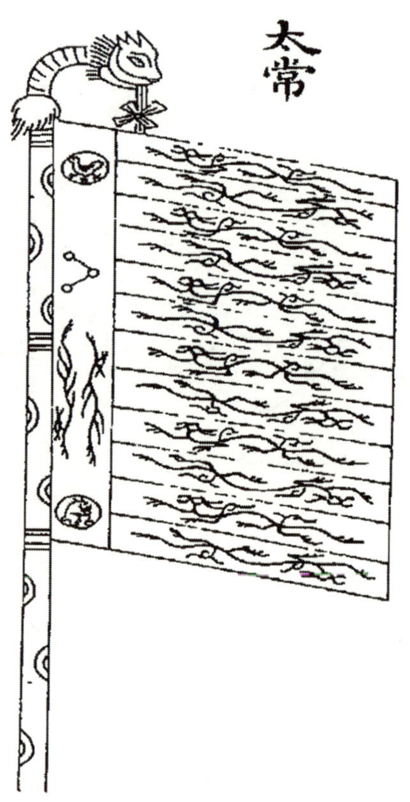

▸ **출처**: 『삼례도집주(三禮圖集注)』 9권

그림 2-16 ▣ 수레의 각부 명칭

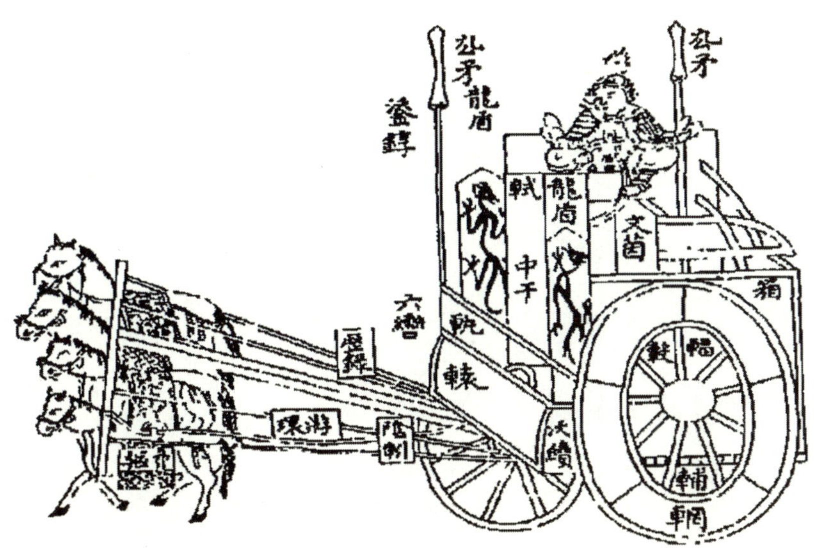

▸ **출처**: 『육경도(六經圖)』 3권

그림 2-17 ▣ 환구단(圜丘壇)

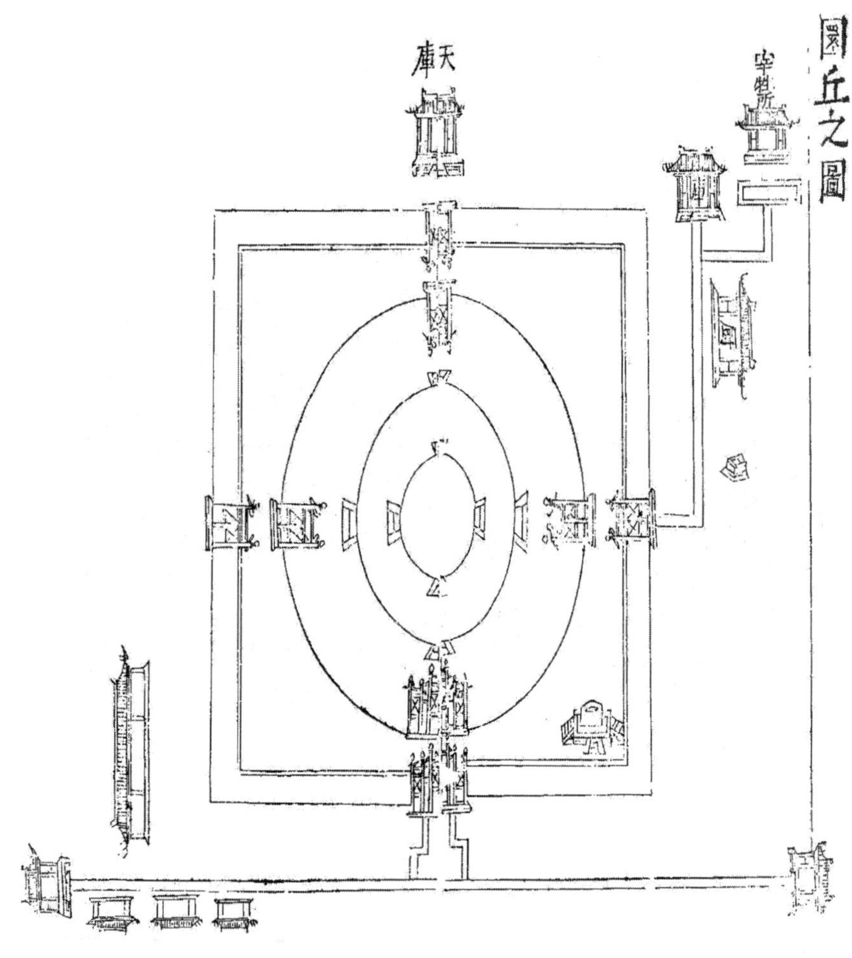

▸ **출처**: 『삼재도회(三才圖會)』「궁실(宮室)」 2권

그림 2-18 ▣ 방구단(方丘壇)

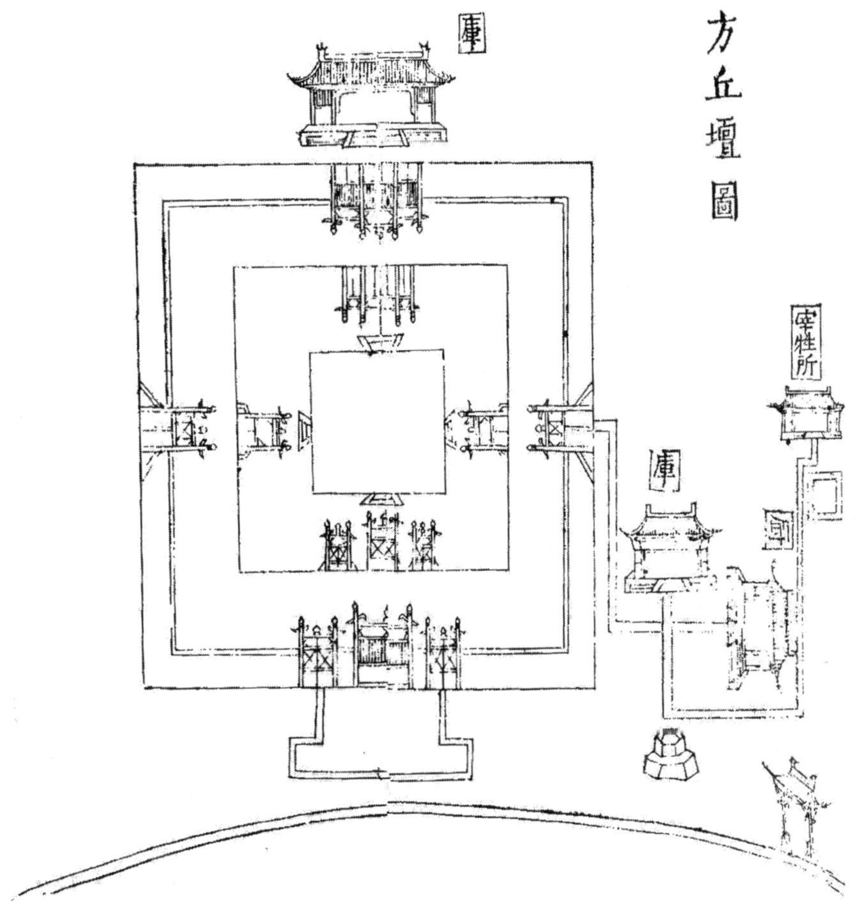

▸ **출처**: 『삼재도회(三才圖會)』「궁실(宮室)」 2권

• 제 3 절 •

주공(周公)에 대한 제사 : 희생물

【400a】

季夏六月, 以禘禮祀周公於大廟, 牲用白牡.

직역 季夏六月에, 禘禮로써 大廟에서 周公을 祀하며, 牲은 白牡를 用이라.

의역 계하(季夏)인 6월에, 체(禘)제사의 예법으로써 태묘(太廟)에서 주공(周公)에 대한 제사를 지내며, 희생물은 흰색의 소를 사용한다.

集說 殷尙白, 白牡, 殷牲也.

번역 은(殷)나라는 백색을 숭상했으니,[1] 백색의 소는 은나라 때 제사에서 사용한 희생물이다.

集說 方氏曰: 止用時王之禮者, 諸侯之事; 通用先王之禮者, 天子之事. 故郊特牲云: "諸侯祭以白牡, 乘大路", 謂之僭禮也.

번역 방씨가 말하길, 단지 당시 왕조의 예법에 따르는 것은 일반 제후들에게 관련된 사항이다. 선왕의 예법을 통괄적으로 사용하는 것은 천자에게 관련된 사항이다. 그렇기 때문에 『예기』「교특생(郊特牲)」편에서 "제후가 제사를 지낼 때에는 백모(白牡)를 사용하고, 대로(大路)를 탄다."[2]라고 한

---

1) 『예기』「단궁상(檀弓上)」【73b】: 夏后氏尙黑, 大事斂用昏, 戎事乘驪, 牲用玄. 殷人尙白, 大事斂用日中, 戎事乘翰, 牲用白. 周人尙赤, 大事斂用日出, 戎事乘騵, 牲用騂.

2) 『예기』「교특생(郊特牲)」【322a】: 諸侯之宮縣, 而祭以白牡, 擊玉磬, 朱干設

말은 참람된 예법을 가리킨다.

鄭注 季夏, 建巳之月也. 禘, 大祭也. 周公曰大廟, 魯公曰世室, 群公稱宮. 白牡, 殷牲也.

번역 '계하(季夏)'는 건사(建巳)의 달이다. '체(禘)'제사는 대제(大祭)[3]이다. 주공(周公)의 묘(廟)는 '태묘(太廟)'라고 부르고, 노공(魯公)의 묘(廟)는 '세실(世室)'이라고 부르며, 뭇 군주들의 묘(廟)는 '궁(宮)'이라고 지칭한다. '백모(白牡)'는 은(殷)나라에서 사용한 희생물이다.

釋文 季夏, 戶嫁反, 注及下"季夏"·"夏礿"皆同. 禘, 大計反. 大廟, 音泰, 後"大廟"皆同.

번역 '季夏'에서의 '夏'자는 그 음이 '戶(호)'자와 '嫁(가)'자의 반절음이며, 정현의 주 및 아래문자에 나오는 '季夏'·'夏礿'의 '夏'자 또한 모두 그 음이 이와 같다. '禘'자는 '大(대)'자와 '計(계)'자의 반절음이다. '大廟'에서의 '大'자는 그 음이 '泰(태)'이며, 이후에 나오는 '大廟'에서의 '大'자는 모두 그 음이 이와 같다.

錫, 冕而舞大武, 乘大路, 諸侯之僭禮也.

3) 대제(大祭)는 큰 제사라는 뜻이며, 천지(天地)에 대한 제사 및 체협(禘祫) 등을 일컫는다. 『주례』「천관(天官)·주정(酒正)」에 "凡祭祀, 以法共五齊三酒, 以實八尊. 大祭三貳, 中祭再貳, 小祭壹貳, 皆有酌數."라는 기록이 있다. 이에 대한 정현의 주에서는 "大祭, 天地. 中祭, 宗廟. 小祭, 五祀."라고 풀이하여, '대제'는 천지에 대한 제사를 뜻한다고 설명한다. 그리고 『주례』「춘관(春官)·천부(天府)」편에는 "凡國之玉鎭大寶器藏焉, 若有大祭大喪, 則出而陳之, 旣事藏之."라는 기록이 있다. 이에 대한 정현의 주에서는 "禘祫及大喪陳之, 以華國也."라고 풀이하여, '대제'를 '체협'으로 설명한다. 그리고 '체(禘)'제사와 '대제'의 직접적 관계에 대해서는 『이아』「석천(釋天)」편에서 "禘, 大祭也."라고 풀이하고, 이에 대한 곽박(郭璞)의 주에서는 "五年一大祭."라고 풀이하여, '대제'로써의 '체'제사는 5년마다 지내는 제사로 설명한다.

孔疏 ●"季夏"至"下也". ○正義曰: 此一節明禘禮祀周公於大廟, 文物具備之儀.

번역 ●經文: "季夏"~"下也". ○이곳 문단은 체(禘)제사의 예법으로 태묘(太廟)에서 주공(周公)에 대한 제사를 지내며, 문물제도를 모두 갖추는 형식을 나타내고 있다.

孔疏 ●"牲用白牡"者, 白牡殷牲, 尊敬周公, 不可用己代之牲, 故用白牡.

번역 ●經文: "牲用白牡". ○'백모(白牡)'는 은(殷)나라 때 사용된 희생물인데, 주공(周公)을 존경하기 때문에, 자기 시대의 희생물을 사용할 수 없어서, 백모를 사용한 것이다.

그림 3-1 ▣ 천자의 궁성과 종묘(宗廟)의 배치

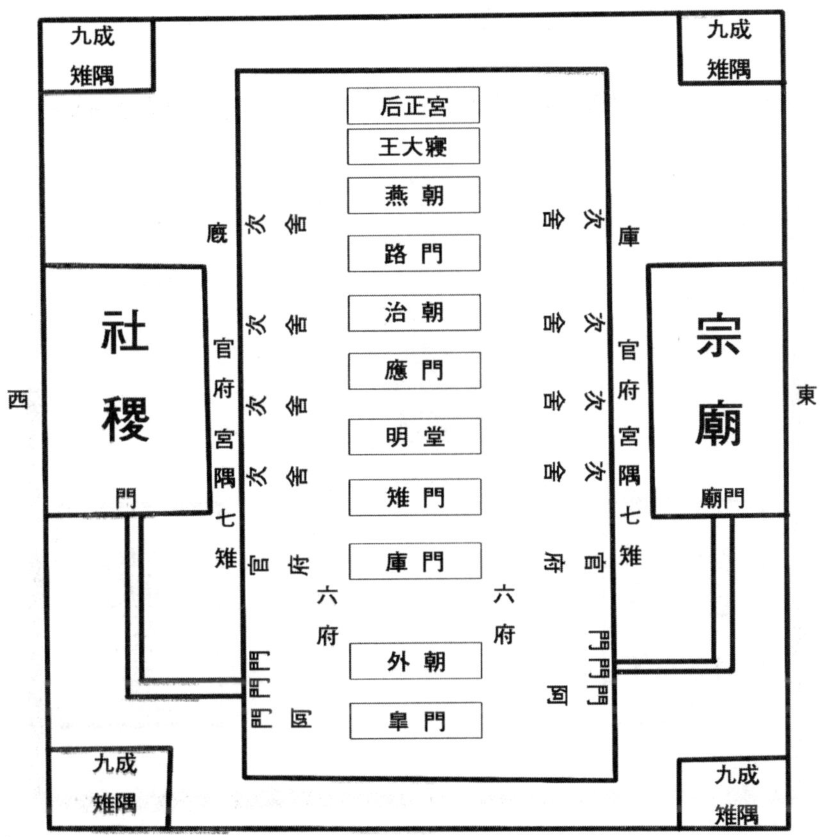

▸ 참조: 『삼재도회(三才圖會)』「궁실(宮室)」 2권

그림 3-2 ■ 천자의 칠묘(七廟)

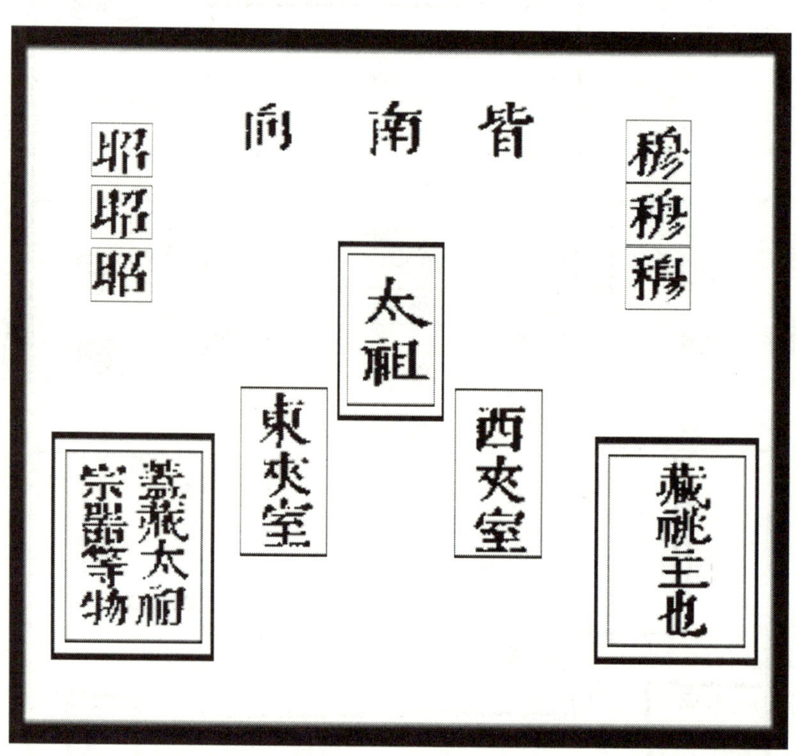

▸ **출처**: 『삼재도회(三才圖會)』「궁실(宮室)」 2권

그림 3-3 ▣ 제후의 오묘(五廟)

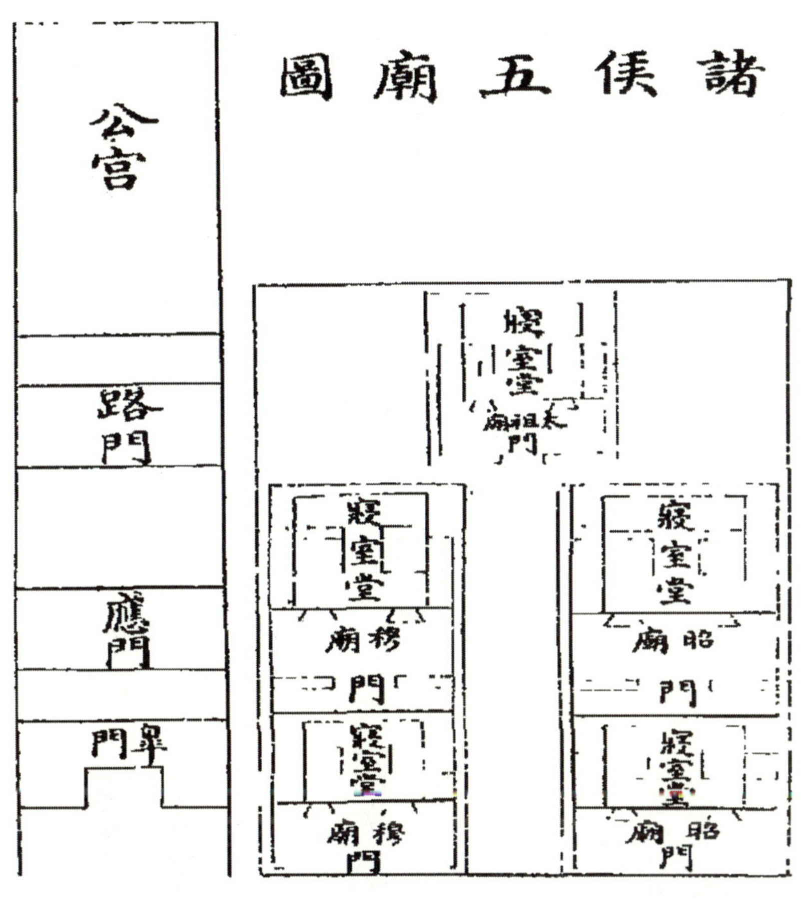

▸ **출처:** 『의례도(儀禮圖)』「의례방통도(儀禮旁通圖)」

그림 3-4 ▣ 종묘(宗廟) 건물의 각부 명칭

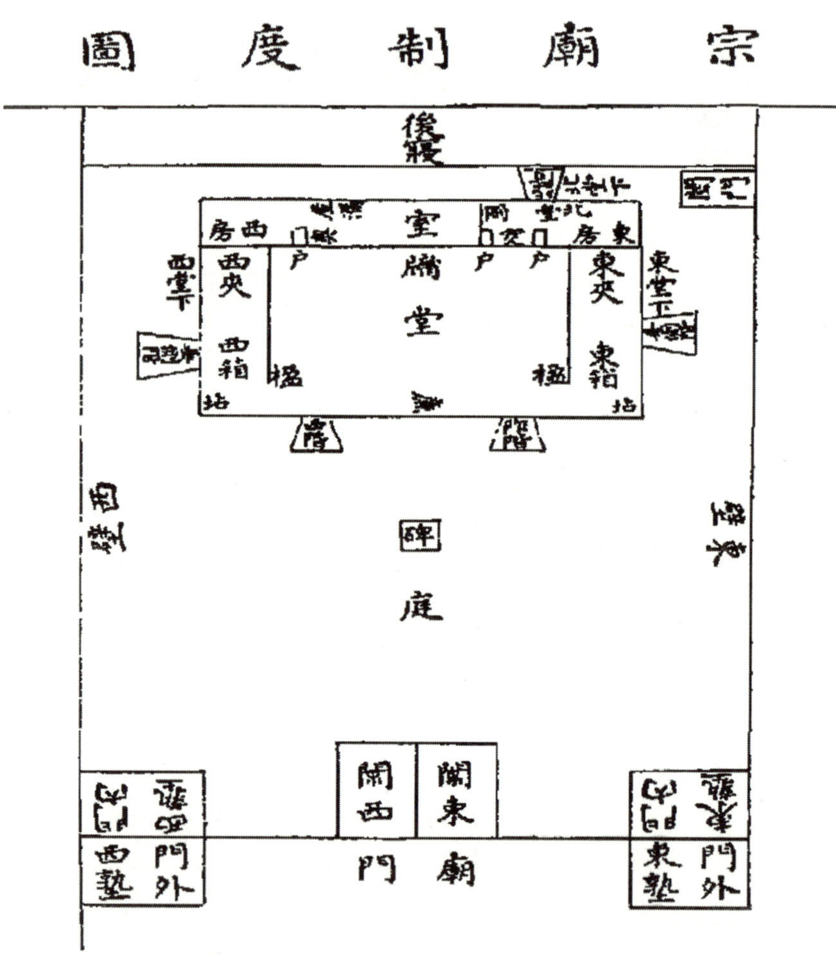

▸ 출처: 『향당도고(鄕黨圖考)』 1권

• 제 4 절 •

주공(周公)에 대한 제사 : 술동이

【400b】

尊用犧象山罍, 鬱尊用黃目.

직역 尊은 犧·象·山罍를 用하고, 鬱尊은 黃目을 用한다.

의역 주공(周公)에게 제사를 지낼 때, 술동이는 희존(犧尊)·상존(象尊)·산뢰(山罍)를 사용하고, 울창주를 담는 술동이는 황목(黃目)을 사용한다.

集說 尊, 酒器也. 犧, 犧尊也. 音莎者, 釋云, 刻畫鳳形娑娑然也. 讀如字者, 釋云, 畫爲牛形, 又云, 尊爲牛之形. 象, 象尊也, 以象骨飾尊. 一說, 尊爲象之形也. 山罍, 刻畫山雲之狀於罍也. 鬱尊, 盛鬱鬯酒之尊也. 黃目, 黃彝也, 卣罍之類, 以黃金鏤其外爲目, 因名也.

번역 '존(尊)'은 술을 담는 동이이다. '희(犧)'는 희존(犧尊)[1]을 뜻한다.

---

1) 헌존(獻尊)은 곧 희존(犧尊)을 뜻한다. 『주례』「춘관(春官)·사존이(司尊彝)」편에는 "其朝踐用兩獻尊."이라는 기록이 있는데, 이에 대한 정현의 주에서는 정사농(鄭司農)의 주장을 인용하여, 鄭司農云, 獻讀爲犧. 犧尊飾以翡翠."라고 풀이했고, 육덕명(陸德明)의 『경전석문(經典釋文)』에서는 "兩獻, 本或作戲, 注作犧, 同. 素何反."이라고 풀이했다. 즉 '헌(獻)'자는 '희(戲)'자로도 기록하는데, 정현의 주에서는 '희(犧)'자로 기록하고 있다. '희존'은 비취(翡翠)로 장식한 술동이이다. 한편 임윤(林尹)의 주에서는 "獻尊, 六尊之一, 刻畫爲鳳凰之形 …… 詩孔疏引鄭志謂以鳳凰羽爲畫飾; 又引王肅禮器注, 謂爲犧牛及象之形, 鑿其背以爲尊. 按犧尊之說, 當以王肅爲最當. 今觀故宮博物館所藏之犧尊, 皆獸形, 鑿其背爲圓口, 上有蓋, 而以其腹爲容器. 犧爲衆之名, 固不必牛也."라고 풀이했다. 즉 '헌존'은 육존(六尊) 중 하나로, 봉황(鳳凰)

'희(犧)'자의 음을 '사(莎)'로 읽는 자들은 봉황이 춤추듯 움직이는 모습을 새겼기 때문이라고 풀이한다. '희(犧)'자를 글자대로 읽는 자들은 소의 모습을 그렸다고 풀이하며, 또 술동이가 소의 모습처럼 만들어졌다고도 말한다. '상(象)'자는 상존(象尊)[2]을 뜻하니, 상아로 술동이를 장식했기 때문이다. 일설에는 술동이를 코끼리의 모습처럼 만들었다고도 주장한다. '산뢰(山罍)'[3]는 산과 그름의 무늬를 뇌(罍)에 새긴 것을 뜻한다. '울존(鬱尊)'은 울창주를 담는 술동이이다. '황목(黃目)'은 황이(黃彝)[4]이니, 술동이[卣罍]의 부류이며, 그 겉에 황금으로 눈의 무늬를 새겼기 때문에, 이에 따라 '황목

의 형상을 새겨넣은 술동이이다. 『시』에 대한 공영달(孔穎達)의 소(疏)에서는 『정지(鄭志)』를 인용하여, 봉황의 날개를 그림으로 그려 넣은 것이라고 설명하고, 또한 『예기』「예기(禮器)」편에 대한 왕숙(王肅)의 주를 인용하여, '희생물로 사용되는 소[犧牛]' 및 코끼리[象]의 형상을 새겨서 만든 술동이라고 하였다. '희존'에 대한 주장들을 살펴봤을 때, 왕숙의 주장이 가장 타당한데, 현재 발굴되어 있는 '희존'을 살펴보면, 그 겉면에 모두 짐승의 형상이 새겨져 있고, 원형의 주둥이를 만들고, 그 위에는 덮개가 있다. '희(犧)'자는 희생물로 사용되는 동물들을 두루 가리키는 용어이므로, 소만을 뜻하는 용어로 풀이할 필요는 없다는 뜻이다.

2) 상존(象尊)은 술동이 중 하나이다. 코끼리[象] 및 봉황(鳳凰)을 그려 넣은 것이라고도 하고, 상아(象牙)로 장식을 했다고도 한다. 『주례』「춘관(春官)·사존이(司尊彝)」편에는 "其再獻用兩象尊."이라는 기록이 있는데, 이에 대한 정현의 주에서는 정사농(鄭司農)의 주장을 인용하여, "象尊, 以象鳳皇. 或曰以象骨飾尊."이라고 풀이했다.

3) 산존(山尊)은 술동이이다. 육존(六尊) 중 하나이다. 산뢰(山罍)를 가리킨다. 구름에 끼인 산을 그려 넣었기 때문에 '산존'이라고 부른다. 『주례』「춘관(春官)·소종백(小宗伯)」편에는 "辨六尊之名物, 以待祭祀·賓客."이라는 기록이 있는데, 이에 대한 정현의 주에서는 정사농(鄭司農)의 주장을 인용하여, "六尊, 獻尊·象尊·壺尊·著尊·大尊·山尊."이라고 풀이했다. 『주례』「춘관(春官)·사존이(司尊彝)」편에는 "其再獻用兩山尊."이라는 기록이 있는데, 이에 대한 정현의 주에서는 "山尊, 山罍也. …… 山罍, 亦刻而畫之, 爲山雲之形."이라고 풀이했다.

4) 황이(黃彝)는 황목(黃目) 또는 황목존(黃目尊)이라고도 부른다. 황동으로 만든 술동이이며, 사람의 눈을 그려서 장식으로 삼기 때문에, '황목'이라고 부른다. 『주례』「춘관(春官)·사존이(司尊彝)」편에는 "秋嘗冬烝, 祼用斝彝·黃彝, 皆有舟."라는 기록이 있는데, 이에 대한 정현의 주에서는 "黃彝, 黃目尊也."라고 풀이했다.

(黃目)'이라고 부르는 것이다.

鄭注 尊, 酒器也. 犧尊, 以沙羽爲畫飾. 象, 象尊, 骨飾之. 鬱尊[5], 鬱鬯之器也. 黃目[6], 黃彝也.

번역 '존(尊)'자는 술을 담는 동이이다. '희존(犧尊)'은 날갯짓 하는 모습을 그림으로 그렸기 때문에, 이처럼 부른다. '상(象)'자는 상존(象尊)을 뜻하니, 상아로 장식을 한다. '울존(鬱尊)'은 울창주를 담는 동이이다. '황목(黃目)'은 황이(黃彝)이다.

釋文 犧象, 素何反, 注下皆同. 罍音雷.

번역 '犧象'에서의 '犧'자는 '素(소)'자와 '何(하)'자의 반절음이며, 정현의 주 및 아래문장에 나오는 글자도 그 음이 모두 이와 같다. '罍'자의 음은 '雷(뢰)'이다.

孔疏 ●"尊用犧·象·山罍"者, 魯得用天子之尊也. 犧, 犧尊也. 周禮: 春夏之祭, 朝踐堂上, 薦血腥時, 用以盛醴齊, 君及夫人所酌以獻尸也. 象, 象尊也. 周禮: 春夏之祭, 堂上薦朝事竟, 尸入室饋食時, 用以盛盎齊, 君及夫人所酌以獻尸也. 山罍, 謂夏后氏之尊, 天子於追享朝享之祭, 再獻所用, 今褒崇周公, 於禘祭之時, 亦雜用山尊, 但不知何節所用.

번역 ●經文: "尊用犧·象·山罍". ○노(魯)나라에서는 천자가 사용하는 술동이를 이용했다. '희(犧)'자는 희존(犧尊)을 뜻한다. 『주례』에서는 봄

5) '울존(鬱尊)'에 대하여. '울존' 두 글자는 본래 없던 글자인데, 완원(阮元)의 『교감기(校勘記)』에서는 "『고문(考文)』에서 인용한 『고본(古本)』·『족리본(足利本)』에는 '울창(鬱鬯)' 앞에 '울존'이라는 두 글자가 있다."라고 했다.

6) '황목(黃目)'에 대하여. '황목' 두 글자는 본래 없던 글자인데, 완원(阮元)의 『교감기(校勘記)』에서는 "『고문(考文)』에서 인용한 『고본(古本)』·『족리본(足利本)』에는 '황이(黃彝)' 앞에 '황목'이라는 두 글자가 있다."라고 했다.

과 여름의 제사 때, 조천(朝踐)[7]을 하며 당상(堂上)에 올라 희생물의 피와 생고기를 바치며, 이 술동이를 이용하여 례제(醴齊)[8]를 담고, 군주와 부인이 술을 따라서 시동에게 바친다고 했다. '상(象)'자는 상존(象尊)을 뜻한다. 『주례』에서는 봄과 여름의 제사 때, 당상에 올라가서 조사(朝事)[9]를 끝내면, 시동이 실(室)로 들어와서 궤식(饋食)[10]을 하며, 이 술동이를 이용하여

---

7) 조천(朝踐)은 제례(祭禮) 의식 중 하나이다. 희생물의 피와 기름 등을 바치고, 단술을 따르게 되면, 비로소 제사를 본격적으로 시행하게 된다. 제주(祭主)의 부인이 되는 주부(主婦)는 이때 제사 때 진설해두는 제기(祭器)인 두변(豆籩) 등을 바치게 된다. '조천'은 바로 이러한 의식 절차를 가리킨다. 『주례』「춘관(春官)·사존이(司尊彝)」에는 "其朝踐用兩獻尊."이라는 기록이 있고, 이 기록에 대한 정현의 주에서는 "朝踐, 謂薦血腥, 酌醴, 始行祭事, 后於是薦朝事之豆籩."이라고 풀이하였다.

8) 오제(五齊)는 술의 맑고 탁한 정도에 따라서 다섯 가지 등급으로 분류한 술을 뜻한다. 또한 술을 범칭하는 용어로도 사용된다. 다섯 가지 술은 범제(泛齊), 례제(醴齊), 앙제(盎齊), 제제(緹齊), 침제(沈齊)를 가리킨다. 『주례』「천관(天官)·주정(酒正)」편에는 "辨五齊之名, 一曰泛齊, 二曰醴齊, 三曰盎齊, 四曰緹齊, 五曰沈齊."라는 기록이 있다. 각 술들에 대해 설명하자면, 위의 기록에 대한 정현의 주에서는 "泛者, 成而滓浮泛泛然, 如今宜成醪矣. 醴猶體也, 成而汁滓相將, 如今恬酒矣. 盎猶翁也, 成而翁翁然, 蔥白色, 如今酇白矣. 緹者, 成而紅赤, 如今下酒矣. 沈者, 成而滓沈, 如今造淸矣. 自醴以上尤濁, 縮酌者. 盎以下差淸. 其象類則然, 古之法式未可盡聞. 杜子春讀齊皆爲粢. 又禮器曰, '緹酒之用, 玄酒之尙.' 玄謂齊者, 每有祭祀, 以度量節作之."라고 풀이했다. 즉 '범제'는 술이 익고 나서 앙금이 둥둥 떠 있는 것으로 정현 시대의 의성료(宜成醪)와 같은 술이고, '례주'는 술이 익고 나서 앙금을 한 차례 걸러낸 것으로 염주(恬酒)와 같은 것이며, '앙제'는 술이 익고 나서 새파란 빛깔을 보이는 것으로 찬백(酇白)과 같은 술이고, '제제'는 술이 익고 나서 붉은 빛깔을 보이는 것으로 하주(下酒)와 같은 술이며, '침제'는 술이 익고 나서 앙금이 모두 가라앉아 있는 것으로 조청(造淸)과 같은 술이다. '범주'는 가장 탁한 술이며, '례주'는 그 다음으로 탁한 술이고, '앙제'부터는 뒤로 갈수록 맑은 술에 해당한다.

9) 조사(朝事)는 종묘(宗廟)에서 새벽에 지내는 제사를 가리킨다. 『예기』「제의(祭義)」편에는 "建設朝事, 燔燎羶薌."이라는 기록이 있고, 이에 대한 진호(陳澔)의 『집설(集說)』에서는 "朝事, 謂祭之日, 早朝而行之事也."라고 풀이했다.

10) 궤식(饋食)은 음식을 바친다는 뜻이다. 고대에는 천자 및 제후들이 매월 초하루마다 종묘(宗廟)에서 음식을 바치는 의식을 치렀는데, 이것을 '궤식'

앙제(盎齊)를 담아, 군주와 부인이 술을 따라서 시동에게 바친다고 했다. '산뢰(山罍)'는 하후씨(夏后氏) 때 사용하던 술동이로, 천자가 추향(追享)[11]과 조향(朝享)[12]의 제사에서, 재헌(再獻)을 할 때 사용하는 것으로, 현재는 주공(周公)을 기리고 존숭하므로, 체(禘)제사를 지낼 때 산존(山尊)까지도 사용하는 것인데, 다만 어떠한 절차에 사용했는지는 알 수 없다.

이라고도 부른다. 『주례』「춘관(春官) · 대종백(大宗伯)」편에는 "以饋食享先王."이라는 기록이 있다. 한편 조사(朝事)를 시행할 때, 조천(朝踐)을 끝낸 뒤, 생고기를 삶아서 재차 바치는 의식을 가리키기도 한다.

11) 추향(追享)은 추향(追饗)이라고도 부른다. 제사 명칭이며, 체(禘)제사를 뜻한다. 『주례』「춘관(春官) · 사존이(司尊彝)」편에는 "凡四時之間祀, 追享 · 朝享."이라는 기록이 있는데, 이에 대한 정현의 주에서는 "鄭司農云, '追享 · 朝享, 謂禘祫也.' 杜子春云, '追享, 謂追祭遷廟之主, 以事有所請禱.'"라고 풀이했다. 즉 '추향'은 체(禘)제사를 뜻하는데, 천묘(遷廟)된 신주에게도 거슬러 올라가 제사를 지내며, 기도를 드리기 때문에, '추향'이라고 부르는 것이다. 한편 손이양(孫詒讓)의 『정의(正義)』에서는 "任啓運曰, '追享, 大禘也, 以追所自出, 故曰追享. …… 陸淳春秋纂例, '古者喪除, 朝廟合群祖而祭焉, 故祫謂之朝享; 明年又禘其祖之所自出, 故禘謂之追享.'"이라고 풀이했다. 즉 임계운(任啓運)의 주장에 따르면, '추향'은 성대하게 지내는 체(禘)제사를 뜻하는데, 자신의 혈통이 비롯된 오래된 선조들에 대해서도 거슬러 올라가 제사를 지내기 때문에, '추향'이라고 부르는 것이다. 그리고 육순(陸淳)의 『춘추찬례(春秋纂例)』에 따르면, 고대에는 상(喪)을 끝내고 난 뒤, 여러 조상들의 신주들을 한곳에 합사하여 제사를 지냈는데, 이것을 협(祫)제사 또는 조향(朝享)이라고 부르며, 그 다음 해에는 자신의 선조가 비롯된 오래된 선조에 대해서도 성대한 제사를 지내게 되는데, 이것을 체(禘)제사 또는 '추향'이라고 부른다는 뜻이다.

12) 조향(朝享)은 조향(朝饗)이라고도 부른다. 제사 명칭이며, 협(祫)제사를 뜻한다. 천자는 종묘(宗廟)에서 제사를 지낼 때, 이것을 기회로 조회를 열어 시행해야 할 정령(政令)을 받게 된다. 이러한 뜻에서 '조향'이라는 단어가 생기게 되었고, 『예기』「제법(祭法)」편에서 말하는 월제(月祭)가 바로 '조향'을 가리킨다. 『주례』「춘관(春官) · 사존이(司尊彝)」편에는 "凡四時之間祀, 追享 · 朝享."이라는 기록이 있는데, 이에 대한 정현의 주에서는 "鄭司農云, '追享 · 朝享, 謂禘祫也.' …… 朝享, 謂朝受政於廟."라고 풀이했고, 가공언(賈公彦)의 소(疏)에서는 "朝享謂朝受政於廟者, 謂天子告朔於明堂, 因卽朝享. 朝享, 卽祭法謂之月祭."라고 풀이했다.

孔疏 ●"鬱尊用黃目"者, 鬱, 謂鬱鬯酒, 黃目, 嘗烝所用. 今尊崇周公, 故於夏禘用之.

번역 ●經文: "鬱尊用黃目". ○'울(鬱)'자는 울창주를 뜻하며, '황목(黃目)'은 상(嘗)과 증(烝)제사 때 사용된다. 현재 주공(周公)을 존숭하기 때문에, 여름에 체(禘)제사를 지낼 때 사용한 것이다.

그림 4-1 ▣ 희존(犧尊)과 상존(象尊)

▸ **출처:** 상단-『삼재도회(三才圖會)』「기용(器用)」 2권
하단-『삼례도(三禮圖)』 4권

그림 4-2 ▣ 희존(犧尊: =獻尊)과 상존(象尊)-정현(鄭玄)과 완심(阮諶)의 설

▸ 출처: 『삼례도집주(三禮圖集注)』 14권

그림 4-3 ■ 뇌(罍)

▸ **출처**: 좌-『삼재도회(三才圖會)』「기용(器用)」 1권
상우-『삼례도집주(三禮圖集注)』 14권 ; 하우-『삼례도(三禮圖)』 4권

그림 4-4 ▣ 황이(黃彝)

▸ **출처**: 좌-『삼례도집주(三禮圖集注)』 14권 ; 우-『육경도(六經圖)』 6권

그림 4-5 ▣ 유(卣)

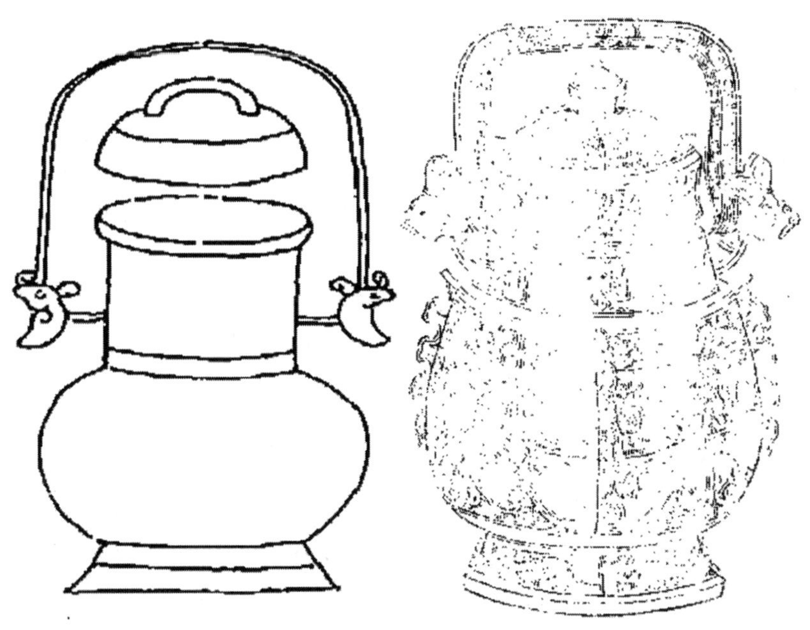

▸ **출처**: 좌-『삼례도(三禮圖)』 4권 ; 우-『삼재도회(三才圖會)』「기용(器用)」 1권

• 제 5 절 •

주공(周公)에 대한 제사 : 술잔과 그릇

【400b~c】

灌用玉瓚大圭, 薦用玉豆雕篹, 爵用玉琖仍雕, 加以璧散璧角, 俎用梡嶡.

직역 灌에는 玉瓚大圭를 用하고, 薦에는 玉豆와 雕篹을 用하며, 爵에는 玉琖을 用하되 雕하며, 加하길 璧散과 璧角으로 하고, 俎에는 梡과 嶡을 用한다.

의역 주공(周公)에게 제사를 지낼 때에는 시동에게 술잔을 바칠 때 옥찬대규(玉瓚大圭)를 사용하여 술을 따르고, 절임이나 젓갈을 바칠 때에는 옥두(玉豆)와 조찬(雕篹)을 사용하며, 술잔은 옥잔(玉琖)을 사용하되 술잔의 형태에 따라 조각을 한 것을 사용하며, 재차 술잔을 올릴 때에는 벽산(璧散)과 벽각(璧角)을 사용하고, 도마로는 완(梡)과 궐(嶡)을 사용한다.

集說 灌, 酌鬱鬯以獻尸也. 以玉飾瓚, 故曰玉瓚. 以大圭爲瓚柄, 故言玉瓚大圭也. 薦, 祭時所薦菹醢之屬也. 玉豆, 以玉飾豆也. 篹, 籩也. 雕飾其柄, 故曰雕篹. 爵, 行酒之器. 夏世爵名琖, 以玉飾之. 仍, 因也. 因爵形而雕飾之, 故曰仍雕也. 加者, 夫人亞獻於尸也. 用璧角, 卽周禮·內宰所謂瑤爵也. 夫人獻後, 則賓用璧散獻尸, 散角皆以璧飾其口. 此先言散, 後言角, 便文也. 虞俎名梡, 夏俎名嶡. 梡形四足如桉, 嶡則加橫木於足中央爲橫距之形也.

번역 '관(灌)'자는 울창주를 따라서 시동에게 바치는 절차를 뜻한다. 옥으로 술국자를 장식했기 때문에, '옥찬(玉瓚)'이라고 부른다. 대규(大圭)로 술국자의 손잡이를 만들었기 때문에, '옥찬대규(玉瓚大圭)'라고 말한 것이다. '천(薦)'자는 제사를 지낼 때, 절임이나 젓갈 등의 부류를 바치는 절차를 뜻한다. '옥두(玉豆)'는 옥을 장식한 두(豆)이다. '찬(篹)'은 변(籩)을 뜻한다. 손잡이를 조각하여 장식을 했기 때문에, '조찬(雕篹)'이라고 부른 것이다. '작(爵)'은 술을 마실 때 사용하는 술잔이다. 하(夏)나라 때 사용한 술잔은 '잔(琖)'이라고 부르는데, 옥으로 장식을 했기 때문이다. '잉(仍)'자는 "~에 따르다[因]."는 뜻이다. 술잔의 형태에 따라서 조각을 하여 장식을 했기 때문에, '잉조(仍雕)'라고 말한 것이다. '가(加)'자는 부인이 시동에게 아헌(亞獻)을 하는 절차를 뜻한다. '벽각(璧角)'을 사용한다고 했는데, 이것은 『주례』「내재(內宰)」편에서 말한 '요작(瑤爵)'[1]에 해당한다.[2] 부인이 술을 바친 이후라면, 빈객은 벽산(璧散)을 이용하여 시동에게 술을 바치고, 산(散)과 각(角)은 모두 벽(璧)으로 그 주둥이 부분을 장식했다. 이곳에서는 먼저 '산(散)'을 말했고, 이후에 '각(角)'을 말했는데, 문장을 편리에 따라 기록했기 때문이다. 우(虞) 때 사용하던 도마를 '완(梡)'이라고 부르고, 하(夏) 때 사용하던 도마를 '궐(嶡)'이라고 부른다. 완(梡)은 그 형태가 네 개의 다리가 있어서 안석[桉]과 같고, 궐(嶡)은 다리의 중앙에 가로로 된 나무를 더해서 횡거(横距)의 모습처럼 만든다.

鄭注 灌, 酌鬱尊以獻也. 瓚, 形如槃, 容五升, 以大圭爲柄, 是謂"圭瓚". 篹, 籩屬也, 以竹爲之, 彫刻飾其直者也. 爵, 君所進於尸也. 仍, 因也, 因爵之形爲之飾也. 加, 加爵也. 散·角, 皆以璧飾其口也. 梡, 始有四足也, 嶡爲之距.

번역 '관(灌)'은 울창주가 담겨 있는 술동이에서 술을 따라 바친다는 뜻이다. '찬(瓚)'은 그 형태가 반(槃)과 유사한데, 용적이 5승(升)[3]이며, 대규

1) 요작(瑤爵)은 아름다운 옥돌[瑤]을 조각하여 만든 술잔으로, 그 술잔의 중요성은 대체적으로 옥작(玉爵) 다음이 된다. 『주례』「천관(天官)·내재(內宰)」편에는 大祭祀, 后祼獻則贊, 瑤爵亦如之."라는 기록이 있는데, 이에 대한 정현의 주에서는 "其爵以瑤爲飾."이라고 풀이했고, 『예기』「제통(祭統)」편에는 "尸飮五, 君洗玉爵獻卿; 尸飮七, 以瑤爵獻大夫."라는 기록이 있다.

2) 『주례』「천관(天官)·내재(內宰)」: 大祭祀, 后祼獻則贊, 瑤爵亦如之.

3) 승(升)은 용량을 재는 단위이다. 지역 및 각 시대마다 다소 차이를 보이는

(大圭)로 손잡이를 만들고, 이것을 '규찬(圭瓚)'이라고 부른다. '찬(篹)'은 변(籩)에 해당하는 그릇으로, 대나무로 만드는데, 세로로 곧게 뻗은 부분에 조각을 하여 장식을 한 것이다. '작(爵)'은 군주가 시동에게 바치는 술잔이다. '잉(仍)'자는 "~에 따르다[因]."는 뜻으로, 술잔의 형태에 따라서 장식을 했다는 의미이다. '가(加)'자는 가작(加爵)[4]을 뜻한다. '산(散)'과 '각(角)'에는 모두 벽(璧)으로 술잔 주둥이를 장식한다. '완(梡)'은 최초 네 개의 다리를 붙인 도마이며, '궐(嶡)'은 그것에 가로로 지지대를 단 것이다.

釋文 灌, 古亂反. 瓚, 才旦反, 圭瓚也. 彫, 本亦作雕. 篹, 息緩反, 又祖管反. 琖, 側眼反, 夏爵名, 用玉飾之. 散, 先旦反, 注同. 梡, 苦管反, 虞俎名. 嶡, 居衛反, 又作橛, 音同, 夏俎名.

번역 '灌'자는 '古(고)'자와 '亂(란)'자의 반절음이다. '瓚'자는 '才(재)'자와 '旦(단)'자의 반절음이며, 규찬(圭瓚)을 뜻한다. '彫'자는 판본에 따라서 또한 '雕'자로도 기록한다. '篹'자는 '息(식)'자와 '緩(완)'자의 반절음이며, 또한 '祖(조)'자와 '管(관)'자의 반절음도 된다. '琖'자는 '側(측)'자와 '眼(안)'자의 반절음이며, 하(夏)나라 때의 술잔 이름으로, 옥으로 장식을 한다. '散'자는 '先(선)'자와 '旦(단)'자의 반절음이며, 정현의 주에 나오는 글자도 그 음이 이와 같다. '梡'자는 '苦(고)'자와 '管(관)'자의 반절음이며, 우(虞) 때 사용하던 도마의 이름이다. '嶡'자는 '居(거)'자와 '衛(위)'자의 반절음이며, 또한 '橛'자로도 기록하는데, 그 음은 동일하며, 하(夏) 때 사용하던 도마의 이름이다.

孔疏 ●"灌用玉瓚大圭"者, 灌, 謂酌鬱鬯, 獻尸求神也. 酌之所用玉瓚, 以玉飾瓚, 故曰"玉瓚"也; 以大圭爲瓚柄, 故曰"大圭"也.

데, 고대에는 10합(合)을 1승(升)으로 여겼고, 10승(升)을 1두(斗)로 여겼다. 『한서(漢書)』「율력지상(律曆志上)」편에는 "合龠爲合, 十合爲升."이라는 기록이 있다.

4) 가작(加爵)은 술을 따라서 권한다는 뜻이다.

번역 ●經文: "灌用玉瓚大圭". ○'관(灌)'자는 울창주를 따라서 시동에게 바쳐서, 그 술을 땅에 부어 신이 강림하기를 바란다는 뜻이다. 술을 따를 때에는 옥찬(玉瓚)을 사용하니, 옥으로 찬(瓚)을 장식한 것이기 때문에, '옥찬(玉瓚)'이라고 말한 것이다. 그리고 대규(大圭)로 찬(瓚)의 손잡이를 만들기 때문에, '대규(大圭)'라고 말한 것이다.

孔疏 ●"薦用玉豆"者, 薦, 謂祭時所薦菹醢之屬也. 以玉飾豆, 故曰玉豆, 下云"殷玉豆", 是也.

번역 ●經文: "薦用玉豆". ○'천(薦)'자는 제사를 지낼 때, 바치게 되는 채소절임이나 젓갈류를 뜻한다. 옥으로 두(豆)를 장식했기 때문에, '옥두(玉豆)'라고 부른 것이니, 아래문장에 나오는 '은옥두(殷玉豆)'라는 것이 이것에 해당한다.

孔疏 ●"彫篹"者, 篹, 籩也, 以竹爲之, 形似筥, 亦薦時用也, 彫鏤其柄, 故曰"雕篹"也.

번역 ●經文: "彫篹". ○'찬(篹)'은 변(籩)으로, 대나무로 만들며, 그 형태는 거(筥)와 유사하고, 또한 천(薦)을 할 때에도 사용하며, 그 자루부분을 조각하였기 때문에, '조찬(雕篹)'이라고 부른 것이다.

孔疏 ●"爵用玉琖仍雕"者, 爵, 君酌酒獻尸杯也. 琖, 夏后氏之爵名也, 以玉飾之, 故曰"玉琖". 仍, 因也, 因用爵形而爲之飾, 故曰"仍雕".

번역 ●經文: "爵用玉琖仍雕". ○'작(爵)'자는 군주가 술을 따라서 시동에게 바치는 술잔을 뜻한다. '잔(琖)'은 하후씨(夏后氏) 때 사용하던 술잔의 이름이며, 옥으로 장식을 했기 때문에, '옥잔(玉琖)'이라고 부른 것이다. '잉(仍)'자는 "~에 따른다[因]."는 뜻으로, 술잔의 형태에 따라서 장식을 했기 때문에, '잉조(仍雕)'라고 말한 것이다.

孔疏 ●"加以璧散 · 璧角"者, 加, 謂尸入室饋食竟, 主人酌醴齊酳尸, 名爲"朝獻". 朝獻竟, 而夫人酌盎齊, 亞獻, 名爲"再獻", 又名爲"加", 于時薦加豆籩也. 此再獻之時, 夫人用璧角, 內宰所謂瑤爵也. 其璧散者, 夫人再獻訖, 諸侯爲賓用之, 以獻尸. 雖非正加, 是夫人加爵之後總而言之, 亦得稱加. 故此總云"加以璧散 · 璧角", 先散後角, 便文也. "俎用梡嶡"者, 梡 · 嶡, 兩代俎也. 虞俎名梡, 梡形四足如案. 禮圖云: "梡長二尺四寸, 廣一尺二寸, 高一尺. 諸臣加雲氣, 天子犧飾之. 夏俎名嶡, 嶡亦如梡, 而橫柱四足, 中央如距也." 賀云: "直有脚曰梡, 加脚·中央橫木曰嶡."

번역 ●經文: "加以璧散 · 璧角". ○'가(加)'자는 시동이 실(室)로 들어와서 궤식(饋食)을 할 때, 주인이 례제(醴齊)를 따라서 시동에게 입가심하는 술을 바치는데, 이것을 '조헌(朝獻)'이라고 부른다. 조헌을 끝내면, 부인은 앙제(盎齊)를 따라서 아헌(亞獻)을 하는데, 이것을 '재헌(再獻)'이라고 부르고, 또한 '가(加)'라고도 하는데, 이 시기에 추가적으로 두(豆)와 변(籩)에 음식을 담아서 내오기 때문이다. 재헌을 할 때, 부인은 벽각(璧角)을 사용하니, 『주례』「내재(內宰)」편에 나오는 '요작(瑤爵)'에 해당한다. '벽산(璧散)'이라는 것은 부인이 재헌하는 절차를 끝내면, 제후들 중 빈객이 된 자가 이 술잔을 사용하여, 시동에게 술을 따라서 바친다. 비록 정식으로 술잔을 가(加)하는 경우가 아니지만, 부인이 술잔을 추가적으로 바친 이후까지도 총괄적으로 말하게 되면, 이 또한 '가(加)'라고 부를 수 있다. 그래서 이곳 문장에서는 총괄적으로 "가(加)를 하며 벽산(璧散)과 벽각(璧角)을 사용한다."라고 말한 것인데, 먼저 벽산(璧散)을 말하고, 이후에 벽각(璧角)을 말한 것은 문장을 편리에 따라 기록했기 때문이다. 경문의 "俎用梡嶡"에 대하여. '완(梡)'과 '궐(嶡)'은 두 왕조에서 사용하던 도마이다. 우(虞) 때의 도마를 '완(梡)'이라고 부르는데, 완(梡)의 형태는 네 다리가 안석처럼 설치된 것이다. 『예도』에서는 "완(梡)의 길이는 2척(尺) 4촌(寸)이며, 너비는 1척(尺) 2촌(寸)이고, 높이는 1척(尺)이다. 여러 신하들의 것은 구름의 형상을 그리고, 천자의 경우에는 희생물을 그린다. 하(夏)나라 때의 도마는 '궐(嶡)'이라고 부르는데, 궐(嶡) 또한 안석과 유사하지만, 네 다리에 가로로 기둥을 대니, 중앙 부분은 거(距)처럼 생겼다."라고 했다. 하창[5]은 "세로로 다리가 있는 것을 '완(椀)'이라고 부르며, 다리를 덧대고 중앙에 가로로 된 나무가 있는 것을 '궐(嶡)'이라고 부른다."라고 했다.

集解 按: 犧又如字.

번역 살펴보니, '희(犧)'자 또한 글자대로 읽어야 한다.

集解 愚謂: 此言魯禘所用之禮也. 季夏六月, 夏正之六月也. 禘者, 天子之大祭, 祭始祖所自出之祖於大廟, 而以始祖配之也. 魯之禘, 蓋祀周公, 而以魯公配之, 故曰"以禘禮祀周公於大廟." 以記之所言考之, 魯之禘祭, 其禮皆視天子而有降焉, 則其不及文王可知矣. 其謂之禘者, 蓋以不及群廟之主, 而所用者乃禘之禮樂也. 白牡者, 周公之牲也. 祭周公以先代之牲, 蓋出於成王之命, 以示其不敢臣周公之意也. 尊用犧·象·山罍, 薦用玉豆·雕篹, 爵用玉琖仍雕, 俎用梡嶡, 皆兼用前代之器也. 天子宗廟之祭, 於前代之器備用之, 諸侯唯用當代之器, 魯兼用前代之器而不備焉, 降於天子而隆於諸侯也. 籩·豆皆飾以玉而雕鏤之, 豆言"玉", 篹言"雕", 互見之也. 玉琖, 夏后氏之爵也. 玉琖仍雕者, 蓋夏后氏以玉爲琖, 不加雕鏤, 今因其舊制而加以雕鏤也. 加, 謂九獻之後, 諸臣爲加爵也. 四升曰散, 五升曰角. 犧·象, 說見禮器, 黃目見郊特牲, 玉瓚見王制, 梡嶡見後.

번역 내가 생각하기에, 이 내용은 노(魯)나라에서 체(禘)제사를 시행하며 사용했던 예법을 나타내고 있다. 계하(季夏) 6월은 하(夏)나라 역법에 따른 6월을 뜻한다. '체(禘)'라는 것은 천자가 지내는 대제(大祭)인데, 자신의 시조(視朝)가 비롯되어 나온 조상을 태묘(太廟)에서 제사지내고, 시조를 함께 배향한다. 노나라에서 지냈던 체제사는 아마도 주공에게 제사를 지내

---

5) 하창(賀瑒, A.D.452~A.D.510) : 남조(南朝) 때의 학자이다. 남조의 제(齊)나라와 양(梁)나라에서 각각 활동하였다. 자(字)는 덕연(德璉)이다. 『예기신의소(禮記新義疏)』 등을 찬술하였다.

며, 노공(魯公)을 배향했을 것이다. 그렇기 때문에 "체제사의 예법으로 태묘에서 주공에게 제사를 지낸다."라고 말한 것이다. 『예기』에서 언급하는 내용에 따라 고찰을 해보면, 노나라에서 지낸 체제사는 그 예법이 모두 천자에 견주어서 낮추는 점이 있었으니, 제사의 대상이 문왕(文王)까지 소급되지 않았다는 사실을 알 수 있다. 그런데도 그 제사를 '체(禘)'라고 부른 이유는 아마도 뭇 묘(廟)들에 있는 신주(神主)까지는 제사의 대상으로 소급시키지 않지만, 사용하는 것들에 있어서는 곧 천자가 체제사를 지내며 사용했던 예악(禮樂)에 해당하기 때문이다. '백모(白牡)'는 주공에게 바치는 희생물이다. 주공에게 제사를 지내며, 선대에 사용했던 희생물을 이용하는 것은 아마도 성왕의 명령에서 비롯된 것이니, 이것을 통해서 감히 주공을 신하로만 대하지 않는다는 뜻을 나타낸 것이다. 술동이로 희(犧)·상(象)·산뢰(山罍)를 사용하고, 절임이나 젓갈을 바칠 때 옥두(玉豆)와 조찬(雕篹)을 사용하며, 술잔으로 옥잔잉조(玉琖仍雕)를 사용하고, 도마로 완(梡)과 궐(蕨)을 사용하는 것은 모두 이전 왕조의 기물들을 함께 사용하는 것이다. 천자가 종묘(宗廟)에서 제사를 지낼 때, 이전 왕조의 기물들을 모두 갖춰서 사용하는데, 제후는 단지 당시 왕조의 기물만을 사용할 따름이며, 노나라는 이전 왕조의 기물도 함께 사용하였지만, 모두 갖추지는 않았으니, 천자보다 낮추고, 다른 제후보다는 융성하게 치렀기 때문이다. 변(籩)과 두(豆)는 모두 옥으로 장식을 하여 조각을 하니, 두(豆)에 대해서는 '옥(玉)'이라고 말하고, 찬(篹)에 대해서는 '조(雕)'라고 말한 것은 상호 호환이 되도록 나타낸 것이다. '옥잔(玉琖)'은 하후씨(夏后氏) 때 사용하던 술잔이다. '옥잔잉조(玉琖仍雕)'라는 말은 아마도 하후씨 때에는 옥으로 술잔을 만들었지만, 조각을 하지는 않았던 것인데, 현재는 옛 제도에 따르면서도, 조각을 추가적으로 하였기 때문이다. '가(加)'자는 구헌(九獻)을 한 이후에, 뭇 신하들이 추가적으로 술잔을 올린다는 뜻이다. 4승(升)의 용적을 지닌 술잔을 '산(散)'이라고 부르며, 5승(升)의 용적을 지닌 술잔을 '각(角)'이라고 부른다. '희(犧)'와 '상(象)'에 대한 설명은 『예기』「예기(禮器)」편에 나오며, '황목(黃目)'에 대한 설명은 『예기』「교특생(郊特牲)」편에 나오고, '옥찬(玉瓚)'에 대한 설명은 『예기』「왕제(王制)」편에 나오며, 완(梡)과 궐(蕨)에 대한 설명은 뒤에 나온다.

그림 5-1 ▣ 규찬(圭瓚)

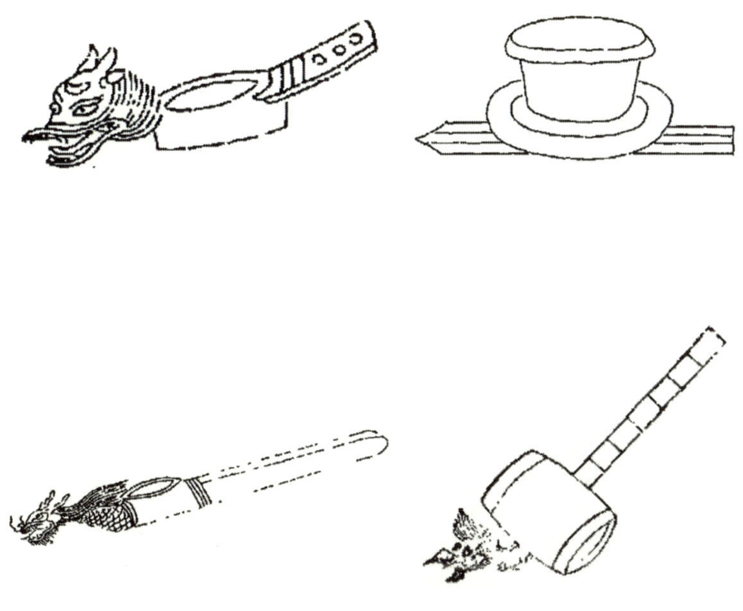

▸ **출처**: 상좌-『삼례도집주(三禮圖集注)』 14권 ; 상우-『삼례도(三禮圖)』 3권
하좌-『육경도(六經圖)』 2권 ; 하우-『삼재도회(三才圖會)』「기용(器用)」 1권

그림 5-2 ▣ 대규(大圭)

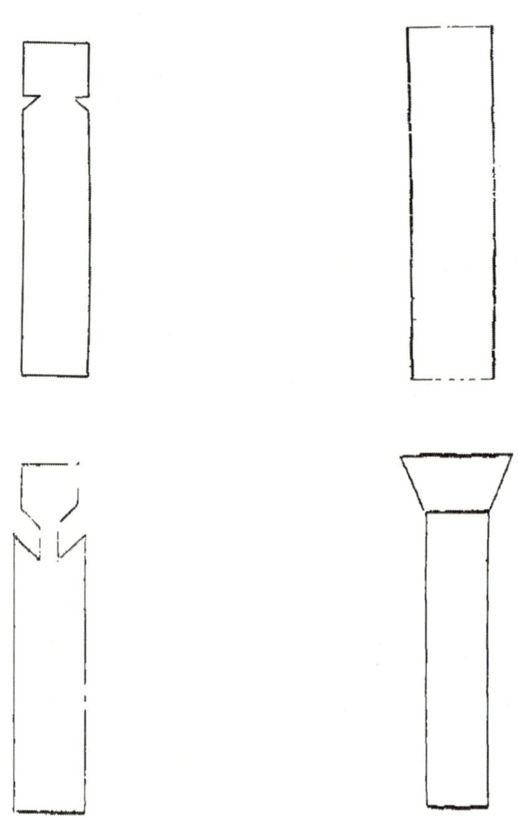

▸ **출처**: 상우-『주례도설(周禮圖說)』 하권; 상좌-『삼례도집주(三禮圖集注)』 10권
하우-『삼례도(三禮圖)』 3권; 하좌-『삼재도회(三才圖會)』「기용(器用)」 2권

그림 5-3 ▣ 잔(琖)

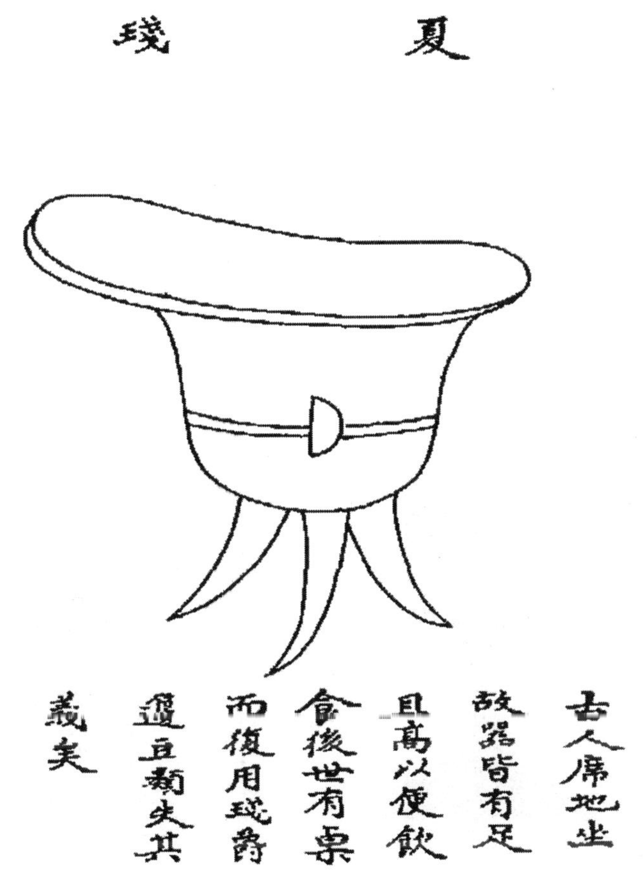

▸ **출처:** 『삼례도(三禮圖)』 3권

그림 5-4 ▣ 두(豆)

▸ **출처**: 상좌-『육경도(六經圖)』 6권; 상우-『삼례도(三禮圖)』 4권
하좌-『삼례도집주(三禮圖集注)』 13권; 하우-『삼재도회(三才圖會)』「기용(器用)」 1권

그림 5-5 ▣ 변(籩)

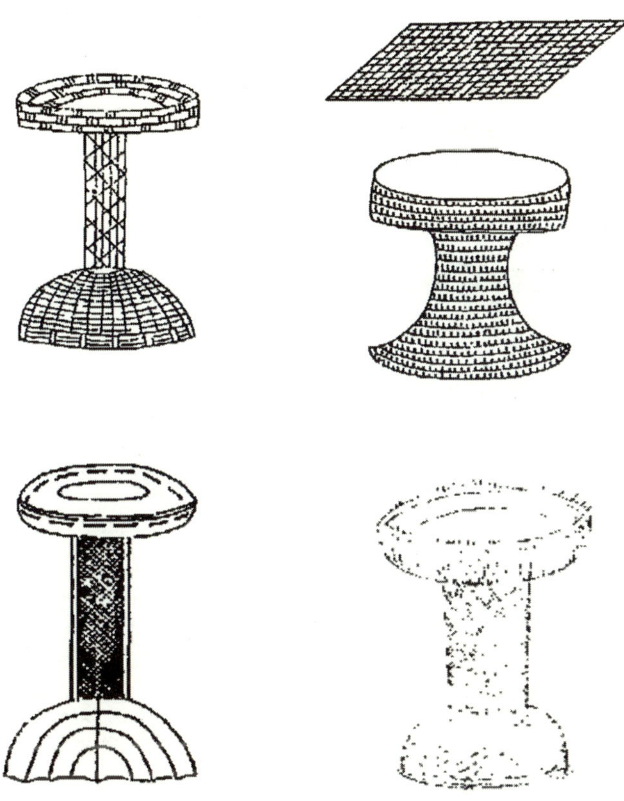

▸ **출처**: 상좌-『삼례도집주(三禮圖集注)』 13권 ; 상우-『삼례도(三禮圖)』 4권
하좌-『육경도(六經圖)』 6권 ; 하우-『삼재도회(三才圖會)』「기용(器用)」 2권

그림 5-6 ▣ 산(散)

▸ **출처**: 상좌-『삼례도집주(三禮圖集注)』 12권 ; 상우-『삼례도(三禮圖)』 3권
하좌-『육경도(六經圖)』 6권 ; 하우-『삼재도회(三才圖會)』「기용(器用)」 2권

그림 5-7 ▣ 각(角)

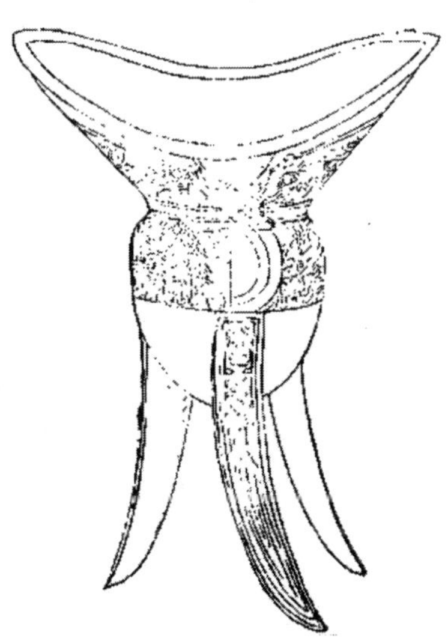

▸ **출처:** 상-『삼례도집주(三禮圖集注)』 12권 ; 하-『삼재도회(三才圖會)』 「기용(器用)」 1권

그림 5-8 ▣ 완(梡)

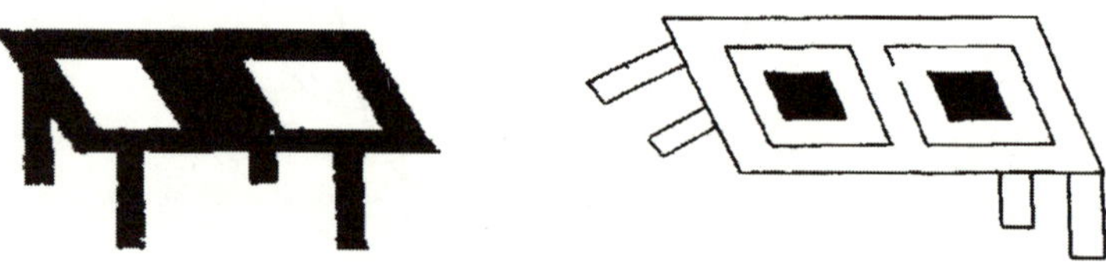

▸ **출처**: 상좌-『삼례도집주(三禮圖集注)』 13권 ; 상우-『육경도(六經圖)』 9권
하-『삼재도회(三才圖會)』「기용(器用)」 2권

그림 5-9 ▣ 궐(蕨)

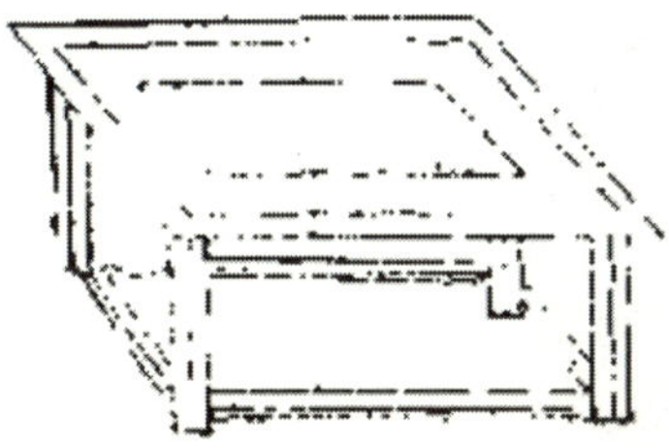

▸ **출처**: 상좌-『삼례도집주(三禮圖集注)』 13권 ; 상우-『육경도(六經圖)』 9권
하-『삼재도회(三才圖會)』「기용(器用)」 2권

그림 5-10 ▣ 거(筥)

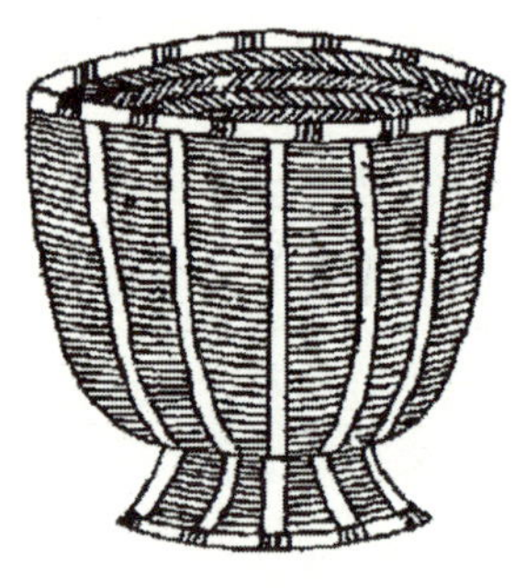

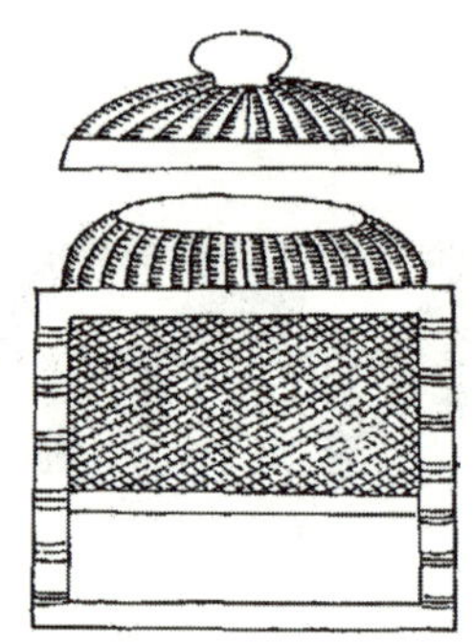

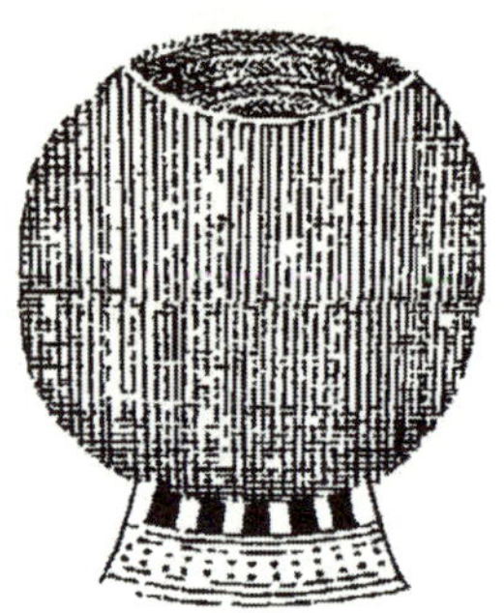

▸ **출처**: 상좌-『삼례도집주(三禮圖集注)』 12권 ; 상우-『삼례도(三禮圖)』 4권
하좌-『육경도(六經圖)』 6권 ; 하우-『삼재도회(三才圖會)』「기용(器用)」 2권

• 제 6 절 •

주공(周公)에 대한 제사 : 음악

【400d】

升歌清廟, 下管象. 朱干玉戚, 冕而舞大武. 皮弁素積, 裼而舞大夏. 味, 東夷之樂也. 任, 南蠻之樂也. 納夷蠻之樂於太廟, 言廣魯於天下也.

직역 升하여 淸廟를 歌하고, 下에서 象을 管한다. 朱干하고 玉戚하며, 冕하고 大武를 舞한다. 皮弁하고 素積하며, 裼하고 大夏를 舞한다. 昧는 東夷의 樂이다. 任은 南蠻의 樂이다. 太廟에 夷蠻의 樂을 納함은 天下에 魯를 廣함을 言한다.

의역 주공(周公)에게 제사를 지낼 때에는 악공이 당상(堂上)에 올라가서 청묘(淸廟)라는 시를 노래로 부르고, 당하(堂下)에서는 상(象)이라는 시를 관악기로 연주한다. 적색의 방패와 옥으로 장식한 도끼를 들고, 면복(冕服)을 착용하고 대무(大舞)를 춤춘다. 피변(皮弁)과 소적(素積)을 착용하고, 석의(裼衣)를 드러내고서 대하(大夏)를 춤춘다. '매(昧)'는 동이(東夷)의 음악이다. '임(任)'은 남만(南蠻)의 음악이다. 주공을 모신 태묘(太廟)에서 동이와 남만의 음악을 연주하는 것은 노나라를 세운 주공의 업적과 공덕을 천하에 드날리기 위함이다.

集說 淸廟, 周頌, 升樂工於廟之堂上而歌此詩也. 下, 堂下也. 管, 匏竹也. 象, 象武詩也, 堂下以管吹象武之詩, 故云下管象也. 朱干, 赤盾也. 玉戚, 玉飾斧柄也. 著袞冕而執此干戚以舞武王伐紂之樂, 又服皮弁見裼衣而舞夏后氏大夏之樂. 五冕皆周制, 故用以舞周樂. 皮弁, 三王之服, 故用以舞夏樂也. 昧·任, 皆樂名. 廣魯於天下, 言周公勳業之盛, 廣及四夷, 故廣大其國禮樂之事,以示天下也.

번역 '청묘(淸廟)'는 『시』「주송(周頌)」편에 해당하는 시로, 악공(樂工)[1]이 묘(廟)의 당상(堂上)에 올라가서, 이 시를 노래로 부른다. '하(下)'자는 당하(堂下)를 뜻한다. '관(管)'자는 포죽(匏竹)[2]을 뜻한다. '상(象)'자는 「상무(象武)」라는 시를 뜻한다. 당하에서는 관악기로 「상무」라는 시를 연주한다. 그렇기 때문에 "당하에서는 상(象)을 관악기로 연주한다."라고 말한 것이다. '주간(朱干)'은 적색의 방패이다. '옥척(玉戚)'은 옥으로 도끼의 자루를 장식한 것이다. 곤면(袞冕)을 착용하고, 방패와 도끼를 들고서, 무왕(武王)이 주(紂)를 정벌함을 표현한 음악에 맞춰 춤을 추고, 또 피변(皮弁)을 착용하고, 석의(裼衣)[3]를 드러내며, 하후씨(夏后氏) 때의 대하(大夏)라는 음악에 맞춰 춤을 춘다. 오면(五冕)[4]은 모두 주(周)나라 때의 제도이다. 그렇기 때문에 이 복장을 착용하고, 주나라 음악에 맞춰 춤을 춘다. '피변(皮弁)'은 삼왕(三王)[5] 때의 복장이다. 그렇기 때문에 이 복장을 착용하고, 하

---

1) 악공(樂工)은 춤을 추는 무용수나 악기를 연주하는 자 등을 뜻한다. 악관(樂官)들 중에서도 하위 관리에 속한 자들이다.

2) 포죽(匏竹)은 대나무로 만든 악기로, 생(笙)·우(竽)·소(簫)·적(笛) 등의 악기를 뜻한다. 『국어(國語)』「주어하(周語下)」편에는 "匏竹利制."라는 기록이 있고, 이에 대한 위소(韋昭)의 주에서는 "匏, 笙也; 竹, 簫管也."라고 풀이했다.

3) 석의(裼衣)는 고대에 의례를 시행할 때 입는 옷이다. 가죽옷이나 갈옷 위에 걸쳤던 외투 중 하나이다. '석의' 위에는 습의(襲衣)를 걸쳤기 때문에, 중간에 입는 옷이라는 뜻에서 '중의(中衣)'라고도 부른다.

4) 오면(五冕)은 고대의 제왕이 제사를 지낼 때 착용하는 다섯 종류의 관(冠)을 뜻하니, 구면(裘冕)·곤면(袞冕)·별면(鷩冕)·취면(毳冕)·치면(絺冕)을 가리킨다. 본래 면복(冕服)에는 여섯 종류가 있지만, 대구(大裘)의 경우, 그 때 착용하는 면(冕)에는 류(旒)가 달려 있지 않기 때문에, '오면'에는 포함시키지 않는다. 『주례』「하관(下官)·변사(弁師)」편에는 "掌王之五冕, 皆玄冕朱裏延紐."라는 기록이 있고, 이에 대한 정현의 주에서는 "冕服有六, 而言五冕者, 大裘之冕蓋無旒, 不聯數也."라고 풀이했다.

5) 삼왕(三王)은 하(夏), 은(殷), 주(周) 삼대(三代)의 왕을 뜻한다. 『춘추곡량전』「은공(隱公) 8年」편에는 "盟詛不及三王."이라는 기록이 있고, 이에 대한 범녕(範寧)의 주에서는 '삼왕'을 하나라의 우(禹), 은나라의 탕(湯), 주나라의 무왕(武王)을 지칭한다고 풀이했다. 그리고 『맹자』「고자하(告子下)」편에

(夏)나라 때의 음악에 맞춰 춤을 춘다. '매(昧)'와 '임(任)'은 모두 음악의 이름이다. '광로어천하(廣魯於天下)'라는 말은 주공(周公)이 세운 융성한 공적과 업적을 널리 밝혀, 사방 오랑캐에게까지 미치도록 한다는 뜻이다. 그렇기 때문에 그 나라의 예악(禮樂)과 관련된 사안을 확장하여, 천하에 보여주는 것이다.

大全 馬氏曰: 歌者, 人聲也. 匏管者, 樂聲也. 堂上以人聲歌淸廟者, 所以貴文也. 堂下以匏竹奏象武者, 所以賤武也. 周公之德妙而不可知, 所可知者, 見於文德武功而已. 文德成於制作之間, 武功存於征伐之際, 故彰其武功, 則錫之以武樂, 彰其文德, 則錫之以夏樂, 蓋武之盛, 莫盛於大武, 而文之盛, 莫盛於大夏. 冕者, 文服也. 服冕服而舞大武者, 以文止武之意也. 皮弁素積者, 服之質也. 舞大夏, 則服之所以守其文也. 裼者, 服之見美也. 皮弁素積, 掩蔽其文而不顯, 故裼衣所以顯之也.

번역 마씨[6]가 말하길, 노래는 사람의 목소리에 해당한다. 관악기의 연주는 악기의 소리에 해당한다. 당상(堂上)에서 사람의 목소리를 통해 청묘(淸廟)를 노래로 부르는 이유는 문(文)을 존귀하게 여기기 때문이다. 당하(堂下)에서 관악기로 상무(象武)를 연주하는 이유는 무(武)를 상대적으로 천시하기 때문이다. 주공(周公)의 덕은 오묘하여, 알아차릴 수가 없지만, 알 수 있는 점들은 문덕(文德)과 무공(武功)으로 드러날 따름이다. 문덕은 예악(禮樂)을 제정하는 가운데 완성되었고, 무공은 정벌을 할 때 세웠다. 그렇기 때문에 무공을 드러내고자 하여, 무왕(武王)의 음악을 하사했고, 문덕을 드러내고자 하여, 하(夏)나라 때의 음악을 하사했으니, 무릇 무(武)의 융성함은 대무(大武)보다 융성한 것이 없고, 문(文)의 융성함은 대하(大夏)

는 "五霸者, 三王之罪人也."이라는 기록이 있고, 이에 대한 조기(趙岐)의 주에서는 '삼왕'을 범녕의 주장과 달리, 주나라의 무왕 대신 문왕(文王)을 지칭한다고 풀이했다.

6) 마희맹(馬晞孟, ?~?) : =마씨(馬氏) · 마언순(馬彦醇). 자(字)는 언순(彦醇)이다. 『예기해(禮記解)』를 찬술했다.

보다 융성한 것이 없기 때문이다. 면복(冕服)은 문채가 있는 복장이다. 면복을 착용하고, 대무(大武)를 추는 것은 문(文)을 통해 무(武)를 그치게 했다는 뜻 때문이다. 피변(皮弁)과 소적(素積)을 착용한 것은 질박한 복장에 해당한다. 대하(大夏)를 춤춘 것은 그 복장을 착용하여, 문(文)을 지키고자 함이다. '석(裼)'이라는 것은 복장의 아름다움을 드러내는 것이다. 피변과 소적은 문채를 가려서 드러내지 않는 것이다. 그렇기 때문에 옷을 석(裼)[7] 하니, 아름다움을 드러내는 방법이다.

大全 慶源輔氏曰: 言廣大周公之德於天下也.

번역 경원보씨[8]가 말하길, 주공(周公)의 덕(德)을 천하에 널리 드러낸다는 뜻이다.

鄭注 清廟, 周頌也. 象謂周頌·武也, 以管播之. 朱干, 赤大盾也. 戚, 斧也. 冕, 冠名也. 諸公之服, 自袞冕而下, 如王之服也. 大武, 周舞也. 大夏, 夏舞也. 周禮: "昧師掌敎昧樂." 詩曰: "以雅以南, 以籥不僭." 廣, 大也.

번역 '청묘(清廟)'는 「주송(周頌)」편의 시이다. '상(象)'은 「주송 · 무(武)」라는 편으로, 관악기로 연주를 한다. '주간(朱干)'은 적색의 큰 방패이다. '척(戚)'은 도끼이다. '면(冕)'은 관(冠)의 명칭이다. 제공(諸公)의 복장은 곤면(袞冕)으로부터 그 이하의 복장을 착용하게 되는데, 그 복장들은 천자가 착용하는 복장과 같다. '대무(大武)'는 주(周)나라 때의 춤이다. '대하(大夏)'

---

7) 석(裼)은 고대에 의례를 시행할 때 하는 복장 방식 중 하나이다. 좌측 소매를 걷어 올려서, 안에 입고 있는 석의(裼衣)를 드러내는 것이다. 한편 '석'은 비교적 성대하지 않은 의식 때 시행하는 복장 방식으로도 사용되어, 좌측 소매를 걷어 올려서 공경의 뜻을 표하기도 했다.

8) 경원보씨(慶源輔氏, ?~?) : =보광(輔廣) · 보한경(輔漢卿). 남송(南宋) 때의 학자이다. 자(字)는 한경(漢卿)이고, 호(號)는 잠암(潛庵) · 전이(傳貽)이다. 여조겸(呂祖謙)과 주자(朱子)에게서 학문을 배웠다. 저서로는 『사서찬소(四書纂疏)』, 『육경집해(六經集解)』 등이 있다.

는 하(夏)나라 때의 춤이다. 『주례』에서는 "매사(昧師)는 매(昧)의 음악을 가르치는 일을 담당한다."[9]라고 했고, 『시』에서는 "아악(雅樂)도 사용하고, 남악(南樂)도 사용하며, 피리춤도 추는데 어지럽지 않도다."[10]라고 했다. '광(廣)'자는 "크다[大]."는 뜻이다.

釋文 裼, 星曆反. 昧音妹. 任, 而林反, 或而鴆反. 沙, 素何反. 彝音夷. 直如字, 柄也. 盾, 字又作楯, 常準反, 又音允. 卷, 本又作袞, 同, 音古本反, 下文同. 僭, 七尋反, 又則念反.

번역 '裼'자는 '星(성)'자와 '曆(력)'자의 반절음이다. '昧'자의 음은 '妹(매)'이다. '任'자는 '而(이)'자와 '林(림)'자의 반절음이며, 또는 '而(이)'자와 '鴆(짐)'자의 반절음이다. '沙'자는 '素(소)'자와 '何(하)'자의 반절음이다. '彝'자의 음은 '夷(이)'이다. '直'자는 글자대로 읽으며, 자루를 뜻한다. '盾'자는 글자를 또한 '楯'자로도 기록하며, 그 음은 '常(상)'자와 '準(준)'자의 반절음이고, 또한 그 음은 '允(윤)'도 된다. '卷'자는 판본에 따라 '袞'자로도 기록하는데, 동일한 글자이며, 그 음은 '古(고)'자와 '本(본)'자의 반절음이고, 아래 문장에 나오는 글자도 그 음이 이와 같다. '僭'자는 '七(칠)'자와 '尋(심)'자의 반절음이며, 또한 '則(칙)'자와 '念(념)'자의 반절음도 된다.

孔疏 ●"升歌淸廟"者, 升, 升堂也. 淸廟, 周頌文王詩也. 升樂工於廟堂而歌淸廟詩也. "下管象"者, 下, 堂下也. 管, 匏竹, 在堂下, 故云"下管"也. 象謂象武詩也. 堂下吹管, 以播象武之詩, 故云"下管象"也.

번역 ●經文: "升歌淸廟". ○'승(升)'자는 당(堂)에 오른다는 뜻이다. '청묘(淸廟)'는 「주송(周頌)」편의 시로, 문왕(文王)을 노래한 시이다. 묘(廟)의 당(堂)으로 악공(樂工)을 올려 보내서, 청묘의 시를 노래로 부른다. 경문의

9) 『주례』「춘관(春官)·매사(韎師)」: 韎師掌敎韎樂. 祭祀則帥其屬而舞之.
10) 『시』「소아(小雅)·고종(鼓鍾)」: 鼓鍾欽欽, 鼓瑟鼓琴. 笙磬同音. 以雅以南, 以籥不僭.

"下管象"에 대하여. '하(下)'자는 당하(堂下)를 뜻한다. '관(管)'자는 포죽(匏竹)으로, 당하에 있다. 그렇기 때문에 "당하에서 관악기로 연주한다."라고 말한 것이다. '상(象)'은 상무(象武)라는 시이다. 당하에서 관악기로 연주하여, 상무의 시를 연주한다. 그렇기 때문에 "당하에서 상을 관악기로 연주한다."라고 말한 것이다.

孔疏 ●"朱干玉戚"者, 干, 盾也. 戚, 斧也, 赤盾而玉飾斧也.

번역 ●經文: "朱干玉戚". ○'간(干)'자는 방패를 뜻한다. '척(戚)'자는 도끼를 뜻한다. 적색의 방패를 들고, 옥으로 장식한 도끼를 든다.

孔疏 ●"冕而舞大武"者, 冕, 袞冕也. 大武, 武王樂也. 王著袞冕, 執赤盾玉斧而舞武王伐紂之樂也.

번역 ●經文: "冕而舞大武". ○'면(冕)'자는 곤면(袞冕)을 뜻한다. '대무(大武)'는 무왕(武王)을 노래한 음악이다. 친자는 곤면을 착용하고, 적색의 방패와 옥으로 장식한 도끼를 들고, 무왕이 주(紂)를 정벌하는 일을 노래로 표현한 음악에 맞춰 춤을 춘다.

孔疏 ●"皮弁素積, 裼而舞大夏"者, 皮弁, 三王之服也. 裼, 見美也. 大夏, 夏禹之樂也. 王又服皮弁裼而舞夏后氏之樂也. 六冕是周制, 故用冕而舞周樂; 皮弁是三王服, 故用皮弁舞夏樂也. 而周樂是武, 武質, 故不裼. 夏家樂文, 文, 故裼也. 若諸侯之祭, 各服所祭之冕而舞, 故祭統云: "諸侯之祭也, 與竟內樂之, 冕而總干, 率其群臣, 以樂皇尸." 是知用冕服舞也.

번역 ●經文: "皮弁素積, 裼而舞大夏". ○'피변(皮弁)'은 삼왕(三王) 때의 복장이다. '석(裼)'은 아름다움을 드러낸다는 뜻이다. '대하(大夏)'는 하(夏)나라 우(禹)임금을 노래한 음악이다. 천자는 또한 피변복을 착용하고, 석(裼)을 하고서, 하후씨(夏后氏) 때의 음악에 맞춰 춤을 춘다. 육면(六

冕)[11]은 주(周)나라 때의 제도이다. 그렇기 때문에 면복을 착용하고, 주나라 음악에 맞춰 춤을 춘다. 피변은 삼왕 때의 복장이다. 그렇기 때문에 피변을 착용하고, 하나라의 음악에 맞춰 춤을 춘다. 주나라 음악은 무(武)에 해당하는데, 무(武)는 질박한 음악이다. 그렇기 때문에 석(裼)을 하지 않는다. 하나라의 음악은 화려하다. 화려하기 때문에 석(裼)을 한다. 만약 제후가 지내는 제사라면, 각자 제사를 지내며 착용하는 면복을 입고서 춤을 춘다. 그렇기 때문에 『예기』「제통(祭統)」편에서는 "제후가 지내는 제사에서는 경내의 백성들과 함께 즐기며, 면복을 착용하고, 방패를 들며, 뭇 신하들을 통설하여, 황시(皇尸)[12]를 즐겁게 한다."[13]라고 한 것이니, 이 기록을 통해서 면복을 착용하고 춤을 춘다는 사실을 알 수 있다.

孔疏 ●"昧, 東夷之樂也. 任, 南蠻之樂也"者, 周公德廣, 非唯用四代之樂, 亦爲蠻夷所歸, 故賜奏蠻夷之樂於庭也. 唯言夷蠻, 則戎狄從可知也. 又一通云正樂, 旣不得六代, 故蠻夷則唯與二方也. 白虎通云: "樂元語曰: 東夷之樂曰朝離, 萬物微, 離地而生, 樂持矛舞, 助時生也. 南夷樂曰南, 南, 任也, 任養萬物, 樂持羽舞, 助時養也. 西夷樂曰味, 味, 昧也, 萬物衰老, 取晦昧之義也,

---

11) 육면(六冕)은 천자가 착용하는 여섯 종류의 면복(冕服)을 가리킨다. 호천(昊天) 및 오제(五帝)에게 제사지낼 때에는 대구(大裘)를 입고 면류관[冕]을 쓰며, 선왕(先王)에게 제사지낼 때에는 곤면(袞冕)을 착용하고, 선공(先公)에 대한 제사 및 향사례(饗射禮)를 시행할 때에는 별면(鷩冕)을 착용하며, 산천(山川) 등에 제사지낼 때에는 취면(毳冕)을 착용하고, 사직(社稷) 등에 제사지낼 때에는 희면(希冕: =絺冕)을 착용하며, 기타 여러 제사에는 현면(玄冕)을 착용한다. 『주례』「춘관(春官)·사복(司服)」편에는 "掌王之吉凶衣服, 辨其名物, 辨其用事. 王之吉服, 祀昊天上帝, 則服大裘而冕, 祀五帝亦如之. 享先王則袞冕. 享先公, 饗射則鷩冕. 祀四望山川則毳冕. 祭社稷五祀則希冕. 祭群小祀則玄冕."이라는 기록이 있다.

12) 황시(皇尸)는 본래 군주의 시동에게 붙이는 경칭이다. 또한 일반적으로 시동을 높여 부르는 용어로도 사용되었다.

13) 『예기』「제통(祭統)」【578a】: 及入舞, 君執干戚就舞位. 君爲東上, 冕而摠干, 率其群臣以樂皇尸. 是故天子之祭也, 與天下樂之. 諸侯之祭也, 與竟內樂之. 冕而摠干, 率其群臣以樂皇尸, 此與竟內樂之之義也.

樂持羽舞, 助時殺也. 北夷樂曰禁, 言萬物禁藏, 樂持干舞, 助時藏也.” 又曰: “誰[14]制夷狄樂? 聖王也. 先王推行道德, 和調陰陽, 覆被夷狄, 故制夷狄樂, 何不制夷禮? 禮者, 身當履而行之, 夷狄不能行禮也.” 此東曰昧, 西曰株離, 與白虎通正相反者, 以春秋二方, 俱有“昧”·“株離”之義, 故白虎通及此, 各擧其一. 白虎通云: “朝離, 則株離也.” 鉤命決亦云: “東夷之樂曰昧, 南夷之樂曰南”, 與此同.

번역 ●經文: “昧, 東夷之樂也. 任, 南蠻之樂也”. ○주공(周公)의 덕은 넓으니, 사대(四代)의 음악을 사용하는 것뿐만 아니라, 또한 만(蠻)과 이(夷)도 귀의하게 된다. 그렇기 때문에 하사를 하여 마당에서 만과 이의 음악도 연주하도록 한 것이다. 단지 이(夷)와 만(蠻)만을 말했다면, 융(戎)과 적(狄)의 음악도 사용하게 됨을 알 수 있다. 또한 통괄적으로 '정악(正樂)'이라고 하지만, 이미 육대(六代)[15]의 음악을 사용할 수 없기 때문에, 만(蠻)과 이(夷)라고 했다면, 오직 두 방위의 오랑캐 음악만을 포함하는 것도 된다. 『백호통』[16]에서는 “『악원어(樂元語)』에서는 다음과 같이 말했다. 동이(東夷)의 음악을 '조리(朝離)'라고 부르니, 만물이 은미하게 일어나, 땅을 뚫고 생겨남이니, 음악을 연주하며 모(矛)를 들고서 춤을 추어, 당시의 생장하는 작용을 돕는다. 남이(南夷)의 음악을 '남(南)'이라고 부르니, 남(南)은 '맡다[任].'는 뜻이며, 만물을 떠맡아 길러주는 것으로, 음악을 연주하며 우(羽)를 들고서 춤을 추어, 당시의 기르는 작용을 돕는다. 서이(西夷)의 음악을 '미(味)'라고 부르니, 미(味)는 '어둡다[昧].'는 뜻으로, 만물이 쇠약하고 노쇠해

---

14) '수(誰)'자에 대하여. '수'자는 본래 '유(唯)'자로 기록되어 있었는데, 완원(阮元)의 『교감기(校勘記)』에는 “포당(浦鏜)은 '유'자를 '수'자로 교정하였다. 『백호통(白虎通)』을 살펴보니, '수'자로 기록되어 있다.”라고 했다.

15) 육대(六代)는 황제(黃帝)·당(唐)·우(虞)·하(夏)·은(殷)·주(周) 등의 여섯 왕조를 가리킨다. 『진서(晉書)』「악지상(樂志上)」편에는 “周始二南, 風兼六代. 昔黃帝作雲門, 堯作咸池, 舜作大韶, 禹作大夏, 殷作大濩, 周作大武, 所謂因前王之禮, 設俯仰之容, 和順積中, 英華發外.”라는 기록이 있다.

16) 『백호통(白虎通)』은 후한(後漢) 때 편찬된 서적이다. 『백호통의(白虎通義)』라고도 부른다. 후한의 장제(章帝)가 학자들을 불러 모아서, 백호관(白虎觀)에서 토론을 시키고, 각 경전 해석의 차이점을 기록한 서적이다.

져서, 어둡다는 뜻에서 그 의미를 취했으니, 음악을 연주하며 우(羽)를 들고서 춤을 추어, 당시의 숙살하는 작용을 돕는다. 북이(北夷)의 음악을 '금(禁)'이라고 부르니, 만물이 닫히고 보관됨을 뜻하며, 음악을 연주하며 간(干)을 들고서 춤을 추어, 당시의 보관하는 작용을 돕는다."라고 했다. 또 "누가 이적(夷狄)의 음악을 제정하였는가? 성왕(聖王)이다. 선왕(先王)은 도덕을 미루어 시행하고, 음양(陰陽)을 조화롭게 하여, 이적에게까지 미치게 했다. 그렇기 때문에 이적의 음악을 제정하였는데, 왜 오랑캐의 예(禮)는 제정하지 않았는가? 예(禮)라는 것은 제 자신이 직접 실천해야 하는 것으로, 이적은 예를 시행할 수 없기 때문이다."라고 했다. 이곳에서는 동쪽 오랑캐의 음악을 '매(昧)'라고 부르고, 서쪽 오랑캐의 음악을 '주리(株離)'라고 불러서, 『백호통』의 기록과 상반되는데, 『춘추』에서는 두 방위에 해당하는 오랑캐들에 대해서, 매(昧)와 주리(株離)의 뜻이 모두 갖춰져 있다고 했기 때문에, 『백호통』과 이곳 기록은 그중에서도 각각 한 측면만을 제시한 것이다. 『백호통』에서는 "조리(朝離)는 곧 주리(株離)이다."라고 했다. 『구명결(鉤命決)』에서는 또한 "동이의 음악을 '매(昧)'라고 부르고, 남이의 음악을 '남(南)'이라고 부른다."라고 하여, 이곳의 기록과 동일하다.

孔疏 ●"納夷蠻之樂於大廟"者, 皆於大廟奏之.

번역 ●經文: "納夷蠻之樂於大廟". ○이 모두는 태묘(太廟)에서 연주를 한다.

孔疏 ●"言廣魯於天下也"者, 廣魯, 欲使如天子示於天下, 故云"廣魯於天下也".

번역 ●經文: "言廣魯於天下也". ○'광로(廣魯)'는 천자처럼 행동하도록 하여, 천하에 보여주고자 한 것이다. 그렇기 때문에 "천하에 노나라를 드날린다."라고 말한 것이다.

孔疏 ◎注"季夏"至"大也". ○正義曰: 群公稱宮, 此公羊文. 十三年傳曰: "周公稱大廟, 魯公稱世室, 群公稱宮. 此魯公之廟也, 曷爲謂之世室? 世室猶世世不毁也." 左氏經以爲大室屋壞, 服氏云"大廟之室", 與公羊及鄭違, 今所不取. 云"犧尊, 以沙羽爲畫飾"者, 鄭志張逸問曰: "明堂注'犧尊, 以沙羽爲畫飾', 前問曰: 犧讀如沙. 沙, 鳳皇也. 不解鳳皇, 何以爲沙?" 答曰: "刻畫鳳皇之象於尊, 其形婆娑然, 或有作獻字者, 齊人之聲誤耳." 又鄭注司尊彝云: "山罍, 亦刻而畫之, 爲山雲之形." 鄭司農注周禮·司尊彝云: "獻讀爲犧, 犧尊飾以翡翠, 象尊以象鳳皇. 或曰以象骨飾尊." 王注禮器云: "爲犧牛及象之形, 鑿其背, 以爲尊, 故謂之犧尊." 阮諶禮圖云: "犧尊畫以牛形." 云"篹, 籩屬也. 以竹爲之, 雕刻飾其直者也", 知篹爲籩屬者, 與豆連文, 故知籩屬. 以字從竹, 故知以竹爲之. 直, 柄也. 篹旣用竹, 不可刻飾, 今云"雕其直"者, 是刻其柄也. 云"仍, 因也"者, 釋詁文也. 云"加, 加爵也"者, 以其非正獻, 故謂之"加". 云"散角皆以璧飾其口也"者, 鄭恐散角以璧爲之, 故云以璧飾其口. 內宰謂之瑤爵, 此處謂之璧角者, 瑤是玉名, 爵是總號. 璧是玉之形制, 角是爵之所受之[17], 名異, 其實一物也. 云"梡始有四足也"者, 以虞氏尙質, 未有餘飾, 故知始有四足. 云"嶡爲之距"者, 以夏世漸文, 故知以橫木距於足中. 云"淸廟, 周頌也"者, 以文王有淸明之德, 祭之於廟而作頌也. 云"象謂周頌·武也, 以管播之"者, 按詩: "維淸, 奏象舞." 襄二十九年見舞象箾南籥, 知非文王樂. 必以爲大武, 武王樂者, 以經云"升歌淸廟, 下管象", 以父詩在上, 子詩在下, 故知爲武王樂也. "以管播之", 謂吹管播散詩之聲也. 云"大武, 周舞也"者, 上云"下管象", 謂吹大武詩, 此云"舞大武", 謂爲大武之舞. 云"大夏, 夏舞也"者, 以大夏是禹樂, 故爲夏舞. 引"周禮昧師"者, 證經之昧樂. 引詩"以雅以南"者, 證經之南夷之樂, "任"卽南也, 則此詩·小雅·鼓鐘之詩. 鄭云: "雅, 萬舞也. 萬也, 南也, 籥也. 三舞不僭, 言進退之旅也. 周樂尙武, 故謂萬舞爲雅."

---

17) '지(之)'자에 대하여. 『십삼경주소(十三經注疏)』 북경대 출판본에서는 "'지'자를 『민본(閩本)』·『감본(監本)』·『모본(毛本)』에서는 동일하게 기록했고, 위씨(衛氏)의 『집설(集說)』에는 이 글자가 없다. 손지조(孫志祖)는 교정을 하며, '지(之)자는 아마도 기(其)자 같다.'"라고 했다.

번역 ◎鄭注: "季夏"~"大也". ○뭇 군주들에 대해서는 궁(宮)이라고 지칭한다는 말은 『공양전』에 나오는 기록이다.[18] 문공(文公) 13년에 대한 전문에서는 "주공(周公)에 대해서는 태묘(太廟)라고 부르며, 노공(魯公)에 대해서는 세실(世室)이라고 부르고, 뭇 군주들에 대해서는 궁(宮)이라고 지칭한다. 이곳에 나온 것은 노공의 묘(廟)에 해당하는데, 왜 '세실(世室)'이라고 부르는가? 세실은 대대로 훼철시키지 않는다는 뜻이다."라고 했다. 『좌전』의 경문(經文) 기록에서는 대실(大室)의 지붕이 무너졌다고 여겼고, 복건[19]은 "태묘(太廟)의 실(室)이다."라고 하여, 『공양전』 및 정현의 주장과 위배되니, 이곳에서는 그 주장을 채택하지 않았다. 정현이 "'희존(犧尊)'은 날갯짓 하는 모습을 그림으로 그렸기 때문이다."라고 했는데, 『정지』에서는 장일이 질문을 하여, "「명당위」편에 대한 주에서는 '희존은 날갯짓 하는 모습을 그림으로 그렸기 때문이다.'라고 했는데, 그 전에 묻겠습니다. 앞서 희(犧)자를 사(沙)자로 풀이한다고 했습니다. 사(沙)자는 봉황을 뜻합니다. 그런데 봉황에 대해서는 풀이하지 않고, 어째서 사(沙)라고 한 것입니까?"라고 했다. 그러자 정현은 "봉황의 형상을 술동이에 새기며, 그 모습을 나부끼듯 그리기 때문인데, 간혹 개중에는 '헌(獻)'자로 기록하는 것도 있지만, 제(齊)나라 사람들이 소리가 비슷해서 잘못 기록한 것일 뿐이다."라고 대답했다. 또 『주례』「사존이(司尊彝)」편에 대한 정현의 주에서는 "산뢰(山罍) 또한 조각을 하고 그림을 그려서, 산에 구름이 걸쳐 있는 모습을 새긴다."[20] 라고 했다. 『주례』「사존이」편에 대한 정사농[21]의 주에서는 "'헌(獻)'자는

---

18) 『춘추공양전』「문공(文公) 13년」: 世室屋壞, 世室者何? 魯公之廟也. 周公稱太廟, 魯公稱世室, 群公稱宮. 魯公之廟也, 曷爲謂之世室, 世室, 猶世室也, 世世不毁也.

19) 복건(服虔, ?~?) : 후한대(後漢代)의 유학자이다. 자(字)는 자신(子愼)이다. 초명은 중(重)이었으며, 기(祇)라고도 불렀다. 후에 이름을 건(虔)으로 고쳤다. 『춘추좌씨전(春秋左氏傳)』에 주석을 남겼지만, 산일되어 전해지지 않는다. 현재는 『좌전가복주집술(左傳賈服注輯述)』로 일집본이 편찬되었다.

20) 이 문장은 『주례』「춘관(春官)·사존이(司尊彝)」편의 "春祠夏禴, 祼用雞彝·鳥彝, 皆有舟, …… 其朝踐用兩大尊, 其再獻用兩山尊, 皆有罍, 諸臣之所昨也."라는 기록에 대한 정현의 주이다.

희(犧)자로 풀이하니, 희존(犧尊)은 비취(翡翠)로 장식을 하며, 상존(象尊)은 봉황의 모습을 새긴다. 혹자는 상아로 술동이를 장식한 것이라고도 한다."[22]라고 했다. 『예기』「예기(禮器)」편에 대한 왕숙의 주에서는 "희생물인 소 및 코끼리의 형상으로 만들고, 그 등 부분을 뚫어서, 술동이로 사용한다. 그렇기 때문에 희존(犧尊)이라고 부른다."라고 했고, 완심의 『예도』에서는 "희존(犧尊)에는 소의 모습을 그린다."라고 했다. 정현이 "'찬(篹)'은 변(籩)에 해당하는 그릇으로, 대나무로 만드는데, 세로로 곧게 뻗은 부분에 조각을 하여 장식을 한 것이다."라고 했는데, 찬(篹)이 변(籩)의 부류에 해당한다는 사실을 알 수 있는 이유는 두(豆)와 연이어서 기록되었기 때문에, 변(籩)의 부류임을 알 수 있다. 그 글자는 '죽(竹)'자를 부수로 삼고 있기 때문에, 대나무로 만든다는 사실을 알 수 있다. '직(直)'자는 자루부분을 뜻한다. 찬(篹) 자체는 대나무로 만들고, 조각을 하여 장식을 하지 않기 때문에, "직(直)에 조각을 한다."라고 한 말은 바로 자루부분에 조각을 한다는 뜻이다. 정현이 "'잉(仍)'자는 '~에 따르다[因].'는 뜻이다."라고 했는데, 이것은 『이아』「석고(釋詁)」편의 문장이다.[23] 정현이 "'가(加)'자는 가작(加爵)을 뜻한다."라고 했는데, 정식으로 헌(獻)을 하는 것이 아니기 때문에, '가(加)'라고 말한 것이다. 정현이 "'산(散)'과 '각(角)'에는 모두 벽(璧)으로 술잔 주둥이를 장식한다."라고 했는데, 정현은 산(散)과 각(角)이 벽(璧)으로 만든 것으로 오해할 것을 염려했기 때문에, 벽(璧)으로 주둥이를 장식한

---

21) 정중(鄭衆, ?~A.D.83) : =정사농(鄭司農). 후한(後漢) 때의 경학자이다. 자(字)는 중사(仲師)이다. 부친은 정흥(鄭興)이다. 부친에게 『춘추좌씨전(春秋左氏傳)』의 학문을 전수받았다. 또한 그는 대사농(大司農) 등의 관직을 역임하였기 때문에, '정사농'이라고도 불렀다. 한편 정흥과 그의 학문은 정현(鄭玄)에게 많은 영향을 주었기 때문에, 후대에서는 정현을 후정(後鄭)이라고 불렀고, 정흥과 그를 선정(先鄭)이라고도 불렀다. 저서로는 『춘추조례(春秋條例)』, 『주례해고(周禮解詁)』 등을 지었다고 하지만, 현재는 전해지지 않았다.

22) 이 문장은 『주례』「춘관(春官)·사존이(司尊彝)」편의 "春祠夏禴, 祼用雞彝·鳥彝, 皆有舟, …… 其朝踐用兩大尊, 其再獻用兩山尊, 皆有罍, 諸臣之所昨也."라는 기록에 대한 정사농의 주이다.

23) 『이아』「석고(釋詁)」 : 儴·仍, 因也.

다고 말한 것이다. 『주례』「내재(內宰)」편에서는 그 술잔을 '요작(瑤爵)'이라고 했는데, 이곳에서는 '벽각(璧角)'이라고 했다. '요(瑤)'는 옥의 이름을 뜻하고, '작(爵)'은 술잔을 총칭하는 말이다. '벽(璧)'은 옥의 형태와 제작방법에 따라 부르는 명칭이며, '각(角)'은 술을 받는 술잔을 뜻하니, 명칭이 다르지만, 실제로는 동일한 사물이다. 정현이 "'완(梡)'은 최초 네 개의 다리를 붙인 도마이다."라고 했는데, 우씨(虞氏) 때에는 질박함을 숭상하여, 아직 장식을 한 것이 없었다. 그렇기 때문에 처음으로 네 개의 다리를 붙였던 것임을 알 수 있다. 정현이 "'궐(蕨)'은 그것에 가로로 지지대를 단 것이다."라고 했는데, 하(夏)나라 때에는 점차 문식을 더하게 되었기 때문에, 다리 사이에 가로로 지지대를 두었음을 알 수 있다. 정현이 "'청묘(淸廟)'는 「주송(周頌)」편의 시이다."라고 했는데, 문왕(文王)은 청명한 덕을 갖추고 있기 때문에, 묘(廟)에서 그에 대한 제사를 지내며, 송(頌)을 연주하는 것이다. 정현이 "'상(象)'은 「주송 · 무(武)」라는 편으로, 관악기로 연주를 한다."라고 했는데, 『시』를 살펴보면, "「유청(維淸)」편은 상무(象舞)에 연주를 한다."[24]라고 했다. 양공(襄公) 29년에는 상소(象箾)와 남약(南籥)을 춤추는 것을 보았다고 했으니,[25] 문왕에 대한 음악이 아니라는 사실을 알 수 있다. 기어코 이것을 대무(大武)라고 여긴 이유는 무왕(武王)에 대한 음악은 경문에서 "당에 올라가서 청묘(淸廟)를 노래로 부르고, 당하에서 상(象)을 관악기로 연주한다."라고 했는데, 부친에 대한 시는 당상에서 부르고, 자식에 대한 시는 당하에서 연주를 하기 때문에, 이것이 무왕에 대한 음악임을 알 수 있다. 정현이 "관악기로 연주를 한다."라고 했는데, 관악기를 불어서, 시에 대한 연주를 한다는 뜻이다. 정현이 "'대무(大武)'는 주(周)나라 때의 춤이다."라고 했는데, 앞에서는 "당하에서는 상(象)을 관악기로 연주한다."고 했으니, 이 말은 「대무(大武)」편의 시를 연주한다는 뜻이며, 이곳에서는 "대무(大武)를 춤춘다."라고 했는데, 이 말은 「대무(大武)」편에 대한 춤을 춘다는 뜻이다. 정현이 "'대하(大夏)'는 하(夏)나라 때의 춤이다."라고 했는

24) 『시』「주송(周頌) · 유청(維淸)」의 『모서』 : 維淸, 奏象舞也.
25) 『춘추좌씨전』「양공(襄公) 29년」 : 見舞象箾·南籥者.

데,「대하(大夏)」편은 우(禹)임금 때의 음악이다. 그렇기 때문에 하(夏)나라 때의 춤으로 여긴 것이다. 정현이 '『주례』의 매사(昧師)'를 인용한 이유는 경문에 나온 매(昧)라는 음악을 증명하기 위해서이다. 정현이 『시』를 인용하여, "아악(雅樂)도 사용하고, 남악(南樂)도 사용한다."고 한 이유는 경문에 나온 남이(南夷)의 음악을 증명하기 위해서이니, '임(任)'은 곧 남악(南樂)이 되므로, 이것은 『시』「소아(小雅)·고종(鼓鐘)」편의 시에 해당한다. 정현은 "아(雅)는 만무(萬舞)이다. 만(萬)이라는 것, 남(南)이라는 것, 약(籥)이라는 것 등 세 춤에 대해서는 참람되게 사용하지 않으니, 즉 나아가고 물러나는 무용수들에 대한 내용이다. 주나라 때의 음악은 무(武)를 숭상했기 때문에, 만무(萬舞)를 아(雅)라고 한 것이다."라고 했다.

訓纂 詩鼓鐘毛傳: 東夷之樂曰昧, 南夷之樂曰南, 西夷之樂曰朱離, 北夷之樂曰禁.

번역 『시』「고종(鼓鐘)」편의 『모전』에서 말하길, 동이(東夷)의 음악을 '매(昧)'라고 부르고, 남이(南夷)의 음악을 '남(南)'이라고 부르며, 서이(西夷)의 음악을 '주리(朱離)'라고 부르고, 북이(北夷)의 음악을 '금(禁)'이라고 부른다.

訓纂 段氏玉裁曰: 明堂位: "任, 南蠻之樂也." 古任·南同音同用.

번역 단옥재[26)]가 말하길, 『예기』「명당위」편에서는 "임(任)은 남만(南蠻)의 음악이다."라고 했다. 고대에는 '임(任)'자와 '남(南)'자의 음이 같았고, 쓰임도 같았다.

訓纂 五經通義: 王者樂有先後, 各尙其德也. 以文得之, 衣黼衣, 持羽毛而

26) 단옥재(段玉裁, A.D.1735~A.D.1815) : 청(淸)나라 때의 학자이다. 자(字)는 약응(若膺)이고, 호(號)는 무당(懋堂)이다. 저서로는 『설문해자주(說文解字注)』, 『육서음균표(六書音均表)』, 『고문상서찬이(古文尙書撰異)』 등이 있다.

舞. 以武得之, 先武樂, 持朱干玉戚而舞, 所以增威武也. 戚, 斧. 干, 楯也. 玉取其德, 干取其仁, 明當尙德行仁, 以斷斬也.

번역 『오경통의』에서 말하길, 천자가 사용하는 음악에는 선후의 순서가 있는데, 각각 해당하는 덕을 숭상했기 때문이다. 문(文)을 통해 천하를 얻었기 때문에, 수의(繡衣)를 착용하고, 우(羽)와 모(毛)를 들고서 춤을 추는 것이다. 무(武)를 통해 천하를 얻었기 때문에, 먼저 무악(武樂)을 연주하며, 주간(朱干)과 옥척(玉戚)을 들고서 춤을 추는 것이니, 위엄과 무용을 더하기 위해서이다. '척(戚)'자는 도끼를 뜻한다. '간(干)'자는 방패를 뜻한다. 옥은 그 덕에서 의미를 취한 것이며, 방패는 인(仁)에서 그 의미를 취한 것이니, 덕을 숭상하고 인(仁)을 시행해서, 엄정하게 결단해야 함을 나타낸다.

訓纂 金氏榜曰: 天官內宰"大祭祀, 后祼獻, 則贊搖爵亦如之", 注云: "搖爵, 謂尸卒食. 王既酳尸. 后亞獻之, 其爵以搖爲飾", 則"以璧角璧散"與此"搖爵"爲一, 是加用搖爵也. 賈·孔之申注義者, 謂后未酳尸以前不用搖爵, 朝踐饋食皆酌玉爵, 與王同. 唯崔靈恩氏以爲后獻皆用搖爵, 九獻之外, 諸臣加爵用璧角璧散. 杜佑依用其說.

번역 금방이 말하길, 『주례』「천관(天官)·내재(內宰)」편에서는 "성대한 세사를 시낼 때, 왕후(王后)가 관(祼)하는 술잔을 바치면, 의례를 돕는 자는 요작(搖爵)을 들고서 또한 이처럼 한다."고 했고, 정현의 주에서는 "'요작(搖爵)'을 사용하는 것은 시동이 음식을 다 먹었다는 뜻이다. 천자가 시동에게 입가심하는 술잔을 바치면, 왕후는 아헌(亞獻)을 하고, 그때 사용하는 술잔은 요(搖)로 장식을 한다."라고 했으니, "벽각(璧角)과 벽산(璧散)으로 한다."고 했을 때의 잔과 이곳에서 '요작(搖爵)'이라고 한 잔은 동일하다. 이것이 바로 가(加)를 하며 요작(搖爵)을 사용한다는 뜻이다. 가공언[27]

27) 가공언(賈公彦, ?~?) : 당(唐)나라 때의 유학자이다. 정현(鄭玄)을 존숭하였다. 예학(禮學)에 조예가 깊었다. 『주례소(周禮疏)』, 『의례소(儀禮疏)』 등의 저서를 남겼으며, 이 저서들은 『십삼경주소(十三經注疏)』에 포함되었다.

과 공영달은 정현의 주에 나타난 의미를 확대 해석하여, 왕후가 아직 시동에게 입가심하는 술을 따라주기 이전에는 요작(搖爵)을 사용하지 않으며, 조천(朝踐)과 궤식(饋食)을 할 때에는 모두 옥작(玉爵)에 술을 따르게 되어, 천자와 동일하다고 했다. 오직 최영은[28]만이 왕후가 헌(獻)을 할 때에는 모두 요작(搖爵)을 사용한다고 했고, 구헌(九獻) 이외에 뭇 신하들이 가작(加爵)을 할 때에는 벽각(璧角)과 벽산(璧散)을 사용한다고 했다. 두우[29]도 그 주장에 따랐다.

集解 愚謂: 此言魯禘所用之樂也. 升歌淸廟, 下管象, 說見文王世子. 朱干, 赤盾也. 玉戚, 以玉飾斧也. 朱干玉戚, 冕而舞大武者, 武王伐紂, 初執朱干以待諸侯, 樂記“總干而山立”, 是也; 後執黃鉞以臨六師, 牧誓“王左仗黃鉞”, 是也. 天子宗廟之中, 舞大武之舞, 則王親在舞位, 執朱干玉戚以象武王. 服冕者, 因祭時之服也. 諸侯雖得舞大武, 然其所象者, 但自周公·召公以下, 而不得象武王. 朱干玉戚以舞大武, 魯之僭禮也. 皮弁素積, 裼而舞大夏者, 皮弁, 天子之朝服也. 大夏文舞, 所以象治功之成, 故舞者朝服. 不云“冕”者, 君不親舞也. 然則大武自王以外, 蓋韋弁服與. 武王末受命, 作大武之舞, 以象伐紂之功, 而未及作文舞, 宗廟之祭, 則因夏之大夏修而用之, 以配大武, 備文武之舞, 而以大武爲重, 祭統曰“舞莫重於武宿夜”, 是也. 昧, 周禮作“韎”, 言服韎韋以舞也. 任之義未詳. 廣魯於天下, 言廣大周公之德於天下也. 天子有四夷之樂, 魯唯用其二, 降於天子也. 魯在東南, 與淮夷·徐戎近, 大廟用夷蠻之樂, 蓋欲示以周公之德以感服之與.

번역 내가 생각하기에, 이곳에서는 노(魯)나라에서 체(禘)제사를 지내

---

28) 최영은(崔靈恩, ?~?) : =최씨(崔氏). 남북조(南北朝) 때의 학자이다. 오경(五經)에 능통하였고, 다른 경전에도 두루 해박하였다고 전해진다. 『모시(毛詩)』, 『주례(周禮)』 등에 주석을 달았고, 『삼례의종(三禮義宗)』, 『좌씨경전의(左氏經傳義)』 등을 지었다.

29) 두우(杜佑, A.D.735~A.D.812) : 당(唐)나라 때의 정치가이자 역사학자였다. 저서로는 『통전(通典)』이 있다.

며 사용하는 음악에 대해 언급하고 있다. '승가청묘(升歌淸廟)'와 '하관상(下管象)'에 대해서는 『예기』「문왕세자(文王世子)」편에 그 설명이 나온다. '주간(朱干)'은 적색의 방패를 뜻한다. '옥척(玉戚)'은 옥으로 도끼에 장식을 한 것이다. 주간(朱干)과 옥척(玉戚)을 들고, 면(冕)을 착용하고 대무(大武)를 춘다는 말은 무왕(武王)이 주(紂)임금을 정벌했을 때, 최초 적색의 방패를 들고서 제후들을 기다렸던 일을 상징하니, 『예기』「악기(樂記)」편에서 "방패를 들고서 산처럼 서 있다."[30]는 말에 해당한다. 이후에 황색의 도끼를 들고서 육사(六師)[31]에 임했으니, 『서』「목서(牧誓)」편에서 "천자가 좌측 손으로 황색의 도끼를 들다."[32]라고 한 말에 해당한다. 천자는 종묘(宗廟) 안에서 대무(大武)의 춤을 추니, 천자가 직접 춤추는 대열에 있으면서, 적색의 방패와 옥으로 장식한 도끼를 들고, 무왕(武王)을 형상하는 것이다. '복면(服冕)'이라는 것은 제사를 지낼 때의 복장에 따른다는 뜻이다. 제후가 비록 대무(大武)의 춤을 출 수 있다고 하더라도, 그들이 형상하는 대상은 단지 주공(周公) 및 소공(召公)으로부터 그 이하의 인물이며, 무왕을 형상할 수 없다. 그런데도 적색의 방패와 옥으로 장식한 도끼를 들고서 대무(大武)를 춤춘 것은 노(魯)나라에서 예법을 참람되게 사용했기 때문이다. 피변(皮弁)과 소적(素積)을 착용하고, 석(裼)을 하고서 대하(大夏)를 춤춘다고 했는데, '피변(皮弁)'은 천자가 착용하는 조복(朝服)[33]이다. '대하(大夏)'는 문무(文舞)에 해당하니, 정치의 공적을 세웠음을 형상하는 것이기 때문에, 춤추는 자가 조복을 착용하는 것이다. '면(冕)'이라고 언급하지 않은 이유는

---

30) 『예기』「악기(樂記)」【482d】: 賓牟賈起, 免席而請, 曰, "夫武之備戒之已久, 則既聞命矣. 敢問遲之遲而又久, 何也?" 子曰, "居! 吾語汝. 夫樂者, 象成者也. 總干而山立, 武王之事也. 發揚蹈厲, 大公之志也. 武亂皆坐, 周召之治也.

31) 육사(六師)는 '육군(六軍)'이라고도 부른다. 주(周)나라 때 천자가 통솔했던 여섯 단위의 군대를 뜻한다. '사(師)'는 본래 군대의 단위를 뜻하는 것으로, 1사(師)는 12,500명으로 구성된다. 후대에는 천자의 군대를 지칭하는 용어로도 사용되었다.

32) 『서』「주서(周書)·목서(牧誓)」: 時甲子昧爽, 王朝至于商郊牧野, 乃誓. 王左杖黃鉞, 右秉白旄以麾, 曰, 逖矣, 西土之人.

33) 조복(朝服)은 군주와 신하가 조회를 열 때 착용하는 복장을 뜻한다. 중요한 의식을 치를 때 착용하는 예복(禮服)을 가리키기도 한다.

군주가 직접 춤을 추는 것이 아니기 때문이다. 그렇다면 대무(大武)에는 천자로부터 그 이외의 사람들은 아마도 위변복(韋弁服)을 착용했을 것이다. 무왕(武王)은 말년에 천명(天命)을 받았고, 대무(大武)의 춤을 만들어서, 주(紂)임금을 정벌했던 공적을 형상화했지만, 아직 문무(文舞)에는 미칠 수 없었고, 종묘에서 지내는 제사라면, 하(夏)나라 때의 대하(大夏)에 따라서, 그것을 다듬어서 사용하여, 대무(大武)에 짝을 해서, 문무(文武)의 춤을 겸비했지만, 대무(大武)를 중시했을 것이니, 『예기』「제통(祭統)」편에서 "춤에서는 무숙야(武宿夜)보다 중대한 것이 없다."[34]라고 한 말이 바로 이러한 사실을 나타낸다. '매(昧)'를 『주례』에서는 '매(韎)'라고 기록했으니, 매위(韎韋)를 착용하고 춤을 춘다는 뜻이다. '임(任)'자의 뜻에 대해서는 정확히 알 수 없다. '광로어천하(廣魯於天下)'는 천하에 주공(周公)의 덕을 크게 넓힌다는 뜻이다. 천하에는 사이(四夷)의 음악이 있지만, 노(魯)나라에서는 오직 그 중에서도 두 가지만 사용했으니, 천자보다 낮췄기 때문이다. 노나라는 주왕실의 동남쪽에 위치하여, 회이(淮夷) 및 서융(徐戎)과 가까웠고, 태묘(太廟)에서 이(夷)와 만(蠻)의 음악을 사용한 이유는 아마도 주공의 덕으로써 감복하게 했음을 드러내고자 했기 때문일 것이다.

集解 陳氏祥道曰: 王者舞先代之樂, 示有法也. 舞當代之樂, 示有制也. 舞四夷之樂, 示有懷也.

번역 진상도가 말하길, 천자가 선대의 음악에 맞춰 춤을 추는 것은 법도가 있음을 드러내기 위해서이다. 당대의 음악에 맞춰 춤을 추는 것은 제도가 있음을 드러내기 위해서이다. 사이(四夷)의 음악에 맞춰 춤을 추는 것은 포용함이 있음을 드러내기 위해서이다.

---

34) 『예기』「제통(祭統)」【578b~c】: 夫祭有三重焉. 獻之屬莫重於祼, 聲莫重於升歌, 舞莫重於武宿夜. 此周道也.

그림 6-1 ▣ 무용도구 : 방패[干]와 도끼[戚]

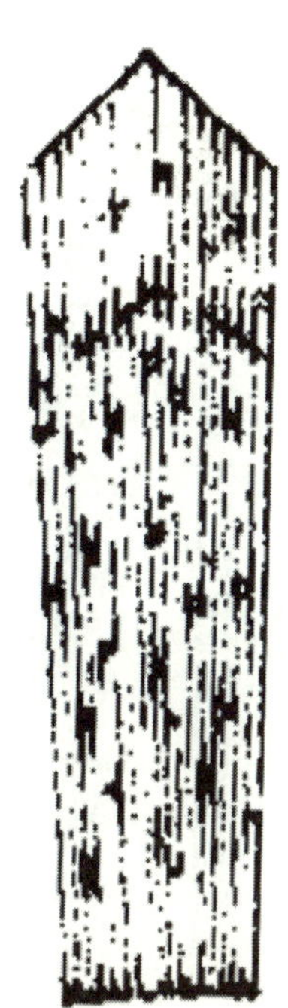

▸ **출처**: 『삼재도회(三才圖會)』「기용(器用)」 4권

그림 6-2 ▣ 무용도구 : 피리[籥]와 깃털[羽]

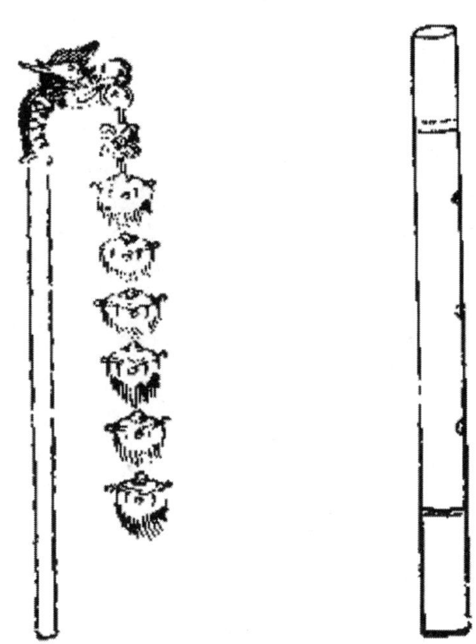

▸ **출처**: 『삼재도회(三才圖會)』「기용(器用)」 4권

그림 6-3 ▣ 곤면(袞冕)

▸ **출처:** 『삼례도집주(三禮圖集注)』 1권

그림 6-4 ▣ 상공(上公)의 곤면(袞冕)

▸ **출처**: 『삼례도집주(三禮圖集注)』 1권

그림 6-5 ▣ 피변(皮弁)

▸ **출처**: 『삼례도집주(三禮圖集注)』 1권

그림 6-6 ▣ 제후의 조복(朝服)

▸ 출처: 『삼례도집주(三禮圖集注)』 1권

그림 6-7 ▣ 위변(韋弁)

▸ **출처**: 『삼례도집주(三禮圖集注)』 1권

• 제 7 절 •

주공(周公)에 대한 제사 : 각자의 역할

【401b】

君卷冕立於阼, 夫人副褘立於房中. 君肉袒迎牲於門, 夫人薦豆籩, 卿大夫贊君, 命婦贊夫人, 各揚其職. 百官廢職, 服大刑, 而天下大服.

직역 君은 卷冕하고 阼에 立하며, 夫人은 副褘하고 房中에 立한다. 君은 肉袒하고 門에서 牲을 迎하며, 夫人은 豆籩을 薦하고, 卿大夫는 君을 贊하며, 命婦는 夫人을 贊하여, 各히 그 職을 揚한다. 百官이 職을 廢하면, 大刑에 服하니, 天下가 大服한다.

의역 주공(周公)에게 제사를 지낼 때, 노나라의 군주는 곤면(袞冕)을 착용하고 동쪽 계단 위에 서며, 부인은 머리에 부(副) 장식을 하고, 위의(褘衣)를 착용하여 방 안에 서 있게 된다. 군주는 옷을 걷어 신체를 노출시키고 문에서 희생물을 맞이하며, 부인은 두(豆)와 변(籩)에 음식을 담아 바치고, 경과 대부는 군주를 도우며, 명부(命婦)들은 부인을 도우니, 각자 그들의 직무를 실행한다. 모든 관료들이 각자 자신의 임무를 시행하는데, 만약 직무를 시행하지 않는 자가 있다면, 큰 형벌을 받게 되니, 천하의 모든 사람들이 주공의 덕에 감화되었다.

集說 副, 首飾也. 副之言覆, 以其覆被乎首而爲名, 詳見周禮追師, 及詩副笄六珈註疏. 褘, 褘衣也. 本王后之服, 亦以尊周公而用天子禮樂, 故得服之也. 房, 太廟之東南室也. 贊, 助也. 命婦, 內則世婦, 外則卿大夫之妻也. 揚, 擧也. 廢, 不擧也. 天下大服, 謂敬服周公之德也.

번역 '부(副)'는 머리에 하는 장식이다. '부(副)'자는 "덮다[覆]."는 뜻으로, 그것으로 머리를 덮기 때문에, 이러한 명칭을 정한 것이며, 상세한 설명은 『주례』「추사(追師)」편 및 『시』의 '부계륙가(副笄六珈)'[1]라는 구문에 대한 주와 소에 나온다. '위(褘)'자는 위의(褘衣)를 뜻한다. 본래 왕후(王后)가 착용하는 복장이지만, 이 또한 주공(周公)을 존경하여, 천자의 예악을 사용하기 때문에, 착용할 수 있는 것이다. '방(房)'은 태묘(太廟)의 동남쪽에 있는 실(室)을 뜻한다. '찬(贊)'자는 "돕다[助]."는 뜻이다. '명부(命婦)'는 내적으로는 세부(世婦)를 가리키고, 외적으로는 경(卿) 및 대부(大夫)의 처를 가리킨다. '양(揚)'자는 "거행하다[擧]."는 뜻이다. '폐(廢)'자는 거행하지 않는다는 뜻이다. '천하대복(天下大服)'은 주공의 덕을 공경하며 순종한다는 뜻이다.

大全 嚴陵方氏曰: 君與夫人, 祭主也, 心專其事焉. 卿大夫命婦, 臣妾也, 則贊其事而已. 各揚其職, 若司徒奉牛, 司馬奉羊之類, 是矣. 其職雖揚, 又不可侵官, 故言各, 若尸祝不越樽俎而代之, 是矣. 廢職, 則職不揚矣. 服大刑, 肆師於祭日誅其大慢者, 是矣.

번역 엄릉방씨가 말하길, 군주와 부인은 제사를 주관하는 자들이니, 그들의 마음은 제사에만 집중되어 있다. 경·대부 및 명부(命婦)는 신첩이니, 그 일을 돕기만 할 따름이다. 각자 그 직무를 시행한다는 말은 마치 사도(司徒)[2]가 소를 바치고,[3] 사마(司馬)[4]가 양을 바치는 부류에 해당한다.[5]

---

1) 『시』「용풍(鄘風)·군자해노(君子偕老)」: 君子偕老, 副笄六珈. 委委佗佗, 如山如河, 象服是宜. 子之不淑, 云如之何.

2) 사도(司徒)는 주(周)나라 때의 관리로, 국가의 토지 및 백성들에 대한 교화(敎化)를 담당했다. 전설상으로는 소호(少昊) 시대 때부터 설치되었다고 전해진다. 주나라의 육경(六卿) 중 하나였으며, 전한(前漢) 애제(哀帝) 원수(元壽) 2년(B.C. 1)에는 승상(丞相)의 관직명을 고쳐서, 대사도(大司徒)라고 불렀고, 대사마(大司馬), 대사공(大司空)과 함께 삼공(三公)의 반열에 있었다. 후한(後漢) 때에는 다시 '사도'로 명칭을 고쳤고, 그 이후로는 이 명칭을 계속 사용하다가 명(明)나라 때 폐지되었다. 명나라 이후로는 호부상서

그 직무를 비록 시행하더라도 또한 다른 관부의 일을 침범할 수 없다. 그렇기 때문에 '각자[各]'라고 말한 것이니, 마치 시축(尸祝)[6]이 준조(樽俎)[7]를 넘어가서 그 일을 대신할 수 없는 것[8]과 같다. '폐직(廢職)'은 직무를 시행하지 않는다는 뜻이다. '복대형(服大刑)'은 사사(肆師)가 제사를 지내는 날, 너무 태만하게 행동하는 자에 대해서 주살하는 것[9]이 바로 이러한 경우에 해당한다.

(戶部尙書)를 '대사도'라고 불렀다.

3) 『주례』「지관(地官)·대사도(大司徒)」: 祀五帝, 奉牛牲, 羞其肆.

4) 사마(司馬)라는 관직은 전설상으로는 소호(少昊) 시대부터 설치되었다고 전해진다. 주(周)나라 때에는 육경(六卿) 중 하나였으며, 하관(夏官)의 수장이며, 대사마(大司馬)라고도 불렀다. 군대와 관련된 일을 담당했다. 한(漢)나라 무제(武帝) 때에는 태위(太尉)라는 관직명을 고쳐서 대사마(大司馬)라고 불렀고, 후한(後漢) 때에는 다시 태위(太尉)로 고쳐 불렀다. 남북조시대(南北朝時代)에는 대장군(大將軍)과 함께 이대(二大)로 칭해지기도 했으나, 청(淸)나라 때 폐지되었다. 후세에서는 병부상서(兵部尙書)의 별칭으로 사용하기도 했고, 시랑(侍郞)을 소사마(少司馬)로 칭하기도 하였다.

5) 『주례』「하관(夏官)·대사마(大司馬)」편에는 "喪祭, 奉詔馬牲."이라고 되어 있다. 즉 사마는 희생물로 말을 바치게 되는데, 『주례』「천관(天官)·소재(小宰)」편의 "以官府之六聯合邦治, …… 凡小事皆有聯."이라는 기록에 대한 가공언(賈公彦)의 소(疏)에서는 "大祭祀, 唯大宰尊, 不奉牲, 宗伯不言奉雞, 司馬直言奉馬, 不兼言奉羊, 司寇不言奉犬, 皆略不言可知."라고 풀이했다. 즉 사마에 대한 기록에서 양을 바친다는 말을 기록하지 않은 것은 문장을 생략해서 기록했기 때문이라는 뜻이다.

6) 시축(尸祝)은 제사를 지낼 때, 신주(神主)에 대해서 축문 아뢰는 일을 담당했던 사람이다. '시(尸)'자는 태묘(太廟)의 신주를 뜻하며, '축(祝)'자는 축관을 뜻하는데, 제사를 지낼 때, 신주를 마주하며 축문을 아뢰기 때문에, 축관을 '시축'이라고 부른다. 『장자(莊子)』「소요유(逍遙游)」편에는 "庖人雖不治庖, 尸祝不越樽俎而代之矣."라는 기록이 있는데, 이에 대한 성현영(成玄英)의 소(疏)에서는 "尸者, 太廟之神主也. 祝者, 則今太常太祝是也. 執祭版對尸而祝之, 故謂之尸祝也."라고 풀이했다.

7) 준조(樽俎)는 술과 음식을 담는 기구를 뜻한다. '준(樽)'은 술을 담는 기구이며, '조(俎)'는 고기를 담는 기구이다.

8) 『장자(莊子)』「소요유(逍遙游)」: 庖人雖不治庖, 尸祝不越樽俎而代之矣.

9) 『주례』「춘관(春官)·사사(肆師)」: 祭之日, 表齍盛, 告絜; 展器陳告備; 及果, 築鬻. 相治小禮, 誅其慢怠者.

鄭注 副, 首飾也, 今之步搖是也. 詩云: "副笄六珈." 周禮: "追師掌王后之首服, 爲副." 褘, 王后之上服, 唯魯及王者之後夫人服之, 諸侯夫人則自揄翟而下. 贊, 佐也. 命婦, 於內則世婦也, 於外則大夫之妻也. 祭祀, 世婦以下佐夫人. 揚, 擧也. 大刑, 重罪也. 天下大服, 知周公之德, 宜饗此也.

번역 '부(副)'는 머리에 하는 장식으로, 오늘날의 보요(步搖)와 같은 것이다. 『시』에서는 "부(副)를 하고 비녀를 꼽고 여섯 개의 옥장식을 하다."라고 했고, 『주례』에서는 "추사(追師)는 왕후의 머리 장식에 대해 담당을 하여, 부(副)를 만든다."[10]라고 했다. '위(褘)'는 왕후가 착용하는 상등의 복장인데, 오직 노(魯)나라나 송(宋)나라와 같은 천자의 후손국에서만 그 부인이 이 복장을 착용하고, 나머지 제후국의 부인들은 유적(揄翟)으로부터 그 이하의 복장을 착용한다. '찬(贊)'자는 "보좌하다[佐]."는 뜻이다. '명부(命婦)'는 내적으로는 세부(世婦)를 뜻하며, 외적으로는 대부의 처를 뜻한다. 제사를 지낼 때, 세부로부터 그 이하의 여자들은 부인을 보좌한다. '양(揚)'자는 "거행하다[擧]."는 뜻이다. '대형(大刑)'은 무거운 형벌이다. '천하대복(天下大服)'은 주공(周公)의 덕을 알게 되어, 마땅히 이처럼 흠향하도록 하는 것이다.

釋文 褘音輝, 注同. 袒音誕. 搖, 本又作䌛, 同, 以昭反. 珈音加. 追, 丁回反. 揄, 羊昭反.

번역 '褘'자의 음은 '輝(휘)'이며, 정현의 주에 나온 글자도 그 음이 이와 같다. '袒'자의 음은 '誕(탄)'이다. '搖'자는 판본에 따라서 또한 '䌛'자로도 기록하는데, 그 음은 동일하게 '以(이)'자와 '昭(소)'자의 반절음이다. '珈'자의 음은 '加(가)'이다. '追'자는 '丁(정)'자와 '回(회)'자의 반절음이다. '揄'자는 '羊(양)'자와 '昭(소)'자의 반절음이다.

---

10) 『주례』「천관(天官)·추사(追師)」: 追師掌王后之首服, 爲副·編·次, 追衡·笄, 爲九嬪及外內命婦之首服, 以待祭祀, 賓客.

孔疏 ●"君卷"至"大服". ○正義曰: 前經明祀周公所用器物, 此經明祀周公之時, 君與夫人卿大夫命婦行禮之儀.

번역 ●經文: "君卷"~"大服". ○앞의 경문에서는 주공(周公)에게 제사를 지내며 사용하게 되는 기물에 대해서 나타냈고, 이곳 경문에서는 주공에게 제사를 지낼 때, 군주와 부인 및 경·대부·명부(命婦)들이 시행하는 의례에 대해서 나타내고 있다.

孔疏 ●"夫人副褘立于房中"者, 尸初入之時, 君待之於阼階, 夫人立於東房中, 魯之大廟, 如天子明堂. 得立房中者, 房則東南之室也, 總稱房耳. 皇氏云: "祭姜嫄之廟, 故有房." 按此文承上"禘祀周公"之下, 下云"天下大服", 鄭注"知周公之德, 宜饗此也", 則是祀周公於大廟, 而云"姜嫄廟", 非辭也.

번역 ●經文: "夫人副褘立于房中". ○시동이 최초 들어왔을 때, 군주는 동쪽 계단에서 그를 맞이하며, 부인은 동쪽 방(房)안에 서 있게 되는데, 노(魯)나라에 세워진 태묘(太廟)는 천자의 명당(明堂)처럼 만들었다. 방안에 서 있을 수 있는 이유는 여기에서 말하는 방(房)은 동남쪽에 있는 실(室)에 해당하기 때문이니, 이것들을 총괄하여, '방(房)'이라고 부른 것일 뿐이다. 황간은 "강원(姜嫄)[11]에게 제사를 지내는 묘(廟)이기 때문에 방(房)이 있다."라고 했다. 그런데 이 문장이 앞의 "주공(周公)에게 체(禘)제사를 지낸다."라고 했던 문장 뒤에 연이어 있고, 아래문장에서 "천하가 대복(大服)한다."라고 했으며, 정현의 주에서는 "주공(周公)의 덕을 알게 되어, 마땅히 이처럼 흠향하도록 하는 것이다."라고 했는데, 이러한 기록들을 살펴보면,

---

11) 강원(姜嫄)은 강원(姜原)이라고도 부른다. 전설상의 인물이다. 유태씨(有邰氏)의 딸이자, 주(周)나라의 시조인 후직(后稷)의 어머니이다. 제곡(帝嚳)의 본처이며, 거인의 발자국을 밟고서 잉태를 했고, 이후에 직(稷)을 낳았다고 전해진다. 『시』「대아(大雅)·생민(生民)」편에는 "厥初生民, 時惟姜嫄."이라는 기록이 있고, 『사기(史記)』「주본기(周本紀)」편에는 "周后稷, 名棄. 其母有邰氏女, 曰姜原. 姜原爲帝嚳元妃. 姜原出野, 見巨人跡, 心忻然說, 欲踐之. 踐之而身動如孕者."라는 기록이 있다.

이 기록은 태묘(太廟)에서 주공에 대해 제사를 지내는 것이니, "강원의 묘(廟)이다."라고 한 말은 적합한 설명이 아니다.

孔疏 ●"迎牲于門"者, 謂祼鬯之後, 牲入之時, 迎於門.

번역 ●經文: "迎牲于門". ○울창주를 땅에 부어 신을 강림시킨 이후, 희생물이 안으로 들어올 때, 문에서 희생물을 맞이한다는 뜻이다.

孔疏 ●"夫人薦豆籩"者, 謂朝踐及饋孰幷酳尸之時, 薦豆籩也.

번역 ●經文: "夫人薦豆籩". ○조천(朝踐)ㆍ궤식(饋食) 및 시동에게 입가심하는 술을 따라줄 때, 두(豆)와 변(籩)에 음식을 담아서 바친다는 뜻이다.

孔疏 ●"卿大夫贊君"者, 贊, 助也. 卿大夫助君, 謂初迎牲幣告, 及終祭以來之屬也.

번역 ●經文: "卿大夫贊君". ○'찬(贊)'자는 "돕다[助]."는 뜻이다. 경과 대부는 군주를 돕게 되니, 최초 희생물을 맞이하고 폐백을 바쳐서 고하는 등, 제사를 끝낼 때까지의 모든 절차들을 돕는다는 의미이다.

孔疏 ●"命婦贊夫人"者, 命婦, 於內則世婦以下, 於外則卿大夫妻, 並助夫人薦豆籩及祭事之屬也.

번역 ●經文: "命婦贊夫人". ○'명부(命婦)'는 내적으로는 세부(世婦)로부터 그 이하 계층의 여자들을 뜻하며, 외적으로는 경과 대부의 처를 뜻하고, 아울러 부인을 도와서 두(豆)와 변(籩)에 음식을 담아 바치는 등, 제사를 돕는 여자들을 가리킨다.

孔疏 ●"各揚其職, 百官廢職, 服大刑"者, 當祭之時, 命百官各揚擧其職事, 如有廢職不供, 服之以大刑.

번역 ●經文: "各揚其職, 百官廢職, 服大刑". ○제사를 지내야 할 때, 모든 관리들에게 명령하여, 각자 그들의 직무를 시행하도록 하니, 만약 직무를 시행하지 않고, 제사의 일을 돕지 않는 자가 있다면, 큰 형벌로 굴복시킨다는 뜻이다.

孔疏 ●"而天下大服"者, 以祭周公, 文物備具, 禮儀整肅, 百官供命, 而天下大服. 明周公之德, 宜合如此.

번역 ●經文: "而天下大服". ○주공(周公)에게 제사를 지내기 때문에, 문물제도를 모두 갖추고, 의례절차를 엄숙하게 따르며, 모든 관리들이 명령에 따르게 되어, 천하 사람들이 모두 순종하게 된다. 이 말은 주공의 덕을 나타내어, 마땅히 이처럼 하게 만든다는 뜻이다.

孔疏 ◎注"副首"至"此也". ○正義曰: 經云"副褘", 副是首飾, 以其覆被頭首, 漢之步搖亦覆首, 故云"今之步搖". 引詩"副笄六珈"者, 詩·鄘風, 刺衛宣姜之詩也. 言宣姜首著副珈, 而又以以笄六玉加於副上. 引"周禮追師"者, 證副者是王后首服, 言追師掌爲副, 以供后之首服. 云"褘, 王后之上服"者, 按周禮云"褘衣·揄翟·闕翟"等, 皆是后之所服. 但褘衣則是王后服之上者. 云"唯魯及王者之後夫人服之"者, 此經"夫人副褘", 是魯得服之, 王者之後得行先代天子禮樂, 是王者之後夫人得服之. 云"諸侯夫人則自揄翟而下"者, 言其餘諸侯夫人不得服褘衣也. 云"命婦, 於內則世婦也, 於外則大夫之妻也"者, 按喪服傳云: "命婦者, 婦人之爲大夫妻." 世婦與大夫位同, 故知"內則世婦也". 不云"女御及士妻"者, 以經云卿大夫贊君. 士賤, 略而不言, 明士妻及女御亦略之.

번역 ◎鄭注: "副首"~"此也". ○경문에서는 '부위(副褘)'라고 했는데, '부(副)'는 머리장식으로, 그것을 이용해서 머리를 덮기 때문이며, 한(漢)나라 때 사용되었던 보요(步搖) 또한 머리를 덮는 장식이었다. 그렇기 때문에 "오늘날의 보요(步搖)이다."라고 말한 것이다. 정현이 『시』의 '부계륙가(副笄六珈)'라는 문장을 인용했는데, 이것은 『시』「용풍(鄘風)」편에 나오는 것으로, 위(衛)나라 선강(宣姜)을 풍자한 시이다. 즉 선강은 머리에 부(副)와 옥장식을 착용하고, 또 비녀와 여섯 개의 옥을 부(副) 위에 더했다는 뜻이다. 정현이 『주례』「추사(追師)」편의 내용을 인용했는데, 그 이유는 '부(副)'라는 것이 왕후가 버리에 하는 장식임을 증명하기 위해서이니, 추사는 부(副)를 만들어서, 왕후가 머리를 장식하는데 공급하는 일을 담당한다는 뜻이다. 정현이 "'위(褘)'는 왕후가 착용하는 상등의 복장이다."라고 했는데, 『주례』를 살펴보면, 위의(褘衣)·유적(揄翟)·궐적(闕翟) 등의 복장을 언급하고 있는데, 이 모두는 왕후가 착용하는 복장이다. 다만 위의의 경우 왕후가 착용하는 상등의 복장에 해당한다. 정현이 "오직 노(魯)나라나 송(宋)나라와 같은 천자의 후손국에서만 그 부인이 이 복장을 착용한다."라고 했는데, 이곳 경문에서는 "부인이 부(副)를 하고 위(褘)를 착용한다."라고 했으니, 이 말은 노나라에서는 부인이 위의를 착용할 수 있음을 뜻한다. 그리고 천자의 후손국은 선대 천자가 사용했던 예악을 사용할 수 있으니, 이 말은 천자의 후손국에 해당하는 부인은 위의를 착용할 수 있음을 뜻한다. 정현이 "나머지 제후의 부인들은 유적(揄翟)으로부터 그 이하의 복장을 착용한다."라고 했는데, 나머지 제후국에 해당하는 부인은 위의를 착용할 수 없다는 뜻이다. 정현이 "'명부(命婦)'는 내적으로는 세부(世婦)를 뜻하며, 외적으로는 대부의 처를 뜻한다."라고 했는데, 『의례』「상복(喪服)」편의 전문(傳文)을 살펴보면, "'명부(命婦)'는 부인들 중 대부의 처에 해당하는 자이다."[12]라고 했다. 세부(世婦)는 대부와 서열이 같다. 그렇기 때문에 "내적으로는 세부에 해당한다."라는 말이 사실임을 알 수 있다. 여어(女御) 및 사(士)의 처에 대해서 언급하지 않은 이유는 경문에서 경과 대부가 군주를 돕는다고 했기 때문이다. 사는 신분이 미천하므로, 생략하여 언급하지 않은 것이니, 사의 처 및 여어에 대해서도 또한 생략했음을 나타낸다.

12) 『의례』「상복(喪服)」: 命婦者, 其婦人之爲大夫妻者也.

集解 愚謂: 房中, 東房之中也. 肉袒迎牲者, 爲牲入當親殺也. 郊特牲曰: "肉袒親割, 敬之至也." 職, 謂廟中之職事. 百官廢職服大刑, 蓋祭前誓戒之辭也.

번역 내가 생각하기에, '방중(房中)'은 동쪽 방(房)안을 뜻한다. "신체를 드러내어 희생물을 맞이한다."는 말은 희생물이 들어오면 마땅히 직접 도축을 해야 하기 때문이다. 『예기』「교특생(郊特牲)」편에서는 "팔을 걷어서 신체를 드러내며 직접 희생물을 가르는 것은 공경함을 지극히 나타내는 것이다."[13]라고 했다. '직(職)'은 묘(廟) 안에서 담당하는 임무이다. '백관폐직복대형(百官廢職服大刑)'이라는 말은 아마도 제사를 지내기 이전에 주의를 주는 말에 해당하는 것 같다.

---

13) 『예기』「교특생(郊特牲)」【342c】: 君再拜稽首, 肉袒親割, 敬之至也. 敬之至也, 服也. 拜服也. 稽首, 服之甚也. 肉袒, 服之盡也. 祭稱孝子孝孫, 以其義稱也. 稱曾孫某, 謂國家也. 祭祀之相, 主人自致其敬, 盡其嘉, 而無與讓也.

그림 7-1 ▣ 위의(褘衣)

▸ **출처:** 『삼례도집주(三禮圖集注)』 2권

그림 7-2 ▣ 유적(揄翟)

▸ **출처:** 『삼례도집주(三禮圖集注)』 2권

그림 7-3 ▣ 궐적(闕翟)

▸ **출처:** 『삼례도집주(三禮圖集注)』 2권

• 제 8 절 •

노(魯)나라의 시제(時祭)

【401c】

是故夏礿, 秋嘗, 冬烝, 春社, 秋省, 而遂大蜡, 天子之祭也.

직역 是故로 夏에는 礿하고, 秋에는 嘗하며, 冬에는 烝하고, 春에는 社하며, 秋에는 省하고, 遂히 大蜡하니, 天子의 祭이다.

의역 이러한 까닭으로 노(魯)나라에서는 종묘(宗廟)제사에 있어서, 여름에는 약(礿)제사를 지냈고, 가을에는 상(嘗)제사를 지냈으며, 겨울에는 증(烝)제사를 지냈다. 또 봄에는 사직(社稷)에 대한 제사를 지냈으며, 가을에는 작황을 살펴서, 성대한 사(蜡)제사를 지냈으니, 이 모두는 천자가 지내는 제사에 해당한다.

集說 魯在東方, 或有朝於方岳之歲, 則廢春祠, 故此畧之. 秋省, 省斂也. 年不順成, 則八蜡不通, 必視年之上下, 以爲蜡之豐嗇. 舊讀省爲獮者非.

번역 노(魯)나라는 동쪽 지역에 속해 있어서, 간혹 방악(方岳)[1]에서 조회를 해야 하는 해가 있다면, 봄에 지내는 사(祠)제사를 폐지한다. 그렇기

---

1) 방악(方岳)은 '방악(方嶽)' 또는 '사악(四嶽)'이라고도 부르며, 사방의 주요 산들을 뜻한다. 고대인들이 주요 산들로 오악(五嶽)을 두었는데, 그 중 중앙에 있는 숭산(嵩山)은 천자의 수도 부근에 있었으므로, '숭산'을 제외한 나머지 4개의 산을 '방악'이라고 부른 것이다. 동쪽 지역의 주요 산인 동악(東嶽)은 태산(泰山)이고, 남악(南嶽)은 형산(衡山: =霍山), 서악(西嶽)은 화산(華山), 북악(北嶽)은 항산(恒山)이 된다. 『춘추좌씨전』「소공(昭公) 4년」에 기록된 '사악(四嶽)'에 대해, 두예(杜預)의 주에서는 "東嶽岱, 西嶽華, 南嶽衡, 北嶽恒."이라고 풀이했다.

때문에 이곳에서는 생략한 것이다. '추성(秋省)'은 수확을 살핀다는 뜻이다. 그 해에 곡식이 제대로 익지 않았다면, 여덟 신(神)에게 사(蜡)제사를 지내지 않으니,[2] 반드시 그 해의 작황에 견주어서, 사(蜡)제사에 소용될 재화의 양을 결정한다. 옛 주석에서는 '성(省)'자를 '선(獮)'자로 풀이했는데, 잘못된 주장이다.

大全 嚴陵方氏曰: 言夏礿·秋嘗·冬烝, 而不入春祠, 與王制言烝則不礿同義, 其所異者, 特彼以礿爲春祭爾. 春祭闕祠, 而不闕社者, 祠則君之所獨, 社則民之所同故也. 社與省, 春與秋, 皆有之, 其所異者, 春社以祈爲主, 秋社以報爲主, 春省以耕爲主, 秋省以斂爲主爾. 於社言春以該秋, 於省言秋以該春, 其實一也. 大蜡, 必言遂者, 與大司馬言遂以蒐田之遂同, 蓋秋省則百物成矣. 蜡所以報百物, 於其成而後百物可報故也. 省非祭名, 而與祭併言之者以此. 凡此亦諸侯之所同, 然特魯行之, 蓋禮有所隆爾.

번역 엄릉방씨가 말하길, 여름에 지내는 약(礿)제사, 가을에 지내는 상(嘗)제사, 겨울에 지내는 증(烝)제사를 언급했지만, 봄에 지내는 사(祠)제사는 언급하지 않았는데, 『예기』「왕제(王制)」편에서 "증(烝)제사를 지냈다면, 약(礿)제사를 지내지 않는다."[3]는 말과 동일한 뜻이다. 다만 차이점은 「왕제」편에서는 약(礿)을 봄에 지내는 제사로 여겼을 따름이다.[4] 봄에 지내는 제사 중 사(祠)제사를 생략했지만, 사(社)에 대한 제사를 생략하지 않은 이유는 사(祠)제사의 경우 군주만 지내는 제사이지만, 사(社)제사는 백성들도 지내는 제사이기 때문이다. 사(社)와 성(省), 봄과 가을은 모두 호환이 되는데, 봄에 지내는 사(社)제사는 기원하는 일을 위주로 하고, 가을에

---

2) 『예기』「교특생(郊特牲)」【332d】: 八蜡以記四方. 四方年不順成, 八蜡不通, 以謹民財也. 順成之方, 其蜡乃通, 以移民也. 旣蜡而收, 民息已. 故旣蜡, 君子不興功.

3) 『예기』「왕제(王制)」【161c】: 諸侯, 礿則不禘, 禘則不嘗, 嘗則不烝, 烝則不礿.

4) 『예기』「왕제(王制)」【160c】: 天子諸侯宗廟之祭, 春曰礿, 夏曰禘, 秋曰嘗, 冬曰烝.

지내는 사(社)제사는 보답하는 일을 위주로 하며, 봄에 살피는 것은 경작하는 일을 위주로 하고, 가을에 살피는 것은 수확하는 것을 위주로 할 따름이다. 사(社)에 대해서 봄을 언급하여, 가을에 지내는 사(社)에 대해서도 설명한 것이며, 성(省)에 대해서 가을을 언급하여, 봄에 시행하는 성(省)도 설명한 것이니, 실제로는 동일한 일이다. '대사(大蜡)'에 대해서 '수(遂)'를 언급한 이유는 『주례』「대사마(大司馬)」편에서 "마침내 봄사냥을 시행한다."고 했을 때의 '수(遂)'자와 동일하니, 아마도 가을에 수확을 살펴보게 된다면, 만물이 모두 완성되었음을 알 수 있기 때문이다. 사(蜡)제사는 백물(百物)[5]에게 보답하는 방법이니, 만물이 완성된 이후에, 백물에 대해서 보답을 할 수 있기 때문이다. '성(省)'자는 본래 제사를 뜻하는 명칭이 아닌데, 제사와 함께 언급한 것도 이러한 이유 때문이다. 무릇 여기에서 말한 것들은 또한 제후들이 동일하게 시행하는 것이다. 그러나 노나라에서 시행했던 제사에는 아마도 예법상 다른 제후들보다 융성하게 했던 것이 있었을 것이다.

鄭注 不言春祠, 魯在東方, 王東巡守以春, 或闕之. 省讀爲獮. 獮, 秋田名也. 春田祭社, 秋田祀祊. 大蜡, 歲十二月, 索鬼神而祭之.

번역 봄에 지내는 사(祠)제사를 언급하지 않았는데, 노(魯)나라는 동쪽 지역에 속해 있고, 천자가 봄에 동쪽으로 순수(巡守)[6]를 하게 되면, 간혹

---

5) 백물(百物)은 사방의 백신(百神)들을 지칭한다. 백신은 온갖 신들을 총칭하는 말인데, 주요 신들은 제외되고, 주로 하위 신들을 가리킨다. 또한 고대에는 백신들에게 지내는 제사를 사(蜡)라고 부르기도 했다.

6) 순수(巡守)는 '순수(巡狩)'라고도 부른다. 천자가 수도를 벗어나 제후의 나라를 시찰하는 것을 뜻한다. '순수'의 '순(巡)'자는 그곳으로 행차를 한다는 뜻이고, '수(守)'자는 제후가 지키는 영토를 뜻한다. 제후는 천자가 하사해 준 영토를 대신 맡아서 수호하는 것이기 때문에, 천자가 그곳에 방문하여, 자신의 영토를 어떻게 관리하고 있는지를 시찰하게 된다. 『서』「우서(虞書)·순전(舜典)」편에는 "歲二月, 東巡守, 至于岱宗, 柴."라는 기록이 있고, 이에 대한 공안국(孔安國)의 전(傳)에서는 "諸侯爲天子守土, 故稱守. 巡, 行之."라고 풀이했으며, 『맹자』「양혜왕하(梁惠王下)」편에서는 "天子適諸侯曰巡狩. 巡狩者, 巡所守也."라고 기록하였다. 한편 『예기』「왕제(王制)」편에는

제사를 생략하기도 했기 때문이다. '성(省)'자는 '선(獮)'자로 풀이한다. '선(獮)'자는 가을에 시행하는 사냥의 명칭이다. 봄 사냥을 통해 잡은 동물로는 사(社)에게 제사를 지내고, 가을 사냥을 통해 잡은 동물로는 팽(祊)에게 제사를 지낸다. '대사(大蜡)'는 12월에 지내는데, 여기저기 흩어져 있는 귀신들을 찾아서 제사를 지내는 것이다.

釋文 礿音藥. 省, 讀爲獮, 仙淺反. 蜡, 仕嫁反. 守, 手又反. 祊音方, 本又作方. 索, 所白反.

번역 '礿'자의 음은 '藥(약)'이다. '省'자는 '獮'자로 풀이하니, '仙(선)'자와 '淺(천)'자의 반절음이다. '蜡'자는 '仕(사)'자와 '嫁(가)'자의 반절음이다. '守'자는 '手(수)'자와 '又(우)'자의 반절음이다. '祊'자의 음은 '方(방)'이며, 판본에 따라서는 또한 '方'자로도 기록한다. '索'자는 '所(소)'자와 '白(백)'자의 반절음이다.

孔疏 ●"是故"至"祭也". ○正義曰: 此一經明魯得祭之事.

번역 ●經文: "是故"~"祭也". ○이곳 경문은 노(魯)나라에서 이러한 제사들을 지낼 수 있었던 일들에 대해서 나타내고 있다.

孔疏 ◎注"不言"至"祀祊". ○正義曰: 云"魯在東方"者, 朝恒用春, 當朝之年, 以朝闕祭. 云"王東巡守以春"者, 鄭旣明朝時闕春祭, 又明王巡守之時, 魯亦闕春祭. 巡守在於二月, 不於正月祭者, 皇氏云: "諸侯預前待於竟, 故不得

"天子, 五年, 一巡守."라는 기록이 있고, 『주례』「추관(秋官)·대행인(大行人)」편에는 "十有二歲王巡守殷國."이라는 기록이 있다. 즉 「왕제」편에서는 천자가 5년에 1번 순수를 시행하고, 「대행인」편에서는 12년에 1번 순수를 시행한다고 기록하고 있는데, 이러한 차이점에 대해서 정현은 「왕제」편의 주에서 "五年者, 虞夏之制也. 周則十二歲一巡守."라고 풀이했다. 즉 5년에 1번 순수를 하는 제도는 우(虞)와 하(夏)나라 때의 제도이며, 주(周)나라에서는 12년에 1번 순수를 했다.

正月祭也.” 云“省, 讀爲獮. 獮, 秋田名也”者, 以省·獮聲相近. 大司馬云: “中秋教治兵, 遂以獮田.” 故知秋田名也. 云“春田祭社, 秋田祀祊”者, 大司馬職文. 彼云: “秋祀祊.” 鄭云: “祊當爲方, 謂四方句芒之屬也.”

번역 ◎鄭注: “不言”~“祀祊”. ○정현이 “노(魯)나라는 동쪽 지역에 속해 있다.”라고 했는데, 조회는 항상 봄에 시행하며, 조회를 가야 할 해가 되었을 때에는 조회로 인해 해당 제사를 생략하게 된다. 정현이 “천자는 봄에 동쪽으로 순수(巡守)를 한다.”라고 했는데, 정현은 이미 조회를 할 때 봄에 지내는 제사를 생략한다고 밝혔고, 또 천자가 순수를 하는 시기에도 노나라에서는 또한 봄에 지내는 제사를 생략한다고 밝힌 것이다. 순수는 2월이 시행하므로, 정월에 지내는 제사에는 영향을 주지 않는다. 이 문제에 대해서 황간은 “제후는 미리 국경 부근에 나가서 기다려야 하기 때문에, 정월에 지내는 제사를 시행할 수 없다.”라고 했다. 정현이 “‘성(省)’자는 ‘선(獮)’자로 풀이한다. ‘선(獮)’자는 가을에 시행하는 사냥의 명칭이다.”라고 했는데, 성(省)자와 선(獮)자는 소리가 비슷하기 때문이다. 『주례』「대사마(大司馬)」편에서는 “중추(仲秋)에는 군대 다스리는 일을 교육하며, 마침내 선(獮) 사냥을 한다.”[7]라고 했다. 그렇기 때문에 가을 사냥의 명칭이 됨을 알 수 있다. 정현이 “봄 사냥을 통해 잡은 동물로는 사(社)에게 제사를 지내고, 가을 사냥을 통해 잡은 동물로는 팽(祊)에게 제사를 지낸다.”라고 했는데, 이것은 「대사마」편에 기록된 직무 기록이다. 「대사마」편에서는 “가을에 팽(祊)에 대한 제사를 지낸다.”라고 했고, 정현은 “‘팽(祊)’자는 마땅히 ‘방(方)’자가 되어야 하니, 사방을 관장하는 구망(句芒)[8] 등의 부류를 가리

---

7) 『주례』「하관(夏官)·대사마(大司馬)」: 中秋, 教治兵, 如振旅之陳. …… 遂以獮田, 如蒐田之法, 羅弊致禽以祀祊.

8) 구망(句芒)은 오행(五行) 중 목(木)의 기운을 주관하는 천상의 신(神)이다. 목(木)의 기운을 담당했기 때문에, 그 관부의 이름을 따서 목관(木官)이라고도 부르고, 관부의 수장이라는 뜻에서 목정(木正)이라고도 부른다. ‘구망’은 소호씨(少皞氏)의 아들 또는 후손으로 알려져 있으며, 이름은 중(重)이었다고 전해진다. 생전에 목덕(木德)의 제왕이었던 태호(太皞: =伏羲氏)를 보좌하였고, 죽은 이후에는 목관(木官)의 신이 되었다고도 전해진다. ‘오행’ 중 목(木)의 기운은 각 계절 및 방위와 관련되어, ‘구망’은 봄과 동쪽에 해

킨다."라고 했다.

訓纂 陳用之曰: 春言社, 則知秋獮亦祀方. 詩曰"以社以方", 是也. 秋言獮, 則春社亦蒐, 傳曰"春蒐夏苗, 秋獮冬狩", 是也.

번역 진용지가 말하길, 봄에 대해서 '사(社)'라고 말했다면, 가을의 선(獮)이라는 것 또한 방(方)에 대해 제사를 지내기 위한 것임을 알 수 있다. 『시』에서 "사(社)에게 쓰고, 방(方)에게 쓴다."[9]고 한 말이 바로 이러한 사실을 나타낸다. 가을에 대해서 '선(獮)'이라고 말했다면, 봄의 사(社) 또한 수(蒐)를 통해서 지내는 것이니, 『좌전』에서 "봄 사냥인 '수(蒐)', 여름 사냥인 '묘(苗)', 가을 사냥인 '선(獮)', 겨울 사냥인 '수(狩)'이다."[10]라고 한 말이 바로 이러한 사실을 나타낸다.

集解 按: 省當作社.

번역 살펴보니, '성(省)'자는 마땅히 '사(社)'자로 기록해야 한다.

集解 礿當作禘. 古"禘"·"禴"字相亂, 或以"禴"爲"禘", 或以"禘"爲"礿". 四時皆祭, 但言夏秋冬者, 記者見春秋不書魯春祭, 遂以爲魯但有三時之祭也.

당하는 신이라고도 부른다. 다만 목덕(木德)을 주관했던 상위의 신은 '태호'이고, '구망'은 태호를 보좌했던 신이다. 『예기』「월령(月令)」편에는 "其帝, 太皞, 其神, 句芒."이라는 기록이 있는데, 이에 대한 정현의 주에서는 "句芒, 少皞氏之子, 曰重, 爲木官."이라고 풀이했다. 『여씨춘추(呂氏春秋)』「맹춘기(孟春紀)」편에는 "其帝, 太皞, 其神, 句芒."이라는 기록이 있는데, 이에 대한 고유(高誘)의 주에서는 "句芒, 少皞氏之裔子曰重, 佐木德之帝, 死爲木官之神."이라고 풀이했다. 한편 『춘추좌씨전』「소공(昭公) 29년」편에는 "木正曰句芒."이라는 기록이 있다.

9) 『시』「소아(小雅)·보전(甫田)」: 以我齊明, 與我犧羊, 以社以方. 我田旣臧, 農夫之慶. 琴瑟擊鼓, 以御田祖. 以祈甘雨, 以介我稷黍, 以穀我士女.

10) 『춘추좌씨전』「은공(隱公) 5년」: 故春蒐·夏苗·秋獮·冬狩, 皆於農隙以講事也.

省當作"社", 說見玉藻. 春社, 祈也. 秋社, 報也. 天子大蜡八, 諸侯之蜡蓋有所降與.

번역 '약(礿)'자는 마땅히 '체(禘)'자로 기록해야 한다. 고대에는 '체(禘)'자와 '약(禴)'자가 서로 혼동되어 사용되어서, 어떤 때에는 '약(禴)'자를 '체(禘)'자의 뜻으로 사용하고, 또 어떤 때에는 '체(禘)'자를 '약(礿)'자의 뜻으로 사용했다. 사계절마다 모두 제사를 지내게 되는데, 단지 여름·가을·겨울에 대해서만 언급한 이유는 『예기』를 기록한 자가 『춘추』에 노(魯)나라에서 지낸 봄제사를 기록하지 않았다는 사실을 보고, 결국 노(魯)나라에서는 단지 세 계절에만 제사를 지냈다고 여겼기 때문이다. '성(省)'자는 마땅히 '사(社)'자로 기록해야 하니, 자세한 설명은 『예기』「옥조(玉藻)」편에 나온다. 봄에 지내는 사(社)제사는 곡식이 잘 여물도록 기원하는 제사이다. 가을에 지내는 사(社)제사는 곡식을 여물게 해준 것에 대해 보답하는 제사이다. 천자가 지내는 대사(大蜡)에서는 제사의 대상이 여덟인데, 제후의 사(蜡)제사에서는 아마도 천자보다 낮추는 점이 있었을 것이다.

• 제 9 절 •

노(魯)나라의 궁성제도

【401d】

太廟, 天子明堂. 庫門, 天子皐門. 雉門, 天子應門.

직역 太廟는 天子의 明堂이다. 庫門은 天子의 皐門이다. 雉門은 天子의 應門이다.

의역 노(魯)나라에서 세운 태묘(太廟)는 천자가 세운 명당(明堂)처럼 만들었다. 노나라 궁성에 있는 고문(庫門)은 천자가 세운 고문(皐門)처럼 만들었다. 노나라 궁성에 있는 치문(雉門)은 천자가 세운 응문(應門)처럼 만들었다.

集說 魯無明堂, 而太廟如明堂之制. 天子五門, 路·應·雉·庫·皐, 由內而外. 路門亦曰畢門. 今魯庫門之制, 如天子皐門; 雉門之制, 如天子應門也.

번역 노(魯)나라에는 명당(明堂)이 없지만, 태묘(太廟)는 명당의 제도에 따라 만들었다. 천자는 궁성(宮城)에 다섯 개의 문을 두니, 안쪽에서 바깥쪽 순으로 노문(路門)·응문(應門)·치문(雉門)·고문(庫門)·고문(皐門) 등이 설치되었다. '노문(路門)'을 또한 '필문(畢門)'이라고도 부른다. 현재 노나라에서 세운 고문(庫門)의 제도는 천자가 세운 고문(皐門)의 제도와 같고, 치문(雉門)의 제도는 천자가 세운 응문(應門)의 제도와 같다.

鄭注 言廟及門如天子之制也. 天子五門: 皐·庫·雉·應·路. 魯有庫·雉·路, 則諸侯三門與. 皐之言高也. 詩云: "乃立皐門, 皐門有伉. 乃立應門, 應門將將."

번역 묘(廟) 및 문(門)을 천자가 세운 건물 제도처럼 만들었다는 뜻이다. 천자는 궁성에 다섯 개의 문을 두니, 고문(皐門)·고문(庫門)·치문(雉門)·응문(應門)·노문(路門)이다. 노(魯)나라에는 고문(庫門)·치문(雉門)·노문(路門)이 있었으니, 제후는 세 개의 문만을 두었을 것이다. '고(皐)'자는 "높다[高]."는 뜻이다. 『시』에서는 "이에 고문(皐門)을 세우니, 고문(皐門)이 우뚝 솟아 있다. 이에 응문(應門)을 세우니, 응문(應門)이 장엄하고 크도다."[1]라고 했다.

釋文 與音餘. 伉, 苦浪反. 將將, 七良反.

번역 '與'자의 음은 '餘(여)'이다. '伉'자는 '苦(고)'자와 '浪(랑)'자의 반절음이다. '將將'에서의 두 '將'자는 '七(칠)'자와 '良(량)'자의 반절음이다.

孔疏 ●"大廟"至"應門". ○正義曰: 此一經明魯之門及廟之制.

번역 ●經文: "大廟"~"應門". ○이곳 경문은 노(魯)나라에서 세운 문(門) 및 묘(廟)의 제도에 대해서 나타내고 있다.

孔疏 ●"大廟, 天子明堂"者, 言周公大廟, 制似天子明堂.

번역 ●經文: "大廟, 天子明堂". ○주공(周公)을 모신 태묘(太廟)는 그 제도가 천자의 명당(明堂)과 유사하다는 뜻이다.

孔疏 ●"庫門, 天子皐門"者, 言魯之庫門, 制似天子皐門. "雉門, 天子應門"者, 言魯之雉門, 制似天子應門.

번역 ●經文: "庫門, 天子皐門". ○노(魯)나라에서 세운 고문(庫門)은 그

---

1) 『시』「대아(大雅)·면(緜)」: 迺立皐門, 皐門有伉. 迺立應門, 應門將將. 迺立冢土, 戎醜攸行.

제도가 천자가 세운 고문(皐門)과 유사하다는 뜻이다. 경문의 "雉門, 天子應門"에 대하여. 노나라에서 세운 치문(雉門)은 그 제도가 천자가 세운 응문(應門)과 유사하다는 뜻이다.

孔疏 ◎注"言廟"至"將將". ○正義曰: "言廟及門如天子之制也"者, 謂制度高大, 如似天子耳. 不必事事皆同, 故前文祭天, 不得祭圓丘. 又郊特牲祭天服裘冕, 不服大裘, 是不得盡如天子, 記者美之, 云天子之禮耳, 是知魯之大廟, 不可一一似明堂也. 云"天子五門: 皐·庫·雉·應·路"者, 此經云"天子皐門"·"天子應門", 是天子有皐門·應門; 顧命有畢門, 畢門則路門也, 是天子有路門; 此經魯有庫門·雉門: 明天子亦有五門. 云"魯有庫·雉·路, 則諸侯三門與"者, 此經有庫門·雉門, 又檀弓云"魯莊公之喪, 旣葬而絰, 不入庫門", 定二年雉門災, 是魯有庫·雉, 則又有路門可知. 魯旣有三門, 則餘諸侯亦有三門, 故云"諸侯三門與." 但其餘諸侯有皐門·應門及路門也. 引詩"乃立皐門·應門"者, 證諸侯有皐門·應門也. 所引詩者, 大雅·文王·緜之篇也. 言大王徙居岐周, 爲殷諸侯, 立此皐門·應門. 衛亦有庫門, 故家語云: "衛莊公反國, 孔子譏其繹之於庫門內, 祊之於東方, 失之矣." 是衛有庫門也.

번역 ◎鄭注: "言廟"~"將將". ○정현이 "묘(廟) 및 문(門)을 천자가 세운 건물 제도처럼 만들었다는 뜻이다."라고 했는데, 높이 및 규모 등을 정한 제도가 천자의 제도와 유사하다는 뜻일 따름이다. 모든 것이 천자와 동일할 필요가 없기 때문에, 앞 문장에서는 하늘에 대한 제사를 지낸다고 했지만, 원구(圓丘)에서는 제사를 지낼 수 없었던 것이다. 또 『예기』「교특생(郊特牲)」편에서는 하늘에 대한 제사를 지낼 때, 대구(大裘)[2]와 면류관을 착

---

2) 대구(大裘)는 천자가 제천(祭天) 의식을 시행할 때 입었던 복장이다. 『주례』「천관(天官)·사구(司裘)」편에는 "司裘掌爲<u>大裘</u>, 以共王祀天之服."이라는 기록이 있다. 즉 사구(司裘)는 '대구' 만드는 일을 담당하여, 천자가 하늘에 제사를 지낼 때 입는 의복으로 제공한다. 또한 이 기록에 대해 정현의 주에서는 정사농(鄭司農)의 주장을 인용하여, "大裘, 黑羔裘, 服以祀天, 示質."이라고 풀이했다. 즉 '대구'라는 의복은 검은 양의 가죽으로 만든 옷이며, 이것을 입고 하늘에 제사를 지내는 것은 질박함을 보이기 위함이다.

용한다고 했는데, 이곳에서는 대구를 착용한다고 하지 않았으니, 모든 것을 천자처럼 할 수 없었다는 뜻이다. 그런데도 『예기』를 기록한 자가 그 내용을 찬미하였기 때문에, 천자의 예(禮)에 해당한다고 말한 것일 뿐이다. 따라서 노(魯)나라에 있었던 태묘(太廟)는 모든 면에서 명당(明堂)과 동일하게 할 수 없었음을 알 수 있다. 정현이 "천자는 궁성에 다섯 개의 문을 두니, 고문(皐門)·고문(庫門)·치문(雉門)·응문(應門)·노문(路門)이다."라고 했는데, 이곳 경문에서는 "천자의 고문(皐門)이다."라고 했고, "천자의 응문(應門)이다."라고 했으니, 천자의 궁성에는 고문(皐門)과 응문(應門)이 있었음을 알 수 있다. 그리고 『서』「고명(顧命)」편에는 '필문(畢門)'이 나오는데,[3] '필문(畢門)'은 노문(路門)에 해당한다. 따라서 천자의 궁성에는 노문(路門)이 있었음을 나타낸다. 그리고 이곳 경문에서는 노(魯)나라에 고문(庫門)과 치문(雉門)이 있었다고 했으니, 이 기록은 천자의 궁성에도 또한 이 두 문을 포함한 다섯 개의 문이 있었음을 나타낸다. 정현이 "노(魯)나라에는 고문(庫門)·치문(雉門)·노문(路門)이 있었으니, 제후는 세 개의 문만을 두었을 것이다."라고 했는데, 이곳 경문에는 고문(庫門)과 치문(雉門)이 기록되어 있고, 또 『예기』「단궁(檀弓)」편에서는 "노나라 장공(莊公)의 상(喪)이 발생했을 때, 장례(葬禮)를 끝내자, 민공(閔公)은 질(絰)을 두른 상태로 고문(庫門)으로 들어가지 않았다."[4]라고 했고, 정공(定公) 2년에는 치문(雉門)에 화재가 발생했다고 했으니,[5] 이 말은 노나라에 고문(庫門)과 치문(雉門)이 있었음을 나타내므로, 노문(路門) 또한 있었음을 알 수 있다. 노나라에 이미 세 개의 문이 있었으므로, 나머지 제후국에도 또한 세 개의 문이 있었음을 알 수 있다. 그렇기 때문에 "제후는 세 개의 문만을 두었을 것이다."라고 말한 것이다. 다만 나머지 제후국들에는 고문(皐門)·응문(應門)·노문(路門)이 있었을 따름이다. 정현이 『시』를 인용하여, "이에 고문(皐門)과 응문(應門)을 세운다."라고 말한 이유는 제후국에 고문(皐門)과

3) 서』「주서(周書)·고명(顧命)」: 二人雀弁執惠, 立于畢門之內.

4) 『예기』「단궁하(檀弓下)」【138c】: 魯莊公之喪, 旣葬, 而絰不入庫門. 士大夫旣卒哭, 麻不入.

5) 『춘추』「정공(定公) 2년」: 夏, 五月, 壬辰, 雉門及兩觀災.

응문(應門)이 있었음을 증명하기 위해서이다. 정현이 인용한 『시』는 「대아(大雅)·면(緜)」편이다. 태왕(太王)이 기주(岐周)로 옮겨가서, 은(殷)나라의 제후가 되어, 이러한 고문(皐門)과 응문(應門)을 세웠다는 내용이다. 위(衛)나라에는 또한 고문(庫門)이 있었다. 그렇기 때문에 『공자가어』에서는 "위나라 장공(莊公)이 본국으로 되돌아옴에, 공자(孔子)는 고문(庫門) 안쪽에서 역제(繹祭)[6]를 지낸 일을 기롱했으니, 동쪽에서 팽(祊)[7]에 대한 제사를 지낸 것은 예법을 어긴 것이다."라고 했으니,[8] 이 말은 위나라에 고문(庫門)이 있었음을 나타낸다.

訓纂 劉原父曰: 以詩·書·禮·春秋考之, 天子有皐·應·畢, 無庫·雉·路. 諸侯有庫·雉·路, 無皐·應·畢. 天子三門, 諸侯亦三門, 門同而名不同.

번역 유원보[9]가 말하길, 『시』·『서』·『예』·『춘추』를 통해 고찰해보면, 천자의 궁성에는 고문(皐門)·응문(應門)·필문(畢門)이 있었고, 고문(庫門)·치문(雉門)·노문(路門)은 없었다. 제후의 궁성에는 고문(庫門)·치문(雉門)·노문(路門)이 있었고, 고문(皐門)·응문(應門)·필문(畢門)은 없었다. 천자의 궁성에는 3개의 문이 설치되었고, 제후의 궁성에도 3개의 문이 설치되었는데, 문은 동일하지만 명칭이 다른 것일 뿐이다.

---

6) 역제(繹祭)는 일종의 제례 의식 중 하나이다. 정규 제사를 지낸 다음날 지내는 제사이다.

7) 팽(祊)은 제사의 명칭이다. 정규 제사를 끝낸 뒤에, 시행하는 역제(繹祭)를 가리킨다. 또한 팽에 대한 제사를 지낼 때, 그 장소는 묘문(廟門) 안쪽이 되므로, '팽'은 종묘의 문(門)을 가리키는 용어로도 사용되었고, 묘문 안쪽 제사를 지내는 장소를 뜻하기도 한다.

8) 『예기』「교특생(郊特牲)」【325a】: 孔子曰: <u>繹之於庫門內, 祊之於東方</u>, 朝市之於西方, <u>失之矣</u>.

9) 유창(劉敞, A.D.1019~A.D.1068) : =공시선생(公是先生)·유원보(劉原父)·청강유씨(淸江劉氏). 북송(北宋) 때의 경학자이다. 자(字)는 원보(原父)이다. 유학 뿐만 아니라 불교와 도교에 대해서도 연구하였고, 천문(天文), 지리(地理) 등의 방면에도 조예가 깊었다.

集解 天子於明堂聽朔, 魯於大廟聽朔, 故曰"大廟, 天子明堂." 鄭氏因此遂謂魯大廟爲明堂制, 又謂天子大廟爲明堂制, 皆誤也. 天子三門, 諸侯亦三門, 但其名異而其制亦殺焉. 庫門, 天子皐門者, 皐門, 天子之外門, 庫門, 諸侯之外門, 魯之庫門, 制如天子之皐門也. 雉門, 天子應門者, 應門, 天子之朝門, 雉門, 諸侯之朝門, 魯之雉門, 制如天子之應門也. 子家駒曰: "設兩觀, 天子之禮也." 兩觀在雉門之兩旁, 是魯之雉門, 用天子之制明矣.

번역 천자는 명당(明堂)에서 청삭(聽朔)[10]을 하고, 노(魯)나라에서는 태묘(太廟)에서 청삭을 했다. 그렇기 때문에 "태묘는 천자의 명당에 해당한다."라고 말한 것이다. 정현은 이 기록에 따라서 결국 노나라에서 세운 태묘가 명당의 제도에 따라 건설된 것으로 여겼고, 또 천자의 태묘도 명당의 제도에 따라 건설된 것이라고 했는데, 이 모든 주장은 잘못된 말이다. 천자의 궁성에는 세 개의 문이 있었고, 제후의 궁성에도 세 개의 문이 있었는데, 단지 그 명칭이 달랐던 것뿐이며, 제도에 있어서도 또한 낮추는 점이 있었던 것이다. "고문(庫門)은 천자의 고문(皐門)이다."라는 말은 '고문(皐門)'은 천자의 궁성에 세우는 바깥쪽의 문이고, '고문(庫門)'은 제후의 궁성에 세우는 바깥쪽의 문이므로, 노나라에서 세운 고문(庫門)은 그 제도가 천자의 고문(皐門)과 같다는 뜻이다. "치문(雉門)은 천자의 응문(應門)이다."라는 말은 '응문(應門)'은 천자의 조문(朝門)[11]에 해당하고, '치문(雉門)'은 제

---

10) 청삭(聽朔)은 천자나 제후가 매월 초하루에 시행했던 고삭(告朔)의 의례를 뜻한다. 해당 월에 시행해야 할 정사(政事)는 바로 초하루부터 시행되므로, 정무를 처리하기 이전에, 고삭의 의식을 시행하고, 그 이후에야 정사를 펼쳤다. 현단복(玄端服) 및 피변복(皮弁服)을 착용하고 치렀으며, 남문(南門) 밖이나, 태묘(太廟)에서 시행하였다. 『예기』「옥조(玉藻)」편에는 "玄端而朝日於東門之外, 聽朔於南門之外."라는 기록과 "諸侯玄端以祭, 裨冕以朝, 皮弁以聽朔於大廟."라는 기록이 있다.

11) 조문(朝門)은 조정에 들어가기 위해 거치는 궁성의 문을 뜻한다. 천자의 경우에는 응문(應門)에 해당한다. 이 문을 통해서 조정으로 들어가기 때문에, 응문을 '조문'이라고 지칭한다. 또한 '정문(正門)'이라고도 부른다. 천자의 궁성에 있어서, '정(正)'자는 중(中)자의 뜻으로, 응문은 궁성의 중앙에 위치한 문이 된다. 응문 밖에는 고문(皐門)이 있어서, 고문을 외문(外門)으로 지칭하기도 하고, 응문 안에는 노문(路門)이 있어서, 노문을 내문(內門)

후의 조문에 해당하므로, 노나라에 있는 치문(雉門)은 그 제도가 천자의 응문(應門)과 같다는 뜻이다. 자가구(子家駒)는 "문의 양쪽에 관(觀)을 설치한 것은 천자가 따르는 예법이다."라고 했다. 두 개의 관(觀)이 치문(雉門)의 양쪽 측면에 있었는데, 이것은 노나라에서 세운 치문(雉門)의 제도에 해당하니, 천자의 제도를 사용했음이 명백하다.

集解 劉氏敞曰: 此經有五門之名, 而無五門之實. 以詩·書·禮·春秋考之, 天子有皐·應·畢, 無庫·雉·路. 諸侯有庫·雉·路, 無皐·應·畢. 天子三門, 諸侯三門, 門同而名不同. 何以言之? 詩曰: "乃立皐門"·"乃立應門". 書曰: "二人雀弁執惠, 立于畢門之內." 又曰: "王出在應門之內." 此皆言天子也. 畢門或謂之虎門, 蓋王在國, 則虎賁氏守王之宮, 蓋居此門, 故曰虎門. 又或謂之路門, 蓋建路鼓於此門之外, 故曰路門. 無道庫·雉者, 非天子門故也. 明堂位所言, 蓋魯用王禮, 故門制同王門, 而名不同也. 諸侯有路寢, 路寢之門, 是謂路門. 此諸侯三門也. 春秋曰"雉門及兩觀災", 譏兩觀不譏雉門也. 無道皐·應·畢者, 非諸侯門故也.

번역 유창이 말하길, 이곳 경문에는 다섯 개 문의 명칭이 기록되어 있는데, 실제로 다섯 개의 문을 세웠다는 기록은 없다. 『시』·『서』·『예』·『춘추』를 통해 고찰해보면, 천자의 궁성에는 고문(皐門)·응문(應門)·필문(畢門)이 있었고, 고문(庫門)·치문(雉門)·노문(路門)은 없었다. 제후의 궁성에는 고문(庫門)·치문(雉門)·노문(路門)이 있었고, 고문(皐門)·응문(應門)·필문(畢門)은 없었다. 천자의 궁성에는 3개의 문이 설치되었고, 제후의 궁성에도 3개의 문이 설치되었는데, 문은 동일하지만 명칭이 다른 것일 뿐이다. 어떻게 이처럼 말할 수 있는가? 『시』에서는 "이에 고문(皐門)을 세운다."라고 했고, "이에 응문(應門)을 세운다."라고 했다. 『서』에서는 "두 사람이 작변(雀弁)을 착용하고, 창의 종류인 혜(惠)를 들고서, 필문(畢門) 안쪽에 서다."라고 했고, 또 "천자가 밖으로 나가서 응문(應門) 안쪽에 있었

으로 지칭하기도 한다.

다."[12]라고 했는데, 이 기록들은 모두 천자에 대한 내용을 뜻한다. 필문(畢門)을 또한 '호문(虎門)'이라고도 부르는데, 아마도 천자가 국성에 머물게 된다면, 호분씨(虎賁氏)가 천자의 궁성을 지키게 되는데, 이 문에 위치하였기 때문에, '호문(虎門)'이라고 부르는 것 같다. 또한 '노문(路門)'이라고도 부르는데, 아마도 이곳 문밖에 노고(路鼓)를 세워두었기 때문에, '노문(路門)'이라고 부르는 것 같다. 그러나 천자에 대해서는 고문(庫門)이나 치문(雉門)을 말하는 경우가 없는데, 천자의 궁성에 세우는 문이 아니기 때문이다. 「명당위」편에서 말한 내용은 아마도 노(魯)나라에서 천자의 예법을 사용했기 때문에, 문을 만드는 제도를 천자의 궁성에 세우는 문과 동일하게 했던 것이지만, 명칭이 달랐던 것이다. 제후에게는 노침(路寢)이 있는데, 노침의 문을 '노문(路門)'이라고 부른다. 이것은 제후의 궁성에 세 개의 문이 있었음을 나타낸다. 『춘추』에서는 "치문(雉門) 및 양쪽의 관(觀)에 화재가 발생했다."라고 했는데, 이 기록은 양쪽에 관(觀)을 세운 사실을 기록한 것이지, 치문(雉門)을 세웠다는 사실을 기록한 내용이 아니다. 그리고 제후에 대해서는 고문(皐門)·응문(應門)·필문(畢門)을 말하는 경우가 없는데, 제후의 궁성에 세우는 문이 아니기 때문이다.

集解 戴氏震曰: 天子諸侯皆三朝, 則天子諸侯皆三門. 禮說曰"天子五門, 皐·庫·雉·應·路, 諸侯三門, 皐·應·路", 失其傳也. 天子之宮, 有皐門, 有應門, 有路門. 路門一曰虎門, 一曰畢門, 不聞天子庫門·雉門也. <郊特牲云"獻命庫門之內", 此亦據魯之事. 記者以魯用天子禮樂, 故推魯事合於天子, 所稱多傅會失實.> 諸侯之宮, 有庫門, 有雉門, 有路門, 不聞諸侯皐門·應門也.

번역 대진[13]이 말하길, 천자와 제후는 궁성에 모두 세 개의 조정을 두었

---

12) 『서』「주서(周書)·강왕지고(康王之誥)」: 王出在應門之內. 太保率西方諸侯, 入應門左, 畢公率東方諸侯, 入應門右, 皆布乘黃朱.

13) 대진(戴震, A.D.1724~A.D.1778): 청(淸)나라 때의 학자이다. 자(字)는 동원(東原)이다. 훈고학에 조예가 깊었다. 저서로는 『이아문자고(爾雅文字考)』, 『맹자자의소증(孟子字意疎證)』, 『원선(原善)』 등이 있다.

으니, 천자와 제후는 궁성에 모두 세 개의 문을 세웠던 것이다. 『예설』에서는 "천자의 궁성에는 다섯 개의 문이 있었으니, 고문(皐門) · 고문(庫門) · 치문(雉門) · 응문(應門) · 노문(路門)이며, 제후의 궁성에는 세 개의 문이 있었으니, 고문(皐門) · 응문(應門) · 노문(路門)이다."라고 했는데, 이것은 고대 기록의 의미를 놓친 것이다. 천자의 궁성에는 고문(皐門)이 있었고, 응문(應門)이 있었으며, 노문(路門)이 있었다. 노문(路門)은 또한 '호문(虎門)'이라고도 부르며, '필문(畢門)'이라고도 부르는데, 천자의 궁성에 고문(庫門)과 치문(雉門)이 있었다는 기록은 보지 못했다. <『예기』「교특생(郊特牲)」편에서는 "유사(有司)가 모든 관리들에게 훈계할 내용을 기록하여, 고문(庫門) 안에서 천자에게 바친다."[14]라고 했는데, 이 또한 노나라에서 시행된 사안에 기준을 둔 내용이다. 『예기』를 기록한 자는 노나라가 천자의 예악을 사용했다고 여겼기 때문에, 노나라에서 시행된 사안을 추론하여, 천자에 대한 제도에 껴 맞췄으니, 그곳에서 거론하는 것들은 대부분 견강부회한 것으로, 실제와는 다르다.> 제후의 궁성에는 고문(庫門)이 있었고, 치문(雉門)이 있었으며, 노문(路門)이 있었지만, 제후의 궁성에 고문(皐門)과 응문(應門)이 있었다는 기록은 들어보지 못했다.

14) 『예기』「교특생(郊特牲)」【329a】: 獻命庫門之內, 戒百官也. 大廟之命, 戒百姓也.

그림 9-1 ▣ 대구(大裘)

▸ 출처: 『삼례도집주(三禮圖集注)』 1권

그림 9-2 ▣ 관(觀)

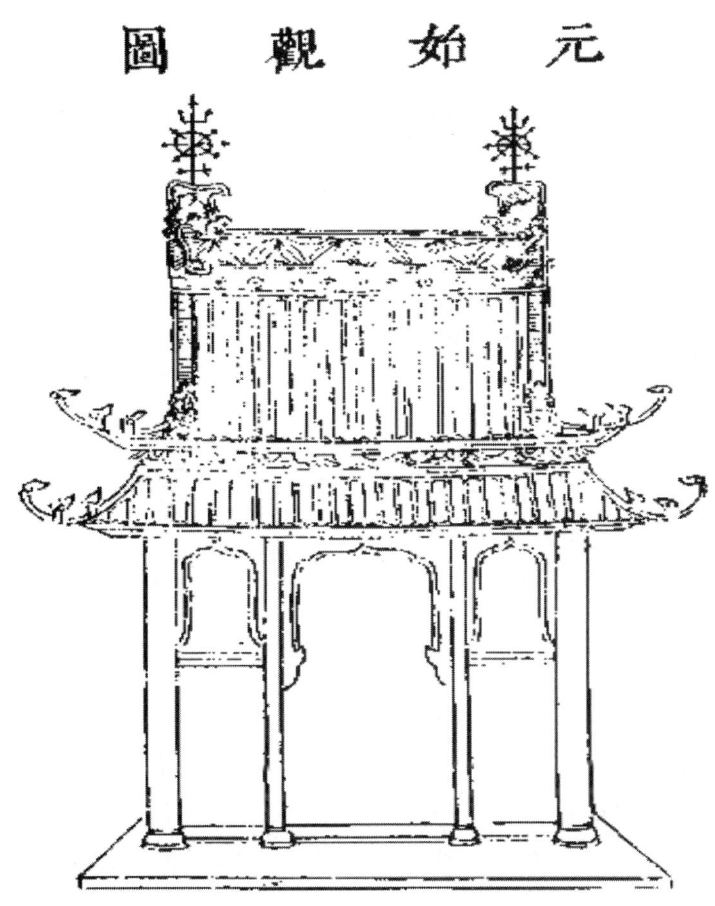

▸ **출처:** 『삼재도회(三才圖會)』「궁실(宮室)」 1권

그림 9-3 ▣ 노고(路鼓)

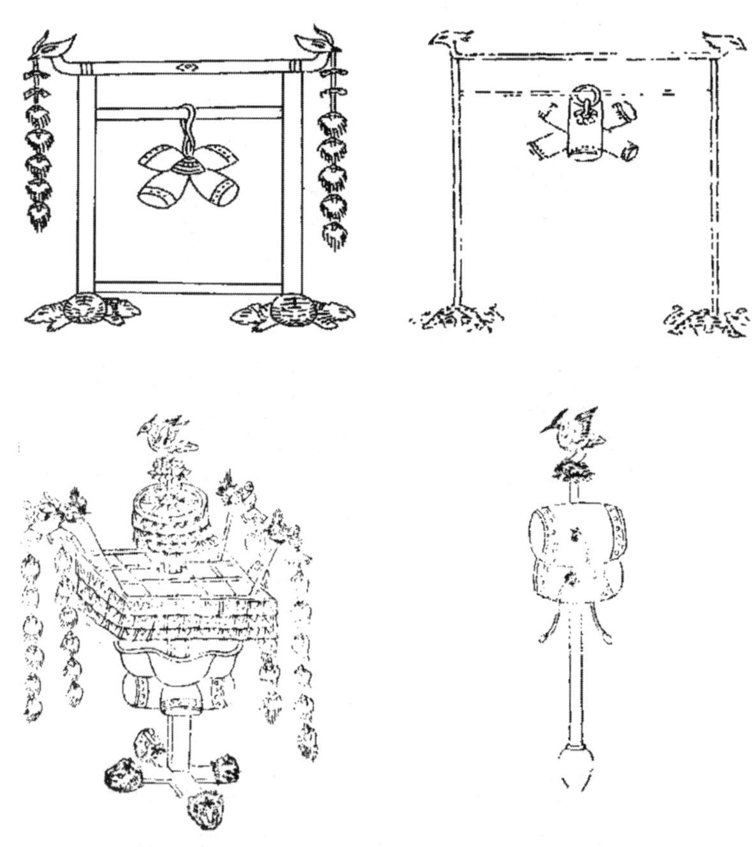

▸ **출처**: 상좌-『삼례도집주(三禮圖集注)』 7권 ; 상우-『육경도(六經圖)』 5권
하-『삼재도회(三才圖會)』「기용(器用)」 3권

【401d】

振木鐸於朝, 天子之政也.

직역 朝에서 木鐸을 振함은 天子의 政이다.

의역 조정에서 목탁(木鐸)을 울려서 명령을 내리는 것은 본래 천자의 정사에서 시행하는 일이지만, 노(魯)나라에서도 시행했다.

集說 木鐸, 金口木舌, 發教令則振之, 所以警動衆聽.

번역 '목탁(木鐸)'은 금속으로 된 틀에 나무로 된 울림판이 있는 것으로, 교령(教令)을 발령하게 되면, 이것을 흔들게 되니, 뭇 사람들이 주의를 기울이게 하는 도구이다.

鄭注 天子將發號令, 必以木鐸警衆.

번역 천자가 명령을 내리려고 할 때에는 반드시 목탁(木鐸)을 이용해서, 대중들이 주의를 기울이게 해야만 한다.

釋文 鐸, 大各反. 警, 京領反.

번역 '鐸'자는 '大(대)'자와 '各(각)'자의 반절음이다. '警'자는 '京(경)'자와 '領(령)'자의 반절음이다.

集解 木鐸, 以金爲口, 以木爲舌, 將有新令, 則奮之以令於衆, 使明聽也. 檀弓曰: "旣卒哭, 宰夫執木鐸徇於宮." 是諸侯之朝亦振木鐸矣.

번역 '목탁(木鐸)'은 금속으로 틀을 만들고, 나무로 울림판을 만든 것으로, 새로운 명령을 내리려고 한다면, 그것을 흔들어서, 대중들에게 명령을 내리니, 그들로 하여금 주의 깊게 듣도록 만드는 것이다. 『예기』「단궁(檀弓)」편에서는 "졸곡(卒哭)이 끝나게 되면, 재부(宰夫)[15]를 시켜서 목탁을 두드리며, 궁(宮)에 명령을 전달하도록 시킨다."[16]라고 했으니, 이것은 제후의 조정에서도 또한 목탁을 울린다는 사실을 나타낸다.

---

15) 재부(宰夫)는 주(周)나라 때 천관(天官)에 소속된 관직이다. 조정 내에서의 법도를 담당하였으며, 신하들의 서열을 바로잡았고, 금령 등에 대한 일을 담당하였다. 천관의 수장인 대재(大宰)와 부관인 소재(小宰)를 보좌하였다. 『주례』의 체제에 따르면 하대부(下大夫) 4명이 담당을 하였다. 『주례』「천관총재(天官冢宰)」편에는 "宰夫, 下大夫四人."이라는 기록이 있고, 『주례』「천관(天官)·재부(宰夫)」편에는 "宰夫之職掌治朝之灋, 以正王及三公六卿大夫群吏之位, 掌其禁令."이라는 기록이 있다.

16) 『예기』「단궁하(檀弓下)」【132b】: 既卒哭, 宰夫執木鐸以命于宮曰: "舍故而諱新." 自寢門至于庫門.

그림 9-4 ▣ 목탁(木鐸)과 금탁(金鐸)

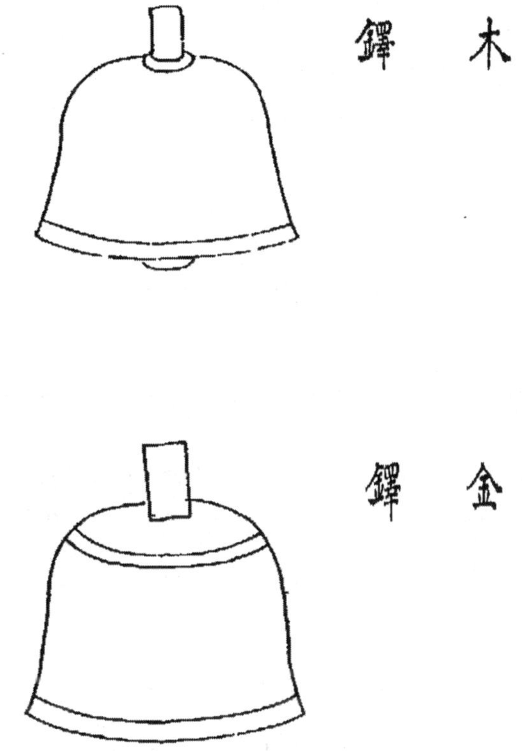

▸ **출처**: 『육경도(六經圖)』 5권

【402a】

山節藻梲.

직역 節을 山하고 梲을 藻했다.

의역 노(魯)나라는 태묘(太廟)의 기둥머리 두공(斗栱) 부분에 산(山) 모양을 새기고, 들보 위의 단주(短柱) 부분에 수초풀을 그렸다.

集說 說見前篇.

번역 앞 편에 자세한 설명이 나온다.[17)]

鄭注 山節, 刻欂盧爲山也. 藻梲, 畫侏儒柱爲藻文也.

번역 '산절(山節)'은 기둥의 두공부분에 조각을 하여 산의 모습을 새긴 것이다. '조절(藻梲)'은 들보의 단주 부분에 그림을 그려서 수초풀의 무늬를 새긴 것이다.

釋文 藻, 本又作繅, 音早. 梲, 專悅反.

번역 '藻'자는 판본에 따라서 또한 '繅'자로도 기록하는데, 그 음은 '早(조)'이다. '梲'자는 '專(전)'자와 '悅(열)'자의 반절음이다.

孔疏 ●"山節"至"飾也". ○正義曰: 此一節論魯之大廟之飾.

17) 『예기』「예기(禮器)」【304a】의 "管仲鏤簋朱紘, 山節藻梲, 君子以爲濫矣."라는 기록에 대해, 진호(陳澔)의 『집설(集說)』에서는 "山節, 刻山於柱頭之斗栱也. 藻, 水草也. 藻梲, 畫藻於梁上之短柱也."라고 풀이했다. 즉 "'산절(山節)'은 기둥머리의 두공(斗栱) 부분에 산(山) 모양을 새긴 것이다. '조(藻)'는 물가에 사는 식물이다. 조절(藻梲)은 들보 위의 단주(短柱) 부분에 수초풀을 그린 것이다."라는 뜻이다.

번역 ●經文: "山節"~"飾也". ○이곳 문단은 노(魯)나라에서 세운 태묘(太廟)의 장식에 대해서 논의하고 있다.

孔疏 ●"山節", 謂欂盧刻爲山形.

번역 ●經文: "山節". ○기둥의 두공에 조각을 하여 산의 모습을 새긴다는 뜻이다.

孔疏 ●"藻棁"者, 謂侏儒柱畫爲藻文也.

번역 ●經文: "藻棁". ○들보의 단주 부분에 그림을 그려서 수초풀의 무늬를 새긴다는 뜻이다.

【402a】

復廟重檐.

직역 復廟하고 重檐했다.

의역 노(魯)나라는 태묘(太廟)에 대해서 위아래로 지붕을 중첩되게 올렸고, 처마 밑에 다시 처마를 댔다.

集說 復廟, 上下重屋也. 重檐者, 簷下復有板簷, 免風雨之壞壁.

번역 '복묘(復廟)'는 위아래로 중첩된 지붕을 올린다는 뜻이다. '중첨(重檐)'은 처마 밑에 다시 판으로 된 처마가 있는 것으로, 비바람이 침투하는 것을 막기 위한 것이다.

鄭注 復廟, 重屋也. 重檐, 重承壁材也.

번역 '복묘(復廟)'는 지붕을 거듭 올린다는 뜻이다. '중첨(重檐)'은 담벼락을 가리는 나무를 중첩되게 받치게 한다는 뜻이다.

釋文 復音福, 注同. 重, 直龍反, 注同. 檐, 以占反.

번역 '復'자의 음은 '福(복)'이며, 정현의 주에 나오는 글자도 그 음이 이와 같다. '重'자는 '直(직)'자와 '龍(룡)'자의 반절음이며, 정현의 주에 나오는 글자도 그 음이 이와 같다. '檐'자는 '以(이)'자와 '占(점)'자의 반절음이다.

孔疏 ●"復廟"者, 上下重屋也.

번역 ●經文: "復廟". ○위아래로 지붕을 중첩되게 올린다는 뜻이다.

孔疏 ●"重檐"者, 皇氏云: "鄭云: 重檐, 重承壁材也, 謂就外檐下壁復安板檐, 以辟風雨之灑壁, 故云: 重檐, 重承壁材."

번역 ●經文: "重檐". ○황간은 "정현은 '중첨(重檐)은 담벼락을 가리는 나무를 중첩되게 받치게 한다는 뜻이다.'라고 했으니, 바깥쪽 처마 밑에 있는 담벼락에 재차 판으로 된 처마를 달아서, 비바람이 침투하여 담벼락을 적시는 것을 막는다는 뜻이다. 그렇기 때문에 '중첨(重檐)은 담벼락을 가리는 나무를 중첩되게 받치게 한다.'고 말한 것이다."라고 했다.

【402a】

刮楹達鄉.

직역 楹을 刮하고 鄕을 達했다.

의역 노(魯)나라는 태묘(太廟)에 대해서 기둥은 숫돌로 문질러서 표면을 매끄

럽게 만들고, 각 실(室)마다 문과 창문을 달아서 소통되도록 했다.

集說 以密石摩柱使之精澤, 故云刮楹. 達, 通也. 鄉, 牕牖也. 每室四戶八牕, 牕戶相對, 故云達鄉.

번역 숫돌로 기둥을 문질러서 표면을 매끄럽게 만들기 때문에, '괄영(刮楹)'이라고 말한 것이다. '달(達)'자는 "소통하다[通]."는 뜻이다. '향(鄉)'은 창문과 들창을 뜻한다. 각각의 실(室)마다 4개의 호(戶)와 8개의 창문[牕]이 있고, 창문과 호(戶)가 서로 마주보도록 했기 때문에 '달향(達鄉)'이라고 말한 것이다.

鄭注 刮, 刮摩也. 鄉, 牖屬, 謂夾戶窗也, 每室八窗爲四達.

번역 '괄(刮)'자는 사물을 문지른다는 뜻이다. '향(鄉)'자는 들창 등을 뜻하니, 호(戶)와 창문을 양 옆에 붙인다는 의미로, 실(室)마다 8개의 창을 두어 4개의 달(達)을 만들었다.

釋文 刮, 古八反. 鄉, 許亮反, 注同.

번역 '刮'자는 '古(고)'자와 '八(팔)'자의 반절음이다. '鄉'자는 '許(허)'자와 '亮(량)'자의 반절음이며, 정현의 주에 나오는 글자도 그 음이 이와 같다.

孔疏 ●"刮楹"者, 刮, 摩也, 楹, 柱也, 以密石摩柱.

번역 ●經文: "刮楹". ○'괄(刮)'자는 "문지르다[摩]."는 뜻이다. '영(楹)'자는 기둥[柱]을 뜻하니, 숫돌로 기둥을 매끄럽게 문지른 것이다.

孔疏 ●"達鄉"者, 達, 通也, 鄉謂窗牖也. 每室四戶八窗, 窗戶皆相對, 以牖戶通達, 故曰"達鄉"也.

번역 ●經文: "達鄕". ○'달(達)'자는 "소통하다[通]."는 뜻이며, '향(鄕)'자는 창문과 들창을 뜻한다. 실(室)마다 4개의 호(戶)와 8개의 창을 두는데, 창과 호(戶)가 서로 마주하도록 만들어서, 들창과 호(戶)가 소통되도록 했다는 뜻이다. 그렇기 때문에 '달향(達鄕)'이라고 말한 것이다.

【402a】

反坫出尊.

직역 反坫을 尊에 出했다.

의역 노(魯)나라는 태묘(太廟)에 술잔을 되돌려놓는 반점(反坫)을 설치했는데, 그 장소는 술동이 바깥쪽이었다.

集說 兩君好會反爵之坫, 築土爲之, 在兩楹間而近南. 蓋獻酬畢, 則反爵於其上也. 凡物在內爲入, 在外爲出. 以坫在尊之外, 故云反坫出尊, 言坫出在尊之外也.

번역 양국의 군주가 우호를 다지기 위해 회동을 하면, 술잔을 되돌려놓는 점(坫)을 두는데, 흙을 쌓아서 그것을 만들고, 양쪽 기둥 사이 중에서도 남쪽과 가까운 장소에 설치를 했다. 아마도 술을 바치거나 술을 권하는 절차가 끝나게 된다면, 그 위에 술잔을 되돌려 놓았을 것이다. 모든 사물에 있어서 안에 있는 것을 '입(入)'이라고 했고, 밖에 있는 것을 '출(出)'이라고 했다. 점(坫)을 술동이 밖에 두었기 때문에, '반점출존(反坫出尊)'이라고 말한 것이니, 점(坫)을 술동이 바깥쪽으로 설치했다는 뜻이다.

鄭注 反坫, 反爵之坫也. 出尊, 當尊南也. 唯兩君爲好, 旣獻, 反爵於其上. 禮, 君尊于兩楹之間.

번역 '반점(反坫)'은 술잔을 되돌려놓는 받침대이다. '출존(出尊)'은 술동이 남쪽에 해당하는 장소이다. 오직 양국의 군주가 우호를 다지기 위해 모였을 때, 술잔을 따라주는 절차가 끝나면, 그 위에 술잔을 되돌려놓게 된다. 예법에 따르면, 군주의 술동이는 양쪽 기둥 사이에 설치하게 된다.

釋文 坫, 丁念反.

번역 '坫'자는 '丁(정)'자와 '念(념)'자의 반설음이다.

孔疏 ●"反坫"者, 兩君相見, 反爵之坫也. 築土爲之, 在兩楹間, 近南. 人君飮酒旣獻, 反爵于坫上, 故爲之"反坫"也.

번역 ●經文: "反坫". ○양국의 군주가 서로 만나볼 때, 술잔을 되돌려놓는 받침대를 뜻한다. 흙을 쌓아서 만들게 되며, 양쪽 기둥 사이에 설치하는데, 남쪽과 가까운 장소에 둔다. 군주가 음주를 하며, 술을 따라서 주게 되면, 받침대 위에 술잔을 되돌려놓게 된다. 그렇기 때문에 그것을 '반점(反坫)'이라고 하는 것이다.

孔疏 ●"出尊"者, 尊在兩楹間, 坫在尊南, 故云"出尊".

번역 ●經文: "出尊". ○술동이는 양쪽 기둥 사이에 있고, 받침대는 술동이 남쪽에 있다. 그렇기 때문에 '출존(出尊)'이라고 말한 것이다.

【402b】

崇坫康圭疏屛, 天子之廟飾也.

직역 崇坫하여 圭를 康하고 疏屛하니, 天子의 廟飾이다.

의역 노(魯)나라는 태묘(太廟)에 규(圭)를 안전하게 놓아둘 수 있는 높은 받침대를 만들고, 소병(疏屛)을 설치했으니, 이것들은 본래 천자의 묘(廟)에 하는 장식이다.

集說 崇, 高也. 康, 安也. 凡物措之得所, 則無危墜之失. 圭, 禮器之重者, 不可不謹, 故爲此高坫以康圭也. 疏屛者, 刻鏤於屛, 使之文理疏通也.

번역 '숭(崇)'자는 "높다[高]."는 뜻이다. '강(康)'자는 "안전하다[安]."는 뜻이다. 모든 사물은 알맞은 장소에 놓아두게 되면, 떨어질 위험이 없게 된다. '규(圭)'는 예기(禮器) 중에서도 중요한 것으로, 조심하지 않을 수 없다. 그렇기 때문에 높은 받침대를 만들어서, 규(圭)를 안전하게 놓아두는 것이다. '소병(疏屛)'은 병풍에 조각을 하여, 무늬에 따라 바람이 소통되게 한 것이다.

大全 馬氏曰: 天子之廟飾, 不止於此, 此擧其畧爾. 天子用其詳, 而魯用其畧也.

번역 마씨가 말하길, 천자의 묘(廟)에 하는 장식은 여기에서 말한 내용에만 그쳤던 것이 아니니, 이곳 문장은 간소한 제도를 제시한 것일 뿐이다. 천자는 정밀한 제도를 사용했고, 노(魯)나라에서는 간소한 제도를 사용한 것이다.

大全 長樂陳氏曰: 廟所以事死, 復有歸根而靜之義. 刮其楹, 則有潔意, 而潔也者, 齋戒以事鬼神之義也. 達其鄕, 則有明意, 而明者, 神而明之之意也. 於屛言疏, 疏者, 通之也, 屛所以蔽, 而通之者, 以神無方而無乎不在, 故通之也.

번역 장락진씨가 말하길, 묘(廟)는 죽은 자를 섬기기 위한 건물이므로, 다시금 근본으로 회귀하여 고요해지는 뜻이 포함되어 있다. 기둥을 매끄럽게 다듬는다면, 정결하다는 뜻이 포함되는데, 정결하다는 것은 재계를 하여 귀신을 섬긴다는 뜻에 해당한다.[18] 창문을 소통되게 한다면, 밝게 만든다는 뜻이 포함되는데, 밝은 것은 신(神)으로 여겨서 밝게 한다는 뜻이다.[19] 병풍에 대해서 '소(疏)'라고 말했는데, '소(疏)'라는 것은 소통시킨다는 의미이고, 병풍은 가리는 도구인데, 소통을 시킨 것은 귀신이 가는 곳에는 정해진 장소가 없고, 있지 않은 곳도 없기 때문에, 소통을 시키는 것이다.

鄭注 崇, 高也. 康, 讀爲"亢龍"之"亢", 又爲高坫, 亢所受圭, 奠于上焉. 屛謂之樹, 今桴思也, 刻之爲雲氣蟲獸, 如今闕上爲之矣.

번역 '숭(崇)'자는 "높다[高]."는 뜻이다. '강(康)'자는 '항룡(亢龍)'이라고 할 때의 '항(亢)'자로 풀이하니, 또한 높은 받침대를 만들고, 받은 규(圭)를 들어서, 그 위에 내려둔다는 뜻이다. '병(屛)'은 '수(樹)'라고도 부르니, 오늘날의 부사(桴思)에 해당하는 것으로, 구름과 생물들을 조각하며, 마치 오늘날의 궐(闕)에 있어서 그 위를 만드는 것처럼 한 것이다.

釋文 康音抗, 苦浪反. 欂音博, 又皮麥反, 一音旁各反, 徐又薄歷反, 字林平碧反. 盧如字, 本又作櫨, 音同. 侏音朱. 儒, 莫何反. 爲好, 呼報反. 桴思也, 音浮.

번역 '康'자의 음은 '抗'이며, '苦(고)'자와 '浪(랑)'자의 반절음이다. '欂'자의 음은 '博(박)'이며, 또한 '皮(피)'자와 '麥(맥)'자의 반절음도 되고, 다른 음은 '旁(방)'자와 '各(각)'자의 반절음이며, 서음(徐音)은 또한 '薄(박)'자와 '歷(력)'자의 반절음도 되고, 『자림』[20]에서는 '平(평)'자와 '碧(벽)'자의 반절음이라고 했다. '盧'자는 글자대로 읽으며, 판본에 따라서는 또한 '櫨'자로도

---

18) 『예기』「표기(表記)」【623d】: 子曰, "齊戒以事鬼神, 擇日月以見君, 恐民之不敬也."

19) 『역』「계사상(繫辭上)」: 極天下之賾者存乎卦, 鼓天下之動者存乎辭, 化而裁之存乎變, 推而行之存乎通, 神而明之存乎其人, 默而成之, 不言而信, 存乎德行.

20) 『자림(字林)』은 고대의 자서(字書)이다. 진(晉)나라 때 학자인 여침(呂忱)이 지었다. 원본은 일실되어 전해지지 않고, 다른 문헌들 속에 일부 기록들만 남아 있다.

기록하는데, 그 음은 동일하다. '侏'자의 음은 '朱(주)'이다. '欂'자는 '莫(막)'자와 '何(하)'자의 반절음이다. '爲好'에서의 '好'자는 '呼(호)'자와 '報(보)'자의 반절음이다. '桴思也'에서의 '桴'자는 그 음이 '浮(부)'이다.

孔疏 ●"崇坫康圭"者, 崇, 高也. 亢, 擧也. 爲高坫, 受賓之圭, 擧於其上也.

번역 ●經文: "崇坫康圭". ○'숭(崇)'자는 "높다[高]."는 뜻이다. '항(亢)'자는 "든다[擧]."는 뜻이다. 높은 받침대를 만들어서, 빈객으로부터 받은 규(圭)를 그 위에 올려둔다는 뜻이다.

孔疏 ●"疏屛"者, 疏, 刻也. 屛, 樹也, 謂刻於屛樹, 爲雲氣蟲獸也.

번역 ●經文: "疏屛". ○'소(疏)'자는 "새기다[刻]."는 뜻이다. '병(屛)'자는 수(樹)를 뜻하니, 병풍처럼 세워두는 나무에 조각을 하여, 구름과 생물들을 새긴다는 뜻이다.

孔疏 ●"天子之廟飾也"者, 自"山節"以下, 皆天子廟飾也. 反坫亦在廟, 故合言廟飾也.

번역 ●經文: "天子之廟飾也". ○'산절(山節)'이라는 구문부터 그 이하의 내용들은 모두 천자의 묘(廟)에 하는 장식을 뜻한다. 반점(反坫) 또한 묘(廟)에 설치한다. 그렇기 때문에 종합적으로 묘(廟)의 장식이라고 말한 것이다.

孔疏 ◎注"山節"至"之矣". ○正義曰: "刻欂廬也"者, "節"名欂廬, 釋宮云: "楶謂之棊." 李巡云: "楶, 今欂廬也, 則今之斗拱." 云"畫侏儒柱"者, 按釋宮云: "宋廇謂之梁, 其上楹謂之梲." 李巡曰: "梁上短柱也." 云"鄕, 牖屬"者, 詩·豳風"塞向墐戶", 是牖屬也. 云"出尊, 當尊南也"者, 以當近南迴露嚮外爲出, 今言"出尊", 故知"尊南"也. 云"禮, 君尊于兩楹之間"者, 以燕禮燕臣子, 列尊于東楹之西. 今兩君敵體, 當尊在兩楹之間, 故鄉飮酒賓主敵體, "尊于房戶間", 是也. 皇氏解此, 用燕禮之文"尊于東楹之西"爲兩楹之間, 失之矣. 云"康, 讀爲亢龍之亢"者, 按易·乾·上九: "亢龍有悔." 讀從之. 云"屛謂之樹, 今浮思也"者, 屛謂之樹, 釋宮文. 漢時謂屛爲浮思, 故云"今浮思". 解者以爲天子外屛, 人臣至屛俯伏思念其事. 按匠人注云: "城隅謂角浮思也." 漢時東闕浮思災, 以此諸文參之, 則浮思, 小樓也, 故城隅闕上皆有之. 然則屛上亦爲屋, 以覆屛牆, 故稱屛曰"浮思". 或解屛則"闕"也. 古詩云: "雙闕百餘尺." 則闕於兩旁, 不得當道, 與屛別也. 闕雖在兩旁, 相對近道, 大略言之, 亦謂之當道. 故讖云: "代漢者當塗高, 謂巍闕也." 云"刻之爲雲氣蟲獸, 如今闕上爲之矣"者, 言古之疏屛, 似今闕上畫雲氣蟲獸. 如鄭此言, 似屛與闕異也.

번역 ◎鄭注: "山節"~"之矣". ○정현이 "기둥의 두공부분에 조각을 한다."라고 했는데, '절(節)'은 기둥의 두공을 가리키는 명칭이며, 『이아』「석궁(釋宮)」편에서는 "두공[欂]을 '절(楶)'이라고 부른다."[21]라고 했고, 이순은 "'누(欂)'는 오늘날의 박로(欂盧)와 같은 것이니, 현재의 두공(斗拱)을 뜻한다."라고 했다. 정현이 "들보의 단주 부분에 그림을 그린다."라고 했는데, 「석궁」편을 살펴보면, "들보를 '량(梁)'이라고 부르고, 그 위의 기둥을 '절(棁)'이라고 부른다."라고 했고, 이순은 "들보 위에 있는 단주(短柱)이다."라고 했다. 정현이 "'향(鄉)'자는 들창 등을 뜻한다."라고 했는데, 『시』「빈풍(豳風)」편에서는 "북쪽으로 난 창을 막고 호(戶)를 진흙으로 바른다."[22]라고 했는데, 이 기록은 향(鄉: =向)이 들창의 부류임을 나타낸다. 정현이 "'출존(出尊)'은 술동이 남쪽에 해당하는 장소이다."라고 했는데, 남쪽과 가까우며 밖으로 노출된 것을 '출(出)'로 여긴 것인데, 현재 '출존(出尊)'라고 말했기 때문에, "술동이의 남쪽이다."라는 말이 사실임을 알 수 있다. 정현

---

21) 『이아』「석궁(釋宮)」: 宎廇謂之梁, 其上楹謂之棁. 闍謂之楼. 栭謂之楶. 棟謂之桴. 桷謂之榱. 桷直而遂謂之閱, 直不受檐謂之交. 檐謂之樀.

22) 『시』「빈풍(豳風)·칠월(七月)」: 五月斯螽動股, 六月莎雞振羽. 七月在野, 八月在宇, 九月在戶. 十月蟋蟀入我牀下. 穹窒熏鼠, 塞向墐戶. 嗟我婦子, 曰爲改歲, 入此室處.

이 "예법에 따르면, 군주의 술동이는 양쪽 기둥 사이에 설치하게 된다."라고 했는데, 『의례』「연례(燕禮)」편에서는 신하들에게 연회를 베풀며, 동쪽 기둥의 서쪽에 술동이들을 진열한다고 했기 때문이다.[23] 현재 양국의 군주는 신분이 대등하므로, 마땅히 술동이는 양쪽 기둥 사이에 놓아야 한다. 그렇기 때문에 『의례』「향음주례(鄕飮酒禮)」편에서는 빈객과 주인의 신분이 대등한 경우, "방(房)과 호(戶) 사이에 술동이를 둔다."[24]라고 한 것이다. 황간은 이 내용을 풀이하며, 「연례」편에서 나온 "동쪽 기둥의 서쪽에 술동이를 둔다."는 말을 양쪽 기둥 사이로 여겼는데, 이것은 잘못된 주장이다. 정현이 "'강(康)'자는 '항룡(亢龍)'이라고 할 때의 '항(亢)'자로 풀이한다."라고 했는데, 『역』「건괘(乾卦)」를 살펴보면, 상구(上九)에서 "높이 올라간 용은 뉘우침이 있다."[25]라고 했다. 정현은 이 기록에 근거해서 글자를 풀이한 것이다. 정현이 "'병(屛)'은 '수(樹)'라고도 부르니, 오늘날의 부사(桴思)에 해당한다."라고 했는데, '병(屛)'을 '수(樹)'라고 부른다는 말은 『이아』「석궁(釋宮)」편의 문장이다.[26] 한(漢)나라 때에는 병(屛)을 '부사(浮思)'라고 불렀다. 그렇기 때문에 "오늘날의 부사(桴思)에 해당한다."라고 말한 것이다. 주석가들에 따라서는 이것을 천자의 외병(外屛)[27]이라고 여기며, 신하들은 이곳 병풍에 도달하여, 몸을 엎드리고 섬기는 일에 대해서 생각한다고 풀이한다. 『주례』「장인(匠人)」편에 대한 정현의 주를 살펴보면, "성우(城隅)는 각부사(角浮思)를 뜻한다."라고 했다. 한나라 때에는 동궐(東闕)의

---

23) 『의례』「연례(燕禮)」: 司宮尊于東楹之西, 兩方壺, 左玄酒, 南上, 公尊瓦大兩, 有豐, 冪用綌若錫, 在尊南, 南上.

24) 『의례』「향음주례(鄕飮酒禮)」: 乃席賓·主人·介. 衆賓之席皆不屬焉. 尊兩壺於房戶間, 斯禁, 有玄酒在西.

25) 『역』「건괘(乾卦)·효사(爻辭)」: 上九, 亢龍有悔.

26) 『이아』「석궁(釋宮)」: 兩階間謂之鄉. 中庭之左右謂之位. 門屛之間謂之宁. 屛謂之樹.

27) 외병(外屛)은 천자가 문 밖에 설치했던 담장이다. 문 안에 있는 작은 담장을 내병(內屛)이라고 부르는데, 이것과 상대되는 말이다. 문 밖에 설치했기 때문에 '외(外)'자를 붙인 것이고, 병풍과도 같은 역할을 했기 때문에 '병(屛)'자를 붙여서 '외병'이라고 부른 것이다. 후대에는 조벽(照壁)으로 부르기도 했다.

부사(浮思)에 화재가 발생했는데, 이러한 여러 문장들을 통해 참조해보면, '부사(浮思)'라는 것은 작은 망루에 해당한다. 그렇기 때문에 성우(城隅)의 궐(闕) 위에 모두 이것들을 설치했던 것이다. 그렇다면 병(屛) 위에는 또한 지붕이 있어서, 병풍과 담장을 덮었을 것이다. 그렇기 때문에 병풍에 대해서 '부사(浮思)'라고 부른 것이다. 어떤 자는 '병(屛)'을 풀이하며 '궐(闕)'이라고 주장한다. 『고시』에서는 "양쪽의 궐(闕)은 백여 척(尺)이다."라고 했으니, 양쪽 측면에 궐(闕)을 두었던 것이며, 도로 중간에 둘 수 없으므로, 병(屛)과는 구별이 된다. 궐(闕)은 비록 양쪽 측면에 설치하지만, 상대적으로 도로와 가깝기 때문에 대체적으로 말을 하면, 이 또한 도로에 설치하는 것으로 말할 수 있다. 그렇기 때문에 참위(讖緯)에서는 "한나라를 대신할 자는 도고(塗高)이니, 외궐(巍闕)을 뜻한다."라고 한 것이다. 정현이 "구름과 생물들을 조각하며, 마치 오늘날의 궐(闕)에 있어서 그 위를 만드는 것처럼 한 것이다."라고 했는데, 고대의 소병(疏屛)은 현재의 궐(闕) 위에 구름과 생물을 그린 것과 유사하다는 뜻이다. 정현의 이러한 말대로라면, 아마도 병(屛)과 궐(闕)은 달랐던 것 같다.

訓纂 說文: 屛, 蔽也.

번역 『설문해자』에서 말하길, '병(屛)'은 가림막이다.

集解 愚謂: 此言魯大廟之飾同於天子也. 復廟, 鄭氏以爲重屋. 考工記註云: "重屋, 復笮." 笮在瓦之下, 椽之上, 以竹或木爲之. 復笮, 謂椽上有笮, 椽下復爲笮也. 椽端橫木謂之檐, 漢人謂之承壁材, 蓋以其在壁外而承受於壁也. 重檐, 謂於檐下復安板檐, 以避風雨之灑壁也. 刮楹, 刮摩其柱也. 穀梁傳曰 "天子之桷, 斲之磨之, 加密石焉", 則其柱刮之可知. 鄉, 牖也. 達, 謂疏達之, 使顯明也. 覲禮: "天子設斧依于戶牖之間." 是天子之廟室亦東戶西牖明矣. 鄭氏以八窓四達解"達鄉", 蓋以魯大廟爲明堂制, 其說非是. 反坫, 說見郊特牲. 設反坫者, 爲諸侯之大饗於此; 設崇坫者, 爲諸侯之朝聘於此也. 兩君相見, 授玉於兩楹之間, 則崇坫設於兩楹間也.

번역 내가 생각하기에, 이 문단은 노(魯)나라에서 세운 태묘(太廟)의 장식이 천자와 동일하다는 뜻이다. '복묘(復廟)'에 대해서, 정현은 지붕을 겹으로 올린 것으로 여겼다. 『고공기』에 대한 정현의 주에서는 "'중옥(重屋)'은 대나무 발을 거듭 올린 것이다."[28]라고 했다. '착(笮)'은 기와[瓦] 밑과 서까래[椽] 위에 있는데, 대나무 또는 나무로 만들게 된다. '복착(復笮)'은 서까래 위에 대나무 발처럼 짠 것이 있고, 서까래 아래에도 대나무 발처럼 짠 것이 있다는 뜻이다. 서까래 끝단에 횡으로 단 나무를 '첨(檐)'이라고 하는데, 한(漢)나라 때에는 그것을 두고 '벽재(壁材)를 받치는 것[承壁材]'이라고 했으니, 아마도 벽의 외부에 설치하여, 벽을 받치도록 했기 때문일 것이다. '중첨(重檐)'은 처마 밑에 재차 고정시키는 처마를 두어서, 비와 바람이 벽을 적시는 것을 막았던 것을 뜻한다. '괄영(刮楹)'은 기둥을 곱게 간 것이다. 『곡량전』에서는 "천자의 서까래는 깎고 다듬으니, 숫돌로 공정을 하게 된다."[29]라고 했으니, 기둥에 대해서 곱게 다듬는다는 사실을 알 수 있다. '향(鄕)'자는 들창을 뜻한다. '달(達)'자는 소통을 시켜서, 밝게 만든다는 뜻이다. 『의례』「근례(覲禮)」편에서는 "천자는 호(戶)와 들창 사이에 도끼무늬가 새겨진 병풍을 설치한다."[30]라고 했다. 이 말은 천자의 묘실(廟室)에도 동쪽 호(戶)와 서쪽 들창이 있었다는 사실을 나타낸다. 정현은 8개의 창과 4개의 달(達)을 통해 '달향(達鄕)'이라는 말을 설명했는데, 아마도 노나라의 태묘가 명당(明堂)의 제도에 따라 만들어졌다고 여겼기 때문이니, 그 주장은 잘못되었다. '반점(反坫)'에 대한 설명은 『예기』「교특생(郊特牲)」편에 나온다. 반점을 설치하는 이유는 제후가 이곳에서 대향(大饗)[31]

---

28) 이 문장은 『주례』「동관고공기(冬官考工記)·장인(匠人)」편의 "殷人重屋, 堂脩七尋, 堂崇三尺, 四阿, 重屋."이라는 기록에 대한 정현의 주이다.

29) 『춘추곡량전』「장공(莊公) 24년」: 二十有四年, 春, 王三月, 刻桓宮桷, 禮, 天子之桷, 斲之礱之, 加密石焉, 諸侯之桷, 斲之礱之, 大夫斲之, 士斲本刻桷, 非正也.

30) 『의례』「근례(覲禮)」: 天子設斧依於戶牖之間, 左右几.

31) 대향(大饗)은 큰 연회를 뜻한다. 본래는 천자가 조회로 찾아온 제후들에게 베풀었던 성대한 연회를 가리킨다. 『예기』「중니연거(仲尼燕居)」편에는 "大饗有四焉."이라는 기록이 있고, 이에 대한 정현의 주에서는 "大饗, 謂饗諸

을 하기 때문이며, 숭점(崇坫)을 설치하는 이유는 제후가 이곳에서 조빙(朝聘)[32]을 하기 때문이다. 양국의 군주가 서로 만나볼 때, 양쪽 기둥 사이에서 옥을 전달하게 되니, 숭점은 양쪽 기둥 사이에 설치한다.

侯來朝者也."라고 풀이했다.

32) 조빙(朝聘)은 본래 제후가 주기적으로 천자를 찾아뵙는 것을 뜻한다. 고대에는 제후가 천자에 대해서 매년 1번씩 소빙(小聘)을 했고, 3년에 1번씩 대빙(大聘)을 했으며, 5년에 1번씩 조(朝)를 했다. '소빙'은 제후가 직접 찾아가지 않았고, 대부(大夫)를 대신 파견하였으며, '대빙' 때에는 경(卿)을 파견하였다. '조'에서만 제후가 직접 찾아갔는데, 이것을 합쳐서 '조빙'이라고 부른다. 춘추시대(春秋時代) 때에는 진(晉)나라 문공(文公)과 같은 패주(霸主)에게 '조빙'을 하기도 하였다. 『예기』「왕제(王制)」편에는 "諸侯之於天子也, 比年一小聘, 三年一大聘, 五年一朝."라는 기록이 있고, 이에 대한 정현의 주에서는 "比年, 每歲也. 小聘, 使大夫, 大聘, 使卿, 朝, 則君自行. 然此大聘與朝, 晉文霸時所制也."라고 풀이했다. 후대에는 서로 찾아가서 만나보는 것을 '조빙'이라고 범칭하기도 했다.

그림 9-5 ▣ 궐(闕)

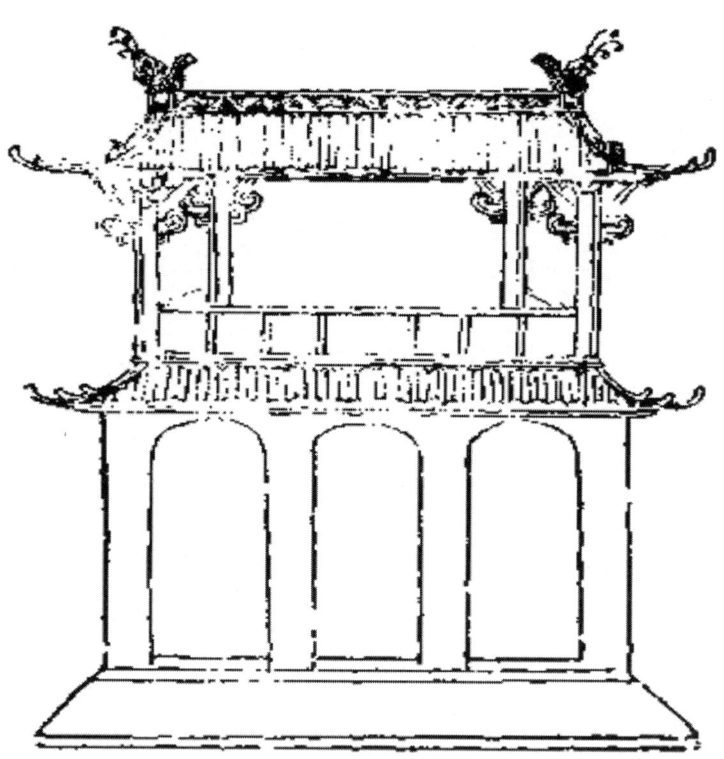

▸ **출처**: 『삼재도회(三才圖會)』「궁실(宮室)」 1권

• 제 10 절 •

노(魯)나라의 제도 : 수레

【402c】

鸞車, 有虞氏之路也. 鉤車, 夏后氏之路也. 大路, 殷路也. 乘路, 周路也.

직역 鸞車는 有虞氏의 路이다. 鉤車는 夏后氏의 路이다. 大路는 殷의 路이다. 乘路는 周의 路이다.

의역 노(魯)나라에는 사대(四代) 때의 수레를 갖추고 있었다. 난거(鸞車)는 유우씨(有虞氏) 때 사용하던 수레이다. 구거(鉤車)는 하후씨(夏后氏) 때 사용하던 수레이다. 대로(大路)는 은(殷)나라 때 사용하던 수레이다. 승로(乘路)는 주(周)나라 때 사용하던 수레이다.

集說 鸞車, 有鸞和之車也. 路, 與輅同. 鉤, 曲也. 車牀謂之輿, 輿之前闌曲, 故名鉤車也. 大路, 殷之木輅也. 乘路, 周之玉輅也.

번역 '난거(鸞車)'는 방울인 난(鸞)과 화(和)가 달려 있는 수레이다. '로(路)'자는 '로(輅)'자와 동일하다. '구(鉤)'자는 "굽다[曲]."는 뜻이다. 수레의 평판을 '여(輿)'라고 부르고, 여(輿) 앞에는 굽어 있는 난간이 있기 때문에, '구거(鉤車)'라고 부르는 것이다. '대로(大路)'는 은(殷)나라 때 사용하던 목로(木輅)이다. '승로(乘路)'는 주(周)나라 때 사용하던 옥로(玉輅)이다.

大全 慶源輔氏曰: 虞夏言車, 殷周言路, 各據時代所稱言之. 意者殷周始稱車爲輅耳. 自魯言之, 故下皆曰路也.

번역 경원보씨가 말하길, 우(虞)와 하(夏) 때에 대해서는 '거(車)'라고 지칭하고, 은(殷)과 주(周) 때에 대해서는 '로(路)'라고 지칭했는데, 각각 그 시대에 지칭하던 명칭에 따라서 불렀기 때문이다. 아마도 은나라와 주나라 때에는 처음으로 '거(車)'를 '로(輅)'라고 지칭했던 것일 뿐이다. 노(魯)나라를 기준으로 언급을 했기 때문에, 밑에서는 모두 '로(路)'라고 기록했다.

鄭注 鸞, 有鸞和也. 鉤, 有曲輿者也. 大路, 木路也. 乘路, 玉路也. 漢祭天, 乘殷之路也. 今謂之桑根車也, 春秋傳曰: "大路素." 鸞, 或爲欒也.

번역 '난(鸞)'은 난(鸞)과 화(和)라는 방울이 달려있는 수레이다. '구(鉤)'는 굽어 있는 여(輿)가 있는 수레이다. '대로(大路)'는 목로(木路)이다. '승로(乘路)'는 옥로(玉路)이다. 한(漢)나라 때 하늘에 대한 제사를 지내게 되면, 은나라 때 사용하던 수레에 탔다. 현재는 그 수레를 '상근거(桑根車)'라고 부르는데, 『춘추전』에서는 "대로(大路)는 소박하게 만든다."라고 했다. '난(鸞)'자를 다른 판본에서는 '난(欒)'자로 기록하기도 한다.

釋文 鉤, 古侯反. 乘, 徐食證反, 注同. 欒, 力九反.

번역 '鉤'자는 '古(고)'자와 '侯(후)'자의 반절음이다. '乘'자의 서음(徐音)은 '食(식)'자와 '證(증)'자의 반절음이며, 정현의 주에 나오는 글자도 그 음이 이와 같다. '欒'자는 '力(력)'자와 '九(구)'자의 반절음이다.

孔疏 ●"鸞車"至"路也". ○正義曰: 此一經明魯有四代之車, 其制各別.

번역 ●經文: "鸞車"~"路也". ○이곳 문단은 노(魯)나라에서 사대(四代) 때의 수레를 구비하고 있었는데, 그것을 만드는 제도는 각각 다르다는 사실을 나타내고 있다.

孔疏 ○鸞車, 車有鸞和也. 路, 則車也.

번역 ○'난거(鸞車)'는 수레에 난(鸞)과 화(和)라는 방울이 있는 것이다. '로(路)'는 수레[車]를 뜻한다.

孔疏 ●"鉤車, 夏后氏之路也"者, 鉤, 曲也. 輿, 則車牀. 曲輿, 謂曲前闌也. 虞質, 未有鉤矣.

번역 ●經文: "鉤車, 夏后氏之路也". ○'구(鉤)'자는 "굽다[曲]."는 뜻이다. '여(輿)'자는 수레의 평판이다. '곡여(曲輿)'는 앞에 달린 난간을 굽힌 것이다. 우(虞) 때에는 질박하였으므로, 아직 나무를 굽혀서 수레에 단 것이 없었다.

孔疏 ●"大路, 殷路也"者, 大路, 木路也.

번역 ●經文: "大路, 殷路也". ○'대로(大路)'는 목로(木路)이다.

孔疏 ●"乘路, 周路也"者, 乘路, 玉路也. 周王禮, 故用玉.

번역 ●經文: "乘路, 周路也". ○'승로(乘路)'는 옥로(玉路)이다. 주(周)나라 천자의 예법에 따르기 때문에, 옥로를 사용하는 것이다.

孔疏 ◎注"春秋傳曰: 大路素". ○正義曰: 按桓二年左氏云: "大路越席." 越席是祀天之席, 則大路亦祭天之車. 以祭天尚質, 故鄭云: "大路素."

번역 ◎鄭注: "春秋傳曰: 大路素". ○환공(桓公) 2년에 대한 『좌전』의 기록을 살펴보면, "대로(大路)에는 월석(越席)을 깐다."[1]라고 했는데, '월석(越席)'이라는 것은 하늘에 대한 제사를 지낼 때 사용하는 자리이니, 대로

---

1) 『춘추좌씨전』「환공(桓公) 2년」: 君人者, 將昭德塞違, 以臨照百官, 猶懼或失之, 故昭令德以示子孫, 是以淸廟茅屋, 大路越席, 大羹不致, 粢食不鑿, 昭其儉也.

또한 하늘에 대한 제사를 지내며 사용하는 수레가 된다. 하늘에 대한 제사 때에는 질박함을 숭상하기 때문에, 정현은 "대로는 소박하게 만든다."라고 말한 것이다.

集解 愚謂: 古時車制質畧, 虞始爲之和·鸞, 夏始爲之曲闌, 至殷而制畧備, 周有金·玉等五路, 而用殷之大路以祀天. 魯之乘路爲金路, 而祀天亦乘大路焉.

번역 내가 생각하기에, 고대에 수레를 만드는 제도는 질박하고 약소하여, 우(虞) 때에는 처음으로 수레에 화(和)와 란(鸞)을 달게 되었고, 하(夏) 때에는 처음으로 난간을 굽혀서 달게 되었으며, 은(殷)에 이르게 되면 제도가 대체적으로 갖춰졌고, 주(周) 때에는 금로(金路)·옥로(玉路) 등의 다섯 가지 수레가 있었지만, 은나라 때의 대로(大路)를 사용하여 하늘에 대한 제사를 지냈다. 노(魯)나라에서는 승로(乘路)를 금로(金路)로 삼았지만, 하늘에 대한 제사를 지낼 때에는 또한 대로(大路)를 탔다.

그림 10-1 ▣ 수레의 상판 부분

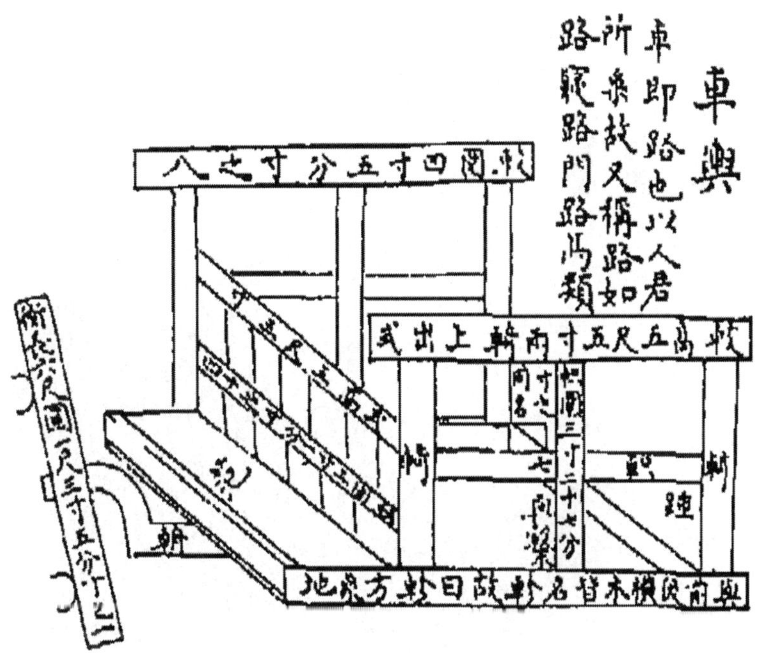

▸ **출처**: 『삼례도(三禮圖)』 2권

그림 10-2 ▣ 옥로(玉路)

玉輅

節服氏六人與王同服袞冕掌祭祀朝覲維王之太常

※ 출처: 『삼례도집주(三禮圖集注)』 9권

그림 10-3 ▣ 후대 천자의 옥로(玉路)

▸ **출처**: 『삼재도회(三才圖會)』「기용(器用)」 5권

그림 10-4 ▣ 월석(越席)

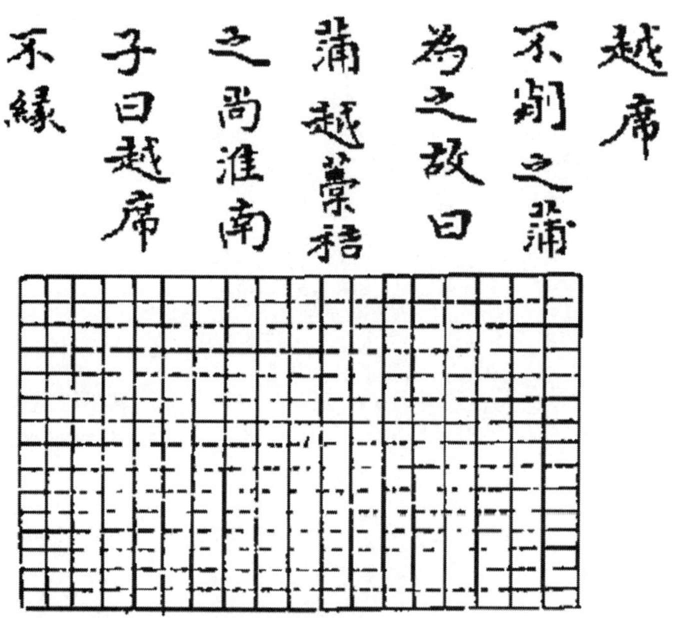

▸ 출처: 『삼례도(三禮圖)』 2권

그림 10-5 ▣ 후대 천자의 금로(金路)

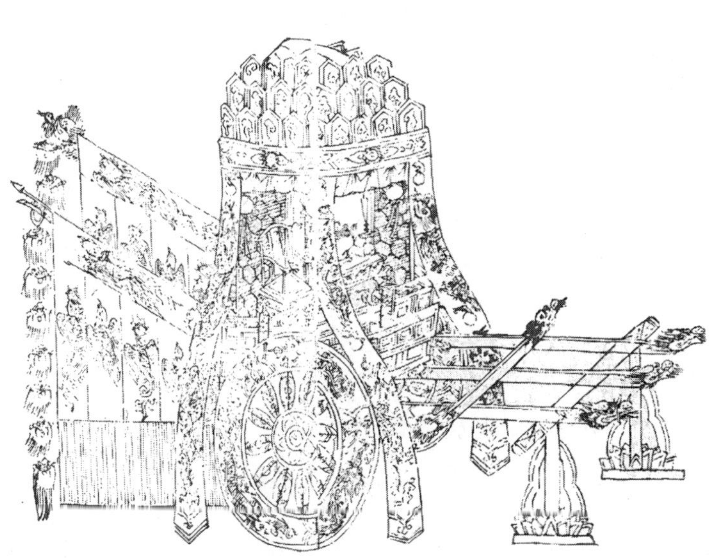

▸ **출처**: 『삼재도회(三才圖會)』「기용(器用)」 5권

• 제 11 절 •

노(魯)나라의 제도 : 깃발

【402c】

有虞氏之旂, 夏后氏之綏, 殷之大白, 周之大赤.

직역 有虞氏의 **旂**이며, 夏后氏의 綏이고, 殷의 大白이며, 周의 大赤이다.

의역 노(魯)나라에는 사대(四代) 때의 깃발을 갖추고 있었다. 유(**緌**)는 유우씨(有虞氏) 때의 깃발이고, 기(**旂**)는 하후씨(夏后氏) 때의 깃발이며, 대백(大白)은 은(殷)나라 때의 깃발이고, 대적(大赤)은 주(周)나라 때의 깃발이다.

集說 四者旌旗之屬. 周禮交龍爲旂. 綏, 讀爲緌. 以旄牛尾注於杠首而垂之者也. 大白, 白色旗也. 大赤, 赤色旗也. 鄭云: "當言有虞氏之緌, 夏后氏之旂", 謂虞質於夏惟緌而已, 至夏世乃有旂之制也.

번역 이 네 가지는 깃발의 부류이다. 『주례』에서는 교룡(交龍)을 수놓은 것을 '기(旂)'라고 했다. '수(綏)'자는 '유(緌)'자로 풀이한다. 깃대 장식에 소의 꼬리를 이용하여, 깃대 끝에 매달아서 늘어뜨린 것이다. '대백(大白)'은 백색의 깃발이다. '대적(大赤)'은 적색의 깃발이다. 정현은 "마땅히 유우씨(有虞氏) 때의 유(緌), 하후씨(夏后氏) 때의 기(旂)라고 기록해야 한다."고 했으니, 우(虞) 때는 하(夏) 때보다 질박하므로, 오직 유(緌)만 달았을 뿐이며, 하나라 때가 되어서야 기(旂) 등의 제도가 생겼다는 의미이다.

鄭注 四者, 旌旗之屬也. 綏當爲緌, 讀如冠蕤之"蕤". 有虞氏當言緌, 夏后氏當言旂, 此蓋錯誤也. 緌, 謂注旄牛尾於杠首, 所謂大麾. 書云: "武王左杖黃鉞, 右秉白旄以麾." 周禮: "王建大旂以賓, 建大赤以朝, 建大白以卽戎, 建大麾以田也."

번역 네 가지 것들은 깃발의 부류이다. '수(綏)'자는 마땅히 '유(緌)'자가 되어야 하니, '관유(冠蕤)'라고 할 때의 '유(蕤)'자처럼 풀이한다. 유우씨(有虞氏) 때에 대해서는 마땅히 '유(緌)'라고 기록해야 하며, 하후씨(夏后氏) 때에 대해서는 마땅히 '기(旂)'라고 기록해야 하는데, 이 기록은 아마도 착간되어 잘못 기록된 것 같다. '유(緌)'는 깃대 끝에 소의 꼬리를 깃대 장식으로 단 것을 뜻하니, 이른바 '대휘(大麾)'라는 것이다. 『서』에서는 "무왕(武王)은 좌측 손으로 황색의 도끼를 잡고, 우측 손으로는 흰색의 깃발을 잡고서 휘둘렀다."[1]라고 했다. 『주례』에서는 "천자는 대기(大旂)를 세우고 빈객과 회동을 가지고, 대적(大赤)을 세우고 조회를 하며, 대백(大白)을 세우고 정벌을 하고, 대휘(大麾)를 세우고 사냥을 한다."[2]라고 했다.

釋文 綏, 依注爲緌, 耳佳反. 注, 之樹反. 旄音毛. 杠音江. 麾, 毁皮反. 左杖, 直亮反. 鉞音越.

번역 '綏'자는 정현의 주에 따르면 '緌'자가 되니, '耳(이)'자와 '佳(추)'자의 반절음이다. '注'자는 '之(지)'자와 '樹(수)'자의 반절음이다. '旄'자의 음은 '毛(모)'이다. '杠'자의 음은 '江(강)'이다. '麾'자는 '毁(훼)'자와 '皮(피)'자의 반절음이다. '左杖'에서의 '杖'자는 '直(직)'자와 '亮(량)'자의 반절음이다. '鉞'자의 음은 '越(월)'이다.

孔疏 ●"有虞"至"大赤". ○正義曰: 此一經論魯有四代旌旗. "有虞氏之旂"者, 旂當爲緌, 但注旄竿首, 未有旒縿. "夏后氏之綏"者, 鄭云綏當爲旂. 夏

---

1) 『서』「주서(周書)·목서(牧誓)」: 時甲子昧爽, 王朝至于商郊牧野, 乃誓. 王左杖黃鉞, 右秉白旄以麾, 曰, 逖矣, 西土之人.

2) 『주례』「춘관(春官)·건거(巾車)」: 金路, 鉤, 樊纓九就, 建大旂, 以賓, 同姓以封; 象路, 朱, 樊纓七就, 建大赤, 以朝, 異姓以封; 革路, 龍勒, 條纓五就, 建大白, 以卽戎, 以封四衛; 木路, 前樊鵠纓, 建大麾, 以田, 以封蕃國.

后氏漸文, 旣注旄竿首, 又有旒縿.

번역 ●經文: "有虞"~"大赤". ○이곳 경문은 노(魯)나라에서 사대(四代) 때의 깃발을 갖추고 있었다는 사실을 논의하고 있다. 경문의 "有虞氏之旂"에 대하여. '기(旂)'자는 마땅히 '유(緌)'자가 되어야 하니, 단지 깃대의 끝에 깃대 장식을 매달 뿐이며, 깃대에 매다는 끈이나 정폭(正幅) 등은 없었다. 경문의 "夏后氏之綏"에 대하여. 정현은 '수(綏)'자는 마땅히 '기(旂)'자가 되어야 한다고 했다. 하후씨(夏后氏) 때에는 점차 문식을 꾸미게 되었고, 이미 깃대의 끝에 깃대 장식을 매달았으므로, 또한 깃발의 끈과 정폭 등이 갖춰진 것이다.

孔疏 ●"殷之大白", 謂白色旗. "周之大赤"者, 赤色旗. 此大白大赤, 各隨代之色. 無所畫也.

번역 ●經文: "殷之大白". ○백색의 깃발을 뜻한다. 경문의 "周之大赤"에 대하여. 적색의 깃발을 뜻한다. 여기에서 말한 '대백(大白)'과 '대적(大赤)'은 각각 당시의 숭상하던 색깔에 따른 것이다. 깃발에는 그림을 그리지 않는다.

孔疏 ◎注"有虞"至"田也". ○正義曰: 知"有虞氏當言緌, 夏后氏當言旂"者, 以虞質於夏, 故知虞世但注旄, 夏世始加旒縿. 知"注旄牛尾於杠首"者, 爾雅·釋天云"注旄首曰旌", 是也. 云"所謂大麾"者, 所謂"巾車建大麾以田"者, 是也. 必知此緌當"大麾"者, 彼大麾上有大白大赤, 此經"夏后氏之綏" 下有"大白, 大赤", 故知緌當大麾也. 然巾車注云: "正色言之, 大麾, 夏后氏之旗, 色黑." 鄭此注以緌爲有虞氏所建緌, 則大麾不同者, 有虞氏但有注旄竿首, 夏后氏之旗, 若去旒縿, 則與虞氏不異, 同謂之緌也. 以巾車連"大白大赤", 故以緌麾爲之旗. 引"書曰"者, 牧誓文. 引之者, 證白旄以指麾, 是"大麾"也. 引周禮者, 巾車職文, 明天子所用. 然則魯之所用, 亦當然也.

번역 ◎鄭注: "有虞"~"田也". ○정현이 "유우씨(有虞氏) 때에 대해서는 마땅히 유(緌)라고 기록해야 하며, 하후씨(夏后氏) 때에 대해서는 마땅히 '기(旂)'라고 기록해야 한다."라고 했는데, 이 말이 사실임을 알 수 있는 이유는 우(虞) 때에는 하(夏) 때보다 질박하였기 때문에, 우나라 때에는 단지 깃대 장식만을 매달았고, 하나라 때가 되어서야 비로소 깃발의 끈과 정폭(正幅)을 더하게 되었다. 정현이 "깃대 끝에 소의 꼬리를 깃대 장식으로 단 것을 뜻한다."라고 했는데, 『이아』「석천(釋天)」편에서는 "깃대 끝에 장식을 매단 것을 '정(旌)'이라고 부른다."[3]고 한 말이 바로 이러한 사실을 가리킨다. 정현이 "이른바 '대휘(大麾)'라는 것이다."라고 했는데, "건거(巾車)가 대휘(大麾)를 세우고 사냥을 한다."라고 한 말이 바로 이러한 사실을 나타낸다. 이곳에 기록된 '유(緌)'가 '대휘(大麾)'가 된다는 사실을 분명히 알 수 있는 이유는 『주례』에서는 대휘(大麾) 앞에 대백(大白)과 대적(大赤)이 기록되어 있고, 이곳 경문에서는 "하후씨(夏后氏) 때의 수(綏)이다."라고 했으며, 그 뒤에 대백(大白)과 대적(大赤)이 기록되어 있다. 그렇기 때문에 '유(緌)'가 대휘(大麾)에 해당한다는 사실을 알 수 있다. 그런데 『주례』「건거(巾車)」편에 대한 정현의 주에서는 "정색(正色)을 기준으로 말을 한다면, 대휘(大麾)는 하후씨 때의 깃발이니, 그 색깔은 흑색이다."[4]라고 했다. 정현은 이곳 주석에서 유(緌)를 유우씨(有虞氏) 때 세우던 유(緌)라고 여겼으니, 대휘(大麾)와는 다른 것이다. 유우씨 때에는 단지 깃대 끝에 깃대 장식만을 매달았고, 하후씨 때의 깃발에서, 만약 깃발의 끈과 정폭 등을 제거한다면, 유우씨 때의 깃발과 차이가 없으니, 이 둘을 '유(緌)'라고 부를 수 있다. 「건거」편에서는 대백(大白)과 대적(大赤)이 연이어 기록되었기 때문에, 유(緌)와 대휘(大麾)를 기(旗)라고 여긴 것이다. 정현이 『서』의 내용을 인용했는데, 이것은 「목서(牧誓)」편의 문장이다. 정현이 이 문장을 인용한 이유는 백색의 깃발을 세워서 휘두르는데, 이것이 '대휘(大麾)'에 해당함을

---

3) 『이아』「석천(釋天)」 : 注旄首曰旌.

4) 이 문장은 『주례』「춘관(春官)·건거(巾車)」편의 "木路, 前樊鵠纓, 建大麾, 以田, 以封蕃國."이라는 기록에 대한 정현의 주이다.

증명하기 위해서이다. 정현이 『주례』를 인용했는데, 이것은 「건거」편의 직무 기록으로, 천자가 사용하는 깃발을 나타내고 있다. 그렇다면 노(魯)나라에서 사용했던 깃발 또한 마땅히 이러한 용도에 따라 사용했을 것이다.

訓纂 爾雅: 有鈴曰旂.

번역 『이아』에서 말하길, 방울이 있는 깃발을 '기(旂)'라고 부른다.[5)]

訓纂 釋名: 交龍曰旂. 旂, 倚也, 畫作兩龍相依倚也, 諸侯所建也. 緌, 有虞氏之旌也. 注旄竿首, 其形桑桑然也. 綏, 夏后之旌也, 其形衺衺也.

번역 『석명』[6)]에서 말하길, 교룡(交龍)을 새긴 깃발을 '기(旂)'라고 부른다. '기(旂)'자는 "의지하다[倚]."는 뜻이니, 두 마리의 용이 서로 의지해 있는 모습으로 그림을 그린 것으로, 제후가 세우는 깃발이다. '유(緌)'는 유우씨(有虞氏) 때 사용하던 깃발이다. 깃대 끝에 깃대 장식을 단 것으로, 그 모습이 축 늘어져 있게 된다. '수(綏)'는 하후씨(夏后氏) 때의 깃발이니, 그 모습은 밑으로 늘어뜨린 형상이 된다.

集解 愚謂: 有虞氏始爲交龍之旂; 夏后氏於旂之外又爲綏, 殷人又增爲大白, 周人又增爲大赤也. 綏及大白·大赤, 皆染旄注於竿首而無旒. 縿綏之色黑, 夏所尙也. 謂之綏者, 言其垂旄緌緌然也. 周禮謂之"大麾", 言其可指麾也. 書牧誓曰: "王右秉白旄以麾." 白旄, 卽大白也. 此三旗皆在九旗之外, 而可以秉之麾之, 則其杠蓋視九旗而稍小也. 周禮王之玉路建大常, 以祀; 金路建大旂, 以賓; 象路建大赤, 以朝; 革路建大白, 以卽戎; 木路建大麾, 以田. 諸侯則同姓封以金路, 異姓以象路, 四衛以革路, 蕃國以木路, 皆建龍旂, 而大麾·大白·大赤亦各因其事而用之焉.

---

5) 『이아』「석천(釋天)」: 有鈴曰旂.

6) 『석명(釋名)』은 후한(後漢) 때의 학자인 유희(劉熙)가 지은 서적이다. 오래된 훈고학 서적의 하나로 꼽힌다.

번역 내가 생각하기에, 유우씨(有虞氏) 때에는 처음으로 교룡(交龍)을 새긴 기(旂)를 만들었고, 하후씨(夏后氏) 때에는 기(旂) 이외에 재차 수(綏)를 만들었으며, 은(殷)나라 때에는 또한 대백(大白)이라는 깃발을 추가했고, 주(周)나라 때에는 또한 대적(大赤)이라는 깃발을 추가했다. 수(綏) 및 대백(大白)·대적(大赤)은 모두 깃대 끝에 깃대 장식을 염색해서 단 것으로, 깃술은 없다. 깃폭의 끈은 그 색깔이 흑색이니, 하나라 때 숭상하던 색깔이기 때문이다. 그 깃발을 '수(綏)'라고 부른 것은 깃발이 밑으로 늘어져 있음을 뜻한다. 『주례』에서는 그 깃발을 '대휘(大麾)'라고 불렀으니, 그것을 들고 휘두를 수 있음을 뜻한다. 『서』「목서(牧誓)」편에서는 "천자는 우측 손으로 백색의 깃발을 들고 휘둘렀다."라고 했다. '백모(白旄)'는 곧 대백(大白)에 해당한다. 여기에서 말한 세 가지 깃발은 모두 구기(九旗)[7]에는 포함되지 않으니, 그것을 손으로 잡거나 휘두를 수 있다면, 깃대는 구기와 비교해보면, 보다 작았을 것이다. 『주례』에서는 천자의 옥로(玉路)에는 대상(大常)을 세우고, 제사를 지낸다고 했고, 금로(金路)에는 대기(大旂)를 세우고, 빈객과 회동을 한다고 했으며, 상로(象路)에는 대적(大赤)을 세우고, 조회를 한다고 했고, 혁로(革路)에는 대백(大白)을 세우고, 정벌을 한다고 했으며, 목로(木路)에는 대휘(大麾)를 세우고, 사냥을 한다고 했다. 제후의 경우, 천자와 동성인 자에 대해서는 금로(金路)를 하사하여 분봉을 하고, 이성에 대해서는 상로(象路)를 하사하여 분봉을 하며, 사방 위복(衛服)에

---

7) 구기(九旗)는 고대에 사용하던 9종류의 깃발을 뜻한다. 무늬가 각각 달랐으며, 사용하는 용도 또한 달랐다. 해[日]와 달[月]을 수놓은 깃발을 상(常)이라고 부르며, 교룡(交龍)을 수놓은 깃발을 기(旂)라고 부르며, 순색의 비단을 이용하여 만든 깃발을 전(旜)이라고 부르며, 색이 섞여 있는 깃발을 물(物)이라고 부르며, 곰[熊]과 호랑이[虎]를 수놓은 깃발을 기(旗)라고 부르며, 새매를 수놓은 깃발을 여(旟)라고 부르며, 거북이[龜]와 뱀[蛇]을 수놓은 깃발을 조(旐)라고 부르며, 새의 온전한 날개를 오색(五色)으로 채색하여, 깃술처럼 장식한 깃발을 수(旞)라고 부르며, 가느다란 새의 깃털을 오색으로 채색하여, 깃술처럼 장식한 깃발을 정(旌)이라고 부른다. 『주례』「춘관(春官)·사상(司常)」편에는 "掌九旗之物名, 各有屬以待國事. 日月爲常, 交龍爲旂, 通帛爲旜, 雜帛爲物, 熊虎爲旗, 鳥隼爲旟, 龜蛇爲旐, 全羽爲旞, 析羽爲旌."이라는 기록이 있다.

속한 제후에 대해서는 혁로(革路)를 하사하여 분봉을 하고, 번국(蕃國)에 대해서는 목로(木路)를 하사하여 분봉을 하니, 이들 모두는 용기(龍旂)를 세우게 되며, 대휘(大麾)·대백(大白)·대적(大赤) 또한 각각 그 사안에 따라서 사용을 한다.

集解 鄭氏註周禮, 謂"大赤卽司常之'通帛', 曰旜", 非也. 旜乃孤·卿所建, 而大赤, 王用以朝, 可合而爲一乎?

번역 『주례』에 대한 정현의 주에서는 "대적(大赤)은 곧 『주례』「사상(司常)」편에 나온 '통백(通帛)'에 해당하는 것으로, '전(旜)'이라고 부른다."라고 했는데, 잘못된 주장이다. 전(旜)은 고(孤)와 경(卿)이 세우는 깃발이고, 대적(大赤)은 천자가 이 깃발을 이용하여 조회를 하니, 둘을 하나로 볼 수 있겠는가?

그림 11-1 ▣ 유우씨(有虞氏)와 하후씨(夏后氏) 때의 깃발

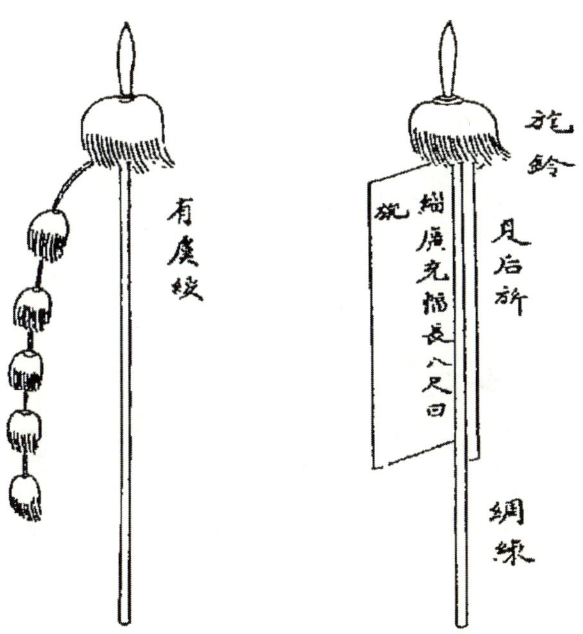

▸ **출처:** 『삼례도(三禮圖)』 2권

그림 11-2 ▣ 은(殷)나라와 주(周)나라 때의 깃발

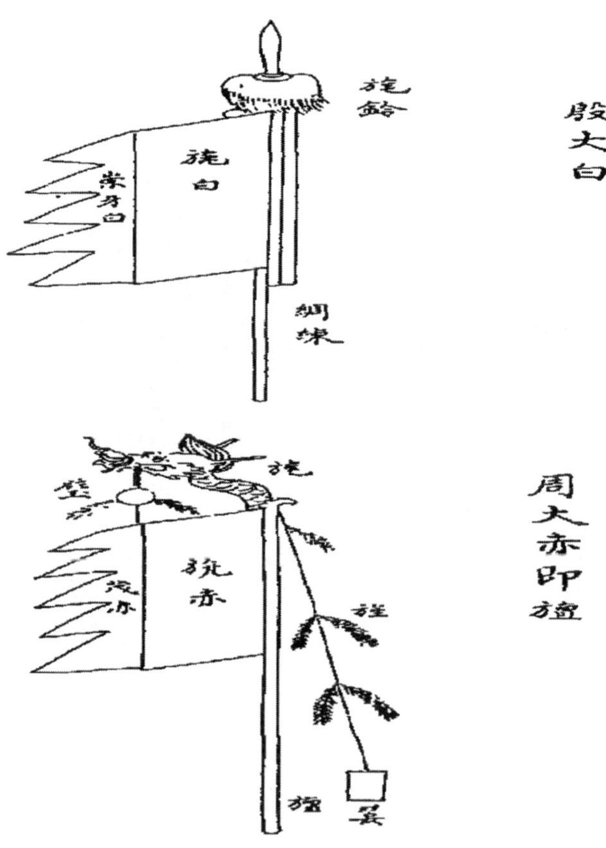

▸ **출처:** 『삼례도(三禮圖)』 2권

그림 11-3 ▣ 후대 천자의 상로(象路)

▸ **출처:** 『삼재도회(三才圖會)』「기용(器用)」 5권

그림 11-4 ▣ 후대 천자의 혁로(革路)

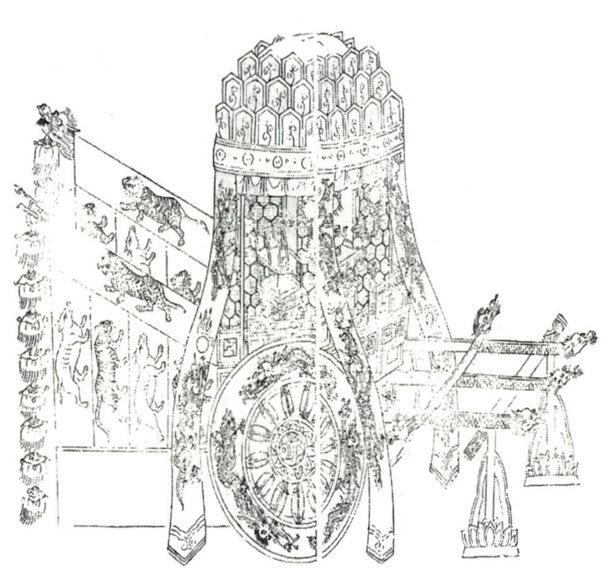

▸ **출처**: 『삼재도회(三才圖會)』「기용(器用)」 5권

그림 11-5 ▣ 대상(大常)

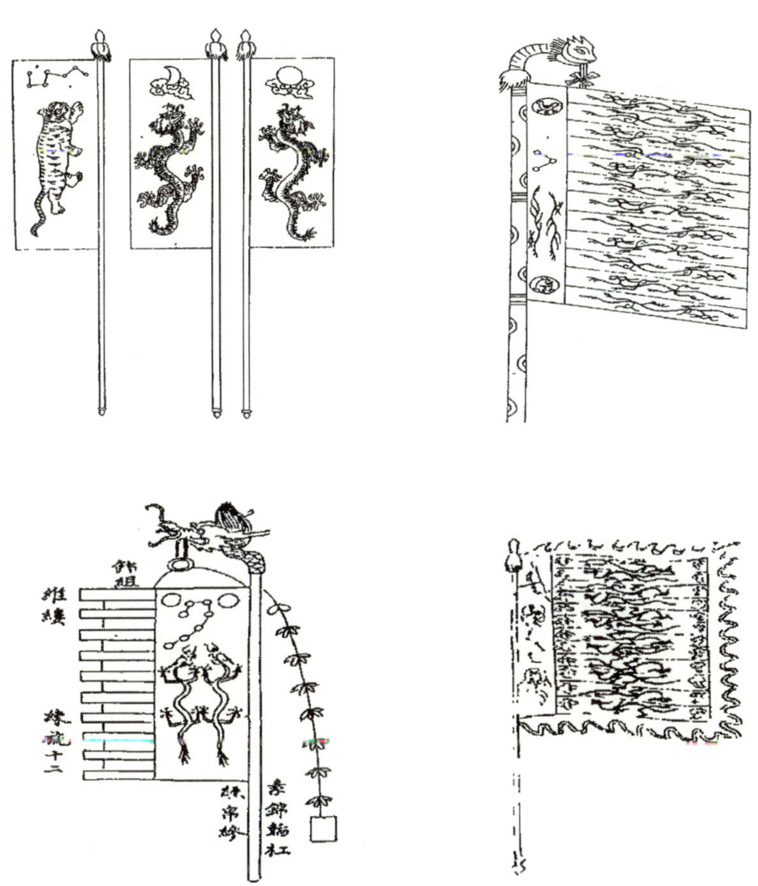

▸ **출처**: 상좌-『주례도설(周禮圖說)』 하권 ; 상우-『삼례도집주(三禮圖集注)』 9권
하좌-『삼례도(三禮圖)』 2권 ; 하우-『육경도(六經圖)』 7권

그림 11-6 ▣ 대기(大旂)

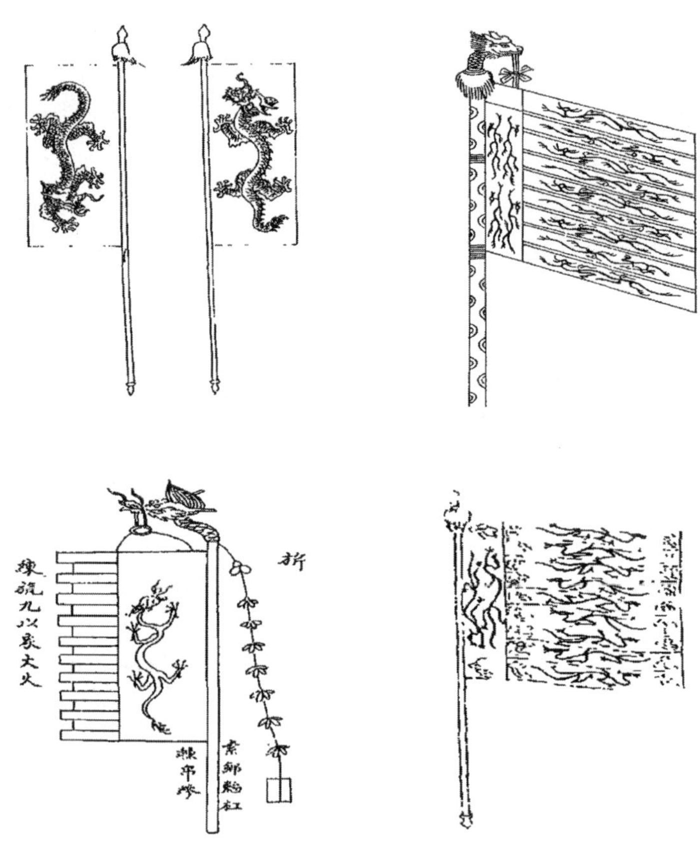

▸ **출처**: 상좌-『주례도설(周禮圖說)』 하권 ; 상우-『삼례도집주(三禮圖集注)』 9권
하좌-『삼례도(三禮圖)』 2권 ; 하우-『육경도(六經圖)』 7권

그림 11-7 ▣ 전(旜)

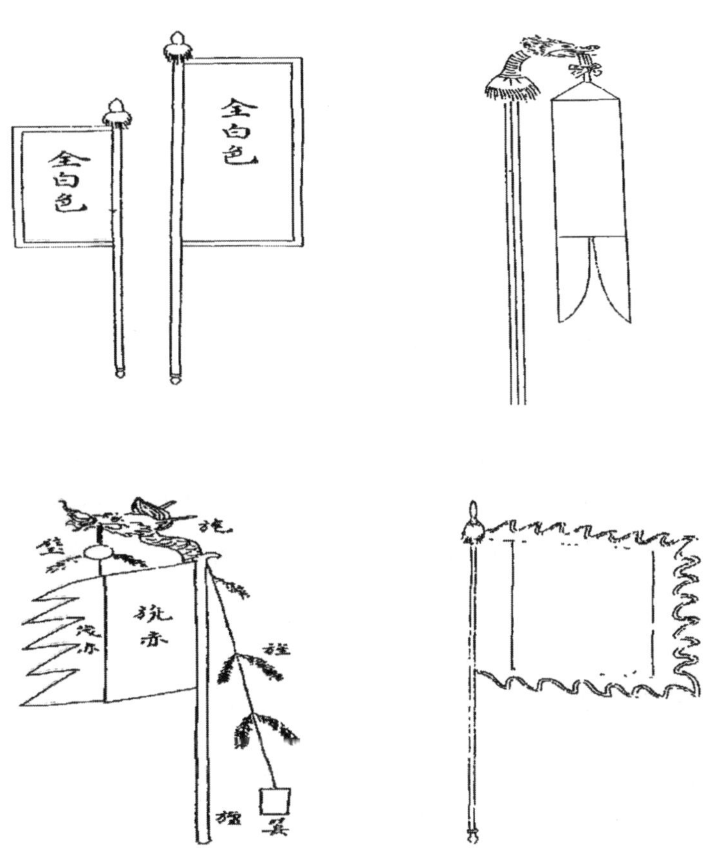

▸ **출처**: 상좌-『주례도설(周禮圖說)』 하권 ; 상우-『삼례도집주(三禮圖集注)』 9권
하좌-『삼례도(三禮圖)』 2권 ; 하우-『육경도(六經圖)』 7권

• 제 12 절 •

노(魯)나라의 제도 : 말

【402d】

夏后氏駱馬黑鬣, 殷人白馬黑首, 周人黃馬蕃鬣.

직역 夏后氏는 駱馬에 黑鬣했고, 殷人은 白馬에 黑首했으며, 周人은 黃馬에 蕃鬣했다.

의역 노(魯)나라에는 삼대(三代) 때의 말을 갖추고 있었다. 하후씨(夏后氏) 때에는 백색의 몸에 흑색의 갈기가 있는 말을 숭상했고, 은(殷)나라 때에는 백색의 몸에 흑색의 머리를 한 말을 숭상했으며, 주(周)나라 때에는 황색의 몸에 적색의 갈기가 있는 말을 숭상했다.

集說 白黑相間謂之駱, 此馬白身而黑鬣也. 蕃鬣, 赤鬣也.

번역 흑색과 백색이 뒤섞여 있는 것을 '낙(駱)'이라고 부르니, 이 말은 몸은 백색이며, 흑색의 갈기가 있는 것이다. '번렵(蕃鬣)'은 적색의 갈기를 뜻한다.

鄭注 順正色也. 白馬黑鬣曰駱. 殷黑首, 爲純白凶也.

번역 정색(正色)[1]에 따르기 때문이다. 백색의 몸에 흑색의 갈기가 있는 말을 '낙(駱)'이라고 부른다. 은(殷)나라 때 숭상했던 말은 흑색의 머리를

1) 정색(正色)은 간색(間色)과 대비되는 말로, 청색(靑色)·적색(赤色)·황색(黃色)·백색(白色)·흑색(黑色) 등 순일한 다섯 종류의 색깔을 뜻한다.

하고 있었으니, 순백색은 흉사(凶事)를 상징하기 때문이다.

鄭注 駱音洛, 鬣, 力輒反. 蕃鬣, 字又作番, 音煩. 郭璞云: "兩披髮."

번역 '駱'자의 음은 '洛(낙)'이며, '鬣'자는 '力(력)'자와 '輒(첩)'자의 반절음이다. '蕃鬣'에서의 '蕃'자는 그 글자를 또한 '番'자로도 기록하는데, 그 음은 '煩(번)'이다. 곽박[2]은 "양쪽으로 갈라진 갈기이다."라고 했다.

孔疏 ●"夏后"至"騂剛". ○正義曰: 此一經明魯有三代之馬, 及牲色不同. "夏后氏駱馬黑鬣"者, 駱, 白黑相間也. 此馬白身黑鬣, 故云"駱"也. 夏尚黑, 故用黑鬣也. "殷人白馬黑首"者, 殷尙白, 故白馬也. 純白似凶, 故黑頭也. 頭黑而鬣白, 從所尙也. 然類三代, 俱以鬣爲所尙也.

번역 ●經文: "夏后"~"騂剛". ○이곳 경문은 노(魯)나라에서 삼대(三代) 때의 말을 갖추고 있었으며, 희생물의 색깔이 다르다는 사실을 나타내고 있다. 경문의 "夏后氏駱馬黑鬣"에 대하여. '낙(駱)'자는 백색과 흑색이 서로 섞여 있는 것을 뜻한다. 이 말은 몸은 백색이며, 흑색의 갈기를 가지고 있다. 그렇기 때문에 '낙(駱)'이라고 부른 것이다. 하(夏)나라 때에는 흑색을 숭상했기 때문에, 흑색의 갈기가 있는 말을 사용했다. 경문의 "殷人白馬黑首"에 대하여. 은(殷)나라 때에는 백색을 숭상했기 때문에, 백색의 말을 사용했다. 그러나 순백색은 흉사(凶事)와 유사하기 때문에, 흑색의 머리를 가진 말을 사용했다. 머리가 흑색이고 갈기가 백색인 것을 숭상한 이유는 숭상하던 색깔을 따랐기 때문이다. 그러므로 삼대(三代) 때 숭상했던 말들을 비교해보면, 모두 갈기에 대해서 숭상하던 색깔을 따랐다.

孔疏 ●"周人黃馬蕃鬣"者, 蕃, 赤也. 周尙赤, 用黃, 近赤也. 而用赤鬣, 爲

2) 곽박(郭璞, A.D.276~A.D.324) : =곽경순(郭景純). 진(晉)나라 때의 학자이다. 자(字)는 경순(景純)이다. 저서로는 『이아주(爾雅注)』, 『방언주(方言注)』, 『산해경주(山海經注)』 등이 있다.

所尙也. 熊氏以爲蕃鬣爲黑色, 與周所尙乖, 非也.

번역 ●經文: "周人黃馬蕃鬣". ○'번(蕃)'자는 적색을 뜻한다. 주(周)나라는 적색을 숭상했는데, 황색을 사용한 이유는 그 색깔이 적색과 가깝기 때문이다. 그러나 적색의 갈기를 가진 말을 사용한 것은 숭상하던 색깔에 따랐기 때문이다. 웅안생은 번렵(蕃鬣)은 흑색이라고 여겼는데, 주(周)나라에서 숭상하던 색깔과 어긋나므로, 그 주장은 잘못되었다.

集解 愚謂: 檀弓"夏后氏戎事乘驪", "殷人乘翰", "周人乘騵", 皆用純色. 與此不同者, 檀弓專謂戎事所用, 此皆祭祀所乘, 及用以爲幣者也. 康王之誥曰: "皆布乘黃朱." 雜記曰: "陳乘黃大路於庭中." 是周人以馬爲幣者, 皆尙黃也. 左傳"宋公子地有白馬四", "公取而朱其尾鬣", 則馬鬣之色, 蓋有以人爲之者矣.

번역 내가 생각하기에, 『예기』「단궁(檀弓)」편에서는 "하후씨(夏后氏)는 전쟁과 관련된 일에서는 검은 말에 멍에를 메게 했다."라고 했고, "은(殷)나라 때에는 백색의 말에 멍에를 메게 했다."라고 했으며, "주(周)나라 때에는 적색의 털빛에 검은색의 갈기를 가진 말에 멍에를 메게 했다."라고 했는데,[3] 모두 순색을 사용한 것이다. 이곳의 기록 내용과 다른데, 그 이유는 「단궁」편에서는 전적으로 전쟁 때 사용하던 말만을 언급한 것이고, 이곳 기록은 모두 제사에 사용하는 말 및 폐물로 사용하는 말에 대한 내용이기 때문이다. 『서』「강왕지고(康王之誥)」편에서는 "모두 황색의 말에 갈기가 붉은 것을 진열하였다."[4]라고 했고, 『예기』「잡기(雜記)」편에서는 "마당에 황색의 말과 대로(大路)를 진열한다."[5]라고 했다. 이 말은 주(周)나라

---

3) 『예기』「단궁상(檀弓上)」【73b】: 夏后氏尙黑, 大事斂用昏, 戎事乘驪, 牲用玄. 殷人尙白, 大事斂用日中, 戎事乘翰, 牲用白. 周人尙赤, 大事斂用日出, 戎事乘騵, 牲用騂.

4) 『서』「주서(周書)·강왕지고(康王之誥)」: 王出在應門之內. 太保率西方諸侯, 入應門左, 畢公率東方諸侯, 入應門右, 皆布乘黃朱.

5) 『예기』「잡기상(雜記上)」【505a】: 介賵, 執圭將命, 曰, "寡君使某賵." 相者入

때에는 말을 폐물로 사용했는데, 그때에는 모두 황색을 숭상했음을 나타낸다. 『좌전』에서는 "송(宋)나라 공자(公子) 지(地)는 백마 네 필이 있다."라고 했고, "군주가 가져다가 그 꼬리와 갈기를 적색으로 칠했다."라고 했으니,[6] 말의 갈기 색깔 중에는 아마도 사람이 인위적으로 칠해서 만든 것도 있었을 것이다.

告, 反命曰, "孤某須矣." 陳乘黃大路於中庭, 北輈, 執圭將命. 客使自下由路西, 子拜稽顙, 坐委于殯東南隅, 宰舉以東.

6) 『춘추좌씨전』「정공(定公) 10년」: 宋公子地嬖蘧富獵, 十一分其室, 而以其五與之. 公子地有白馬四, 公嬖向魋, 魋欲之. 公取而朱其尾·鬣以與之.

• 제 13 절 •

노(魯)나라의 제도 : 희생물 Ⅰ

【402d】

夏后氏牲尙黑, 殷白牡, 周騂剛.

직역 夏后氏의 牲은 黑을 尙했고, 殷은 白牡로 했으며, 周는 騂剛으로 했다.

의역 노(魯)나라에는 삼대(三代) 때의 희생물을 갖추고 있었다. 하후씨(夏后氏) 때의 희생물은 흑색을 숭상하여, 흑색의 소를 사용했고, 은(殷)나라 때에는 백색을 숭상하여, 백색의 수소를 사용했으며, 주(周)나라 때에는 적색을 숭상하여, 적색의 장성한 소를 사용했다.

集說 騂, 赤色. 剛, 壯也.

번역 '성(騂)'자는 적색을 뜻한다. '강(剛)'자는 "장성하다[壯]."는 뜻이다.

大全 慶源輔氏曰: 殷周獨於此稱人者, 以言馬故也. 周言剛, 夏殷亦剛也. 殷言牡, 則夏亦牡也. 夏言尙, 則殷周亦尙也.

번역 경원보씨가 말하길, 말에 대한 기록에서는 은(殷)나라와 주(周)나라에 대해서 유독 '인(人)'자를 덧붙여서 기록을 했는데, 말을 언급했기 때문이다. 주나라의 희생물에 대해서 장성하다고 했다면, 하(夏)나라와 은나라의 희생물 또한 장성한 것을 사용한 것이다. 은나라의 희생물에 대해서 수컷이라고 말했다면, 하나라의 희생물 또한 수컷임을 알 수 있다. 하나라의 희생물에 대해서 숭상한다고 말했다면, 은나라와 주나라 또한 그 색깔을 숭상했음을 알 수 있다.

鄭注 騂剛, 赤色.

번역 '성강(騂剛)'은 적색의 소를 뜻한다.

釋文 騂, 息營反, 又呼營反. 正音征, 又如字. 爲, 于僞反.

번역 '騂'자는 '息(식)'자와 '營(영)'자의 반절음이며, 또한 '呼(호)'자와 '營(영)'자의 반절음도 된다. '正'자의 음은 '征(정)'이며, 또한 글자대로 읽기도 한다. '爲'자는 '于(우)'자와 '僞(위)'자의 반절음이다.

孔疏 ●"夏后氏牲尚黑, 殷白牡, 周騂剛"者, 賜魯用三代牲也. 騂, 赤色也. 剛, 牡也. 騂言剛, 則白亦剛, 白言牡, 黑亦牡也. 故殷告天云"敢用玄牡", 從天色也.

번역 ●經文: "夏后氏牲尚黑, 殷白牡, 周騂剛". ○노(魯)나라에 삼대(三代) 때의 희생물을 사용할 수 있도록 하사를 해주었다. '성(騂)'자는 적색을 뜻한다. '강(剛)'자는 수컷을 뜻한다. 성(騂)에 대해서 강(剛)이라고 말했다면, 백색인 소 또한 장성한 것임을 알 수 있고, 백색에 대해서 수컷이라고 했다면, 흑색의 소 또한 수컷임을 알 수 있다. 그렇기 때문에 은(殷)나라 때에는 하늘에 아뢰며, "감히 현색의 수컷 소를 사용한다."[1]라고 했던 것이니, 하늘의 색깔에 따랐기 때문이다.

訓纂 說文: 駱, 馬白色, 黑鬣尾也.

번역 『설문해자』에서 말하길, '낙(駱)'은 말 중에서도 백색의 몸에 흑색

---

1) 『서』「상서(商書) · 탕고(湯誥)」: 肆台小子, 將天命明威, 不敢赦. 敢用玄牡, 敢昭告于上天神后, 請罪有夏.

의 갈기와 꼬리를 가진 것이다.

訓纂 王氏引之曰: 蕃字, 古無訓黑訓赤者. 蕃蓋白色也, 讀若"老人髮白曰皤." 白蒿謂之蘩, 白鼠謂之▼(鼠+番), 馬之白鬛謂之蕃鬛, 其義一也.

번역 왕인지[2]가 말하길, '번(蕃)'자에 대해서 고대에는 흑색이나 적색으로 풀이한 경우가 없다. '번(蕃)'자는 아마도 백색을 뜻하는 것 같으니, 마치 "노인 중에 머리카락이 백색인 자를 파(皤)라고 부른다."라고 했을 때의 '파(皤)'처럼 풀이했을 것이다. 흰색의 쑥을 '번(蘩)'이라고 부르고, 백색의 쥐를 '▼(鼠+番)'라고 부르며, 말 중에 백색의 갈기를 가진 것을 '번렵(蕃鬛)'이라고 부르니, 글자들의 의미가 동일하다.

集解 各用其所尙之色也. 剛, 猶牡也, 公羊傳作"犅".

번역 각각 숭상하던 색깔에 따랐기 때문이다. '강(剛)'자는 수컷을 뜻하는데, 『공앙전』에서는 '강(犅)'자로 기록했다.[3]

---

2) 왕인지(王引之, A.D.1766~A.D.1834) : 청(淸)나라 때의 훈고학자이다. 자(字)는 백신(伯申)이고, 호(號)는 만경(曼卿)이며, 시호(諡號)는 문간(文簡)이다. 왕념손(王念孫)의 아들이다. 대진(戴震), 단옥재(段玉裁), 부친과 함께 대단이왕(戴段二王)이라고 일컬어졌다. 『경전석사(經傳釋詞)』, 『경의술문(經義述聞)』 등의 저술이 있다.

3) 『춘추공양전』「문공(文公) 13년」 : 魯公用騂犅. 群公不毛.

• 제 14 절 •

노(魯)나라의 제도 : 술동이

【403a】

泰[1], 有虞氏之尊也. 山罍, 夏后氏之尊也. 著, 殷尊也. 犧象, 周尊也.

직역 泰는 有虞氏의 尊이다. 山罍는 夏后氏의 尊이다. 著는 殷의 尊이다. 犧象은 周의 尊이다.

의역 노(魯)나라에는 사대(四代) 때의 술동이를 갖추고 있었다. 태(泰)는 유우씨(有虞氏) 때의 술동이이다. 산뢰(山罍)는 하후씨(夏后氏) 때의 술동이이다. 착(著)은 은(殷)나라 때의 술동이이다. 희상(犧象)은 주(周)나라 때의 술동이이다.

集說 虞氏尚陶. 泰, 瓦尊也. 著者, 無足而底著於地也. 餘見前章.

번역 우(虞) 때에는 질그릇을 숭상했다. '태(泰)'는 와존(瓦尊)이다. '착(著)'은 다리가 없고, 바닥이 땅에 닿는 술동이이다. 나머지에 대한 설명은 앞 장에 나온다.

鄭注 泰用瓦. 著, 著地無足.

번역 태(泰)는 질그릇을 이용해서 만든다. '착(著)'은 다리가 없어서 바

1) '태(泰)'자에 대하여. 『십삼경주소(十三經注疏)』 북경대 출판본에서는 "각 판본이 동일하게 기록되어 있으며, 『석경(石經)』도 동일하게 기록되어 있다. 『경전석문(經典釋文)』에서는 '대(大)자는 판본에 따라 또한 태(泰)자로도 기록한다.'"라고 했다.

닥이 땅에 붙는 술동이이다.

釋文 大音太, 本亦作泰. 著, 直略反, 注同.

번역 '大'자의 음은 '太(태)'이며, 판본에 따라서는 또한 '泰'자로도 기록한다. '著'자는 '直(직)'자와 '略(략)'자의 반절음이며, 정현의 주에 나오는 글자도 그 음이 이와 같다.

孔疏 ●"泰有"至"尊也". ○正義曰: 此一經明魯用四代尊也. 虞尊用瓦名泰也. 然或用三代, 或用四代者, 隨其禮存者而用之耳, 無別義也.

번역 ●經文: "泰有"~"尊也". ○이곳 경문은 노(魯)나라에서 사대(四代) 때의 술동이를 사용했다는 사실을 나타내고 있다. 우(虞) 때의 술동이는 질그릇을 이용해서 만들었고, 술동이를 태(泰)라고 불렀다. 그런데 어떤 경우에는 삼대(三代) 때의 기물을 사용하고, 또 어떤 경우에는 사대(四代) 때의 기물을 사용하여, 차이를 보이고 있다. 그 이유는 예제(禮制) 중 남아 있던 것을 따라서 사용했기 때문이니, 별다른 의미는 없다.

孔疏 ●"山罍, 夏后氏之尊也"者, 罍爲雲雷也, 畫爲山雲之形也.

번역 ●經文: "山罍, 夏后氏之尊也". ○'뇌(罍)'는 구름과 우레를 뜻하니, 산에 구름이 걸친 형상을 그려 넣는다.

孔疏 ●"著, 殷尊也"者, 無足而底著地, 故謂爲著也. 然殷尊無足, 則其餘泰·罍·犧, 並有足也.

번역 ●經文: "著, 殷尊也". ○다리가 없고 바닥이 땅에 닿기 때문에, '착(著)'이라고 부르는 것이다. 그런데 은(殷)나라 때 사용한 술동이에 다리가 없었다면, 나머지 태(泰)·산뢰(山罍)·희(犧)에는 모두 다리가 있었다.

孔疏 ●"犧·象, 周尊也"者, 畫沙羽及象骨飾尊也. 然殷名"著", 周名"犧象", 而禮器云: "君西酌犧象." 亦是周禮也.

번역 ●經文: "犧·象, 周尊也". ○날갯짓하는 모습을 그린 술동이와 상아로 장식한 술동이를 뜻한다. 그런데 은(殷)나라 때의 술동이는 '착(著)'이라고 부르고, 주(周)나라 때의 술동이는 '희(犧)'와 '상(象)'이라고 불렀으니, 『예기』「예기(禮器)」편에서 "군주는 동쪽에 있다가 서쪽으로 이동하여 희상(犧象)에서 술을 따른다."[2]라고 한 말 또한 주나라 때의 예법에 해당한다.

孔疏 ◎注"泰用"至"無足". ○正義曰: 以考工記云: "有虞氏尙陶." 檀弓又云: "有虞氏瓦棺." 故知泰尊用瓦也.

번역 ◎鄭注: "泰用"~"無足". ○『고공기』에서는 "유우씨(有虞氏)는 질그릇을 숭상한다."[3]라고 했고, 『예기』「단궁(檀弓)」편에서는 "유우씨 때에는 와관(瓦棺)의 방법을 사용했다."[4]라고 했기 때문에, 태(泰)라는 술동이가 질그릇을 이용해서 만들었다는 사실을 알 수 있다.

訓纂 說文: 櫑, 龜目酒尊. 刻木作雲雷象, 象施不窮也. 罍, 或從缶, 罍, 或從皿.

번역 『설문해자』에서 말하길, '뇌(櫑)'는 귀목(龜目)으로 술을 담는 술동이이다. 나무를 깎아서 구름과 우레의 형상을 새기니, 베풂에 끝이 없음을 상징한다. '뇌(罍)'자는 부(缶)자를 부수로 삼기도 하고, '뇌(罍)'자는 명

---

2) 『예기』「예기(禮器)」【311c】: 天道至教, 聖人至德. 廟堂之上, 罍尊在阼, 犧尊在西; 廟堂之下, 縣鼓在西, 應鼓在東. 君在阼, 夫人在房. 大明生於東, 月生於西, 此陰陽之分, 夫婦之位也. 君西酌犧象, 夫人東酌罍尊. 禮交動乎上, 樂交應乎下, 和之至也.

3) 『주례』「동관고공기(冬官考工記)」: 有虞氏上陶, 夏后氏上匠, 殷人上梓, 周人上輿.

4) 『예기』「단궁상(檀弓上)」【72d】: 有虞氏瓦棺, 夏后氏堲周, 殷人棺槨, 周人牆置翣.

(皿)자를 부수로 삼기도 한다.

訓纂 聶氏三禮圖曰: 太尊受五斗. 周禮司尊彝注云: "太古之瓦尊也." 今以黍寸之尺計之, 口圓徑一尺, 脰高三寸, 中橫徑九寸. 脰下大橫徑一尺二寸, 底徑八寸, 腹上下空徑一尺五分, 厚半寸, 脣寸, 底平厚寸, 與瓦甒形制容受皆同. 山尊受五斗, 今以黍寸之尺計之, 口圓徑九寸, 腹高三寸, 中橫徑八寸, 脰下大橫徑尺二寸, 底徑八寸, 腹上下空徑一尺五分, 足高二寸, 下徑九寸. 著尊受五斗, 漆赤中. 今以黍寸之尺計之, 口圓徑一尺二寸, 底徑八寸, 上下空徑一寸五分, 與獻尊象尊容受竝同, 但無足及飾耳. 獻尊, 案明堂位曰: "獻·象, 周尊也." 禮器云: "廟堂之上, 犧尊在西." 注云: "犧, 周禮作獻." 又詩頌毛傳說: "用沙羽以飾尊", 則毛·鄭"獻沙"二字讀與婆娑之娑義同, 皆謂刻鳳皇之象於尊, 其形婆娑然. 案阮氏圖: "其犧尊飾以牛." 又云: "諸侯飾口以象骨, 天子飾以玉." 其圖中形制, 亦於尊上畫牛爲飾. 象尊, 後鄭云: "以象骨飾尊." 梁正·阮氏則以畫象飾尊.

번역 섭숭의의 『삼례도』에서 말하길, 태존(太尊)은 5두(斗)[5]만큼을 담는다. 『주례』「사존이(司尊彝)」편에 대한 정현의 주에서는 "태고시대 때 질그릇으로 만든 술동이이다."[6]라고 했다. 현재의 단위로 계산을 해보면, 입구는 원형으로 되어 있고, 그 둘레의 지름은 1척(尺)이며, 목 부분의 높이는

5) 두(豆)는 고대에 사용된 용기(容器)이다. 그 안에 수용되는 양을 표준으로 삼아서, 용량의 단위로 사용되기도 하였다. 4승(升) 만큼을 1'두'라고 불렀다. 『춘추좌씨전』「소공(昭公) 3년」편에는 "齊 舊四量, 豆·區·釜·鍾. 四升爲豆."라는 기록이 있고, 『의례』「사상례(士喪禮)」편에는 "稻米一豆實於筐."이라는 기록이 있는데, 이에 대한 정현의 주에서는 "豆, 四升."이라고 풀이했다. 한편 한 손에 담을 수 있는 양을 일(溢)이라고 부르고, 두 손에 담을 수 있는 양을 국(掬)이라고 부르는데, '국' 4개만큼을 1'두'라고 부른다. 『소이아(小爾雅)』「광량(廣量)」편에는 "一手之盛謂之溢, 兩手謂之掬, 掬四謂之豆, 豆四謂之區."라는 기록이 있다.

6) 이 문장은 『주례』「춘관(春官)·사존이(司尊彝)」편의 "春祠夏禴, 祼用雞彝·鳥彝, 皆有舟. …… 其朝踐用兩大尊, 其再獻用兩山尊, 皆有罍, 諸臣之所昨也."라는 기록에 대한 정현의 주이다.

3촌(寸)이고, 중앙 가로의 지름은 9촌(寸)이다. 목으로부터 그 아래로 크게 나온 부분의 가로 지름은 1척(尺) 2촌(寸)이고, 바닥의 지름은 8촌(寸)이며, 배 부분의 위아래로 있는 공간의 지름은 1척(尺) 5분(分)이고, 두께는 0.5촌(寸)이며, 가장자리는 1촌(寸)이고, 바닥의 평평한 부분 두께는 1촌(寸)으로, 와무(瓦甒)와 형태 및 제작 방법, 수용할 수 있는 양이 모두 동일하다. 산존(山尊)은 5두(斗)만큼의 술을 담는데, 현재의 단위로 계산을 해보면, 입구는 원형으로 되어 있고, 그 둘레의 지름은 9촌(寸)이며, 배 부분의 높이는 3촌(寸)이고, 중앙의 가로 지름은 8촌(寸)이며, 목으로부터 그 아래로 크게 나온 부분의 가로 지름은 1척(尺) 2촌(寸)이고, 바닥의 지름은 8촌(寸)이며, 배 부분의 위아래로 있는 공간의 지름은 1척(尺) 5분(分)이고, 다리의 높이는 2촌(寸)이며, 밑의 지름은 9촌(寸)이다. 착존(著尊)은 5두(斗)만큼의 술을 담는데, 가운데는 적색의 옻칠을 한다. 현재의 단위로 계산을 해보면, 입구는 원형으로 되어 있고, 그 둘레의 지름은 1척(尺) 2촌(寸)이며, 바닥의 지름은 8촌(寸)이고, 위아래로 있는 공간의 지름은 1촌(寸) 5분(分)으로, 헌존(獻尊)·상존(象尊)과 수용할 수 있는 양이 모두 동일하다. 다만 다리와 장식이 없을 따름이다. 헌존(獻尊)에 대해, 「명당위」편을 살펴보면, "헌(獻)과 상(象)은 주(周)나라 때의 술동이이다."라고 했고, 『예기』「예기(禮器)」편에서는 "종묘(宗廟)의 당상(堂上)에 있어서, 희존(犧尊)은 서쪽에 설치한다."[7]라고 했고, 정현의 주에서는 "'희(犧)'자를 『주례』에서는 '헌(獻)'자로 기록한다."라고 했다. 또 『시』「송(頌)」편에 대한 『모전』에서는 "너울거리는 날개 모양을 이용해서 술동이를 장식한다."라고 했으니, 모씨와 정현은 '헌(獻)'자와 '사(沙)'자를 '파사(婆娑: 나부끼는 모양)'라고 할 때의 '사(娑)'자의 뜻과 동일하게 해석한 것이니, 둘 모두 봉황의 형상을 술동이에 새겼는데, 그 형태가 날갯짓을 하는 것과 같다고 본 것이다. 완씨의 『도설』을 살펴보면, "희존(犧尊)은 소의 모습으로 장식을 한다."라고 했다. 또 "제후

7) 『예기』「예기(禮器)」【311c】: 天道至敎, 聖人至德. 廟堂之上, 罍尊在阼, 犧尊在西; 廟堂之下, 縣鼓在西, 應鼓在東. 君在阼, 夫人在房, 大明生於東, 月生於西, 此陰陽之分, 夫婦之位也. 君西酌犧象, 夫人東酌罍尊. 禮交動乎上, 樂交應乎下, 和之至也.

는 주둥이를 상아로 장식하고, 천자는 옥으로 장식한다."라고 했다. 『도설』에서 설명하고 있는 형태와 제작방법 또한 술동이에 소의 그림을 그려서 장식으로 삼는다. 상존(象尊)에 대해, 정현은 "상아로 술동이를 장식한다."라고 했고, 양정과 완씨는 코끼리를 그려서 술동이를 장식한다고 했다.

集解 方氏愨曰: 山罍, 卽山尊也. 禮器亦謂之"罍尊", 非謂諸臣所酢之罍也. 以山罍爲尊, 因謂之罍尊, 亦猶以壺爲尊, 因謂之壺尊也.

번역 방각이 말하길, '산뢰(山罍)'는 곧 산존(山尊)에 해당한다. 『예기』「예기(禮器)」편에서는 또한 이 술동이를 '뇌존(罍尊)'[8]이라고 했으니, 신하들이 술을 따를 때 사용하는 뇌(罍)를 뜻하는 것이 아니다. 산뢰(山罍)를 술동이로 삼았기 때문에, 그에 따라 '뇌존(罍尊)'이라고 부른 것이니, 이것은 또한 호(壺)를 술동이로 삼아서, 그에 따라 '호존(壺尊)'이라고 부르는 경우와 같다.

集解 愚謂: 泰, 泰古之瓦尊無飾者, 燕禮曰"公尊瓦大兩", 是也. 瓦尊起於大古, 而有虞氏用焉. 此以"泰"與"山罍"連言, 司尊彝以"大尊"·"山尊"連言, 則山罍卽山尊可知. 司尊彝旣言"山尊", 又言"皆有罍, 諸臣之所酢", 則山尊非諸臣所酢之罍可知. 天子春夏用犧尊·象尊, 秋冬用著尊·壺尊, 追享·朝享用大尊·山尊, 諸侯唯用當代之尊. 魯禘兼用山罍, 而大尊·著尊未嘗用也.

번역 내가 생각하기에, '태(泰)'는 태고시대 때 사용하던 와존(瓦尊)으로, 장식이 없는 술동이이니, 『의례』「연례(燕禮)」편에서 "군주의 술동이는 와대(瓦大) 2개이다."[9]라고 한 말이 바로 이것을 가리킨다. 와존은 태고시대 때 만들어진 술동이이며, 유우씨(有虞氏)가 사용을 한 것이다. 이곳에서

---

8) 『예기』「예기(禮器)」【311c】: 天道至教, 聖人至德. 廟堂之上, 罍尊在阼, 犧尊在西; 廟堂之下, 縣鼓在西, 應鼓在東. 君在阼, 夫人在房, 大明生於東, 月生於西, 此陰陽之分, 夫婦之位也. 君西酌犧象, 夫人東酌罍尊. 禮交動乎上, 樂交應乎下, 和之至也.

9) 『의례』「연례(燕禮)」: 司宮尊于東楹之西, 兩方壺, 左玄酒, 南上, 公尊瓦大兩, 有豐, 冪用絺若錫, 在尊南, 南上.

는 '태(泰)'와 '산뢰(山罍)'를 연이어서 기록했고, 『주례』「사존이(司尊彝)」편에서는 '대존(大尊)'과 '산존(山尊)'을 연이어서 기록했으니,[10] 산뢰(山罍)는 곧 산존(山尊)에 해당한다는 사실을 알 수 있다. 「사존이」편에서는 이미 '산존(山尊)'이라고 말했고, 또 "모두 뇌(罍)를 두니, 뭇 신하들이 술을 따르는 술동이이다."라고 했으니, 산존(山尊)은 뭇 신하들이 술을 따를 때 사용하는 뇌(罍)가 아님을 알 수 있다. 천자는 봄과 여름의 제사에서는 희존(犧尊)과 상존(象尊)을 사용하고, 가을과 겨울의 제사에서는 착존(著尊)과 호존(壺尊)을 사용하며, 추향(追享)과 조향(朝享)에서는 대존(大尊)과 산존(山尊)을 사용하니, 제후는 단지 당시 왕조에서 제정한 술동이만 사용할 따름이다. 노(魯)나라에서 체(禘)제사를 지낼 때에는 산뢰(山罍)도 함께 사용했지만, 대존(大尊)과 착존(著尊)은 일찍이 사용한 적이 없다.

---

10) 『주례』「춘관(春官) · 사존이(司尊彝)」 : 其朝踐用兩大尊, 其再獻用兩山尊, 皆有罍, 諸臣之所昨也.

그림 14-1 ▣ 태존(太尊: =大尊·瓦尊·泰)

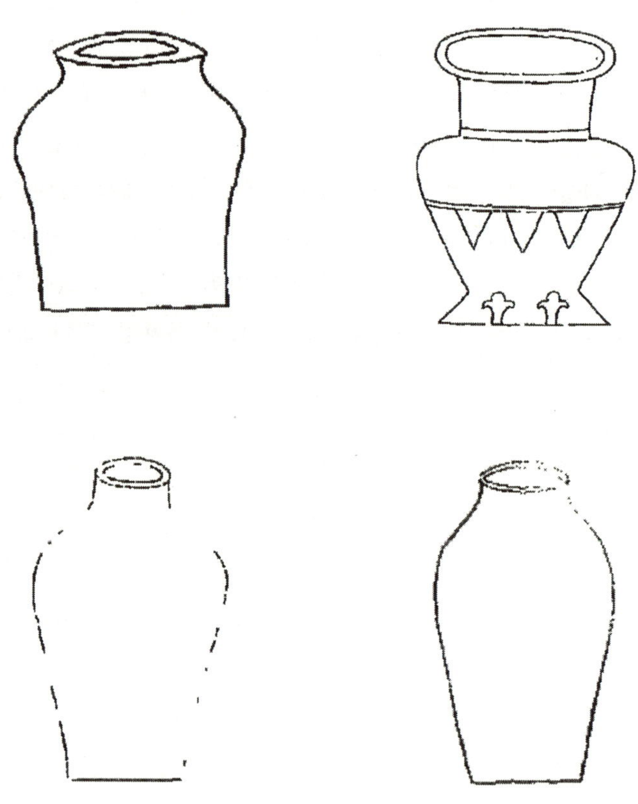

▸ **출처**: 상좌-『삼례도집주(三禮圖集注)』 14권 ; 상우-『삼례도(三禮圖)』 4권
하좌-『육경도(六經圖)』 6권 ; 하우-『삼재도회(三才圖會)』「기용(器用)」 2권

그림 14-2 ■ 와무(瓦甒)

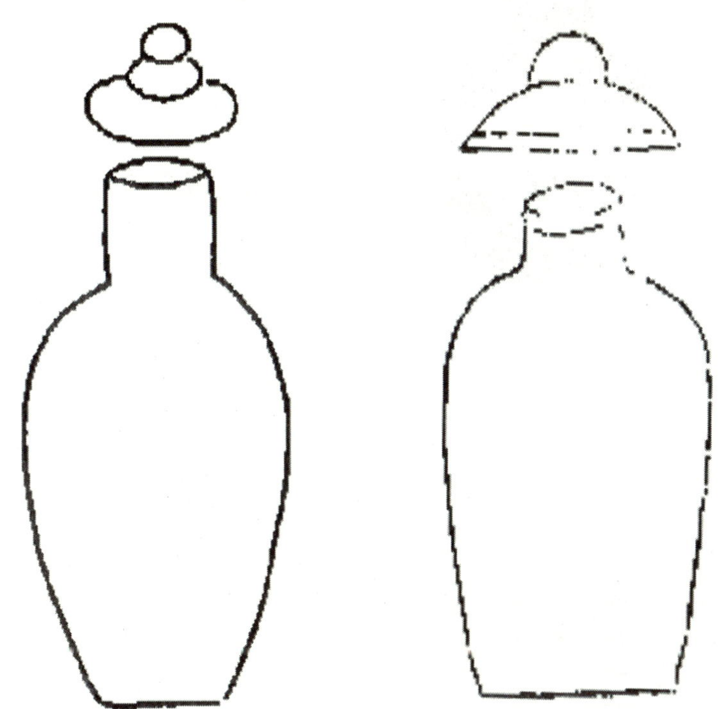

▸ **출처:** 우-『삼재도회(三才圖會)』「기용(器用)」 2권
좌-『삼례도집주(三禮圖集注)』 12권

그림 14-3 ▣ 산존(山尊)

▸ 출처: 상좌-『삼례도집주(三禮圖集注)』 14권 ; 상우-『삼례도(三禮圖)』 4권
하좌-『육경도(六經圖)』 6권 ; 하우-『삼재도회(三才圖會)』「기용(器用)」 2권

그림 14-4 ▣ 착존(著尊)

▸ **출처**: 상좌-『삼례도집주(三禮圖集注)』 14권 ; 상우-『삼례도(三禮圖)』 4권
하좌-『육경도(六經圖)』 6권 ; 하우-『삼재도회(三才圖會)』「기용(器用)」 2권

그림 14-5 ▣ 호(壺)

▸ **출처**: 상좌-『삼재도회(三才圖會)』「기용(器用)」 1권 ; 상우-『삼례도집주(三禮圖集注)』 5권
하좌-『삼례도(三禮圖)』 4권 ; 하우-『육경도(六經圖)』 6권

그림 14-6 ▣ 호존(壺尊)

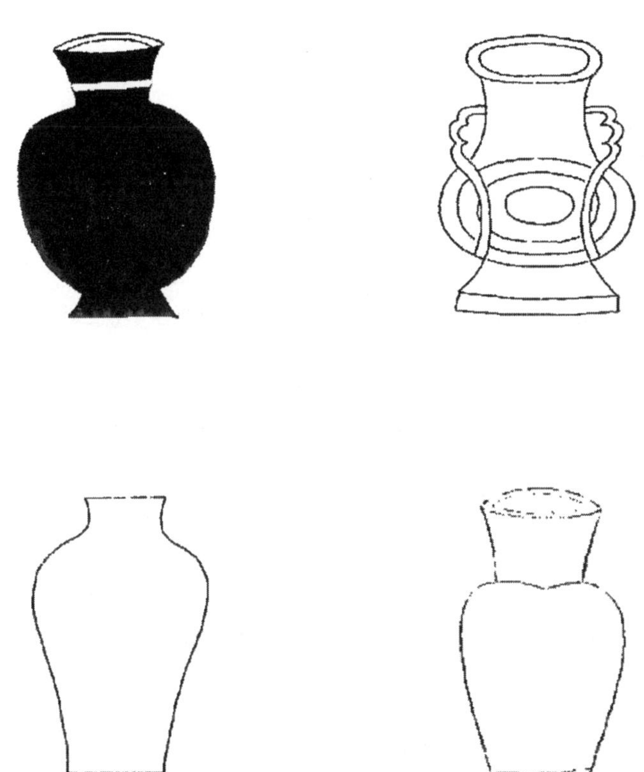

▸ **출처**: 상좌-『삼례도집주(三禮圖集注)』 14권 ; 상우-『삼례도(三禮圖)』 4권
하좌-『육경도(六經圖)』 6권 ; 하우-『삼재도회(三才圖會)』「기용(器用)」 2권

• 제15절 •

노(魯)나라의 제도 : 술잔

【403a】

爵, 夏后氏以琖, 殷以斝, 周以爵.

직역 爵에 있어서, 夏后氏는 琖으로써 했고, 殷은 斝로써 했으며, 周는 爵으로써 했다.

의역 노(魯)나라에는 삼대(三代) 때의 술잔을 갖추고 있었다. 술잔에 있어서, 하후씨(夏后氏) 때에는 잔(琖)을 사용했고, 은(殷)나라 때에는 가(斝)를 사용했으며, 주(周)나라 때에는 작(爵)을 사용했다.

集說 夏爵名琖, 以玉飾之, 故其字從玉. 殷爵名斝, 稼也, 故畫爲禾稼. 周之爵, 則爵之形也. 其曰玉爵者, 則飾之以玉也.

번역 하(夏)나라 때의 술잔 이름은 '잔(琖)'이니, 옥으로 장식을 했기 때문에, 그 글자에 '옥(玉)'자가 구성요소로 포함된 것이다. 은(殷)나라 때의 술잔 이름은 '가(斝)'이니, "곡식을 심다[稼]."는 뜻이다. 그렇기 때문에 벼를 심는 모습을 그림으로 그렸다. 주(周)나라 때의 술잔은 참새[爵]의 모습을 하고 있다. 술잔을 '옥작(玉爵)'이라고 불렀다면, 옥으로 장식을 한 것이다.

鄭注 斝, 畫禾稼也. 詩曰: "洗爵奠斝."

번역 '가(斝)'는 벼를 심는 모습을 그린 술잔이다. 『시』에서는 "술잔을 씻어서 가(斝)를 따라 바친다."[1]라고 했다.

釋文 斝音嫁, 又古雅反, 注同.

번역 '斝'자의 음은 '嫁(가)'이며, 또한 '古(고)'자와 '雅(아)'자의 반절음도 되고, 정현의 주에 나온 글자도 그 음이 이와 같다.

孔疏 ●"爵夏"至"以爵". ○正義曰: 此一經明魯有三代爵, 並以爵爲形, 故幷標名於其上.

번역 ●經文: "爵夏"~"以爵". ○이곳 경문은 노(魯)나라에 삼대(三代) 때의 술잔이 구비되어 있었다는 사실을 나타내고 있고, 아울러 작(爵)으로 그 형태를 삼았기 때문에, 그 앞에 '작(爵)'이라는 명칭을 표제로 제시한 것이다.

孔疏 ●"夏后氏以琖"者, 夏爵名也, 以玉飾之故, 前云"爵用玉琖仍雕", 是也.

번역 ●經文: "夏后氏以琖". ○하(夏)나라 때의 술잔 이름으로, 옥으로 장식을 했기 때문이며, 앞에서 "술잔으로는 옥잔잉조(玉琖仍雕)를 사용한다."라고 한 것이 바로 이 술잔을 가리킨다.

孔疏 ●"殷以斝"者, 殷亦爵形而畫爲禾嫁, 故名斝, 斝, 嫁也.

번역 ●經文: "殷以斝". ○은(殷)나라에서도 술잔을 작(爵)의 형태로 만들었는데, 벼를 심는 그림을 그렸기 때문에, 술잔의 이름을 '가(斝)'라고 한 것이니, '가(斝)'자는 "곡식을 심다[嫁]."는 뜻이다.

孔疏 ●"周以爵"者, 皇氏云: "周人但用爵形, 而不畫飾." 按周禮·太宰: "贊玉几玉爵." 然則周爵或以玉爲之, 或飾之以玉. 皇氏云"周爵無飾", 失之矣.

---

1) 『시』「대아(大雅)·행위(行葦)」: 肆筵設席, 授几有緝御. 或獻或酢, 洗爵奠斝. 醓醢以薦, 或燔或炙. 嘉殽脾臄, 或歌或咢.

번역 ●經文: "周以爵". ○황간은 "주(周)나라 때에는 단지 작(爵)의 형태로 만든 술잔을 사용했고, 그림을 그려서 장식을 하지 않았다."라고 했다. 『주례』「태재(太宰)」편을 살펴보면, "옥으로 만든 안석과 옥작(玉爵)을 가지고 돕는다."[2]라고 했으니, 주나라 때의 술잔 중에는 옥으로 만든 것도 있었고, 옥으로 장식을 한 것도 있었다. 황간은 "주나라 때의 술잔에는 장식이 없다."라고 했는데, 잘못된 주장이다.

訓纂 說文: 斝, 玉爵也. 夏曰琖, 殷曰斝, 周曰爵. 從吅從斗, 冂象形. 與爵同意. 或說斝受六升.

번역 『설문해자』에서 말하길, '가(斝)'는 옥작(玉爵)을 뜻한다. 하(夏)나라 때의 술잔은 '잔(琖)'이라고 부르고, 은(殷)나라 때의 술잔은 '가(斝)'라고 부르며, 주(周)나라 때의 술잔은 '작(爵)'이라고 부른다. '가(斝)'자는 '훤(吅)'자와 '두(斗)'자를 구성요소로 하며, '경(冂)'자는 그 형태를 나타낸 글자이다. 작(爵)과 뜻이 동일하다. 어떤 자는 가(斝)는 6승(升)의 용적이라고 설명한다.

訓纂 聶氏三禮圖曰: 爵, 刻木爲之, 漆赤中. 爵, 盡也, 足也. 舊圖亦云: "畫赤雲氣."

번역 섭숭의의 『삼례도』에서 말하길, '작(爵)'은 나무를 깎아서 만드는데, 가운데는 적색의 옻칠을 한다. '작(爵)'자는 "다한다[盡]."는 뜻이며, "풍족하다[足]."는 뜻이다. 옛 『도설』에서는 또한 "적색의 구름을 그린다."라고 말한다.

集解 陳氏祥道曰: 斝有耳.

번역 진상도가 말하길, '가(斝)'는 술잔에 귀가 달려 있는 것이다.

---

2) 『주례』「천관(天官)·대재(大宰)」: 享先王亦如之, 贊玉几·玉爵.

集解 愚謂: 天子朝獻以斝, 饋獻以琖, 酳尸以爵, 說詳禮運. 諸侯唯得用當代之爵, 魯禘兼用玉琖仍雕, 而斝則未嘗用也.

번역 내가 생각하기에, 천자는 조헌(朝獻)[3]을 하며 가(斝)를 사용하고, 궤헌(饋獻)[4]을 하며 잔(琖)을 사용하며, 시동에게 입가심하는 술을 따라줄 때에는 작(爵)을 사용하는데, 자세한 설명은 『예기』「예운(禮運)」편에 나온다. 제후는 단지 당시 왕조에서 제작한 술잔만을 사용할 수 있는데, 노(魯)나라에서 지낸 체(禘)제사 때에는 옥잔잉조(玉琖仍雕)를 함께 사용했지만, 가(斝)의 경우에는 일찍이 사용한 적이 없다.

---

3) 조헌(朝獻)은 제례(祭禮) 의식 중 하나이다. 시동(尸童)에게 술잔을 바치는 의식을 가리킨다. 『주례』「춘관(春官)·사존이(司尊彝)」편에는 "其朝獻用兩著尊."이라는 기록이 있고, 이에 대한 정현의 주에는 "朝獻, 謂尸卒食, 王酳之."라고 풀이했다.

4) 궤헌(饋獻)은 제례(祭禮) 절차 중 하나이다. 익힌 고기를 바치는 의식을 뜻한다. 이때 주부(主婦)는 음식을 바치는데 필요한 변두(籩豆) 등을 올리게 된다. 『주례』「춘관(春官)·사존이(司尊彝)」편에는 "其饋獻用兩壺尊, 皆有罍."라는 기록이 있는데, 이에 대한 정현의 주에서는 "饋獻, 謂薦孰時, 后於是薦饋食之豆籩."이라고 풀이했다.

그림 15-1 ▣ 가(斝)

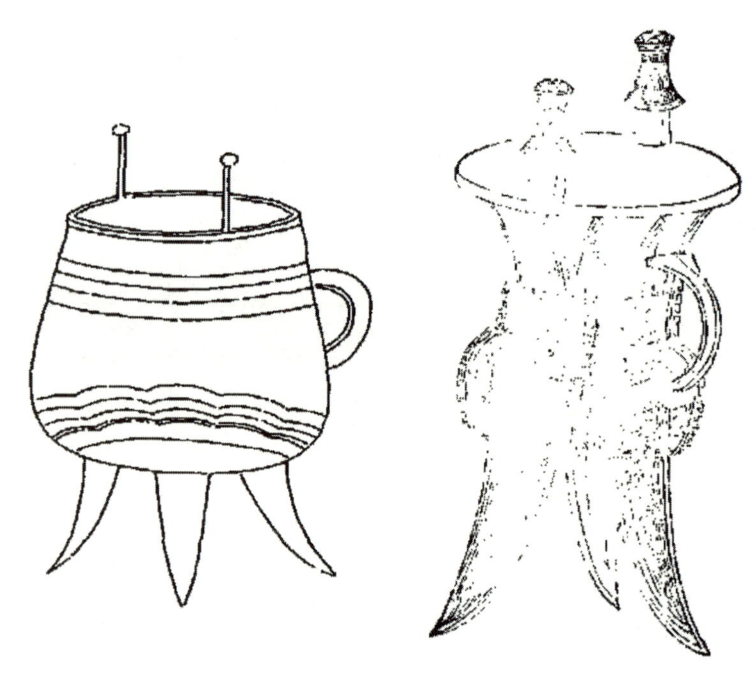

▸ 출처: 좌-『삼례도(三禮圖)』 3권 ; 우-『삼재도회(三才圖會)「기용(器用)」 1권

그림 15-2 ▣ 작(爵)

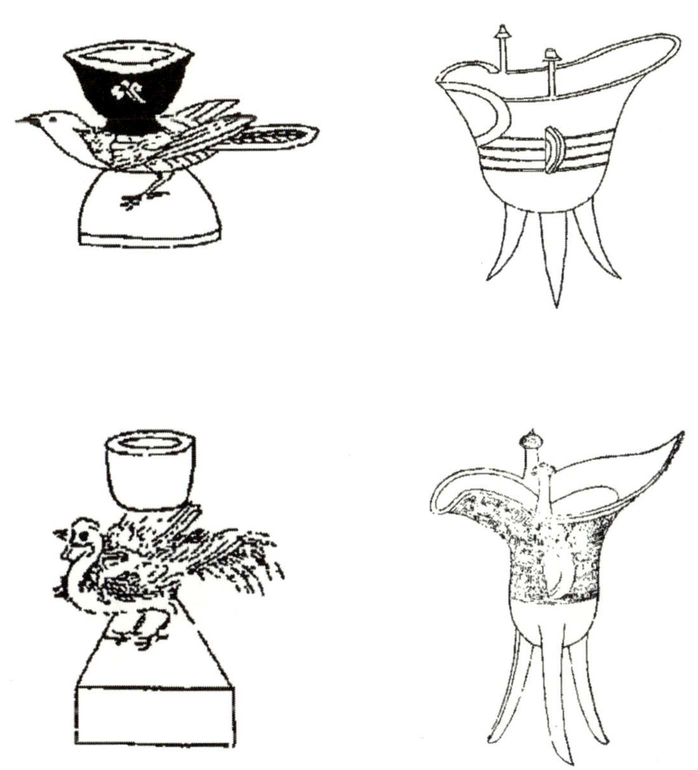

▸ **출처**: 상좌-『삼례도집주(三禮圖集注)』 12권 ; 상우-『삼례도(三禮圖)』 3권
하좌-『육경도(六經圖)』 6권 ; 하우-『삼재도회(三才圖會)』「기용(器用)」 1권

• 제16절 •

노(魯)나라의 제도 : 강신(降神) 때의 술동이와 술국자

【403b】

灌尊.

직역 灌尊이다.

의역 술을 땅에 부어 신을 강림시킬 때, 사용했던 술동이에 있어서, 노(魯)나라에는 삼대(三代) 때의 술동이를 갖추고 있었다.

集說 灌鬯酒之尊也.

번역 울창주를 따라 땅에 부을 때 사용하는 술동이이다.

孔疏 ●"灌尊"至"蒲勺". ○正義曰: 此一節明魯有三代灌尊及所用之勺.

번역 ●經文: "灌尊"~"蒲勺". ○이곳 문단은 노(魯)나라에는 삼대(三代) 때 사용했던 관존(灌尊)을 갖추고 있고, 그 때 사용하던 술국자를 갖추고 있었음을 나타내고 있다.

【403b】

夏后氏以雞夷, 殷以斝, 周以黃目.

직역 夏后氏는 雞夷로써 했고, 殷은 斝로써 했으며, 周는 黃目으로써 했다.

의역 술을 땅에 부어 신을 강림시킬 때의 술동이에 있어서, 하후씨(夏后氏) 때에는 계이(雞夷)를 사용했고, 은(殷)나라 때에는 가이(斝彝)를 사용했으며, 주(周)나라 때에는 황목(黃目)을 사용했다.

集說 夷, 讀爲彝, 法也. 與餘尊爲法, 故稱彝. 刻畫雞形於其上, 故名雞彝. 餘見上章.

번역 '이(夷)'자는 '이(彝)'자로 풀이하니, 법도[法]를 뜻이다. 다른 술동이와 함께 법도가 되기 때문에, '이(彝)'라고 부른 것이다. 그 위에 닭의 모습을 새겨 넣기 때문에, '계이(雞彝)'라고 부른 것이다. 나머지 설명은 앞 장에 나온다.

鄭注 夷讀爲彝, 周禮: "春祠夏禴, 祼用雞彝鳥彝. 秋嘗冬烝, 祼用斝彝黃彝."

번역 '이(夷)'자는 '이(彝)'자로 풀이하니, 『주례』에서는 "봄의 사(祠)제사와 여름의 약(禴)제사를 지낼 때, 술을 땅에 부어 신을 강림시킬 때에는 계이(雞彝)와 조이(鳥彝)를 사용했다. 가을의 상(嘗)제사와 겨울의 증(烝)제사를 지낼 때, 술을 땅에 부어 신을 강림시킬 때에는 가이(斝彝)와 황이(黃彝)를 사용했다."[1]라고 했다.

孔疏 ●"夏后氏以雞夷"者, 夷卽彝, 彝, 法也. 與餘尊爲法, 故稱彝. "雞彝"者, 或刻木爲雞形, 而畫雞於彝.

번역 ●經文: "夏后氏以雞夷". ○'이(夷)'자는 곧 '이(彝)'자에 해당하니, '이(彝)'자는 법도[法]를 뜻한다. 나머지 술동이와 함께 법도가 되기 때문에,

---

1) 『주례』「춘관(春官)·사존이(司尊彝)」: 春祠夏禴, 祼用雞彝·鳥彝, 皆有舟; 其朝踐用兩獻尊, 其再獻用兩象尊, 皆有罍, 諸臣之所昨也. 秋嘗冬烝, 祼用斝彝·黃彝, 皆有舟; 其朝獻用兩著尊, 其饋獻用兩壺尊, 皆有罍, 諸臣之所昨也.

'이(彝)'라고 지칭한 것이다. '계이(雞彝)'라는 것에 대해, 어떤 사람은 나무를 깎아서 닭의 모습으로 만든다고도 하는데, 술동이에 닭의 모습을 그린 것이다.

孔疏 ●"殷以斝"者, 鄭司農云: "畫爲禾稼." "周以黃目"者, 以黃金爲目. 皇氏云: "夏后氏以瓦泰之上畫以雞彝, 殷著尊畫爲稼彝." 然尊·彝別作, 事不相依, 而皇氏以當代之尊爲彝, 文無所據. 假因當代尊爲彝, 則夏后氏當因山罍, 不得因虞氏瓦泰. 皇氏之說, 其義並非也.

번역 ●經文: "殷以斝". ○정사농은 "벼를 심는 모습을 그림으로 그린다."라고 했다. 경문의 "周以黃目"에 대하여. 황금으로 눈의 모습을 만들어서 장식한 것이다. 황간은 "하후씨(夏后氏) 때 질그릇으로 만든 태(泰) 위에 닭을 그려서 계이(雞彝)로 사용했고, 은(殷)나라 때 사용했던 착존(著尊)에 벼를 심는 모습을 그려서 가이(稼彝)로 삼은 것이다."라고 했다. 그런데 존(尊)과 이(彝)는 별도로 제작하므로, 그 사안이 서로 겹치지 않고, 황간은 당시 왕조에서 사용하넌 술동이를 이(彝)라고 여긴 것인데, 근거가 없는 주장이다. 만약 당시 왕조에서 사용하던 술동이를 이(彝)로 삼는다면, 하후씨는 마땅히 산뢰(山罍)에 따라야 하며, 우(虞) 때 사용했던 질그릇으로 만든 태(泰)에 따를 수가 없다. 따라서 황간의 주장은 그 설명이 모두 잘못되었다.

그림 16-1 ▣ 계이(雞彝)와 조이(鳥彝)

▸ **출처:** 상단-『삼재도회(三才圖會)』「기용(器用)」 2권
중단-『삼례도집주(三禮圖集注)』 14권
하단-『육경도(六經圖)』

그림 16-2 ▣ 가이(斝彝)

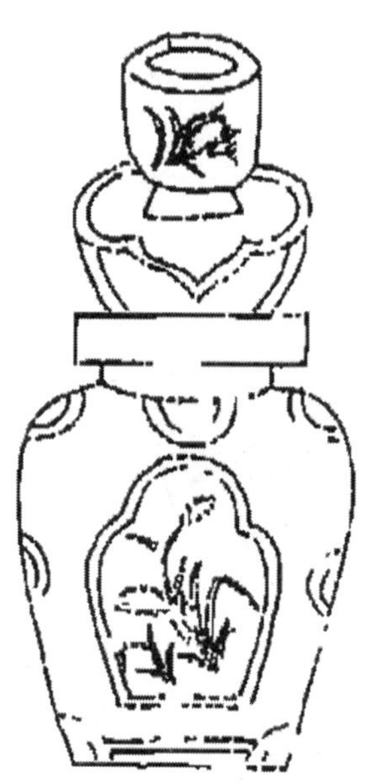

▸ **출처**: 좌-『삼례도집주(三禮圖集注)』 14권 ; 우-『육경도(六經圖)』 6권

그림 16-3 ■ 존(尊)과 이(彝)

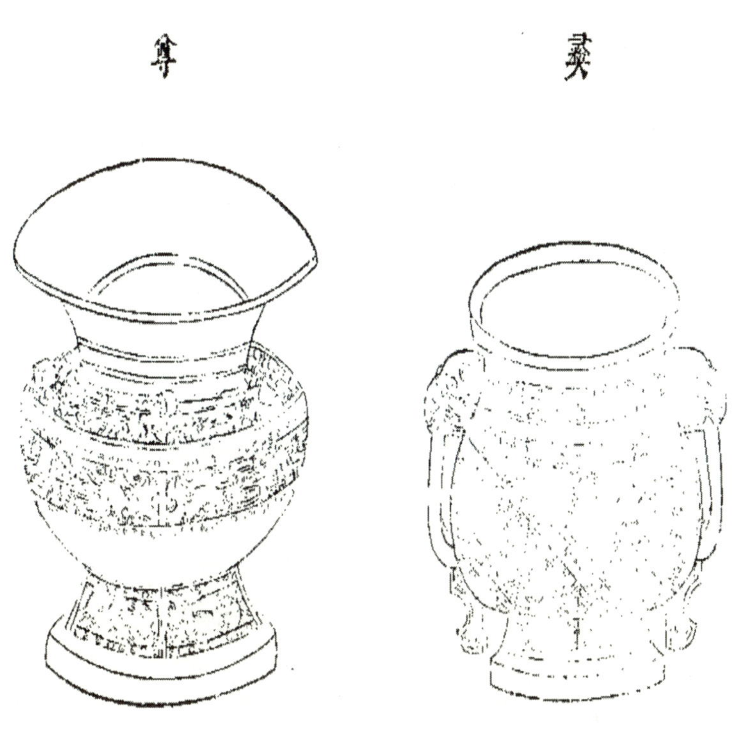

▸ **출처**: 『삼재도회(三才圖會)』「기용(器用)」 1권

【403b】

其勺, 夏后氏以龍勺, 殷以疏勺, 周以蒲勺.

직역 그 勺은 夏后氏는 龍勺으로써 했고, 殷은 疏勺으로써 했으며, 周는 蒲勺으로써 했다.

의역 술을 땅에 부어 신을 강림시킬 때, 사용했던 술국자에 있어서, 노(魯)나라에는 삼대(三代) 때의 술국자를 갖추고 있었다. 하후씨(夏后氏) 때에는 용작(龍勺)으로 술을 따랐고, 은(殷)나라 때에는 소작(疏勺)으로 술을 따랐으며, 주(周)나라 때에는 포작(蒲勺)으로 술을 따랐다.

集說 周禮"梓人爲飮器, 勺一升." 龍勺, 刻畫爲龍頭. 疏勺, 刻鏤疏通也. 蒲勺者, 合蒲爲鳧頭之形, 其口微開, 如蒲草本合而末微開也. 三者皆謂勺之柄頭耳.

번역 『주례』에서는 "재인(梓人)은 마실 때 사용하는 기물을 만드니, 작(勺)은 1승(升)의 용적으로 만든다."[2]라고 했다. '용작(龍勺)'은 조각을 하고 그림을 그려서 용의 머리처럼 만든 것이다. '소작(疏勺)'은 조각을 하여 관통되도록 만든 것이다. '포작(蒲勺)'은 부들을 섞어서 오리의 머리 형태로 만든 것이며, 그 입구가 좁아서, 마치 부들의 뿌리가 서로 붙어 있지만, 끝에서는 가늘게 퍼져 있는 모습과 같다. 이 세 가지는 모두 술국자의 자루 끝부분에 대한 제작 방법을 뜻할 따름이다.

鄭注 龍, 龍頭也. 疏, 通刻其頭. 蒲, 合蒲如鳧頭也.

번역 '용(龍)'은 용의 머리를 새긴 것이다. '소(疏)'는 그 끝부분에 조각을 해서 구멍을 낸 것이다. '포(蒲)'는 부들을 함께 엮어서 오리의 머리처럼

2) 『주례』「동관고공기(冬官考工記)·재인(梓人)」: 梓人爲飮器, 勺一升, 爵一升, 觚三升. 獻以爵而酬以觚, 一獻而三酬, 則一豆矣.

만든 것이다.

釋文 勺, 市灼反, 下同. 禴音藥. 祼, 古亂反.

번역 '勺'자는 '市(시)'자와 '灼(작)'자의 반절음이며, 아래문장에 나오는 글자도 그 음이 이와 같다. '禴'자의 음은 '藥(약)'이다. '祼'자는 '古(고)'자와 '亂(란)'자의 반절음이다.

孔疏 ●"夏后氏以龍勺"者, 勺爲龍頭.

번역 ●經文: "夏后氏以龍勺". ○술국자를 용의 머리처럼 만든 것이다.

孔疏 ●"殷以疏勺"者, 疏, 謂刻鏤, 通刻勺頭.

번역 ●經文: "殷以疏勺". ○'소(疏)'자는 조각을 하여 새긴 것으로, 자루의 끝부분을 새겨서 구멍을 낸 것이다.

孔疏 ●"周以蒲勺"者, 皇氏云: "蒲謂合蒲, 當刻勺爲鳧頭, 其口微開如蒲草本合而末微開也."

번역 ●經文: "周以蒲勺". ○황간은 "'포(蒲)'자는 부들을 함께 섞었다는 뜻으로, 술국자를 조각하여 오리의 머리처럼 만든 것이니, 그 입구는 부들처럼 가늘고 좁은데, 마치 부들의 뿌리가 서로 붙어 있지만, 끝에서는 가늘게 펴져 있는 모습과 같다."라고 했다.

孔疏 ◎注"夷讀"至"頭也". ○正義曰: 引周禮春祠夏禴以下, 司尊彝職之文. 云"春祠夏禴, 祼用雞彝鳥彝"者, 雞彝盛明水, 鳥彝盛鬱鬯也. "秋嘗冬烝, 祼用斝彝黃彝"者, 義亦然. 必知一時之祭幷用兩彝者, 以下云"朝踐用兩犧尊, 再獻用兩象尊", 犧・象不可即爲二時, 故知兩彝祇當一節. 皇氏・沈氏並云:

“春用雞彝, 夏用鳥彝, 秋用斝彝, 冬用黃彝. 春屬雞, 夏屬鳥, 秋屬收禾稼, 冬屬土色黃, 故用其尊.” 皇氏等此言, 文無所出, 謂言及於數, 非實論也. 種曰稼, 斂曰穡, 秋時不得稱稼. 月令: “季秋草木黃落.” 冬卽色玄, 不得用黃彝也. 下“追享”·“朝享”用虎彝蜼彝, 追享謂祈禱也, 朝享謂月祭也, 若有所法, 則四時不同, 何以獨用虎蜼? 又崔氏義, 宗廟祫祭用十八尊, 祫在秋; 禘祭用十六尊, 禘在夏也. 是一時皆數兩彝, 得爲十八·十六. 若每時用唯有一彝, 秖十七, 十五, 是知皇氏等之說, 其義非也.

번역 ◎鄭注: “夷讀”~“頭也”. ○정현이 『주례』에 나온 춘사(春祠)와 하약(夏禴) 등의 문장을 인용했는데, 이것은 『주례』「사존이(司尊彝)」편에 기록된 직무 기록이다. 정현이 “봄의 사(祠)제사와 여름의 약(禴)제사를 지낼 때, 관(祼)을 할 때에는 계이(雞彝)와 조이(鳥彝)를 사용했다.”라고 했는데, 계이(雞彝)에는 명수(明水)[3]를 담고, 조이(鳥彝)에는 울창주를 담는다. 정현이 “가을의 상(嘗)제사와 겨울의 증(烝)제사를 지낼 때, 관(祼)을 할 때에는 가이(斝彝)와 황이(黃彝)를 사용했다.”라고 했는데, 그 의미 또한 이와 같다. 한 차례의 제사에서 두 개의 술동이를 함께 사용한다는 사실을 분명히 알 수 있는 이유는 「사존이」편 뒤의 문장에서 “조천(朝踐)을 할 때에는 두 개의 희존(犧尊)을 사용하고, 재헌(再獻)을 할 때에는 두 개의 상존(象尊)을 사용한다.”라고 했기 때문이니, 희존(犧尊)과 상존(象尊)은 각각 다른 시기에 사용하는 것이 아니므로, 두 개의 술동이가 하나의 짝이 됨을 알 수 있다. 황간과 심씨는 모두 “봄에는 계이(雞彝)를 사용하고, 여름에는 조이(鳥彝)를 사용하며, 가을에는 가이(斝彝)를 사용하고, 겨울에는 황이(黃彝)를 사용한다. 봄은 동물로 분류하면 닭에 속하고, 여름은 새에 속하며, 가을은 곡식을 거둬들이는 계절에 해당하고, 겨울은 토(土)의 색깔인 황색에 해당한다. 그렇기 때문에 각각 해당하는 술동이를 사용하는 것이다.”라고 했다. 황간 등이 주장한 이러한 기록은 근거가 없는 설명이니, 해당하는 수치에 대해 말한 것들은 실제의 사실에 근거한 논의가 아니다. 파

---

3) 명수(明水)는 제사 때 사용하는 깨끗한 물을 뜻한다.

종하는 것을 '가(稼)'라고 부르고, 수확하는 것을 '색(穡)'이라고 부르니, 가을에 대해서는 '가(稼)'라고 지칭할 수 없다. 『예기』「월령(月令)」편에서는 "계추(季秋)의 달에는 초목의 잎이 누렇게 시들어 떨어진다."[4]라고 했다. 그리고 겨울에 해당하는 색깔은 현색이므로, 황이(黃彝)를 사용할 수 없다. 「사존이」편 뒤의 문장에는 '추향(追享)'과 '조향(朝享)' 때 호이(虎彝)와 유이(蜼彝)를 사용한다고 했는데, 추향(追享)은 기도를 하는 의식이며, 조향(朝享)은 달마다 지내는 제사를 뜻하니, 만약 법식으로 삼은 것이 있다면, 사계절마다 각각 다른데, 어찌 유독 호이(虎彝)와 유이(蜼彝)만을 사용할 수 있겠는가? 또 최영은의 주장은 종묘(宗廟)에서 협(祫)제사를 지낼 때, 18개의 술동이를 사용하며, 협(祫)제사는 가을에 시행하고, 체(禘)제사를 지낼 때, 16개의 술동이를 사용하며, 체(禘)제사는 여름에 시행한다고 했다. 한 차례의 제사에서는 모두 2개씩의 술동이를 하나의 짝으로 삼기 때문에, 18개와 16개의 수치가 나올 수 있다. 만약 매 시기마다 오직 1개의 술동이만을 사용했다면, 17개와 15개의 수치가 되니, 이러한 정황을 통해서 황간 등이 주장한 내용은 잘못된 설명임을 알 수 있다.

訓纂 說文: 彝, 宗廟常器也. 從糸. 糸, 綦也. 廾持, 米, 器中實也. 此與爵相似. 周禮六彝, 以待祼將之禮.

번역 『설문해자』에서 말하길, '이(彝)'는 종묘(宗廟)에서 일상적으로 사용하는 기물이다. '계(糸)'자를 구성요소로 하고 있다. '계(糸)'자는 끈을 뜻한다. '공(廾)'자는 손으로 잡는다는 뜻이며, '미(米)'는 기물 안을 채우고 있는 곡식이다. 이것은 작(爵)과 유사하다. 『주례』에는 육이(六彝)[5]가 나오

---

4) 『예기』「월령(月令)」【216a】 : 是月也, 草木黃落, 乃伐薪爲炭.

5) 육이(六彝)는 제사 때 설치하는 여섯 개의 술병을 뜻한다. 각각 조각하고 그려 넣는 무늬가 달랐기 때문에, 그 명칭들도 달랐다. 여섯 개의 술병은 계이(雞彝), 조이(鳥彝), 가이(斝彝), 황이(黃彝), 호이(虎彝), 유이(蜼彝)이다. 『주례』「춘관(春官)·소종백(小宗伯)」편에는 "辨六彝之名物, 以待果將."이라는 기록이 있고, 이에 대한 정현의 주에서는 "六彝: 雞彝·鳥彝·斝彝·黃彝·虎彝·蜼彝."라고 풀이했다.

는데, 술을 땅에 부어 신을 강림시키는 의식 때 사용한다.

訓纂 聶氏三禮圖曰: 雞彝, 受三斗, 宗廟器, 盛明水. 臣崇義按舊圖云六彝唯雞·鳥·虎·蜼四彝, 皆刻木爲之. 畫四物之形, 於背上負尊, 皆立一圓器之上. 其器三足, 漆赤中, 如火爐狀. 周禮司尊彝, 後鄭云: "謂刻而畫之, 爲雞·鳳皇之形." 著於尊上, 考文審象, 法制甚明. 今以黍寸之尺計之, 口圓徑九寸, 底徑七寸, 其腹上下空徑高一尺, 足高二寸, 下徑八寸. 六彝所飾, 各畫本象, 其形制容受皆同. 斝彝, 盛明水. 先鄭讀斝爲稼, 謂"畫禾稼於尊, 因爲尊名." 其彝與舟, 竝漆赤中, 其局足內亦漆畫禾稼爲飾. 黃彝, 盛鬱鬯. 後鄭云: "謂以黃金爲目也." 其彝與舟, 竝以金漆通漆. 龍勺, 舊圖云: "柄長二尺四寸, 受五升. 士大夫漆赤中, 諸侯以白金飾, 天子以黃金飾." 臣崇義謹案周禮梓人云: "勺一升, 爵一升." 今以黍寸之尺計之, 柄長尺二寸, 口縱徑四寸半, 中央橫徑四寸, 兩頭橫徑各二寸. 又師儒相傳, 皆以刻勺頭爲龍頭狀. 又案阮氏圖說"蒲勺, 頭如鳧頭", 卽知龍勺, 頭亦如龍頭明矣. 疏勺, 舊圖云: "疏勺, 長三尺四寸, 受一升. 漆赤中, 丹柄端." 臣崇義詳此疏勺, 亦宜如疏杫通疏, 刻畫雲氣飾其柄. 蒲勺, 舊圖云: "蒲勺, 頭如鳧頭." 今以黍尺計之, 柄長二尺四寸, 口縱徑四寸半, 中央橫徑四寸, 兩頭橫徑各二寸, 深一寸, 受一升. 挹酒及亞獻以下罍水.

번역 섭숭의의 『삼례도』에서 말하길, 계이(雞彝)는 용적이 3두(斗)[6]이며, 종묘(宗廟)에서 사용하는 기물이고, 명수(明水)를 담는다. 내가 옛 『도설』을 살펴보니, 육이(六彝) 중 계이(雞彝)·조이(鳥彝)·호이(虎彝)·유이(蜼彝)만은 나무를 깎아서 만든다고 했다. 네 가지 사물의 모습을 그림으로 그리는데, 등 쪽에는 존(尊)이 있고, 모두 둥근 기물 위에 올려둔다. 그 기물에는 세 개의 다리가 있고, 가운데는 적색의 옻칠을 하니, 화로(火爐)의 모습과 유사하다. 『주례』「사존이(司尊彝)」편에 대한 정현의 주에서는 "조각을 하여 그림을 그리니, 닭과 봉황의 모습을 새긴다."라고 했다. 술동이에

---

6) 두(斗)는 곡식 등의 양을 재는 기구이자, 그 수량을 표시하는 단위였다. 지역 및 각 시대마다 다소 차이를 보이는데, 고대에는 10승(升)이 1두였다.

그림을 그리는데, 기록과 형태를 살펴보면, 그 형식이 매우 분명하다. 현재의 단위로 계산을 해보면, 입구는 원형으로 되어 있는데, 그 지름은 9촌(寸)이고, 바닥의 지름은 7촌(寸)이며, 배 부분의 위아래로 있는 공간은 지름과 높이가 1척(尺)이고, 다리의 높이는 2촌(寸)이며, 밑의 지름은 8촌(寸)이다. 육이에 하는 장식은 각각 바탕으로 삼고 있는 형상을 그리게 되는데, 그 제작 방법과 담을 수 있는 용량은 모두 동일하다. 가이(斝彝)에는 명수(明水)를 담는다. 정사농은 '가(斝)'자를 '가(稼)'자로 풀이하여, "술동이에 벼를 심는 그림을 그려서, 그에 따라 술동이의 명칭으로 삼았다."고 했다. 이(彝)와 받침대인 주(舟)는 모두 가운데를 적색으로 옻칠하며, 하판의 다리 안쪽 또한 옻칠을 하고, 벼를 심는 그림을 그려서 장식으로 삼는다. 황이(黃彝)에는 울창주를 담는다. 정현은 "황금으로 눈의 모습을 만들어서 장식을 한 것이다."라고 했다. 이(彝)와 주(舟)는 모두 금박으로 옻칠한 것을 덮는다. 용작(龍勺)에 대해, 옛 『도설』에서는 "자루의 길이는 2척(尺) 4촌(寸)이며, 용량은 5승(升)이다. 사(士)와 대부(大夫)가 사용하는 것은 가운데를 적색으로 옻칠하며, 제후는 백금으로 장식하고, 천자는 황금으로 장식한다."라고 했다. 내가 살펴보니, 『주례』「재인(梓人)」편에서는 "작(勺)의 용적은 1승(升)이고, 작(爵)의 용적은 1승(升)이다."라고 했다. 현재의 단위로 계산을 해보면, 자루의 길이는 1척(尺) 2촌(寸)이며, 입구의 세로 지름은 4.5촌(寸)이고, 중앙의 가로 지름은 4촌(寸)이며, 양쪽 끝부분의 가로 지름은 각각 2촌(寸)이 된다. 또 선대의 학자들이 전승한 주장에 따르면, 모두 술국자의 끝부분에 조각을 하여 용의 머리처럼 만든다고 했다. 또 완씨의 『도설』을 살펴보니, "포작(蒲勺)은 끝부분을 오리의 머리처럼 만든 것이다."라고 했으니, 용작(龍勺)에 있어서도 끝부분을 용의 머리처럼 만들었다는 사실이 분명하다. 소작(疏勺)에 대해 옛 『도설』에서는 "소작(疏勺)은 길이가 3척(尺) 4촌(寸)이며, 용적은 1승(升)이다. 가운데를 적색으로 옻칠하고, 자루의 끝부분은 단색으로 칠한다."라고 했다. 내가 소작(疏勺)에 대해서 상세히 살펴보니, 이 또한 마땅히 가는 숟가락처럼 만들게 되며, 자루 부분에는 구름을 그려서 장식을 한다. 포작(蒲勺)에 대해 옛 『도설』에서는 "포작(蒲勺)은 끝부분을 오리의 머리처럼 만든다."라고 했다. 현재의 단위로 계산을 해보면, 자루의 길이는 2척(尺) 4촌(寸)이 되며, 입구의 세로 지름은 4.5촌(寸)이고, 중앙의 가로 지름은 4촌(寸)이며, 양쪽 끝부분의 가로 지름은 각각 2촌(寸)이고, 깊이는 1촌(寸)이며, 용적은 1승(升)이다. 술을 뜨거나 아헌(亞獻)을 하는 것으로부터 물을 뜰 때에 사용한다.

集解 愚謂: 灌尊, 盛鬱鬯以灌者也. 三代之彝, 天子備用之, 魯用黃目而已. 勺, 所以酌鬱鬯而注於瓚者也.

번역 내가 생각하기에, '관존(灌尊)'은 울창주를 담아서 술을 땅에 부어 신을 강림시킬 때 사용하는 술동이이다. 삼대(三代) 때의 이(彝)를 천자는 모두 갖춰서 사용을 했지만, 노(魯)나라에서는 황목(黃目)만 사용했을 따름이다. '작(勺)'은 울창주를 따라서 옥으로 만든 잔에 부을 때 사용하는 국자이다.

그림 16-4 ▣ 용작(龍勺) · 소작(疏勺) · 포작(蒲勺)

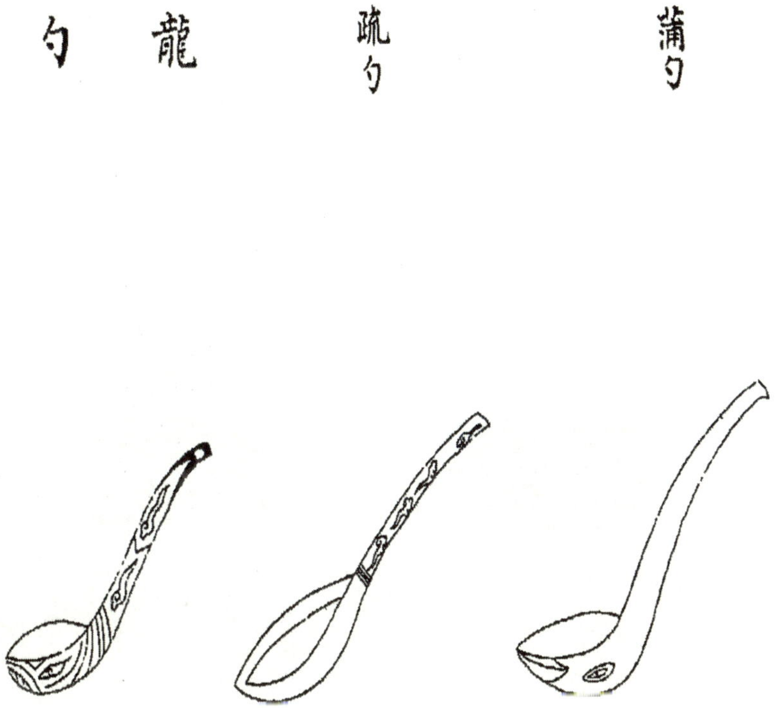

▸ **출처**: 『삼례도집주(三禮圖集注)』 12권; 14권

그림 16-5 ■ 호이(虎彝)와 유이(蜼彝)

▸ **출처**: 상단-『삼재도회(三才圖會)』「기용(器用)」 2권
중단-『삼례도집주(三禮圖集注)』 14권
하단-『육경도(六經圖)』

그림 16-6 ▣ 주(舟)

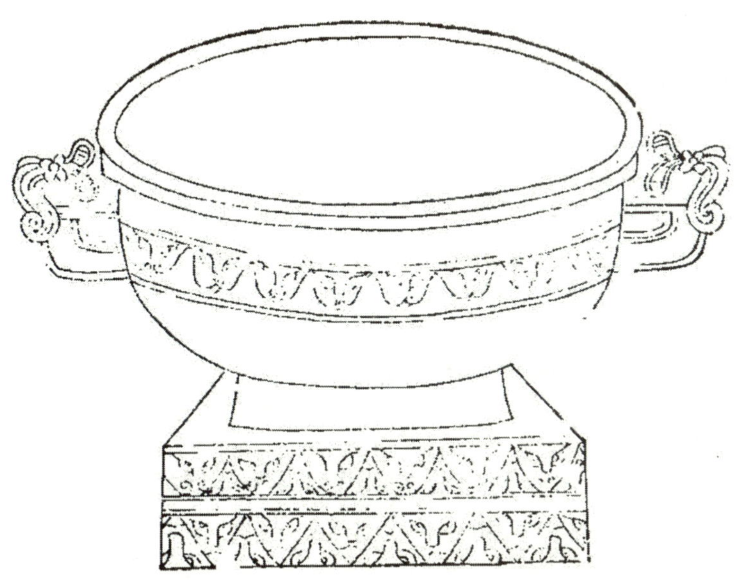

▸ **출처**: 『삼재도회(三才圖會)』「기용(器用)」 1권

• 제 17 절 •

노(魯)나라의 제도 : 악기 I

【403c】

土鼓 · 蕢桴 · 葦籥, 伊耆氏之樂也.

직역 土鼓와 **蕢桴**와 **葦籥**은 伊耆氏의 樂이다.

의역 노(魯)나라에는 고대의 악기를 갖추고 있었다. 토고(土鼓) · 괴부(**蕢桴**) · 위약(**葦籥**)은 이기씨(伊耆氏)[1] 때의 악기이다.

集說 方氏曰: 以土爲鼓, 未有韗革之聲故也; 以蕢爲桴, 未有斲木之利故也; 以葦爲籥, 未有截竹之精故也.

번역 방씨가 말하길, 흙으로 북을 만들었는데, 아직까지 가죽을 두드려서 소리를 내는 방법이 없었기 때문이다. 흙덩이로 북채를 만들었는데, 아직까지 나무를 깎아서 편리한 북채를 만들 수 있는 방법이 없었기 때문이다. 갈대로 피리를 만들었는데, 아직까지 대나무를 잘라서 정교한 피리를 만들 수 있는 방법이 없었기 때문이다.

鄭注 蕢當爲塊, 聲之誤也. 籥如笛, 三孔. 伊耆氏, 古天子有天下之號也. 今有姓伊耆氏者.

번역 '괴(蕢)'자는 마땅히 '괴(塊)'자가 되어야 하니, 소리가 비슷해서 생

---

1) 이기씨(伊耆氏)는 신농(神農)을 가리킨다. 일설에는 요(堯)임금을 뜻한다고 주장하기도 한다.

긴 오류이다. '약(籥)'은 적(笛)과 같은 것으로, 세 개의 구멍이 있다. 이기씨(伊耆氏)는 고대의 천자로, 천하를 소유한 자에게 붙이는 칭호이다. 현재에도 이기씨(伊耆氏)를 성(姓)으로 삼는 자가 있다.

釋文 蕢讀爲塊, 苦對反. 桴音浮. 葦, 于鬼反. 籥音藥. 蕢, 其位反, 又苦怪反. 笛, 本又作篴, 音狄.

번역 '蕢'자는 '塊'자로 풀이하니, '苦(고)'자와 '對(대)'자의 반절음이다. '桴'자의 음은 '浮(부)'이다. '葦'자는 '于(우)'자와 '鬼(귀)'자의 반절음이다. '籥'자의 음은 '藥(약)'이다. '蕢'자는 '其(기)'자와 '位(위)'자의 반절음이며, 또한 '苦(고)'자와 '怪(괴)'자의 반절음도 된다. '笛'자는 판본에 따라서 또한 '篴'자로도 기록하는데, 그 음은 '狄(적)'이다.

孔疏 ●"土鼓"至"樂也". ○正義曰: 此一經明魯用古代之樂, "土鼓"謂築土爲鼓, "蕢桴"以土塊爲桴.

번역 ●經文: "土鼓"~"樂也". ○이곳 문단은 노(魯)나라에서 고대의 악기를 사용했다는 사실을 나타내고 있다. 경문의 "土鼓"에 대하여. 흙을 쌓아서 북으로 만들었다는 뜻이다. 경문의 "蕢桴"에 대하여. 흙덩이를 뭉쳐서 북채를 만들었다는 뜻이다.

孔疏 ●"葦籥"者, 謂截葦爲籥, 此等是伊耆氏之樂, 魯得用也.

번역 ●經文: "葦籥". ○갈대를 잘라서 피리를 만들었다는 뜻으로, 이러한 악기들은 모두 이기씨(伊耆氏) 때 사용하던 악기인데, 노(魯)나라에서도 사용할 수 있었다.

孔疏 ◎注"蕢當"至"氏者". ○正義曰: 經云"蕢"者, 草名, 與土鼓相對, 故讀爲塊. 云"伊耆氏, 古天子有天下之號也"者, 禮運云: "伊耆氏始爲蜡." 蜡是報田之祭. 按易·繫辭神農始作耒耜, 是田起於神農, 故說者以伊耆氏爲神農也.

번역 ◎鄭注: "蕢當"~"氏者". ○경문에서는 '괴(蕢)'라고 기록했는데, 이것은 풀의 이름을 뜻하는 글자이니, 흙으로 만든 북과는 대비가 된다. 그렇기 때문에 '괴(塊)'자로 풀이한 것이다. 정현이 "이기씨(伊耆氏)는 고대의 천자로, 천하를 소유한 자에게 붙이는 칭호이다."라고 했는데, "이기씨는 처음으로 사(蜡)제사를 지냈다."[2]라고 했는데, 사(蜡)제사는 농사에 대해 보답을 하며 지내는 제사이다. 『역』「계사전(繫辭傳)」을 살펴보면, 신농(神農)이 처음으로 농기구인 뇌사(耒耜)를 만들었다고 했으니, 농업이 신농을 통해 비롯되었음을 뜻하다. 그렇기 때문에 학자들에 따라서는 이기씨를 신농으로 여기는 것이다.

集解 土鼓 · 凷桴, 說見禮運. 葦籥, 截葦爲籥也. 此上古之樂, 而蜡祭用焉. 伊耆氏掌爲蜡, 因謂其樂爲伊耆氏之樂焉.

번역 '토고(土鼓)'와 '괴부(凷桴)'에 대해서는 그 설명이 『예기』「예운(禮運)」편에 나온다. '위약(葦籥)'은 갈대를 잘라서 만든 피리이다. 이것들은 상고시대의 악기로, 사(蜡)제사를 지낼 때 사용한다. 이기씨(伊耆氏)는 사(蜡)제사를 지내는 일을 주관하여, 그에 따라 이 악기들을 이기씨의 악기들이라고 한 것이다.

---

2) 『예기』「교특생(郊特牲)」【330b】: 天子大蜡八. <u>伊耆氏始爲蜡</u>. 蜡也者索也, 歲十二月, 合聚萬物而索饗之也.

그림 17-1 ▣ 토고(土鼓)

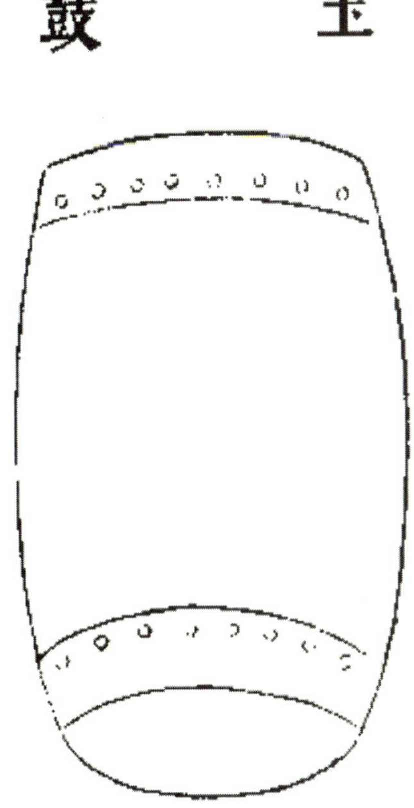

▸ **출처**: 『삼재도회(三才圖會)』「기용(器用)」 3권

그림 17-2 ▣ 적(笛: =篴)과 약(籥)

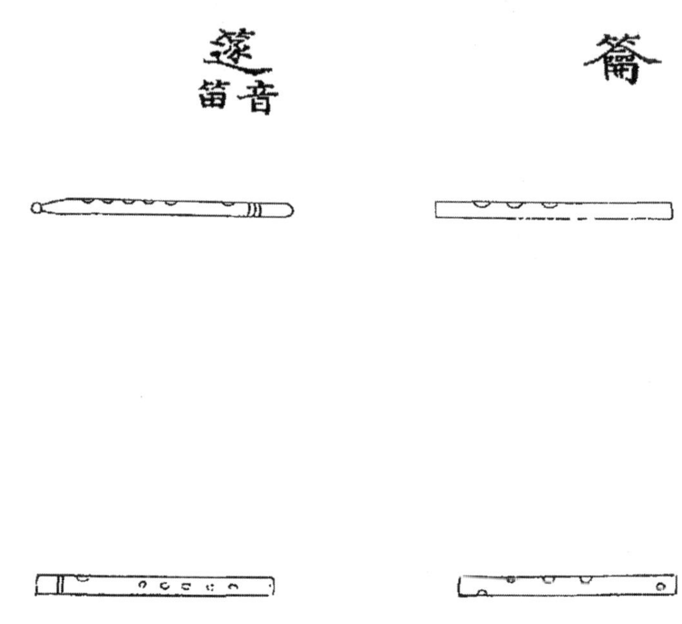

▸ **출처**: 상단-『삼례도집주(三禮圖集注)』 5권 ; 하단-『육경도(六經圖)』 5권

그림 17-3 ▣ 뇌사(耒耜)

耒 耜

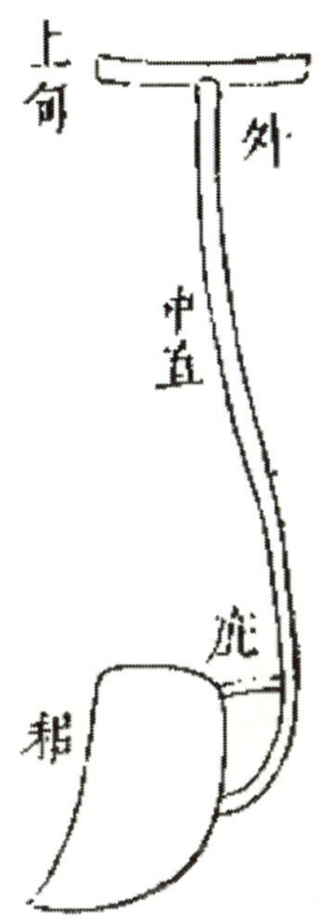

▸ **출처**: 『삼재도회(三才圖會)』「기용(器用)」 11권; 6권

【403c】

拊搏 · 玉磬 · 揩擊 · 大琴 · 大瑟 · 中琴 · 小瑟, 四代之樂器也.

직역 拊搏과 玉磬과 揩擊과 大琴과 大瑟과 中琴과 小瑟은 四代의 樂器이다.

의역 노(魯)나라에는 사대(四代) 때의 악기를 갖추고 있었다. 부박(拊搏) · 옥경(玉磬) · 개격(揩擊) · 대금(大琴) · 대슬(大瑟) · 중금(中琴) · 소슬(小瑟)은 사대(四代) 때 사용하던 악기이다.

集說 拊搏, 舊說以韋爲之, 充之以糠, 形如小鼓. 揩擊, 謂柷敔, 皆所以節樂者. 方氏以爲或拊或搏, 或揩或擊, 皆言作樂之事. 又按書傳云: "戛擊, 考擊也. 搏, 至; 拊, 循也." 當與此文理有礙, 當從鄭註.

번역 '부박(拊搏)'에 대해서, 옛 학설에서는 갈대로 만들고, 겨를 채우는데, 그 모습은 소고(小鼓)와 같다고 했다. '개격(揩擊)'은 축(柷)과 어(敔)이니, 둘 모두 음악의 속도를 맞추는 것이다. 방씨는 어떤 때에는 부(拊)나 박(搏)이라고 했고, 또 어떤 때에는 개(揩)나 격(擊)이라고 했는데, 이 모두는 악기를 연주하는 행위를 뜻한다고 했다. 또 『서전』에서는 "알격(戛擊)은 치는 것이다. '박(搏)'은 손을 댄다는 뜻이며, '부(拊)'는 손으로 문지른다는 뜻이다."라고 했다. 그러나 이곳 문장의 흐름과는 맞지 않으니, 마땅히 정현의 주에 따라서 해석해야 한다.

大全 嚴陵方氏曰: 拊搏 · 揩擊, 言所以作器也. 或言其器, 或言作樂, 互相備也. 與益稷言戛擊鳴球, 搏拊琴瑟以詠, 同義. 玉磬 · 琴瑟, 又皆堂上之樂, 故特擧其名器言之. 琴言中而不言小, 瑟言小而不言中, 亦互相備也.

번역 엄릉방씨가 말하길, 부박(拊搏)과 개격(揩擊)은 모두 악기를 연주하는 행위를 뜻한다. 어떤 경우에는 악기를 언급하고, 또 어떤 경우에는 악기의 연주 행위를 언급했는데, 상호 호환이 되도록 기록했기 때문이다.

이것은 『서』「익직(益稷)」편에서 "명구(鳴球)를 치며 금슬(琴瑟)을 연주하여 노래를 읊조린다."[3]라고 했던 말과 같은 뜻이다. 옥경(玉磬)과 금슬(琴瑟)은 또한 모두 당상(堂上)에 위치하는 악기들이다. 그렇기 때문에 특별히 악기의 명칭을 기록한 것이다. 금(琴)에 대해서는 중(中)을 말했지만, 소(小)는 언급하지 않았고, 슬(瑟)에 대해서는 소(小)를 말했지만, 중(中)에 대해서는 언급하지 않았으니, 이 또한 상호 호환이 되도록 기록한 것이다.

鄭注 拊搏, 以韋爲之, 充之以糠, 形如小鼓. 揩擊, 謂柷·敔, 皆所以節樂者也. 四代, 虞·夏·殷·周也.

번역 '부박(拊搏)'은 갈대로 만들며, 그 속에 겨를 채우는데, 그 모습은 소고(小鼓)와 같다. '개격(揩擊)'은 축(柷)과 어(敔)를 뜻하니, 둘 모두 음악의 속도를 조절하는 악기이다. '사대(四代)'는 우(虞)·하(夏)·은(殷)·주(周)를 뜻한다.

釋文 拊, 芳甫反. 搏音博. 揩, 居八反, 注同. 大琴, 徐本作瑟. 糠音康. 柷, 昌六反. 敔, 魚呂反, 本又作圉.

번역 '拊'자는 '芳(방)'자와 '甫(보)'자의 반절음이다. '搏'자의 음은 '博(박)'이다. '揩'자는 '居(거)'자와 '八(팔)'자의 반절음이며, 정현의 주에 나오는 글자도 그 음이 이와 같다. '大琴'에서의 '琴'자를 『서본(徐本)』에서는 '瑟'자로 기록했다. '糠'자의 음은 '康(강)'이다. '柷'자는 '昌(창)'자와 '六(륙)'자의 반절음이다. '敔'자는 '魚(어)'자와 '呂(려)'자의 반절음이며, 판본에 따라서는 또한 '圉'자로도 기록한다.

孔疏 ●"拊搏"至"器也". ○正義曰: 此一經論魯有四代樂器, 但四代漸文,

3) 『서』「우서(虞書)·익직(益稷)」: 夔曰, 戛擊鳴球, 搏拊琴瑟以詠, 祖考來格, 虞賓在位, 群后德讓, 下管鼗鼓, 合止柷敔, 笙鏞以間, 鳥獸蹌蹌, 簫韶九成, 鳳皇來儀.

不如土鼓·葦籥之質, 故別起其文也.

번역 ●經文: "拊搏"~"器也". ○이곳 경문은 노(魯)나라에서 사대(四代) 때의 악기를 갖추고 있었음을 논의하고 있는데, 사대 때에는 후대로 갈수록 점차 문식을 더하게 되어, 토고(土鼓)나 위약(葦籥)처럼 질박한 악기와는 달라졌다. 그렇기 때문에 별도로 이 문장을 기록한 것이다.

訓纂 爾雅釋器: "大琴謂之離." 郭注: "或曰, 琴大者二十七弦, 未詳長短."

번역 『이아』「석기(釋器)」편에서는 "대금(大琴)을 '리(離)'라고 부른다."라고 했고, 곽경순의 주에서는 "어떤 자는 금(琴) 중의 큰 것은 27현(弦)으로 되어 있다고 했는데, 그 길이에 대해서는 들어보지 못했다."라고 했다.

訓纂 廣雅: 琴長三尺六寸六分, 五弦.

번역 『광아』에서 말하길, 금(琴)의 길이는 3척(尺) 6촌(寸) 6분(分)이며, 5현(弦)으로 되어 있다.

訓纂 白虎通曰: 琴者, 禁也, 所以禁止淫邪, 正人心也.

번역 『백호통』에서 말하길, '금(琴)'자는 "금지하다[禁]."는 뜻이니, 음란하고 사악함을 금지하여, 사람의 마음을 올바르게 하는 도구이다.

訓纂 又釋器: "大瑟謂之灑." 郭注: "長八尺一寸, 廣一尺八寸, 二十七弦."

번역 『이아』「석기(釋器)」편에서는 "대슬(大瑟)을 '쇄(灑)'라고 부른다."라고 했고, 곽경순의 주에서는 "길이는 8척(尺) 1촌(寸)이며, 너비는 1척(尺) 8촌(寸)이고, 27현(弦)으로 되어 있다."라고 했다.

集解 愚謂: 周禮大師: "帥瞽登歌, 令奏擊拊." 周禮謂之"拊", 虞書謂之"搏拊", 此謂之"拊搏", 一也. 拊搏所以令登歌, 而大師擊之, 樂器之重者也. 玉磬, 特懸之磬也. 周禮但有編磬, 無玉磬, 然郊特牲謂擊玉磬爲諸侯之僭禮, 則天子之樂, 編磬之外, 別有玉磬明矣. 揩, 擽也. 揩擊, 書作"戛擊", 鄭氏及書孔傳皆以爲卽柷·敔. 蓋敔以木擽其齟齬刻, 故謂之揩; 柷中有椎柄, 連底撞之, 令左右擊, 故謂之擊. 升歌與下管之樂, 皆擊柷以起之, 擽敔以止之, 故虞書此"戛擊"·"以詠", 以配堂上之樂; 又言"合止柷·敔, 笙鏞以間", 以配堂下之樂也. 釋樂"大琴謂之離", 郭氏云: "或曰, 琴大者二十七絃." 釋樂又云"大瑟謂之灑", 郭氏云: "長八尺一寸, 二十七絃." 邢疏云: "禮舊圖: '雅瑟長八尺一寸, 二十三絃, 其常用者十九絃. 頌瑟長七尺二寸, 二十五絃盡用之.'" 有中琴則有中瑟, 有小瑟則有小琴, 蓋天子備之, 而魯有不盡得焉. 虞書曰: "戛擊鳴球, 搏拊琴瑟以詠." 凡此樂器, 皆升歌之所用. 琴瑟在堂上, 拊搏·玉磬·揩擊在堂下, 琴瑟以升歌, 而拊搏以令之, 玉磬以節之, 擊以起之, 揩以止之也.

번역 내가 생각하기에, 『주례』「대사(大師)」편에서는 "장님 악사들을 인솔하여 당상(堂上)에 올라가서 노래를 부르고, 악기를 연주하여 부(拊)를 치도록 한다."[4]고 했는데, 『주례』에서 '부(拊)'라고 말한 것과 『서』「우서(虞書)」편에서 '박부(搏拊)'라고 말한 것과 이곳에서 '부박(拊搏)'이라고 말한 것은 동일한 악기이다. '부박(拊搏)'은 당상에 올라가서 노래를 부르게 하는 악기이며, 대사가 직접 치니, 악기 중에서도 중요한 것이다. 옥경(玉磬)은 특현경(特懸磬)을 뜻한다. 『주례』에는 단지 편경(編磬)만 나와 있고, 옥경이 없지만, 『예기』「교특생(郊特牲)」편에서는 옥경을 두드리는 것은 제후들이 참람되게 예법을 사용한 것이라고 했으니,[5] 천자가 사용하는 악기 중에는 편경 외에 별도로 옥경이 있었음이 분명하다. '개(揩)'자는 "치다[擽]."는 뜻이다. '개격(揩擊)'을 『서』에서는 '알격(戛擊)'이라고 기록했는데, 정현 및 『서』에 대한 공안국의 전문(傳文)에서는 이것을 축(柷)과 어(敔)에 해당한다고 여겼다. 아마도 어(敔)는 나무를 이용해서 등판에 틀어지게 새

---

4) 『주례』「춘관(春官)·대사(大師)」: 大祭祀, <u>帥瞽登歌, 令奏擊拊</u>.

5) 『예기』「교특생(郊特牲)」【322a】: 諸侯之宮縣, 而祭以白牡, <u>擊玉磬</u>, 朱干設鍚, 冕而舞大武, 乘大路, <u>諸侯之僭禮也</u>.

겨놓은 톱니들을 두드리기 때문에 '개(揩)'라고 부른 것 같고, 축(柷) 안에는 뭉치가 달린 자루가 있어서, 바닥에 대고 두드리면, 좌우로 부딪혀서 소리를 내도록 하기 때문에, '격(擊)'이라고 부른 것 같다. 당상에 올라가서 노래를 부르고, 당하에서 관악기로 연주할 때의 음악은 모두 축(柷)을 두들겨서 시작하고, 어(敔)를 두들겨서 멈추게 한다. 그렇기 때문에 「우서」에서는 '알격(戛擊)'과 "이로써 노래를 부른다."는 말을 당상의 음악에 짝해서 기록한 것이고, 또 "합주하고 멈추는 것은 축(柷)과 어(敔)로써 하며, 생(笙)과 용(鏞)은 중간에 번갈아 울린다."는 말을 당하의 악기와 짝해서 기록한 것이다. 『이아』「석악(釋樂)」편에서는 "대금(大琴)을 '리(離)'라고 부른다."[6]라고 했고, 곽경순의 주에서는 "어떤 자는 금(琴) 중의 큰 것은 27현(絃)으로 되어 있다."라고 했다. 「석악」편에서는 또한 "대슬(大瑟)을 '쇄(灑)'라고 부른다."[7]라고 했고, 곽경순의 주에서는 "그 길이는 8척(尺) 1촌(寸)이며 27현(絃)으로 되어 있다."라고 했고, 형병[8]의 소(疏)에서는 "예의 『구도』에서는 '아슬(雅瑟)은 그 길이가 8척(尺) 1촌(寸)이며, 23현(絃)으로 되어 있고, 일상적으로 사용하는 것은 19현(絃)으로 되어 있다. 송슬(頌瑟)은 그 길이가 7척(尺) 2촌(寸)이며, 25현(絃)으로 되어 있고, 모든 경우에 있어서 이것을 사용한다.'"라고 했다. 중금(中琴)이 있다면 중슬(中瑟)도 있는 것이며, 소슬(小瑟)이 있다면 소금(小琴)도 있는 것인데, 아마도 천자는 이 모두를 갖췄던 것이고, 노(魯)나라에서는 모두 갖출 수가 없었을 것이다. 「우서」에서는 "명구(鳴球)를 치고, 박부(搏拊)를 두드리고 금슬(琴瑟)을 연주하여 노래를 부른다."라고 했는데, 여기에서 말한 악기들은 모두 당상에서 노래를 부르며 사용하는 것들이다. 금슬(琴瑟)은 당상에 있고, 부박(拊搏)·옥경(玉磬)·개격(揩擊)은 당하에 있으며, 금슬(琴瑟)을 연주하여 당상에서 노래를 부르는데, 부박(拊搏)을 통해서 선도를 하고, 옥경(玉磬)을 통해서

6) 『이아』「석악(釋樂)」: 大琴謂之離.

7) 『이아』「석악(釋樂)」: 大瑟謂之灑.

8) 형병(邢昺, A.D.932~A.D.1010) : 북송(北宋) 때의 학자이다. 자(字)는 숙명(叔明)이다. 예부상서(禮部尙書) 등을 지냈다. 저서로는 『논어정의(論語正義)』, 『이아정의(爾雅正義)』 등이 있다.

조절을 하며, 격(擊)을 통해서 음악을 시작하고, 개(揩)를 통해서 음악을 끝내는 것이다.

그림 17-4 ▣ 박부(搏拊)와 부(拊)

拊 搏

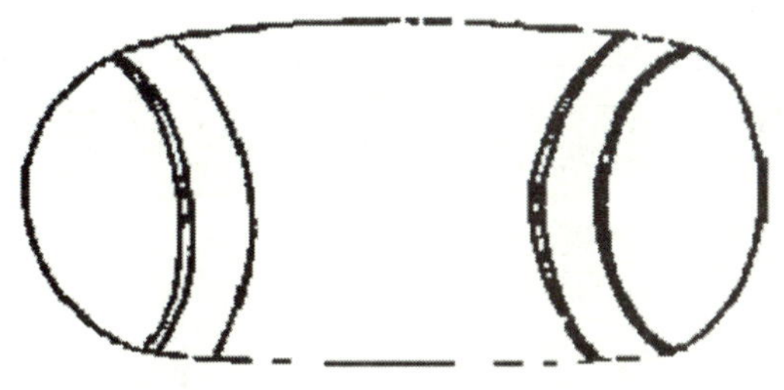

拊

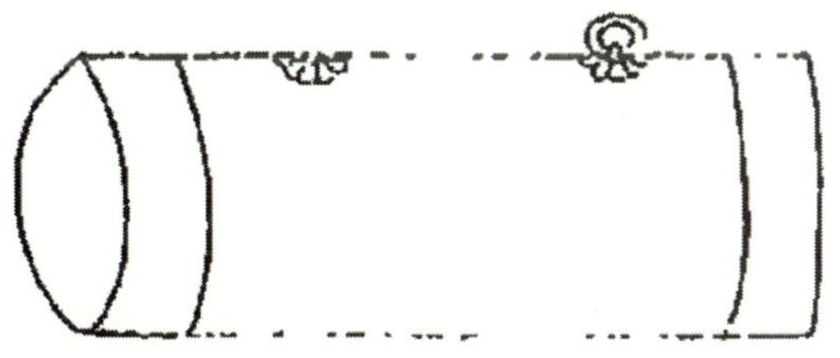

▸ **출처:** 『육경도(六經圖)』 2권 · 5권

그림 17-5 ▣ 금(琴)

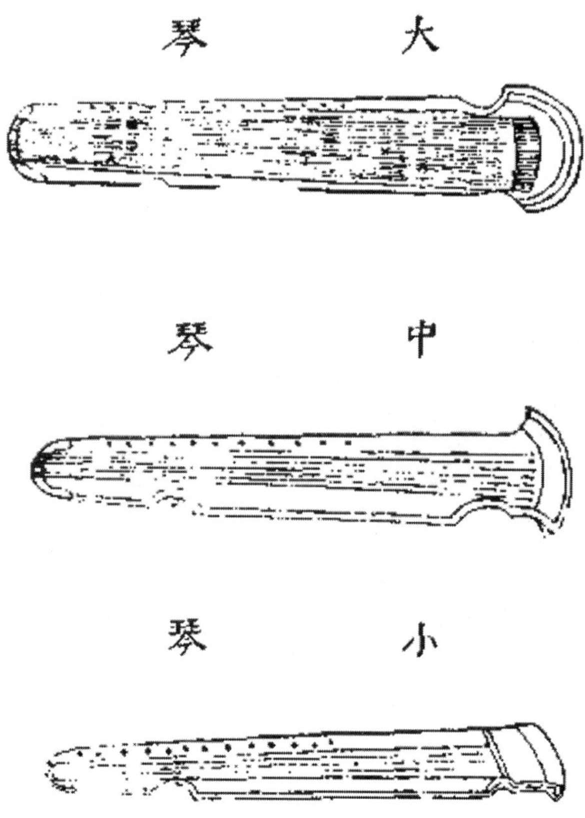

▸ **출처**: 『삼재도회(三才圖會)』「기용(器用)」 3권

그림 17-6 ▣ 슬(瑟)

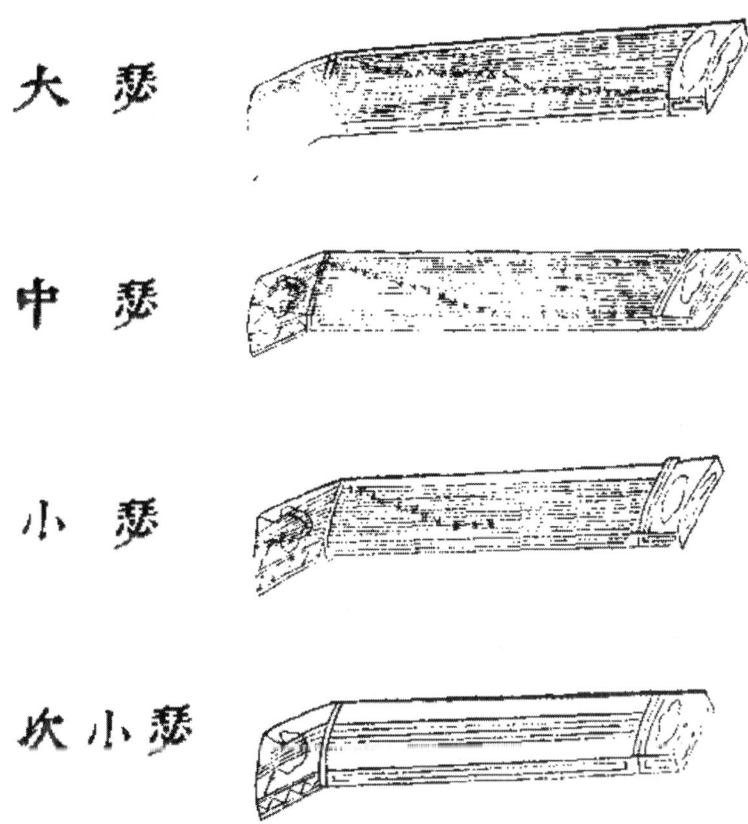

▸ 출처: 『삼재도회(三才圖會)』「기용(器用)」 3권

그림 17-7 ▣ 축(柷)과 어(敔)

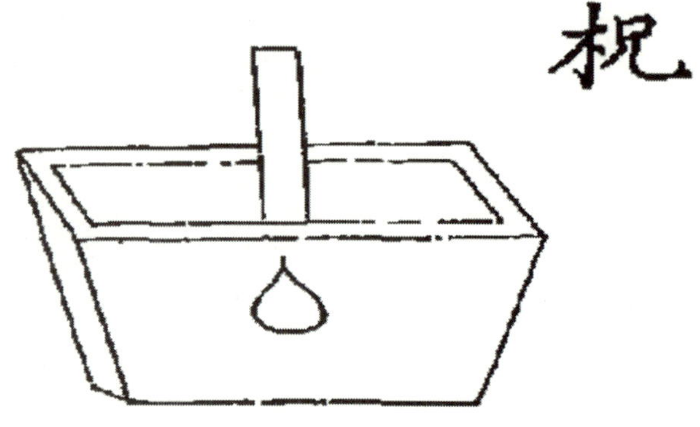

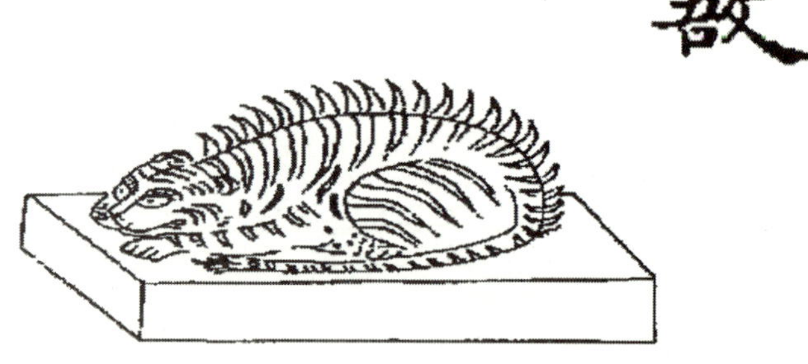

▸ **출처:**『삼례도집주(三禮圖集注)』5권

그림 17-8 ▣ 특현경(特懸磬)과 편경(編磬)

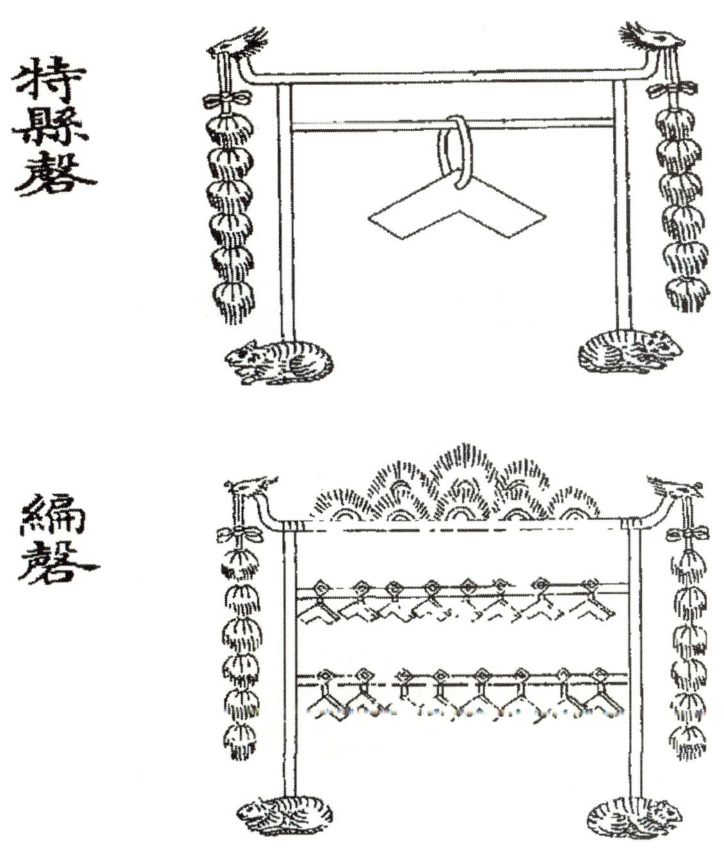

▸ 출처: 『삼례도집주(三禮圖集注)』 5권

그림 17-9 ▣ 생(笙)과 용(鏞)

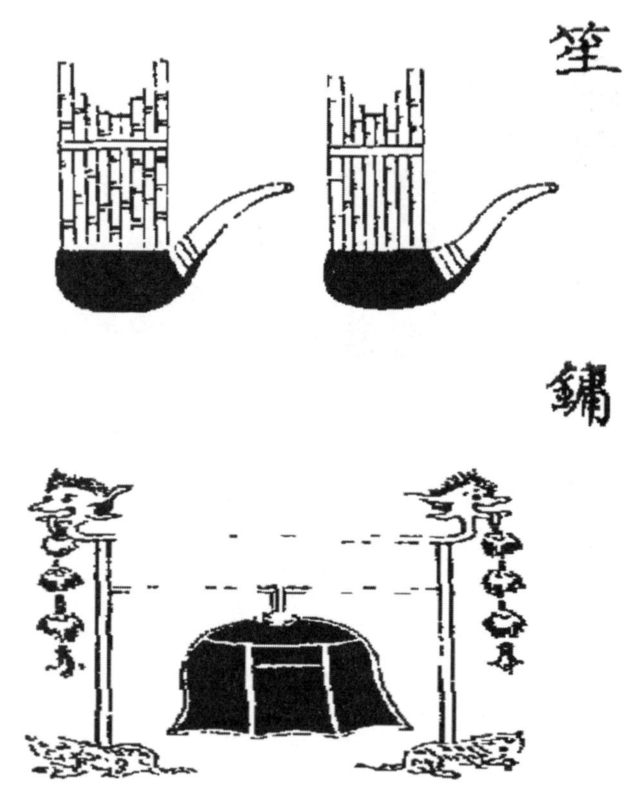

▸ 출처: 생-『삼례도집주(三禮圖集注)』 5권
용-『육경도(六經圖)』 2권

• 제 18 절 •

노(魯)나라의 제도 : 묘(廟)

【403d】

魯公之廟, 文世室也. 武公之廟, 武世室也.

직역 魯公의 廟는 文의 世室이다. 武公의 廟는 武의 世室이다.

의역 노(魯)나라 노공(魯公)의 묘실(廟室)은 문왕(文王)의 세실(世室)을 본떠서 만들었다. 무공(武公)의 묘실은 무왕(武王)의 세실을 본떠서 만들었다.

集說 魯公, 伯禽也. 武公, 伯禽之玄孫. 其室世世不毁, 故言世室.

번역 '노공(魯公)'은 백금(伯禽)이다. '무공(武公)'은 백금의 현손(玄孫)이다. 이들의 신주(神主)를 모시고 있는 묘실(廟室)은 대대로 전해지며 훼철되지 않기 때문에, '세실(世室)'이라고 부른다.

集說 方氏曰: 周以祖文王爲不毁之廟, 而魯以伯禽之廟比之, 故曰文世室. 宗武王爲不毁之廟, 而魯以武公之廟比之, 故曰武世室.

번역 방씨가 말하길, 주(周)나라는 문왕(文王)을 조(祖)로 삼아서 훼철되지 않는 묘(廟)로 삼았고, 노(魯)나라에서는 백금(伯禽)의 묘(廟)를 여기에 견주어서 만들었다. 그렇기 때문에 "문왕의 세실(世室)에 해당한다."라고 말한 것이다. 주나라는 무왕(武王)을 종(宗)으로 삼아서 훼철되지 않는 묘(廟)로 삼았고, 노나라에서는 무공(武公)의 묘(廟)를 여기에 견주어서 만들었다. 그렇기 때문에 "무왕의 세실에 해당한다."라고 말한 것이다.

大全 慶源輔氏曰: 由是觀之, 則成王之所以賜伯禽者, 未必如是之備. 如此篇所載, 亦有魯君因仍而僭用之者矣.

번역 경원보씨가 말하길, 이를 통해 살펴본다면, 성왕(成王)이 백금(伯禽)에게 하사를 해준 것은 이처럼 천자의 모든 예악(禮樂)을 갖추도록 한 것이 아니다. 「명당위」편에서 기록한 내용 중에는 또한 노(魯)나라 군주가 하사를 해준 것에 따라 참람되게 천자의 예약을 사용한 것도 있다.

鄭注 此二廟, 象周有文王·武王之廟也. 世室者, 不毁之名也. 魯公, 伯禽也. 武公, 伯禽之玄孫也, 名敖.

번역 여기에서 말한 두 개의 묘(廟)는 주(周)나라 왕실에 문왕(文王)과 무왕(武王)의 묘(廟)를 두었던 것을 본뜬 것이다. '세실(世室)'이라는 것은 훼철되지 않는다는 명칭이다. '노공(魯公)'은 백금(伯禽)이다. '무공(武公)'은 백금의 현손(玄孫)이니, 이름은 오(敖)이다.

孔疏 ●"魯公"至"室也". ○正義曰: 此一經明魯有二廟不毁, 象周之文·武二祧也.

번역 ●經文: "魯公"~"室也". ○이곳 경문은 노(魯)나라에 훼철되지 않는 두 개의 묘(廟)를 두었는데, 그것이 주(周) 왕실에서 문왕(文王)과 무왕(武王)에 대한 두 개의 조묘(祧廟)[1]를 두었던 것을 본떴다는 뜻이다.

---

1) 조묘(祧廟)는 천묘(遷廟)와 같은 뜻이다. '천묘'는 대수(代數)가 다한 신주(神主)를 모시는 묘(廟)를 뜻한다. 예를 들어 天子의 경우, 7개의 묘(廟)를 설치하는데, 가운데의 묘에는 시조(始祖) 혹은 태조(太祖)의 신주(神主)를 모시며, 이곳의 신주는 다른 곳으로 옮기지 않는 불천위(不遷位)에 해당한다. 그리고 좌우에는 각각 3개의 묘(廟)를 설치하여, 소목(昭穆)의 순서에 따라 6대(代)의 신주를 모신다. 현재의 천자가 죽게 되어, 그의 신주를 묘에 모실 때에는 소목의 순서에 따라 가장 끝 부분에 있는 묘로 신주가 들어가게 된다. 만약 소(昭) 계열의 가장 끝 묘에 새로운 신주가 들어서게 되면, 밀려나게 된 신주는 바로 위의 소 계열 묘로 들어가게 되고, 최종적

孔疏 ●"文世室"者, 魯公伯禽有文德, 世世不毁其室, 故云"文世室". "武世室"者, 伯禽玄孫武公有武德, 其廟不毁, 故云武世室.

번역 ●經文: "文世室". ○노공(魯公)인 백금(伯禽)에게는 문덕(文德)이 있어서, 그의 묘실(廟室)은 대대로 훼철시키지 않았다. 그렇기 때문에 "문왕(文王)의 세실(世室)에 해당한다."라고 말한 것이다. 경문의 "武世室"에 대하여. 백금의 현손인 무공(武公)에게는 무덕(武德)이 있어서, 그의 묘실을 훼철시키지 않았다. 그렇기 때문에 "무왕(武王)의 세실에 해당한다."라고 말한 것이다.

孔疏 ◎注"武公"至"名敖". ○正義曰: 按成六年立武宮, 公羊·左氏並譏之, 不宜立也. 又武公之廟, 立在武公卒後, 其廟不毁, 在成公之時, 此記所云, 美成王褒崇魯國而已. 云"武公之廟, 武世室"者, 作記之人, 因成王褒魯, 遂盛美魯家之事. 因武公其廟不毁, 遂連文而美之, 非實辭也. 故下云"君臣未嘗相弑, 禮樂·刑法·政俗未嘗相變也", 鄭云: "亦近誣矣." 是不實也. "伯禽玄孫"者, 按世本: "伯禽生煬公熙, 熙生弗, 弗生獻公具, 具生武公敖." 是伯禽玄孫名敖.

번역 ◎鄭注: "武公"~"名敖". ○성공(成公) 6년에 무궁(武宮)을 세웠던 일을 살펴보면,[2] 공양학자들과 좌전학자들은 모두 그 사실을 기롱하였으니, 마땅히 세워서는 안 되기 때문이다. 또 무공(武公)의 묘(廟)에 있어서, 그것을 세운 것은 무공이 죽은 이후가 되며, 그 묘(廟)를 훼철시키지 않은 것은 성공 때에 해당하는데, 이곳 『예기』에서 언급한 내용은 성왕(成王)이 노(魯)나라를 높이 기렸던 것을 찬미했다는 뜻일 뿐이다. "무공의 묘(廟)는 무왕(武王)의 세실(世室)에 해당한다."라고 했는데, 『예기』를 기록한 자는

으로 밀려나서 더 이상 갈 곳이 없는 신주는 '천묘'로 들어가게 된다. 또한 '천묘'는 위에서 서술한 것처럼 신구(新舊)의 신주가 옮겨지게 되는 의식 자체를 지칭하기도 하며, '천묘'된 신주 자체를 가리키기도 한다. 주(周)나라 때에는 문왕(文王)과 무왕(武王)의 묘를 '천묘'로 사용하였다.

2) 『춘추』「성공(成公) 6년」: 二月, 辛巳, 立武宮.

성왕 때 노나라를 높이 기렸던 것에 따라서, 결국 노나라에서 시행했던 일들을 찬미한 것이다. 그리고 무공의 묘(廟)를 훼철시키지 않았던 것에 따라서, 결국 그 내용을 이곳에 기록하여 찬미를 했던 것이니, 사실에 따른 기록이 아니다. 그렇기 때문에 아래문장에서는 "군주와 신하는 일찍이 서로를 시해하지 않았고, 예악(禮樂) · 형법(刑法) · 정속(政俗)은 일찍이 서로 변하지 않았다."라고 했고, 정현은 "이 또한 속임에 가깝다."라고 했다. 따라서 이 말은 실제 사실이 아니었음을 나타낸다. 정현이 "백금(伯禽)의 현손이다."라고 했는데, 『세본』[3]을 살펴보면, "백금은 양공(煬公) 희(熙)를 낳았고, 희(熙)는 불(弗)을 낳았으며, 불(弗)은 헌공(獻公) 구(具)를 낳았고, 구(具)는 무공(武公) 오(敖)를 낳았다."라고 했으니, 이 말은 백금의 현손 이름이 오(敖)라는 것을 나타낸다.

訓纂 春秋文十三年穀梁傳: 周公曰大廟, 伯禽曰大室, 群公曰宮.

번역 『춘추』 문공(文公) 13년에 대한 『곡량전』의 기록에서 말하길, 주공(周公)의 묘(廟)를 태묘(太廟)라고 부르고, 백금(伯禽)의 묘(廟)를 태실(太室)이라고 부르며, 뭇 군주들의 묘(廟)를 궁(宮)이라고 부른다.

訓纂 王晦叔曰: 周公爲魯太祖, 而開國實魯公, 其廟不毁固宜, 然不可援文王爲比也. 若武公毁而復立, 則季氏爲之也, 豈可比武之世室乎?

번역 왕회숙이 말하길, 주공(周公)은 노(魯)나라의 태조(太祖)가 되지

---

3) 『세본(世本)』은 『세(世)』·『세계(世系)』 등으로 일컬어지기도 한다. 선진시대(先秦時代) 때의 사관(史官)이 기록한 문헌이라고 전해지지만, 진위여부를 확인할 수 없다. 『세본』은 고대의 제왕(帝王), 제후(諸侯) 및 경대부(卿大夫)들의 세계도(世系圖)를 기록한 서적이다. 일실되어 현존하지 않지만, 후대 학자들이 다른 문헌 속에 남아 있는 기록들을 수집하여, 일집본(佚輯本)을 남겼다. 이러한 일집본에는 여덟 종류의 주요 판본이 있는데, 각 판본마다 내용상의 차이를 보이고 있다. 1959년에는 상무인서관(商務印書館)에서 이러한 여덟 종류의 판본을 모아서 『세본팔종(世本八種)』을 출판하였다.

만, 나라를 개국한 자는 실제로 노공(魯公)에 해당하므로, 그의 묘(廟)를 훼철시키지 않은 것은 진실로 마땅하다. 그러나 문왕(文王)에 대한 제도에 견주어서 만들 수 없다. 무공(武公)의 묘(廟)를 훼철했는데 다시 세웠던 일들은 계씨(季氏)가 했던 것인데, 어찌 무왕(武王)의 세실(世室)에 견주어서 만들 수 있었겠는가?

集解 愚謂: 文王之廟謂之文世室, 武王之廟謂之武世室, 以其百世不毁故也. 魯以伯禽有文德, 其廟不毁, 擬於周之文世室, 武公有武功, 其廟亦不毁, 擬於周之武世室也. 春秋文公十三年"世室屋壞", 公羊傳曰: "世室者何? 魯公之廟也. 周公稱太廟, 魯公稱世室." 是文公時唯有魯公世室而已. 成公六年"立武宮", 公羊傳曰: "武宮者何? 武公之宮也." 蓋武公之廟, 親盡已毁, 而至是復立也. 禮, 諸侯五廟, 魯以周公爲太祖, 而魯公乃始封之君, 其廟不可毁, 故別立爲世室, 已非諸侯五廟之常. 至武公, 又非魯公之比, 而其廟已毁, 乃再立於成公之時, 而與魯公之廟並稱爲世室, 以擬文武, 則其非禮甚矣, 而以爲出成王之所賜, 可乎?

번역 내가 생각하기에, 문왕(文王)의 묘(廟)를 '문세실(文世室)'이라고 부르고, 무왕(武王)의 묘(廟)를 '무세실(武世室)'이라고 불렀으니, 영원토록 그 묘(廟)를 훼철시키지 않기 때문이다. 노(魯)나라 백금(伯禽)에게는 문덕(文德)이 있어서, 그 묘(廟)를 훼철시키지 않아서, 그것을 주(周)왕실의 문세실에 비견한 것이며, 무공(武公)에게는 무공(武功)이 있었는데, 그 묘(廟) 또한 훼철시키지 않아서, 그것을 주왕실의 무세실에 비견한 것이다. 『춘추』 문공(文公) 13년의 기록에서는 "세실(世室)의 지붕이 무너졌다."[4]라고 했는데, 『공양전』에서는 "세실이라는 것은 무엇인가? 노공(魯公)의 묘(廟)이다. 주공(周公)의 묘(廟)는 태묘(太廟)라고 부르며, 노공의 묘(廟)는 세실이라고 부른다."[5]라고 했다. 이 말은 문공 때에는 오직 노공의 세실만 있었음

---

4) 『춘추』「문공(文公) 13년」: 世室屋壞.

5) 『춘추공양전』「문공(文公) 13년」: 世室屋壞, <u>世室者何? 魯公之廟也. 周公稱太廟, 魯公稱世室</u>, 群公稱宮.

을 나타낸다. 성공(成公) 6년에 대해서는 "무궁(武宮)을 세우다."라고 했고, 『공양전』에서는 "무궁이라는 것은 무엇인가? 무공(武公)의 궁(宮)이다."[6] 라고 했다. 아마도 무공의 묘(廟)는 대수(代數)가 다하여 이미 훼철이 되었는데, 이 시기에 이르러 다시 세워진 것이다. 예법에 따르면 제후는 다섯 개의 묘(廟)를 두게 된다. 노(魯)나라에서는 주공(周公)을 태조(太祖)로 모시고 있었지만, 노공(魯公)은 곧 처음 분봉을 받은 군주가 되어, 그의 묘(廟) 또한 훼철시킬 수 없었다. 그렇기 때문에 별도로 세실을 세웠던 것이니, 이미 제후들이 일반적으로 따르는 오묘의 제도가 아니다. 무공에 있어서, 그의 공덕은 노공에 견줄 것이 아니므로, 그의 묘(廟)를 훼철했는데, 성공 때 재차 그 묘(廟)를 세워서, 노공의 묘와 함께 세실이라고 지칭하고, 문왕과 무왕에 견주었으니, 비례(非禮)를 저지름이 심각했던 것인데, 이것을 성왕(成王)이 하사를 해준 것에서 비롯되었다고 할 수 있겠는가?

---

6) 『춘추공양전』「성공(成公) 6년」: 二月, 辛巳, 立武宮, 武宮者何? 武公之宮也. 立者何? 立者不宜立也, 立武宮非禮也.

• 제19절 •

노(魯)나라의 제도 : 학교

【404a】

米廩, 有虞氏之庠也. 序, 夏后氏之序也. 瞽宗, 殷學也. 頖宮, 周學也.

직역 米廩은 有虞氏의 庠이다. 序는 夏后氏의 序이다. 瞽宗은 殷의 學이다. 頖宮은 周의 學이다.

의역 노(魯)나라에는 사대(四代) 때의 학교를 갖추고 있었다. 미름(米廩)은 유우씨(有虞氏) 때의 학교이다. 서(序)는 하후씨(夏后氏) 때의 학교이다. 고종(瞽宗)은 은(殷)나라 때의 학교이다. 반궁(頖宮)은 주(周)나라 때의 학교이다.

集說 此言魯立四代之學. 魯所藏粢盛米之廩, 卽虞氏之庠, 謂藏此米於學宮也, 亦教孝之義. 序者, 射也. 射以觀德, 有先後之次焉. 樂師瞽矇之所宗, 故謂之瞽宗. 頖, 半也. 諸侯曰頖宮, 以其半辟雍之制也. 孟子言夏曰校, 殷曰序.

번역 이 내용은 노(魯)나라에서 사대(四代) 때의 학교를 모두 세웠음을 뜻한다. 노(魯)나라에서 자성(粢盛)[1]의 알곡을 보관했던 창고[廩]는 본래 유우씨(有虞氏) 때의 학교에 해당하니, 학교 건물에 이 알곡을 보관했다는

1) 자성(粢盛)의 자(粢)자는 곡식의 한 종류인 기장을 뜻하고, 성(盛)자는 그릇에 기장을 풍성하게 채워놓은 모양을 뜻한다. 따라서 '자성'은 제기(祭器)에 곡물을 가득 채워놓은 것을 뜻하며, 제물(祭物)로 사용되었다. 『춘추공양전』「환공(桓公) 14년」편에는 "御廩者何, 粢盛委之所藏也."라는 기록이 있는데, 이에 대한 하휴(何休)의 주에서는 "黍稷曰粢, 在器曰盛."이라고 풀이하였다.

의미이며, 여기에는 또한 효(孝)를 가르친다는 의미가 포함되어 있다. '서(序)'라는 것은 활을 쏜다는 뜻이다. 활을 쏘아서 그 사람의 덕(德)을 관찰하며, 그 결과를 통해 선후의 서열이 정해진다. 악사(樂師)와 악관(樂官)들을 종주로 삼아 제사를 지내기 때문에, 그 건물을 '고종(瞽宗)'이라고 부른다. '반(頖)'자는 절반[半]을 뜻한다. 제후의 태학을 '반궁(頖宮)'이라고 부르는 이유는 벽옹(辟雍)을 만드는 제도의 절반이 되기 때문이다. 『맹자』에서는 하(夏)나라 때의 학교를 '교(校)'라고 부르며, 은(殷)나라 때의 학교를 '서(序)'라고 부른다고 했다.[2]

大全 嚴陵方氏曰: 米廩者, 藏養人之物, 而庠以善養人, 期於充實也. 序也者, 射也, 射有偶然而以序進焉. 必曰序, 則主以禮教故也. 瞽宗者, 瞽人之所宗, 而樂主在焉. 必曰瞽宗, 則主以樂教故也. 頖宮者, 天子曰辟雍, 諸侯曰頖宮, 辟言辟以禮, 雍言廱以樂, 頖宮, 雖半辟雍之制, 亦兼禮樂以教之故也.

번역 엄릉방씨가 말하길, '미름(米廩)'은 사람을 봉양하는 사물을 보관하고, 학교에서는 선(善)으로써 사람을 기르니, 교육에 충실할 것을 기약하는 것이다. '서(序)'라는 것은 활을 쏜다는 뜻으로, 활을 쏠 때에는 서로 짝하여, 차례대로 나아가기 때문이다. 기어코 '서(序)'라고 불렀다면, 예(禮)에 대한 가르침을 위주로 한 것이다. '고종(瞽宗)'은 악사들이 종주로 삼는 대상이고, 음악에 대한 종주가 있는 장소이다. 기어코 '고종(瞽宗)'라고 불렀다면, 악(樂)에 대한 가르침을 위주로 한 것이다. '반궁(頖宮)'에 있어서, 천자의 학교를 '벽옹(辟雍)'이라고 부르고, 제후의 학교를 '반궁(頖宮)'이라고 부르는데, '벽(辟)'자는 예(禮)에 따라 겸양을 한다는 뜻이고, '옹(雍)'자는 악(樂)에 따라 화락하게 한다는 뜻이다. 따라서 반궁이 비록 벽옹의 제도를 반절만큼 따라한 것이지만, 여기에서도 예악(禮樂)을 함께 가르쳤다.

---

2) 『맹자』「등문공상(滕文公上)」: 夏曰校, 殷曰序, 周曰庠, 學則三代共之, 皆所以明人倫也.

鄭注 庠・序, 亦學也. 庠之言詳也, 於以考禮詳事也. 魯謂之米廩. 虞帝上孝, 令藏粢盛之委焉. 序, 次序王事也. 瞽宗, 樂師瞽矇[3]之所宗也, 古者有道德者使教焉, 死則以爲樂祖, 於此祭之. 頖之言班也, 於以班政教也.

번역 '상(庠)'자와 '서(序)'자 또한 학교[學]를 뜻한다. '상(庠)'자는 "상세하다[詳]."는 뜻으로, 예(禮)에 대해 고찰하여, 그 사안을 상세히 살피기 때문이다. 노(魯)나라에서는 이 학교를 '미름(米廩)'이라고 불렀다. 우(虞) 때의 제왕은 효(孝)를 숭상하여, 자성(粢盛)을 쌓아서 보관하도록 했다. '서(序)'는 천자의 일에 대해 차례를 정하다는 뜻이다. '고종(瞽宗)'은 악사(樂師)와 악관(樂官)들을 종주로 삼아서 제사를 지내던 곳인데, 고대에는 도덕을 갖춘 자로 하여금 그곳에서 가르치도록 했고, 그가 죽게 되면, 그를 악조(樂祖)로 삼아, 이곳에서 제사를 지내도록 했다. '반(頖)'자는 "반포하다[班]."는 뜻이니, 이곳에서 정교(政教)를 반포하기 때문이다.

釋文 廩, 力甚反. 頖音判. 委, 于僞反, 又作積, 丁賜反. 矇音蒙.

번역 '廩'자는 '力(력)'자와 '甚(심)'자의 반절음이다. '頖'자의 음은 '判(판)'이다. '委'자는 '于(우)'자와 '僞(위)'자의 반절음이며, 또한 '積'자로도 기록하는데, 그 음은 '丁(정)'자와 '賜(사)'자의 반절음이다. '矇'자의 음은 '蒙(몽)'이다.

孔疏 ●"米廩"至"學也". ○正義曰: 此一經明魯得立四代之學也.

번역 ●經文: "米廩"~"學也". ○이곳 경문은 노(魯)나라에서 사대(四代) 때의 학교를 세운 사실을 나타내고 있다.

---

3) '몽(矇)'자에 대하여. 『십삼경주소(十三經注疏)』 북경대 출판본에서 말하길, "'몽'자는 본래 '몽(朦)'자로 기록되어 있었는데, 『예기훈찬(禮記訓纂)』에 근거해서 글자를 수정했다."라고 했다.

孔疏 ●"米廩, 有虞氏之庠也"者, 言魯之米廩, 是有虞氏之庠. 魯以虞氏之庠爲廩, 以藏粢盛.

번역 ●經文: "米廩, 有虞氏之庠也". ○노(魯)나라의 미름(米廩)은 유우씨(有虞氏) 때의 학교에 해당한다. 노나라는 유우씨 때의 학교를 창고로 삼아서, 자성(粢盛)을 보관했다.

孔疏 ●"序, 夏后氏之序也"者, 是夏家之學也.

번역 ●經文: "序, 夏后氏之序也". ○하(夏)나라 때의 학교에 해당한다.

孔疏 ◎注"魯謂"至"祭之". ○正義曰: "虞帝上孝"者, 尙書云: "烝烝乂", 禮記云: "舜其大孝也與", 是"虞帝上孝"也. 云"令[4]藏粢盛之委焉"者, 委謂委積, 言魯家於此學中, 藏此粢盛委積. 按桓十四年御廩災, 公羊云: "御廩者何? 粢盛委之所藏也." 云"古者有道德者使敎焉, 死則以爲樂祖"者, 大司樂文. 云"於此祭之"者, 謂於此瞽宗祭之, 故大司樂云"祭於瞽宗", 是也.

번역 ◎鄭注: "魯謂"~"祭之". ○정현이 "우(虞) 때의 제왕은 효(孝)를 숭상했다."라고 했는데, 『상서』에서는 "효성스러운 모습으로 다스리다."[5]라고 했고, 『예기』에서는 "순(舜)임금은 대효(大孝)이시구나!"[6]라고 했으니, 이 말은 "우(虞) 때의 제왕은 효(孝)를 숭상했다."는 사실을 나타낸다. 정현이 "자성(粢盛)을 쌓아서 보관하도록 했다."라고 했는데, '위(委)'자는 곡식을 쌓는다는 뜻이니, 노(魯)나라에서는 이곳 학교 안에 자성을 쌓아서

---

4) '령(令)'자에 대하여. '령'자는 본래 '금(今)'자로 기록되어 있었는데, 손이양(孫詒讓)의 『교기(校記)』에서는 "'령'자를 '금'자로 잘못 기록한 것이다."라고 했다.

5) 『서』「우서(虞書)·요전(堯典)」: 岳曰, 瞽子, 父頑, 母嚚, 象傲, 克諧以孝, 烝烝乂, 不格姦.

6) 『중용』「17장」: 子曰, 舜其大孝也與! 德爲聖人, 尊爲天子, 富有四海之內, 宗廟饗之, 子孫保之.

보관하도록 했다는 뜻이다. 환공(桓公) 14년에 대한 기록을 살펴보면, 어름(御廩)에 화재가 발생했다고 했고,[7] 『공양전』에서는 “어름이란 무엇인가? 자성을 쌓아서 보관하던 장소이다.”[8]라고 했다. 정현이 “고대에는 도덕을 갖춘 자로 하여금 그곳에서 가르치도록 했고, 그가 죽게 되면, 그를 악조(樂祖)로 삼아, 이곳에서 제사를 지내도록 했다.”라고 했는데, 이것은 『주례』「대사악(大司樂)」편의 문장이다.[9] 정현이 “이곳에서 제사를 지냈다.”라고 했는데, 이곳 고종(瞽宗) 안에서 제사를 지냈다는 뜻이다. 그렇기 때문에 「대사악」편에서는 “고종에서 제사를 지냈다.”라고 말한 것이다.

---

7) 『춘추』「환공(桓公) 14년」 : 秋, 八月, 壬申, 御廩災.

8) 『춘추공양전』「환공(桓公) 14년」 : 御廩者何? 粢盛委之所藏也. 御廩災何以書, 記災也.

9) 『주례』「춘관(春官) · 대사악(大司樂)」 : 凡有道者有德者, 使敎焉, 死則以爲樂祖, 祭於瞽宗.

그림 19-1 ▣ 천자가 설치하는 5개의 학교

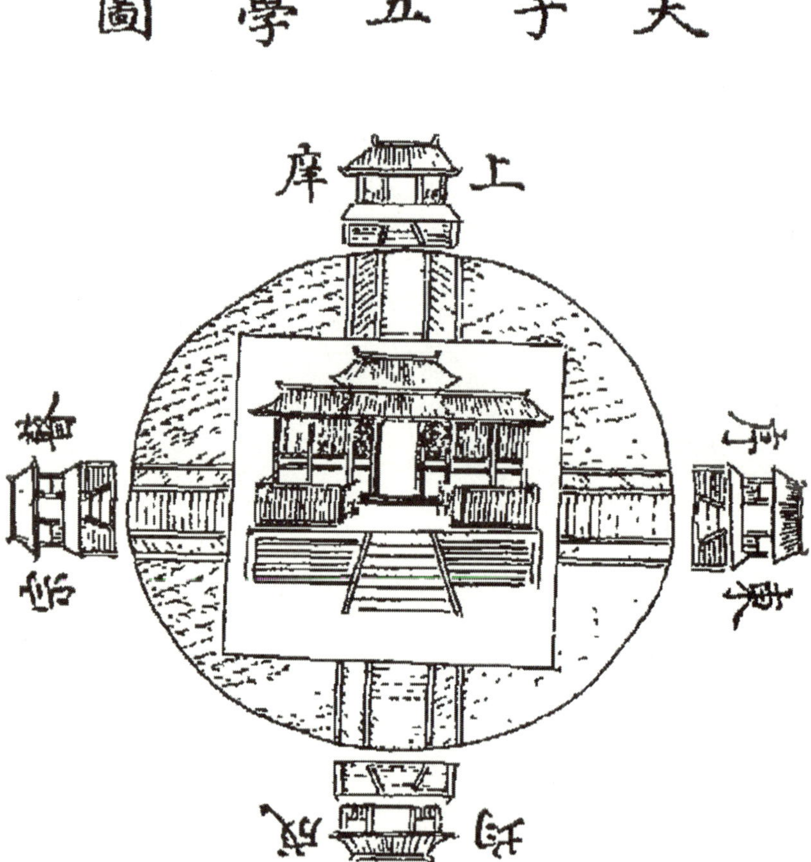

◎ 중앙의 학교는 벽옹(辟雍)

▸ **출처**: 『가산도서(家山圖書)』

그림 19-2 ▣ 반궁(泮宮: =頖宮)

諸侯泮宮圖

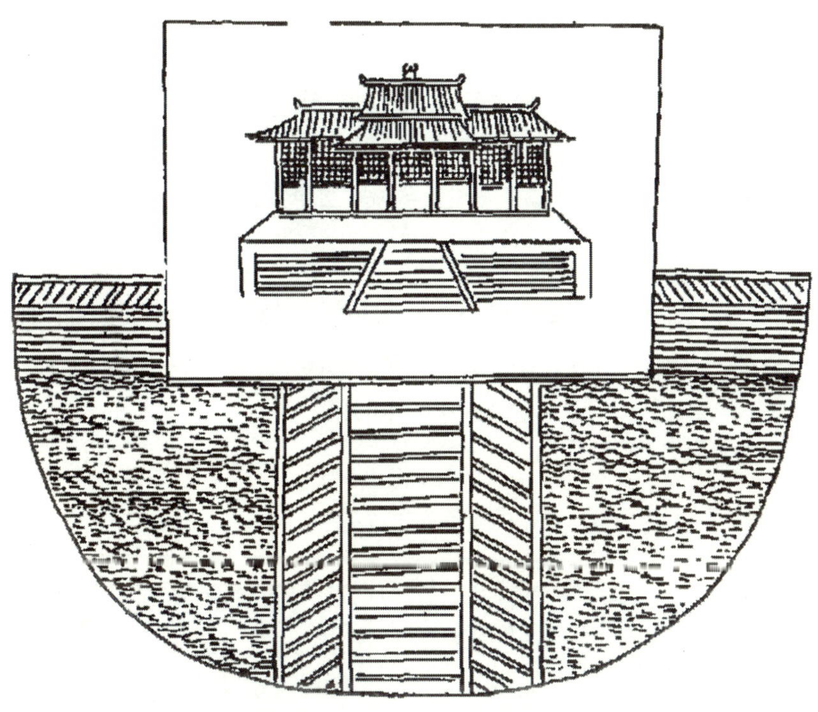

▸ **출처:** 『가산도서(家山圖書)』

• 제 20 절 •

노(魯)나라의 제도 : 보화

【404b】

崇鼎 · 貫鼎 · 大璜 · 封父龜, 天子之器也. 越棘 · 大弓, 天子之戎器也.

직역 崇鼎과 貫鼎과 大璜과 封父龜는 天子의 器이다. 越棘과 大弓은 天子의 戎器이다.

의역 노(魯)나라에서 갖추고 있었던 숭나라의 정(鼎), 관나라의 정(鼎), 대황(大璜), 봉보(封父)나라의 거북껍질은 천자가 사용하는 기물이다. 또 월(越)나라의 창, 대궁(大弓)은 천자가 사용하는 병장기이다.

集說 崇 · 貫 · 封父 · 越, 皆國名. 棘, 戟也.

번역 '숭(崇)' · '관(貫)' · '봉보(封父)' · '월(越)'자는 모두 나라의 이름이다. '극(棘)'자는 극(戟: 날이 갈라진 창)이다.

集說 方氏曰: 凡此卽周官天府所藏大寶鎭寶之類是也.

번역 방씨가 말하길, 여기에서 말한 물건들은 곧 『주례』「천부(天府)」편에서 보관한다고 했던 대보(大寶)나 진보(鎭寶) 등의 부류이다.[1)]

---

1) 『주례』「춘관(春官) · 천부(天府)」: 凡國之玉鎭 · 大寶器, 藏焉. 若有大祭 · 大喪, 則出而陳之; 既事, 藏之.

鄭注 崇·貫·封父, 皆國名. 文王伐崇. 古者伐國, 遷其重器, 以分同姓. 大璜, 夏后氏之璜, 春秋傳曰: "分魯公以夏后氏之璜." 越, 國名也. 棘, 戟也. 春秋傳曰: "子都拔棘."

번역 '숭(崇)'·'관(貫)'·'봉보(封父)'는 모두 나라 이름이다. 문왕(文王)은 숭(崇)나라를 정벌했다. 고대에는 어떤 나라를 정벌하면, 그 나라에서 중시하는 기물을 가져다가 자신의 동성(同姓)들에게 나눠주었다. 대황(大璜)은 하후씨(夏后氏) 때의 황(璜)으로, 『춘추전』에서는 "노공(魯公)에게 하후씨 때의 황(璜)을 나눠주었다."[2]라고 했다. '월(越)'은 나라 이름이다. '극(棘)'자는 극(戟: 날이 갈라진 창)이다. 『춘추전』에서는 "자도(子都)가 창을 뽑아들었다."[3]라고 했다.

釋文 貫, 古喚反. 璜音黃. 父音甫, 注同. 分魯, 扶問反.

번역 '貫'자는 '古(고)'자와 '喚(환)'자의 반절음이다. '璜'자의 음은 '黃(황)'이다. '父'자의 음은 '甫(보)'이며, 정현의 주에 나오는 글자도 그 음이 이와 같다. '分魯'에서의 '分'자는 '扶(부)'자와 '問(문)'자의 반절음이다.

孔疏 ◎注"崇貫"至"之璜". ○正義曰: 知皆國名者, 春秋宣元年晉趙穿侵崇, 又書傳有崇侯·虎貫, 與"崇"連文, 故知崇貫皆國名. 定四年左氏傳: "夏后氏之璜, 封父之繁弱." 封父與夏后氏相對, 故知封父亦國名. 云"文王伐崇"者, 詩·大雅文. 云"古者伐國, 遷其重器, 以分同姓"者, 按昭十五年左傳云: "密須之鼓·闕鞏之甲以賜晉." 是遷其重器, 以分同姓也.

번역 ◎鄭注: "崇貫"~"之璜". ○이 모두가 나라 이름이 됨을 알 수 있는

---

2) 『춘추좌씨전』「정공(定公) 4년」: 分魯公以大路·大旂, 夏后氏之璜, 封父之繁弱, 殷民六族, 條氏·徐氏·蕭氏·索氏·長勺氏·尾勺氏, 使帥其宗氏, 輯其分族, 將其類醜, 以法則周公.

3) 『춘추좌씨전』「은공(隱公) 11년」: 公孫閼與穎考叔爭車, 穎考叔挾輈以去, 子都拔棘以逐之. 及大逵, 弗及, 子都怒.

이유는 『춘추』 선공(宣公) 1년에서는 진(晉)나라 조천(趙穿)이 숭(崇)을 침범했다고 했고,[4] 또 『서전』에는 숭후(崇侯)와 호관(虎貫)이 나오는데, '숭(崇)'자와 연이어 기록되어 있기 때문에, '숭(崇)'자와 '관(貫)'자가 모두 나라 이름이 됨을 알 수 있다. 정공(定公) 4년에 대한 『좌전』의 기록에서는 "하후씨(夏后氏)의 황(璜)과 봉보(封父)의 번약(繁弱: 활의 이름)을 나눠주었다."라고 했는데, '봉보(封父)'를 하후씨와 서로 대비가 되도록 기록했으므로, '봉보(封父)' 또한 나라 이름임을 알 수 있다. 정현이 "문왕(文王)은 숭(崇)나라를 정벌했다."라고 했는데, 이것은 『시』「대아(大雅)」에 나오는 기록이다.[5] 정현이 "고대에는 어떤 나라를 정벌하면, 그 나라에서 중시하는 기물을 가져다가 자신의 동성(同姓)들에게 나눠주었다."라고 했는데, 소공(召公) 15년에 대한 『좌전』의 기록을 살펴보면, "밀수(密須)의 북과 관공(闕鞏)의 갑옷을 진(晉)나라에게 하사했다."[6]라고 했으니, 이 말은 그 나라의 중요한 기물을 가져다가 자신의 동성 친족들에게 나눠준다는 사실을 나타낸다.

孔疏 ◎注"越國"至"拔棘". ○正義曰: 以崇鼎·貫鼎是崇貫所出之鼎, 則知越棘是越國所有之棘. 引春秋傳曰"子都拔棘"者, 隱十一年左傳文, 證棘爲戟. "棘, 戟", 方言文也.

번역 ◎鄭注: "越國"~"拔棘". ○숭정(崇鼎)과 관정(貫鼎)은 숭(崇)과 관(貫)에서 나온 솥이니, 월극(越棘)도 월(越)나라에 있었던 창이 됨을 알 수 있다. 정현이 『춘추전』을 인용하여, "자도(子都)가 창을 뽑아들었다."라고 했는데, 이것은 은공(隱公) 11년에 대한 『좌전』의 문장으로, '극(棘)'자가

---

4) 『춘추』「선공(宣公) 1년」: 冬, 晉趙穿帥師侵崇.

5) 『시』「대아(大雅)·황의(皇矣)」: 帝謂文王, 予懷明德, 不大聲以色, 不長夏以革. 不識不知, 順帝之則. 帝謂文王, 詢爾仇方, 同爾兄弟, 以爾鉤援, 與爾臨衝, 以伐崇墉.

6) 『춘추좌씨전』「소공(召公) 15년」: 叔氏, 而忘諸乎! 叔父唐叔, 成王之母弟也, 其反無分乎? 密須之鼓與其大路, 文所以大蒐也; 闕鞏之甲, 武所以克商也, 唐叔受之, 以處參虛, 匡有戎狄.

창이 됨을 증명한 것이다. 정현이 "극(棘)은 극(戟)이다."라고 했는데, 이것은 『방언』[7]에 나오는 문장이다.

訓纂 王氏懋竑曰: 封父似是人名, 非國名. 春秋傳"封父之繁弱", 弓也, 此言龜, 疑記者之誤.

번역 왕무횡[8]이 말하길, '봉보(封父)'는 아마도 사람의 이름 같으니, 나라의 이름이 아니다. 『춘추전』에는 "봉보의 번약(繁弱)이다."라는 기록이 나오는데, 이것은 활을 뜻한다. 그런데 이곳에서는 거북껍질이라고 기록했으니, 아마도 『예기』를 기록한 자가 잘못 적은 것 같다.

集解 輔氏廣曰: 諸侯之國, 皆有分器, 不獨魯有之, 而曰"天子之器", 亦夸辭也.

번역 보광이 말하길, 제후국들은 모두 천자가 나눠준 기물들을 갖추고 있었으니, 노(魯)나라만 가지고 있었던 것이 아니다. 그런데도 "천자가 사용하는 기물이다."라고 말한 것은 또한 과장된 말에 해당한다.

集解 愚謂: 封父, 疑古諸侯之字.

번역 내가 생각하기에, '봉보(封父)'는 아마도 고대 제후들 중 어떤 자의

---

7) 『방언(方言)』은 『유헌사자절대어석별국방언(輶軒使者絶代語釋別國方言)』·『별국방언(別國方言)』이라고도 부른다. 한(漢)나라 때의 학자인 양웅(揚雄)이 편찬했다고 전해지는 서적이다. 총 13권으로 구성되어 있었으며, 각 지방에서 온 사신들의 방언을 모았다는 뜻에서, 『유헌사자절대어석별국방언』이라는 제목으로 출간되었고, 또 이 말을 줄여서 『별국방언』·『방언』이라고 부르게 되었다. 현존하는 『방언』은 곽박(郭璞)의 주(注)가 붙어 있는 판본이다. 그러나 『한서(漢書)』 등의 기록에는 양웅의 저술 목록에 『방언』이 포함되어 있지 않으므로, 편찬자에 대한 의혹이 끊임없이 제기되었다.

8) 왕무횡(王懋竑, A.D.1668~A.D.1741) : 청(淸) 나라 때의 경학자이다. 자(字)는 여중(予中)·여중(與中)이며, 호(號)는 백전(白田)이다.

자(字)에 해당하는 것 같다.

그림 20-1 ■ 정(鼎)

▸ **출처**: 『삼재도회(三才圖會)』「기용(器用)」 1권

그림 20-2 ▣ 과(戈)와 극(戟)

▸ **출처**: 『삼례도집주(三禮圖集注)』 9권

그림 20-3 ■ 황(璜)

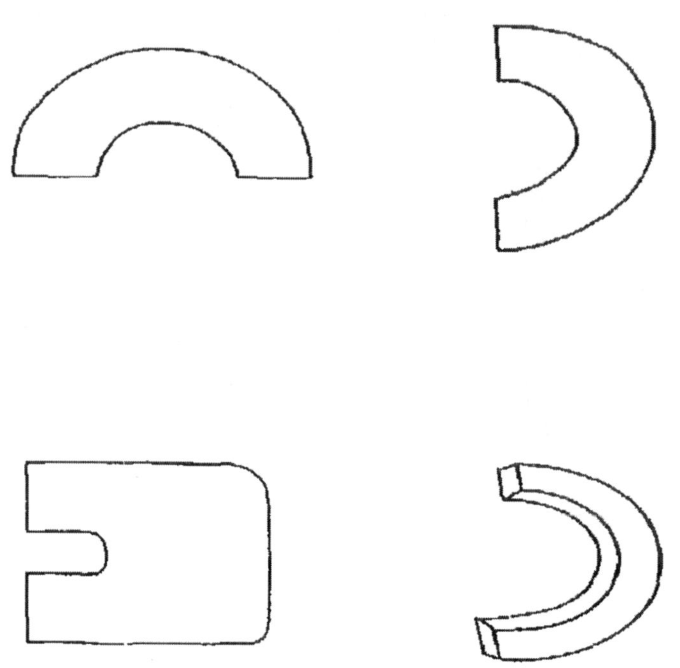

▸ **출처**: 상좌-『주례도설(周禮圖說)』 하권 ; 상우-『삼례도집주(三禮圖集注)』 11권
하좌-『삼례도(三禮圖)』 3권 ; 하우-『육경도(六經圖)』 5권

• 제 21 절 •

노(魯)나라의 제도 : 악기 Ⅱ

【404b】

夏后氏之鼓足, 殷楹鼓, 周縣鼓. 垂之和鐘, 叔之離磬, 女媧之笙簧.

직역 夏后氏의 鼓足이고, 殷의 楹鼓이며, 周의 縣鼓이다. 垂의 和鐘이고, 叔의 離磬이며, 女媧의 笙簧이다.

의역 노(魯)나라에는 그 외에도 다양한 악기를 갖추고 있었다. 네 개의 다리가 달린 고족(鼓足)은 하후씨(夏后氏) 때의 악기이고, 기둥에 달려 있는 영고(楹鼓)는 은(殷)나라 때의 악기이며, 틀에 매달린 현고(縣鼓)는 주(周)나라 때의 악기이다. 그리고 수(垂)가 만든 화종(和鐘), 숙(叔)이 만든 리경(離磬), 여왜(女媧)가 만든 생황(笙簧)을 갖추고 있었다.

集說 足, 謂四足也. 楹, 貫之以柱也. 縣, 懸於簨簴也. 垂, 見舜典.

번역 '족(足)'자는 네 개의 다리가 있다는 뜻이다. '영(楹)'자는 기둥으로 꿰었다는 뜻이다. '현(縣)'자는 순거(簨簴)에 매달았다는 뜻이다. '수(垂)'에 대해서는 『서』「순전(舜典)」편에 설명이 나온다.[1]

集說 方氏曰: 郊特牲曰: "以鍾次之, 以和居參之也." 故謂之和鍾. 樂記曰:

---

1) 수(垂)는 순(舜)임금 때의 신하이다. 『서』「우서(虞書)·순전(舜典)」편에는 "帝曰, 疇若予工. 僉曰, 垂哉. 帝曰, 兪. 咨垂, 汝共工. 垂拜稽首, 讓于殳斨曁伯與. 帝曰, 兪. 往哉汝諧."라는 기록이 있다.

"石聲磬, 磬以立辨." 辨者, 離之音也, 故謂之離磬. 笙以象物生之形, 簧則美在其中, 故謂之笙簧. 世本曰: "無句作磬." 皇氏云: "無句, 叔之別耳."

번역 방씨가 말하길, 『예기』「교특생(郊特牲)」편에서는 "종(鍾)을 그 다음 줄에 진열하는 것은 조화로움을 갖추고 있기 때문에, 중간에 두는 것이다."[2]라고 했다. 그래서 그 종을 '화종(和鍾)'이라고 부른 것이다. 『예기』「악기(樂記)」편에서는 "석경(石磬)의 소리는 명랑하니, 명랑한 소리를 통해 변(辨)을 세운다."[3]라고 했다. '변(辨)'이라는 것은 석경을 서로 벌려서 내는 음을 뜻한다. 그렇기 때문에 '리경(離磬)'이라고 말한 것이다. 생(笙)은 사물이 생겨나는 형상을 상징하며, 황(簧)은 아름다움이 그 안에 포함된 것이다. 그렇기 때문에 '생황(笙簧)'이라고 말한 것이다. 『세본』에서는 "무구(無句)가 경(磬)을 만들었다."라고 했는데, 황간은 "무구(無句)는 숙(叔)의 별칭일 따름이다."라고 했다.

鄭注 足, 謂四足也. 楹謂之柱, 貫中上出也. 縣, 縣之簨虡也. 殷頌曰: "植我鼗鼓." 周頌曰: "應朄縣鼓." 垂, 堯之共工也. 女媧, 三皇承宓羲者, 叔, 未聞也. 和·離, 謂次序其聲縣也. 笙簧, 笙中之簧也. 世本·作曰: "垂作鐘, 無句作磬, 女媧作笙簧".

번역 '족(足)'자는 네 개의 다리를 뜻한다. '영(楹)'자는 기둥[柱]을 뜻하니, 북의 중앙을 꿰어서 위로 나오게 한다. '현(縣)'자는 매다는 틀인 순거(簨虡)를 뜻한다. 『시』「은송(殷頌=商頌)」에서는 "나의 도고(鼗鼓)를 세우다."라고 했고, 「주송(周頌)」에서는 "응(應)과 인(朄)과 현고(縣鼓)를 연주한다."라고 했다. '수(垂)'는 요(堯)임금 때의 공공(共工)[4]이다. '여왜(女媧)'[5]

---

2) 『예기』「교특생(郊特牲)」【320a】: 旅幣無方, 所以別土地之宜, 而節遠邇之期也. 龜爲前列, 先知也. 以鍾次之, 以和居參之也. 虎豹之皮, 示服猛也. 束帛加璧, 往德也.

3) 『예기』「악기(樂記)」【481a】: 石聲磬, 磬以立辨, 辨以致死. 君子聽磬聲, 則思死封疆之臣.

4) 공공(共工)은 고대의 관직 중 하나로, 백공(百工)들의 일을 총괄적으로 주

는 삼황(三皇)[6] 중 하나로 복희(宓羲=伏羲)[7]를 이은 자이며, '숙(叔)'에 대

관하던 자이다. 『주례』의 체제에 따르면, '공공'은 사공(司空)에 해당한다. 본래 '공공'이라는 말은 백공들이 임무를 수행하는데 필요한 물건과 재료를 공급한다는 뜻이었는데, 후대에는 이러한 뜻에서 착안하여, 해당 관직을 '공공'으로 부르게 되었다. 『서』「우서(虞書) · 순전(舜典)」편에는 "帝曰, 僉, 咨垂, 汝共工."이라는 기록이 있는데, 이에 대한 공안국(孔安國)의 전(傳)에서는 "共, 謂供其職事."라고 풀이했고, 공영달(孔穎達)의 소(疏)에서는 "今命此人云, '汝作共工.' 明是帝謂此人堪供此職, 非是呼此官名爲共工也."라고 풀이했다.

5) 여왜씨(女媧氏)는 전설시대에 존재했다고 전해지는 고대 제왕(帝王)의 이름이다. 인류의 시조(始祖)라고도 전해진다. 복희(伏犧)와 혼인하여 인류를 낳았다고 하며, 또한 흙으로 인간을 빚어서 인류를 만들었다고도 전해진다. 또한 '여왜씨'는 하(夏)나라 우(禹)임금의 부인이자, 도산씨(塗山氏)의 딸을 가리킨다. '여왜씨'를 우임금의 부인을 뜻하는 용어로 사용할 때에는 '여왜'를 또한 여교(女嬌), 여교(女趫)라고도 지칭한다.

6) 삼황(三皇)은 전설시대에 존재했다고 전해지는 세 명의 제왕을 뜻한다. 그러나 세 명이 누구였는지에 대해서는 이설(異說)이 많다. 첫 번째 주장은 복희(伏羲), 신농(神農), 황제(黃帝)를 '삼황'으로 보는 견해이다. 『장자(莊子)』「천운(天運)」편에는 "余語汝三皇五帝之治天下."라는 기록이 있는데, 이에 대한 성현영(成玄英)의 주에서는 "三皇者, 伏羲·神農·黃帝也."라고 풀이했다. 두 번째 주장은 복희(伏羲), 신농(神農), 여왜(女媧)로 보는 견해이다. 『여씨춘추(呂氏春秋)』「용중(用衆)」편에는 "此三皇五帝之所以大立功名也."라는 기록이 있는데, 이에 대한 고유(高誘)의 주에서는 "三皇, 伏羲·神農·女媧也."라고 풀이했다. 세 번째 주장은 복희(伏羲), 신농(神農), 수인(燧人)으로 보는 견해이다. 『백호통(白虎通)』「호(號)」편에는 "三皇者, 何謂也? 謂伏羲·神農·燧人也."라는 기록이 있다. 네 번째 주장은 복희(伏羲), 신농(神農), 축융(祝融)으로 보는 견해이다. 『백호통』「호」편에는 "禮曰, 伏羲·神農·祝融, 三皇也."라는 기록이 있다. 다섯 번째 주장은 천황(天皇), 지황(地皇), 태황(泰皇)으로 보는 견해이다. 『사기(史記)』「진시황본기(秦始皇本紀)」편에는 "古有天皇, 有地皇, 有泰皇. 泰皇最貴."라는 기록이 있다. 여섯 번째 주장은 천황(天皇), 지황(地皇), 인황(人皇)으로 보는 견해이다. 『예문유취(藝文類聚)』에서는 『춘추위(春秋緯)』를 인용하며, "天皇, 地皇, 人皇, 兄弟九人, 分九州, 長天下也."라고 기록하였다.

7) 복희(伏羲)는 곧 복희씨(宓戲氏) · 복희씨(伏羲氏)를 가리킨다. 전설시대에 존재했다고 전해지는 고대 제왕 중 한 명이다. 복(伏)자와 복(宓)자, 그리고 희(羲)자와 희(戲)자는 음이 같아서 통용되었다. 『한서(漢書)』「고금인표(古今人表)」편에는 "太昊帝宓羲氏."라는 기록이 있는데, 이에 대한 안사고(顔師古)의 주에서는 "宓, 音伏, 字本作戲, 其音同."이라고 풀이했다.

해서는 들어보지 못했다. '화(和)'와 '리(離)'는 소리를 조화롭게 내도록 순서대로 매단 것이다. '생황(笙簧)'은 생(笙)에 있는 황(簧)을 뜻한다. 『세본』 「작(作)」편에서는 "수(垂)가 종(鐘)을 만들었고, 무구(無句)가 경(磬)을 만들었으며, 여왜(女媧)가 생황(笙簧)을 만들었다."라고 했다.

釋文 縣音玄, 注及下注同. 簨, 本又作筍, 恤尹反. 虡音巨. 植, 而力反, 又音置, 徐音徒吏反, 又徒力反. 鼗音桃. 應, 應對之應. 朄音胤. 鐘, 章凶反, 說文作"鍾", 以此鍾爲酒器, 字林之用反. 媧, 徐古蛙反, 又古華反. 共音恭. 宓音密, 本又作虙, 音伏. 戲音羲. 句, 其俱反, 字又作劬.

번역 '縣'자의 음은 '玄(현)'이며, 정현의 주 및 아래문장에 대한 정현의 주에 나오는 글자도 그 음이 이와 같다. '簨'자는 판본에 따라 또한 '筍'자로도 기록하며, 그 음은 '恤(휼)'자와 '尹(윤)'자의 반절음이다. '虡'자의 음은 '巨(거)'이다. '植'자는 '而(이)'자와 '力(력)'자의 반절음이며, 또한 그 음은 '置(치)'도 되고, 서음(徐音)은 '徒(도)'자와 '吏(리)'자의 반절음이고, '徒(도)'자와 '力(력)'자의 반절음도 된다. '鼗'자의 음은 '桃(도)'이다. '應'자는 '응대(應對)'라고 할 때의 '應'자이다. '朄'자의 음은 '胤(윤)'이다. '鐘'자는 '章(장)'자와 '凶(흉)'자의 반절음이며, 『설문』에서는 '鍾'자로 기록했고, 이 종(鍾)을 술과 관련된 기물이라고 했을 때, 그 음에 대해서 『자림』에서는 '之(지)'자와 '用(용)'자의 반절음이라고 했다. '媧'자의 서음은 '古(고)'자와 '蛙(와)'자의 반절음이며, 또한 '古(고)'자와 '華(화)'자의 반절음도 된다. '共'자의 음은 '恭(공)'이다. '宓'자의 음은 '密(밀)'이며, 판본에 따라서는 '虙'자로도 기록하는데, 그 음은 '伏(복)'이다. '戲'자의 음은 '羲(희)'이다. '句'자는 '其(기)'자와 '俱(구)'자의 반절음이며, 그 글자는 또한 '劬'자로도 기록한다.

孔疏 ◎注"殷頌"至"縣鼓". ○正義曰: 所引殷頌者, 那之篇, 鄭注云: "置讀曰植, 植鼗鼓." 引之者, 證"殷楹鼓". 引周頌·有瞽之篇者, 按周頌·有瞽: "始作樂, 合於大祖." 經云: "應田縣鼓." 毛傳云: "田, 大鼓." 鄭云: "田當爲朄, 朄, 小鼓, 在大鼓之旁." 引之者, 證周之"縣鼓".

번역 ◎鄭注: "殷頌"~"縣鼓". ○정현이 인용한 「은송(殷頌)」은 『시』「나(那)」편을 뜻한다. 「나」편에 대한 정현의 주에서는 "'치(置)'자는 '식(植)'자로 풀이하니, 도고(鼗鼓)를 세운다는 뜻이다."[8]라고 했다. 정현이 이 문장을 인용한 이유는 은(殷)나라 때의 영고(楹鼓)를 증명하기 위해서이다. 정현이 인용한 시는 「주송(周頌)·유고(有瞽)」편인데, 「주송·유고」편의 『모서』를 살펴보면, "처음 음악을 연주하여, 태조(太祖)의 묘(廟)에서 합주를 한다."라고 했다. 경문에서는 "응(應)과 전(田)과 현고(縣鼓)를 연주한다."[9]라고 했고, 『모전』에서는 "'전(田)'자는 대고(大鼓)이다."라고 했으며, 정현은 "'전(田)'자는 마땅히 '인(朄)'자가 되어야 하니, '인(朄)'자는 소고(小鼓)로, 대고의 측면에 있다."라고 했다. 정현이 이 문장을 인용한 이유는 주(周)나라의 '현고(縣鼓)'를 증명하기 위해서이다.

孔疏 ●"垂之"至"笙簧". ○正義曰: 此一經明魯有先代之樂.

번역 ●經文: "垂之"~"笙簧". ○이곳 경문은 노(魯)나라에서 선대 때의 악기를 갖추고 있었다는 사실을 나타내고 있다.

孔疏 ●"垂之和鍾"者, 垂之所作調和之鍾.

번역 ●經文: "垂之和鍾". ○수(垂)가 만든 악기로, 조화로운 음을 내는 종이다.

孔疏 ●"叔之離磬"者, 叔之所作編離之磬.

번역 ●經文: "叔之離磬". ○숙(叔)이 만든 악기로, 각기 다른 음을 내는

---

8) 이 문장은 『시』「상송(商頌)·나(那)」편의 "猗與那與, 置我鞉鼓."라는 기록에 대한 정현의 주이다.

9) 『시』「주송(周頌)·유고(有瞽)」: 有瞽有瞽, 在周之庭. 設業設虡, 崇牙樹羽, 應田縣鼓, 鞉磬柷圉. 既備乃奏. 簫管備擧. 喤喤厥聲, 肅雝和鳴, 先祖是聽. 我客戾止, 永觀厥成.

석경을 일렬로 나열하되 조금 거리를 벌려서 만든 악기이다.

孔疏 ●"女媧之笙簧"者, 女媧所作笙中之簧, 言魯皆有之.

번역 ●經文: "女媧之笙簧". ○여왜(女媧)가 만든 악기로, 생(笙) 안에 황(簧)이 포함되어 있는데, 노(魯)나라에서 이 모든 악기들을 갖추고 있었음을 뜻한다.

孔疏 ◎注"垂, 堯之共工也"至"女媧作笙簧". ○正義曰: 按舜典垂作共工, 謂舜時也. 鄭不見古文, 故以爲堯時. 云"女媧, 三皇承宓羲"者, 按春秋緯·運斗樞: "差德序命, 宓羲·女媧·神農爲三皇", 是"承宓羲者". 帝王世紀云"女媧氏風姓, 承庖羲制度, 始作笙簧, 無所革造. 故易不載, 不序於行, 蛇身人首", 是也. 云"和·離, 謂次序其聲縣也"者, "聲"解"和"也. "縣"解"離"也. 言縣磬之時, 其磬希疏相離. 云"世本·作曰"者, 世本, 書名, 有作篇, 其篇記諸作事. 云"無句作磬"者, 皇氏云: "無句, 叔之別名", 義或然也.

번역 ◎鄭注: "垂, 堯之共工也"~"女媧作笙簧". ○『서』「순전(舜典)」편을 살펴보면, 수(垂)를 공공(共工)으로 삼았는데, 이것은 순(舜)임금 때를 뜻한다. 정현은 고문경전을 참조하지 않았기 때문에, 요(堯)임금 때로 여긴 것이다. 정현이 "'여왜(女媧)'는 삼황(三皇) 중 하나로 복희(宓羲=伏羲)를 이은 자이다."라고 했는데, 『춘추』의 위서(緯書)인 『운두추(運斗樞)』를 살펴보면, "덕과 천명의 순서로 따지면, 복희(宓羲)·여왜(女媧)·신농(神農)은 삼황(三皇)이 된다."라고 했다. 이것이 바로 "복희를 이은 자이다."라는 뜻을 나타낸다. 『제왕세기』에서는 "여왜씨(女媧氏)는 성(姓)이 풍(風)이고, 포희(庖羲)를 이어서 제도를 만들었으며, 처음으로 생황(笙簧)을 만들었는데, 이전 것을 고치거나 새롭게 만든 것이 없었다. 그래서 『역』에서는 그 사실을 기록하지 않은 것이며, 행실에 나열하지 않았으며, 뱀의 몸에 사람의 얼굴을 하고 있다."라고 했다. 정현이 "'화(和)'와 '리(離)'는 소리를 조화롭게 내도록 순서대로 매단 것이다."라고 했는데, '성(聲)'자는 '화(和)'자를 풀이한 말이다. '현(縣)'자는 '리(離)'자를 풀이한 말이다. 즉 석경을 매달았을 때, 각각의 석경들이 드문드문 매달려 있으며, 서로 거리를 두고 있다는 뜻이다. 정현이 "『세본』「작(作)」편에서는 다음과 같이 말했다."라고 했는데, '세본(世本)'은 책의 이름이며, 그 책에는 「작(作)」이라는 편이 있고, 「작」편에는 어떤 기물을 만들었던 사안들을 기록하고 있다. 정현이 "무구(無句)는 경(磬)을 만들었다."라고 했는데, 황간은 "'무구(無句)'는 숙(叔)의 별칭이다."라고 했다. 그 의미가 혹여 그러하기도 한 것 같다.

訓纂 七經孟子考文補遺曰: 足利本"鼓足"作"足鼓".

번역 『칠경맹자고문보유』에서 말하길, 『족리본(足利本)』에서는 '고족(鼓足)'을 '족고(足鼓)'라고 기록했다.

訓纂 王氏念孫曰: 足鼓, 鼓名也, 與"楹鼓"·"縣鼓"文同一例. 若云"夏后氏之鼓足", 則文不成義. 下文"垂之和鍾, 叔之離磬", 亦與此同. 案廣雅鼓名有足鼓. 隋書音樂志: "夏后氏加四足, 謂之足鼓. 殷人柱貫之, 謂之楹鼓. 周人縣之, 謂之縣鼓", 皆本明堂位之文. 商頌那篇"置我鞉鼓", 毛傳曰: "夏后氏足鼓, 殷人置鼓, 周人縣鼓." 詩正義兩引明堂位皆作"足鼓", 與毛傳·廣雅同, 則孔本禮記之作"足鼓"甚明.

번역 왕념손[10]이 말하길, '족고(足鼓)'는 북의 이름이므로, '영고(楹鼓)'·'현고(縣鼓)'와 함께 동일한 체제로 기술한 것이다. 만약 '하후씨지고족(夏后氏之鼓足)'이라고 기록한다면, 문장의 뜻이 성립되지 않는다. 아래문장에 나오는 '수지화종(垂之和鍾)'과 '숙지리경(叔之離磬)' 또한 이와 동일한 체제로 기록되었다. 『광아』를 살펴보면, 북의 명칭 중에 '족고(足鼓)'라는 것

10) 왕념손(王念孫, A.D.1744~A.D.1832) : 청(淸)나라 때의 학자이다. 자(字)는 회조(懷祖)이고, 호(號)는 석구(石臞)이다. 부친은 왕안국(王安國)이고, 아들은 왕인지(王引之)이다. 대진(戴震)에게 학문을 배웠다. 저서로는 『독서잡지(讀書雜志)』 등이 있다.

이 있다. 『수서(隋書)』「음악지(音樂志)」에서는 "하후씨(夏后氏)는 네 개의 다리를 덧붙였으니, 그것을 '족고(足鼓)'라고 부른다. 은(殷)나라 때에는 기둥으로 뚫어서 달았으니, 그것을 '영고(楹鼓)'라고 부른다. 주(周)나라 때에는 매달았으니, 그것을 '현고(縣鼓)'라고 부른다."라고 했는데, 이 모두는 「명당위」편의 문장에 근거를 한 기록이다. 『시』「상송(商頌)·나(那)」편에는 "나의 도고(鞉鼓)를 세우다."라는 기록이 나오고, 『모전』에서는 "하후씨의 족고(足鼓), 은나라 때의 치고(置鼓), 주나라 때의 현고(縣鼓)이다."라고 했고, 『시』에 대한 『정의』에서도 두 차례 「명당위」편을 인용하며, 모두 '족고(足鼓)'라고 기록하여, 『모전』 및 『광아』의 기록과 동일하므로, 『예기』에 대한 공영달의 판본에서도 '족고(足鼓)'라고 기록했음이 분명하다.

訓纂 聶氏三禮圖曰: 舊圖云: "笙長四尺, 諸管參差, 亦如鳥翼."

번역 섭숭의의 『삼례도』에서 말하길, 옛 『도설』에서는 "생(笙)의 길이는 4척(尺)이며, 여러 피리관들이 차등적으로 나열되어, 마치 새의 날개와 비슷하다."라고 했다.

集解 陳氏祥道曰: 足不若楹之高, 楹不若縣之垂, 亦後世之彌文耳.

번역 진상도가 말하길, 다리를 단 것은 기둥을 세운 것보다 높지 않고, 기둥을 세운 것은 매단 것들이 나열된 것만 못하니, 이 또한 후세에는 점차 문식을 더하게 되었음을 나타낼 따름이다.

集解 愚謂: 上言四代之樂器, 升歌之所用也. 此節所言, 下管·間歌之所用也.

번역 내가 생각하기에, 앞에서는 사대(四代) 때 사용하던 악기들을 설명했는데, 그것은 당상(堂上)에 올라가서 노래를 부를 때 사용하는 것이다. 이곳에서 언급한 악기들은 당하(堂下)에서 관악기로 연주를 하고, 중간에 노래를 교대로 부를 때 사용하는 악기들이다.

그림 21-1 ▣ 고족(鼓足)

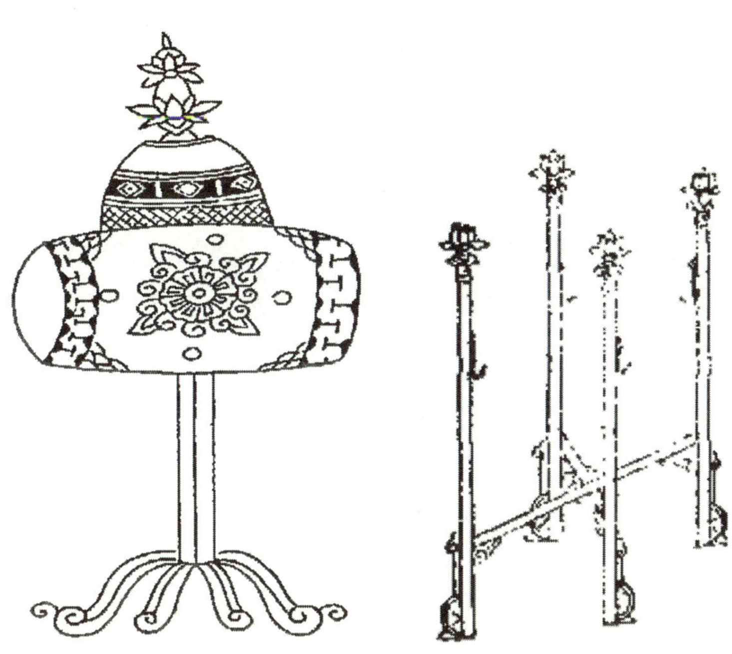

▸ **출처**: 좌-『삼례도집주(三禮圖集注)』 7권 ; 우-『삼재도회(三才圖會)』「기용(器用)」 3권

그림 21-2 ■ 영고(楹鼓)

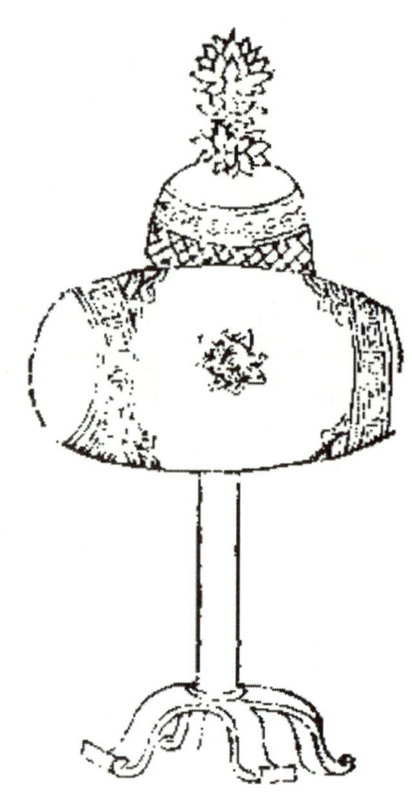

▸ **출처**: 『삼재도회(三才圖會)』「기용(器用)」 3권

그림 21-3 ▣ 도고(鼗鼓)

▸ **출처:** 좌-『삼례도집주(三禮圖集注)』 7권 ; 우-『삼재도회(三才圖會)』「기용(器用)」 3권

그림 21-4 ▣ 도고(鼗鼓)와 인(朄)

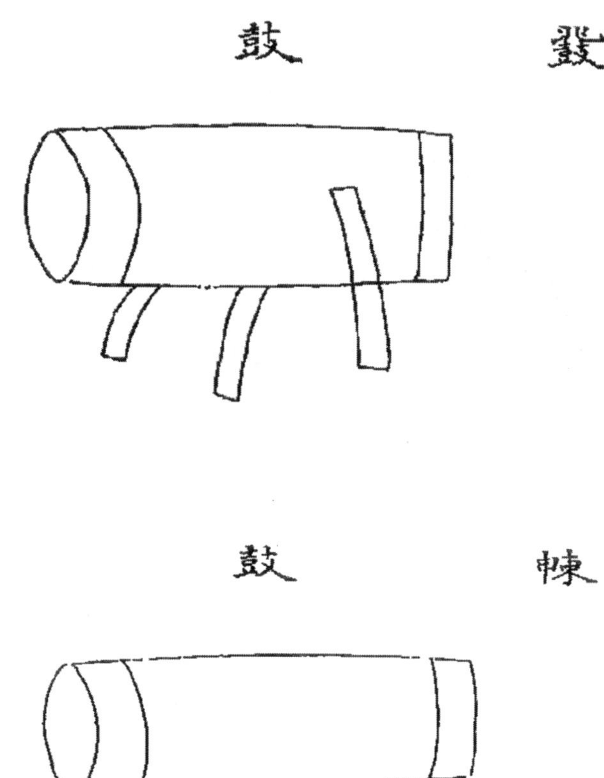

▸ **출처:**『육경도(六經圖)』5권

• 제 22 절 •

노(魯)나라의 제도 : 악기 받침대

【404c】

君夏后氏之龍簨簴, 殷之崇牙, 周之壁翣.

직역 夏后氏의 龍簨簴이며, 殷의 崇牙이고, 周의 壁翣이다.

의역 노(魯)나라에는 삼대(三代) 때의 악기 받침대를 갖추고 있었다. 용순거(龍簨簴)는 하후씨(夏后氏) 때 사용하던 받침이며, 숭아(崇牙)는 은(殷)나라 때 사용하던 받침이고, 벽삽(壁翣)은 주(周)나라 때 사용하던 받침이다.

集說 周官, 梓人爲簨簴, 橫曰筍, 植曰簴, 所以懸樂器也. 以龍形飾之, 故曰龍簨虡. 崇牙者, 刻木爲之, 飾以采色, 其狀隆然. 殷人於簨之上, 施崇牙以挂鍾磬也. 周人則又於簨上畫繒爲翣, 載之以壁, 下懸五采之羽, 而挂於簨之角焉.

번역 『주례』에서는 재인(梓人)이 순거(簨簴)를 만든다고 했는데,[1] 가로로 받치는 것을 '순(筍)'이라고 부르며, 세로로 받치는 것을 '거(簴)'라고 부르니, 악기를 매다는 도구이다. 용의 형상으로 장식을 하기 때문에, '용순거(龍簨虡)'라고 말한 것이다. '숭아(崇牙)'라는 것은 나무를 조각해서 만드는데, 채색으로 장식하여, 그 모습이 매우 화려하다. 은(殷)나라 때에는 순(簨) 위에 숭아(崇牙)를 두어서 종이나 경을 걸었다. 주(周)나라의 경우에는 또한 순(簨) 위에 그림을 그린 비단으로 삽(翣)을 만들었고, 벽(璧)을

---

1) 『주례』「동관고공기(冬官考工記) · 재인(梓人)」 : 梓人爲筍虡.

달았으며, 그 밑에 다섯 가지 채색을 한 깃털을 매달았고, 순(簨)의 모서리에 걸었다.

大全 嚴陵方氏曰: 其崇如牙, 夏后氏有簨虡, 而未有崇牙, 商有崇牙, 而未有璧翣, 至周然後三者兼備焉. 此皆漸致其文也.

번역 엄릉방씨가 말하길, 어금니처럼 생긴 숭(崇)을 뜻하는데, 하후씨(夏后氏) 때에는 순거(簨虡)가 있었지만, 아직 숭아(崇牙)는 없었고, 은(殷)나라 때에는 숭아(崇牙)는 있었지만 아직 벽삽(璧翣)은 없었는데, 주(周)나라에 이르러서야 세 가지가 모두 갖춰지게 되었다. 이 기록은 모두 점진적으로 문식을 더했음을 나타낸다.

鄭注 簨虡, 所以縣鍾·磬也. 橫曰簨, 飾之以鱗屬; 植曰虡, 飾之以臝屬·羽屬. 簨以大版爲之, 謂之業. 殷又於龍上刻畫之爲重牙, 以挂縣紘也. 周又畫繒爲翣, 戴以璧, 垂五采羽於其下, 樹於簨之角上, 飾彌多也. 周頌曰: "設業設虡, 崇牙樹羽."

번역 '순거(簨虡)'는 종과 경을 매다는 도구이다. 가로로 받치는 것을 순(簨)이라고 부르며, 비늘을 가진 짐승으로 장식을 한다. 세로로 받치는 것을 거(虡)라고 부르며, 털이 짧은 짐승이나 깃털을 가진 짐승으로 장식을 한다. 순(簨)은 큰 나무판으로 만들게 되어, '업(業)'이라고도 부른다. 은(殷)나라 때에는 또한 용으로 장식한 것 위에 조각을 하고 그림을 그려서 중아(重牙)를 만들고, 그것을 통해서 끈을 매달았다. 주(周)나라 때에는 그림을 그린 비단으로 삽(翣)을 만들어서, 벽(璧)을 달았고, 다섯 가지 채색을 한 깃털을 그 밑으로 늘어뜨렸으며, 순(簨)의 모서리 위에 세웠으니, 장식이 점차 많아진 것이다. 『시』「주송(周頌)」에서는 "업(業)을 설치하고 거(虡)를 설치하며, 숭아(崇牙)에 깃털을 꼽았다."[2]라고 했다.

---

2) 『시』「주송(周頌)·유고(有瞽)」: 有瞽有瞽, 在周之庭. 設業設虡, 崇牙樹羽, 應田縣鼓, 鞉磬柷圉. 旣備乃奏. 簫管備擧. 喤喤厥聲, 肅雝和鳴, 先祖是聽. 我客

釋文 翣, 所甲反, 又作萋. 植, 市力反, 徐徒力反. 羸, 力果反. 重, 直龍反. 挂音卦. 紘, 徐音宏. 載以, 音戴.

번역 '翣'자는 '所(소)'자와 '甲(갑)'자의 반절음이며, 또한 '萋'자로도 기록한다. '植'자는 '市(시)'자와 '力(력)'자의 반절음이며, 서음(徐音)은 '徒(도)'자와 '力(력)'자의 반절음이다. '羸'자는 '力(력)'자와 '果(과)'자의 반절음이다. '重'자는 '直(직)'자와 '龍(룡)'자의 반절음이다. '挂'자의 음은 '卦(괘)'이다. '紘'자의 서음은 '宏(굉)'이다. '載以'에서의 '載'자는 그 음이 '戴(대)'이다.

孔疏 ●"夏后"至"璧翣". ○正義曰: 此一經明魯有三代樂縣之飾.

번역 ●經文: "夏后"~"璧翣". ○이곳 경문은 노(魯)나라에서 삼대(三代) 때 악기를 매달며 장식을 했던 기구들을 갖추고 있었음을 나타내고 있다.

孔疏 ●"夏后氏之龍簨虡"者, 謂簨虡之上, 以龍飾之.

번역 ●經文: "夏后氏之龍簨虡". ○순거(簨虡)에 용의 모습으로 장식한 것을 뜻한다.

孔疏 ●"殷之崇牙"者, 謂於簨之上, 刻畫木爲崇牙之形以挂鍾磬.

번역 ●經文: "殷之崇牙". ○순(簨) 위에 나무를 조각하고 그림을 그려서 숭아(崇牙)의 형태로 만들고, 그것을 이용해서 종과 경을 매단 것을 뜻한다.

孔疏 ●"周之璧翣"者, 謂周人於此簨上畫繒爲翣, 戴之以璧, 下縣五采羽, 挂於簨角, 後王彌文, 故飾彌多也.

戾止, 永觀厥成.

번역 ●經文: "周之璧翣". ○주(周)나라 때에는 순(簨) 위에 그림을 그린 비단으로 삽(翣)을 만들고, 벽(璧)을 달았으며, 아래에는 다섯 가지 채색을 한 깃털을 매달아서, 순(簨)의 모서리에 걸었으니, 후대의 제왕이 점차 문식을 더했기 때문에, 장식이 더욱 많아졌던 것이다.

孔疏 ◎注"橫曰"至"樹羽". ○正義曰: "橫曰簨, 飾之以鱗屬, 植曰虡, 飾之以贏屬"者, 按考工記: 筍, 飾之以鱗屬; 鍾虡, 飾之以贏屬; 磬虡, 飾之以羽屬. 如考工記之文, 則筍飾以龍, 此經幷云虡者, 蓋夏時簨之與虡, 皆飾之以鱗, 至周乃別, 故云"龍簨虡", 或可因簨連言虡也. 云"簨以大版爲之, 謂之業"者, 詩周頌云: "設業設虡." 以業·虡相對, 故知業則簨也. 其實簨上更加大版, 刻崇牙謂之業. 故詩·大雅云: "虡業惟樅." 注云"虡也, 拘也. 所以縣鍾鼓也. 設大版於上, 刻畫以爲飾", 是也. 云"周又畫繒爲翣, 戴以璧"者, 翣, 扇也. 言周畫繒爲扇, 戴小璧於扇之上. 云"垂五采羽於其下, 樹於虡之角上"者, 按漢禮器制度而知也. 引周頌者, 證簨虡及崇牙樹羽之義. 皇氏云: "崇牙者, 崇, 重也, 謂刻畫大版, 重疊爲牙."

번역 ◎鄭注: "橫曰"~"樹羽". ○정현이 "가로로 받치는 것을 순(簨)이라고 부르며, 비늘을 가진 짐승으로 장식을 한다. 세로로 받치는 것을 거(虡)라고 부르며, 털이 짧은 짐승이나 깃털을 가진 짐승으로 장식을 한다."라고 했는데, 『고공기』를 살펴보면, 순(筍)은 물고기 등으로 장식을 하고, 종거(鍾虡)는 털이 짧은 짐승으로 장식을 하며, 경거(磬虡)는 깃털을 가진 짐승으로 장식을 한다고 했다. 『고공기』의 문장대로라면, 순(筍)에 비늘을 가진 용(龍)으로 장식을 했는데, 이곳 경문에서는 '거(虡)'자도 함께 기록했다. 그 이유는 아마도 하(夏)나라 때의 순(簨)과 거(虡)는 모두 비늘을 가진 짐승으로 장식을 했고, 주(周)나라에 이르러서야 구별을 두었기 때문에, '용순거(龍簨虡)'라고 말한 것이며, 혹은 순(簨)을 언급한 것에 따라서 연이어 거(虡)를 말했기 때문이다. 정현이 "순(簨)은 큰 나무판으로 만들게 되어, '업(業)'이라고도 부른다."라고 했는데, 『시』「주송(周頌)」편에서는 "업(業)을 설치하고 거(虡)를 설치한다."라고 하여, '업(業)'자와 '거(虡)'자를 서로 대비가 되도록 기록했다. 그렇기 때문에 '업(業)'이 '순(簨)'에 해당함을 알 수 있다. 실제로는 순(簨) 위에 재차 큰 나무판을 올리고, 숭아(崇牙)의 모습으로 조각을 한 것을 '업(業)'이라고 부른다. 그렇기 때문에 『시』「대아(大雅)」에서는 "거업(虡業)에 매단다."[3]라고 한 것이고, 이 문장에 대한 주에서는 "'거(虡)'자는 '걸다[栒].'는 뜻이다. 종이나 북을 매다는 도구이다. 그 위에 큰 나무판을 설치하고, 조각을 하고 그림을 그려서 장식을 한다."라고 한 것이다. 정현이 "주(周)나라 때에는 그림을 그린 비단으로 삽(翣)을 만들어서, 벽(璧)을 달았다."라고 했는데, '삽(翣)'은 부채[扇]를 뜻한다. 즉 주나라 때에는 그림을 그린 비단으로 부채를 만들고, 부채 위에 소벽(小璧)을 달아두었다는 뜻이다. 정현이 "다섯 가지 채색을 한 깃털을 그 밑으로 늘어뜨렸으며, 순(簨)의 모서리 위에 세웠다."라고 했는데, 『한례기제도』를 살펴보면, 이러한 사실을 알 수 있다. 정현이 「주송」편을 인용한 것은 순거(簨虡)와 숭아(崇牙)에 깃털을 꼽았던 뜻을 증명하기 위해서이다. 황간은 "'숭아(崇牙)'라고 했는데, '숭(崇)'자는 '중첩되다[重].'는 뜻으로, 큰 나무판에 조각과 그림을 그려서 중첩되도록 포개어 어금니처럼 만들었다는 뜻이다."라고 했다.

訓纂 爾雅釋器: "木謂之虡", 郭注: "縣鐘磬之木, 植者名虡."

번역 『이아』「석기(釋器)」편에서는 "나무로 만든 것을 '거(虡)'라고 부른다."고 했고, 곽경순의 주에서는 "종과 경을 매다는 나무로, 세로로 세우는 것을 '거(虡)'라고 부른다."라고 했다.

訓纂 邵氏晉涵曰: 詩疏引孫炎云: "虡栒之植, 所以縣鐘磬也." 宋書引蔡邕月令章句云: "寫鳥獸之形, 大聲有力者, 以爲鐘虡. 淸聲無力者, 以爲磬虡." 是鐘磬皆有虡也.

---

3) 『시』「대아(大雅)·영대(靈臺)」: 虡業維樅, 賁鼓維鏞. 於論鼓鍾, 於樂辟廱.

번역 소진함[4]이 말하길, 『시』의 소(疏)에서는 손염[5]의 주장을 인용하여, "거순(虡栒) 중 세로로 세우는 것은 종과 경을 매다는 것이다."라고 했다. 『송서(宋書)』에서는 채옹의 『월령장구』를 인용하여, "짐승의 형상을 그리는데, 큰 소리를 내며 힘이 센 짐승으로는 종거(鐘簴)의 장식으로 삼고, 청아한 소리를 내며 힘이 약한 짐승으로는 경거(磬簴)의 장식으로 삼는다."라고 했으니, 이 말은 종과 경에는 모두 거(簴)가 있었음을 나타낸다.

訓纂 說文: 虡, 鐘鼓之柎也. 飾爲猛獸, 象其下足. 業, 大版也, 所以飾縣鐘鼓, 捷業如鋸齒, 以白畫之, 象其鉏鋙相承也.

번역 『설문해자』에서 말하길, '거(虡)'는 종과 북을 받치는 도구이다. 맹수의 모양으로 장식을 했으니, 밑에 다는 다리를 나타낸다. '업(業)'은 큰 나무판으로, 장식을 하여 종과 북을 매다는 도구이며, 나무판을 끼워서 톱니처럼 만들고, 백색으로 그림을 그리니, 톱니가 맞물려 있음을 나타낸다.

訓纂 釋名: 所以縣鐘鼓者, 橫曰簨. 簨, 峻也, 在上高峻也. 從曰簴. 簴, 舉也, 在旁舉簨也. 簨上之板曰業, 刻爲牙, 捷業如鋸齒也.

번역 『석명』에서 말하길, 종과 북을 매다는 것 중에서 가로로 된 것을 '순(簨)'이라고 부른다. '순(簨)'자는 "높다[峻]."는 뜻으로, 높이 단다는 의미이다. 세로로 된 것을 '거(簴)'라고 부른다. '거(簴)'자는 "들다[擧]."는 뜻이니, 측면에서 순(簨)을 받치고 있다는 의미이다. 순(簨) 위에 있는 나무판을 '업(業)'이라고 부르는데, 조각을 하여 어금니처럼 만들고, 업(業)에 꼽아서 톱니처럼 만든다.

---

4) 소진함(邵晉涵, A.D.1743~A.D.1796) : 청(淸)나라 때의 학자이다. 자(字)는 여동(與桐)이고, 호(號)는 이운(二雲)·남강(南江)이다. 사학(史學)과 경학 분야에 명성이 높았다.

5) 손염(孫炎, ?~?) : 삼국시대(三國時代) 때의 학자이다. 자(字)는 숙연(叔然)이다. 정현의 문도였으며, 『이아음의(爾雅音義)』를 저술하여 반절음을 유행시켰다.

訓纂 江氏永曰: 璧翣, 喪葬之飾, 豈可施之於樂器? 此因後文"殷之崇牙, 周之璧翣", 而誤也. 璧翣, 當作"樹羽", 蓋以五采羽樹於簨之角, 非縣於璧翣之下. 然崇牙亦用之, 何也? 曰: 崇牙本旌旗之飾, 猶虞之綏, 夏之綢練, 吉時旌旗亦用之. 簨業上刻爲牙, 以縣鐘磬之紘, 本不爲嫌. 若璧翣者, 特設之爲障柩之飾. 吉時王出行, 節服氏維大常, 旅賁執戈盾夾車, 條狼執鞭夾道, 未見有持璧翣爲儀衛者.

번역 강영[6]이 말하길, '벽삽(璧翣)'은 상장(喪葬)을 치를 때의 장식품인데, 어떻게 악기에 설치할 수 있는가? 이 기록은 뒤에 나오는 "은(殷)나라 때의 숭아(崇牙)와 주(周)나라 때의 벽삽(璧翣)이다."라는 기록에 따라 잘못 기록한 것이다. '벽삽(璧翣)'은 마땅히 '수우(樹羽)'라고 기록해야 한다. 아마도 다섯 가지 색깔로 채색을 한 깃털을 순(簨)의 모서리에 꼽았던 것이니, 벽삽(璧翣) 밑에 매달았던 것이 아니다. 그렇다면 숭아(崇牙)를 사용하는 것은 무슨 이유 때문인가? 대답해보자면, 숭아(崇牙)는 본래 깃발에 다는 장식으로, 우(虞) 때의 유(綏), 하(夏) 때의 주련(綢練)과 같은 것으로,[7] 길(吉)한 시기에 사용하는 깃발에도 이것을 달았다. 순업(簨業)에는 조각을 하여 어금니를 만들고, 그것을 이용해서 종과 경의 끈을 매달았으니, 본래부터 의심할 것이 없다. 벽삽(璧翣)과 같은 것은 단지 영구(靈柩)를 가리는 장식품으로만 설치했다. 길(吉)한 시기에 천자가 밖으로 행차를 나서게 되면, 절복씨(節服氏)는 수레에 대상(大常)을 매달게 되고, 여분(旅賁)은 창과 방패를 들고 천자의 옆에 타서 호위를 하며, 조랑(條狼)은 채찍을 들고 도로에 있는 사람들을 피하도록 만드는데, 일찍이 벽삽(璧翣)을 들고서 호위를 하는 자는 보지 못했다.

---

6) 강영(江永, A.D.1681～A.D.1762) : 청(淸)나라 때의 경학자이다. 자(字)는 신수(愼修)이다. 『십삼경주소(十三經注疏)』에 대한 연구를 했으며, 특히 삼례(三禮)에 대해 해박했다.

7) 『예기』「단궁상(檀弓上)」【85d】 : 孔子之喪, 公西赤爲志焉. 飾棺牆, 置翣設披, 周也. 設崇, 殷也. 綢練設旐, 夏也.

그림 22-1 ▣ 숭아(崇牙)와 식우(植羽)

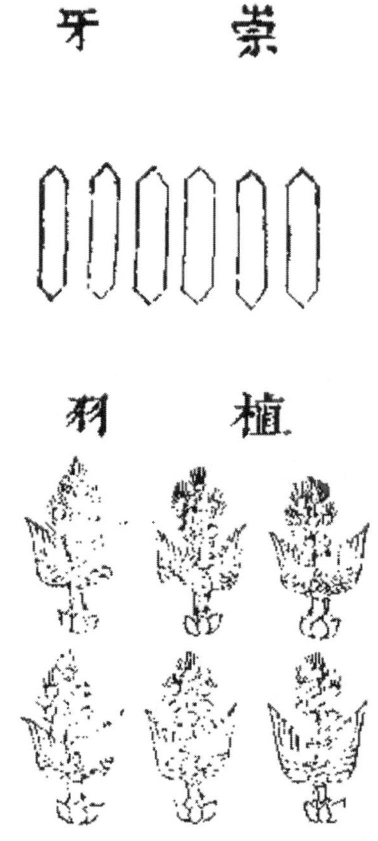

▸ 출처: 『삼재도회(三才圖會)』「기용(器用)」 3권

그림 22-2 ▣ 종거(鐘簴)와 경거(磬簴)

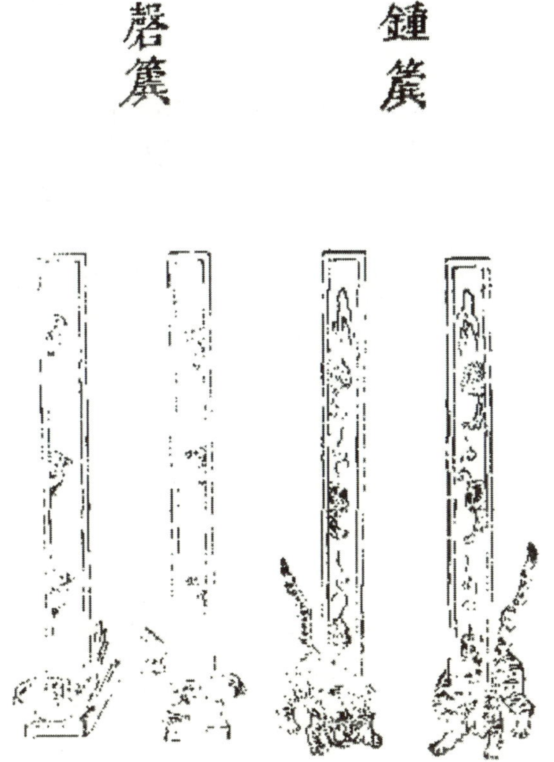

▸ **출처:** 『삼재도회(三才圖會)』「기용(器用)」 3권

그림 22-3 ■ 종거(鐘簴)와 경거(磬簴)

▸ **출처:** 『삼재도회(三才圖會)』「기용(器用)」 3권

그림 22-4 ▣ 업(業)과 벽삽(璧翣)

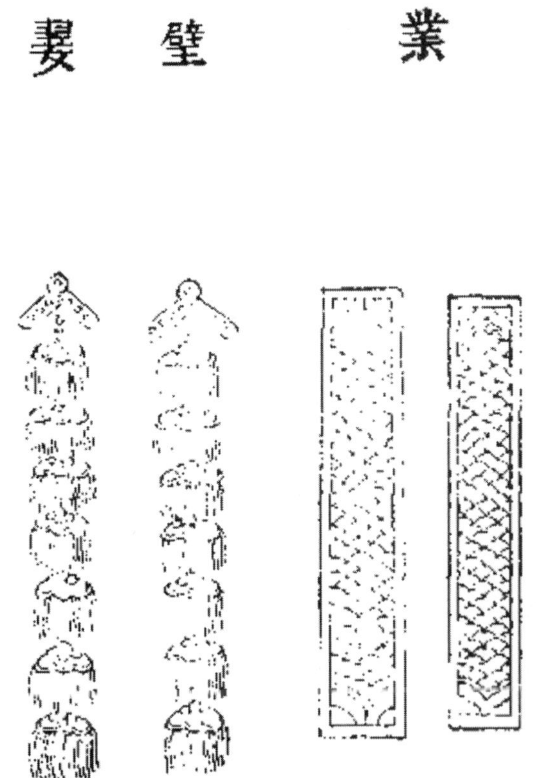

▸ **출처:** 『삼재도회(三才圖會)』「기용(器用)」 3권

그림 22-5 ▣ 영구(靈柩)를 가리는 삽(翣)

▸ 출처: 『삼재도회(三才圖會)』「의제(儀制)」 7권

그림 22-6 ▣ 삽(翣)을 들고 가는 모습

▸ **출처:** 『삼례도집주(三禮圖集注)』 19권

• 제 23 절 •

노(魯)나라의 제도 : 돈(敦) · 연(璉) · 호(瑚) · 궤(簋)

【404d】

有虞氏之兩敦, 夏后氏之四璉, 殷之六瑚, 周之八簋.

직역 有虞氏의 兩敦이고, 夏后氏의 四璉이며, 殷의 六瑚이고, 周의 八簋이다.

의역 노(魯)나라에는 사대(四代) 때의 궤(簋)를 갖추고 있었다. 2개의 돈(敦)은 유우씨(有虞氏) 때 사용하던 기물이고, 4개의 연(璉)은 하후씨(夏后氏) 때 사용하던 기물이며, 6개의 호(瑚)는 은(殷)나라 때 사용하던 기물이고, 8개의 궤(簋)는 주(周)나라 때 사용하던 기물이다.

集說 少牢禮曰: "執敦黍有蓋." 又曰: "設四敦皆南首." 敦之爲器, 有蓋有首也. 四者皆盛黍稷之器. 禮之有器, 時王各有制作, 故歷代寶而用之. 但時代漸遠, 則古器之存者漸寡, 此魯所有之數耳.

번역 『의례』「소뢰궤식례(少牢饋食禮)」편에서는 "뚜껑이 있고 서(黍)가 담긴 돈(敦)을 잡는다."라고 했고, "4개의 돈(敦)은 모두 남쪽으로 머리가 향하도록 한다."라고 했다.[1] 돈(敦)이라는 기물에는 뚜껑이 있고, 머리에 해당하는 부분이 있다. 네 가지 기물들은 모두 서직(黍稷)을 담는 그릇에 해당한다. 의례에는 기물을 사용하게 되는데, 각 시대의 왕조에는 제각각의 제작방법에 따라 만든 것들이 있다. 그렇기 때문에 대대로 보배로 여겨서

---

1) 『의례』「소뢰궤식례(少牢饋食禮)」: 主婦自東房執一金敦黍, 有蓋, 坐設于羊俎之南. 婦贊者執敦稷以授主婦. 主婦興受, 坐設于魚俎南. 又興受贊者敦黍, 坐設于稷南. 又興受贊者敦稷, 坐設于黍南. 敦皆南首.

사용을 했던 것이다. 다만 시대가 점차 멀어질수록 고대에 사용된 기물들 중 남아있는 것은 점차 희박해지니, 여기에서 말한 수치는 노(魯)나라에서 보유하고 있던 기물들의 수치일 뿐이다.

鄭注 皆黍稷器, 制之異同, 未聞.

번역 이 모두는 서직(黍稷)을 담는 그릇인데, 제작방법의 차이점에 대해서는 들어보지 못했다.

釋文 敦音對, 又都雷反. 連, 本又作璉, 同, 力展反. 瑚音胡. 簋音軌.

번역 '敦'자의 음은 '對(대)'이며, 또한 '都(도)'자와 '雷(뢰)'자의 반절음도 된다. '連'자는 판본에 따라서 또한 '璉'자로도 기록하는데, 그 음은 동일하게 '力(력)'자와 '展(전)'자의 반절음이다. '瑚'자의 음은 '胡(호)'이다. '簋'자의 음은 '軌(궤)'이다.

孔疏 ◎注"皆黍"至"未聞". ○正義曰: 簋是黍稷之器, 敦與瑚璉共簠簋連文, 故云黍稷器也. 按鄭注周禮 · 舍人云: "方曰簠, 圓曰簋." 此云未聞者, 謂瑚璉之器, 與簋異同未聞也. 鄭注論語云: "夏曰瑚, 殷曰璉." 不同者, 皇氏云: "鄭注論語誤也. 此言兩敦·四璉·六瑚·八簋者, 言魯之所得唯此耳."

번역 ◎鄭注: "皆黍"~"未聞". ○'궤(簋)'는 서직(黍稷)을 담는 그릇이며, 돈(敦)과 호(瑚) · 연(璉) 모두 보(簠) · 궤(簋)를 공급한다는 것과 연이어 기록되어 있기 때문에, "서직을 담는 그릇이다."라고 말한 것이다. 『주례』「사인(舍人)」편에 대한 정현의 주를 살펴보면, "사각형으로 생긴 것을 '보(簠)'라고 부르며, 원형으로 생긴 것을 '궤(簋)'라고 부른다."[2]라고 했다. 이곳 주석에서 "아직 들어보지 못했다."라고 한 말은 호(瑚) · 연(璉)의 기물이

---

2) 이 문장은 『주례』「지관(地官) · 사인(舍人)」편의 "凡祭祀, 共簠簋, 實之, 陳之."라는 기록에 대한 정현의 주이다.

궤(簋)와 어떤 차이를 보이는가에 대해서 들어보지 못했다는 뜻이다. 『논어』에 대한 정현의 주에서는 “하(夏)나라 때 사용하던 그릇을 ‘호(瑚)’라고 부르며, 은(殷)나라 때 사용하던 그릇을 ‘연(璉)’이라고 부른다.”라고 하여, 이곳 기록과 차이를 보이는데, 이 문제에 대해서 황간은 “『논어』에 대한 정현의 주는 잘못 기록된 것이다. 이곳에서 2개의 돈(敦), 4개의 연(璉), 6개의 호(瑚), 8개의 궤(簋)라고 한 말은 노(魯)나라에서 이러한 기물들을 이만큼 가지고 있었음을 뜻할 따름이다.”라고 했다.

訓纂 徐鉉曰: 今俗作璉, 非是.

번역 서현[3]이 말하길, 현재 세속에서 ‘련(璉)’자로 기록하는 것은 옳지 않다.

訓纂 三禮圖云: 瑚受一升, 形制未聞. 制度云如簋而平下. 璉受一升, 漆赤中, 蓋亦龜形, 大夫飾以白金. 制度云如簋而兌下.

번역 『삼례도』에서 말하길, 호(瑚)는 용적이 1승(升)이고, 형태와 제작 방법에 대해서는 들어보지 못했다. 『제도』에서는 “궤(簋)와 비슷한데, 밑이 평평하다.”고 했다. 연(璉)은 용적이 1승(升)이며, 가운데는 적색의 옻칠을 하며, 뚜껑은 또한 거북이 모양으로 되어 있고, 대부는 백금으로 장식을 한다. 『제도』에서는 “궤(簋)와 비슷한데, 밑면이 굽어 있지 않다.”고 했다.

訓纂 陸農師曰: 兩敦, 黍·稷. 四璉, 黍·稷·稻·粱. 六瑚, 黍·稷·稻·粱·麥·苽. 八簋, 黍·稷·稻·粱·白黍·黃粱·稰·穛.

---

3) 서현(徐鉉, A.D.917~A.D.992) : 오대십국(五代十國) 때 남당(南唐)의 학자이다. 자(字)는 정신(鼎臣)이고, 호(號)는 기성(騎省)이다. 『설문해자(說文解字)』를 교정하였다. 저서로는 『기성집(騎省集)』·『서문공집(徐文公集)』 등이 있다.

번역 육농사가 말하길, 2개의 돈(敦)에는 서(黍)와 직(稷)을 담는다. 4개의 연(璉)에는 서(黍)·직(稷)·도(稻)·량(粱)을 담는다. 6개의 호(瑚)에는 서(黍)·직(稷)·도(稻)·량(粱)·맥(麥)·고(苽)를 담는다. 8개의 궤(簋)에는 서(黍)·직(稷)·도(稻)·량(粱)·백서(白黍)·황량(黃粱)·서(稰)·착(穛)을 담는다.

訓纂 廣韻: 簋簠, 祭器, 受斗二升. 內圓外方曰簋.

번역 『광운』[4]에서 말하길, 궤(簋)와 보(簠)는 제사 때 사용하는 그릇으로, 용적은 1두(斗) 2승(升)이다. 안쪽은 원형으로 되어 있고, 바깥쪽은 사각형으로 된 것을 '궤(簋)'라고 부른다.

訓纂 吳幼淸曰: 簋是盛黍稷之器, 其盛稻粱名簠.

번역 오유청이 말하길, '궤(簋)'는 서직(黍稷)을 담는 그릇이며, 도량(稻粱)을 담는 그릇을 '보(簠)'라고 부른다.

集解 愚謂: 特牲禮先云"主婦設兩敦", 而後云"分簋鉶", 則周之簋亦謂之敦矣. 是敦·璉·瑚·簋, 四代之名雖異, 而其實爲一物也. 有虞氏始爲兩敦, 三代遞加焉, 亦後王之彌文也. 特牲禮二敦, 少牢禮四敦, 以此差之, 諸侯當用六簋, 天子當用八簋. 魯之禘祭, 蓋亦八簋與.

번역 내가 생각하기에, 『의례』「특생궤식례(特牲饋食禮)」편에서는 먼저

---

4) 『광운(廣韻)』은 수(隋)나라 때의 학자인 육법언(陸法言, ?~?)이 찬(撰)한 음운학 서적이다. 여러 학자들과 논의하여 『절운(切韻)』을 만들었는데, 당(唐)나라 때 그의 후손인 육눌언(陸訥言) 등이 주를 달았고, 손면(孫愐)이 증보(增補)를 하여 『광운(廣韻)』으로 제목을 고쳤다. 송(宋)나라 때에는 칙명으로 다시 증보를 하여, 『대송중수광운(大宋重修廣韻)』으로 제목을 고쳤다. 『대송중수광운』으로 개명되면서, 최초 육법언 및 손면이 편찬한 원본의 체제가 없어지게 되었다.

"주부는 두 개의 돈(敦)을 진설한다."[5]라고 했고, 뒤에서는 "궤(簋)와 형(鉶)에 담긴 것을 나눈다."[6]라고 했으니, 주(周)나라 때 사용한 '궤(簋)'는 '돈(敦)'이라고도 불렀다. 여기에 나온 '돈(敦)'·'연(璉)'·'호(瑚)'·'궤(簋)'는 사대(四代) 때 사용하던 그릇들의 명칭인데, 그 명칭이 비록 다르지만, 실제로는 동일한 그릇이다. 유우씨(有虞氏) 때 처음으로 2개의 돈(敦)을 두었는데, 삼대(三代)에는 점차 수를 늘리게 되었고, 또한 후대의 제왕들은 문식을 더 꾸미게 되었다. 「특생궤식례」편에는 2개의 돈(敦)이 나오고, 『의례』「소뢰궤식례(少牢饋食禮)」편에서는 4개의 돈(敦)이 나오는데, 이것을 통해 순차적으로 차등을 두면, 제후는 마땅히 6개의 궤(簋)를 사용했던 것이고, 천자는 마땅히 8개의 궤(簋)를 사용했던 것이다. 노(魯)나라에서 지낸 체(禘)제사에서도 아마 8개의 궤(簋)를 사용했을 것이다.

---

5) 『의례』「특생궤식례(特牲饋食禮)」: 主婦設兩敦黍稷于俎南, 西上, 及兩鉶, 芼, 設于豆南, 南陳.

6) 『의례』「특생궤식례(特牲饋食禮)」: 筵對席. 佐食分簋·鉶.

그림 23-1 ▣ 돈(敦)

▸ **출처**: 좌-『삼례도집주(三禮圖集注)』 13권
우-『삼재도회(三才圖會)』「기용(器用)」 1권

그림 23-2 ▣ 호련(瑚璉)

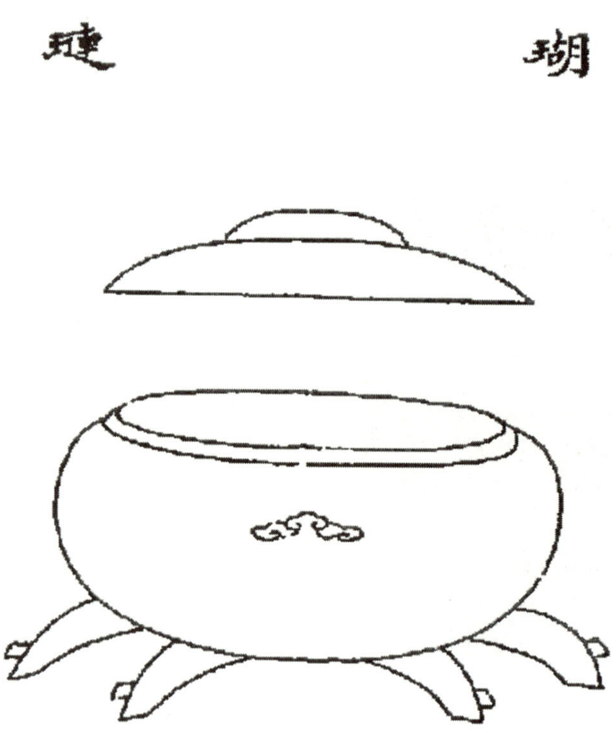

▸ 출처: 『삼례도(三禮圖)』 4권

그림 23-3 ▣ 궤(簋)

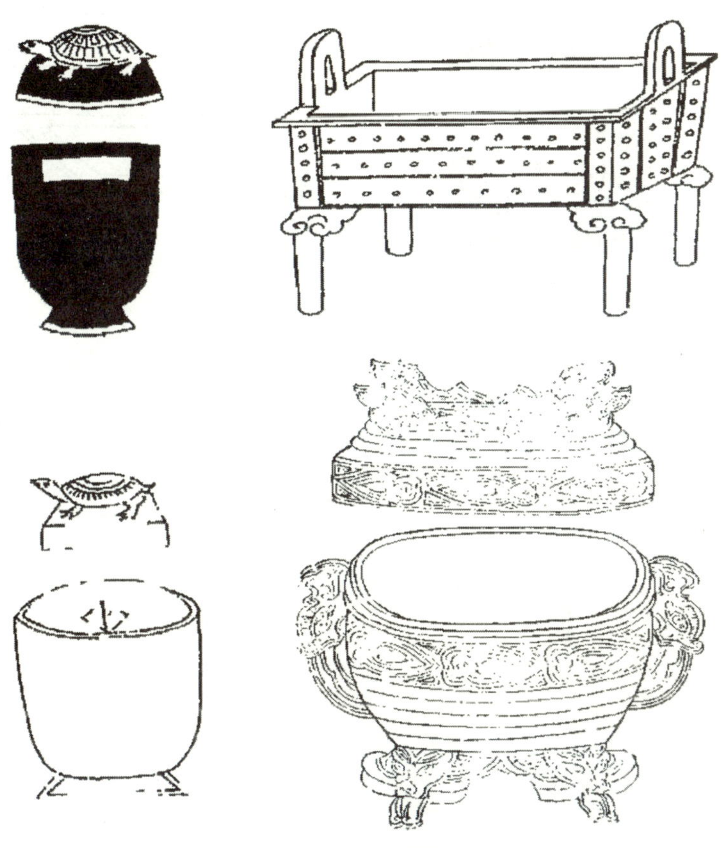

▸ **출처:** 상좌-『삼례도집주(三禮圖集注)』 13권 ; 상우-『삼례도(三禮圖)』 4권
하좌-『육경도(六經圖)』 6권 ; 하우-『삼재도회(三才圖會)』「기용(器用)」 1권

그림 23-4 ▣ 보(簠)

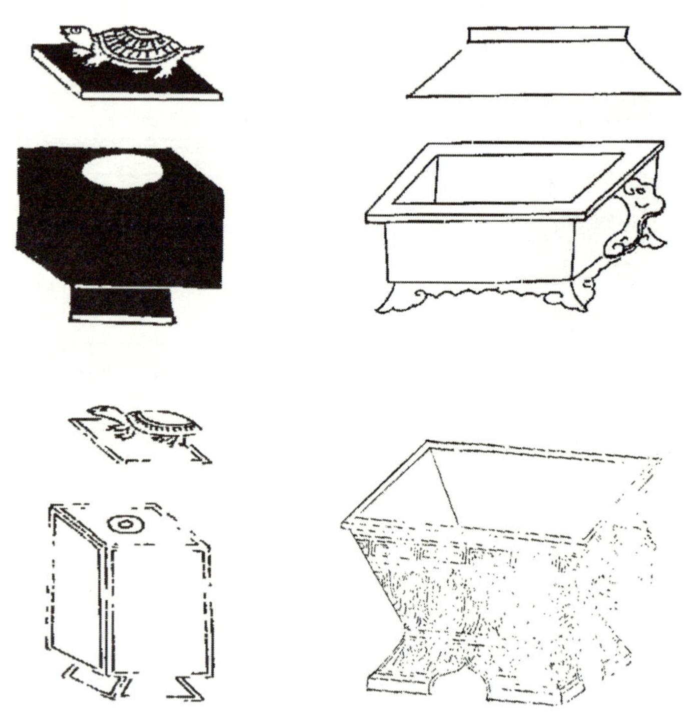

▸ **출처**: 상좌-『삼례도집주(三禮圖集注)』 13권 ; 상우-『삼례도(三禮圖)』 4권
하좌-『육경도(六經圖)』 6권 ; 하우-『삼재도회(三才圖會)』「기용(器用)」 1권

그림 23-5 ▣ 형(鉶)

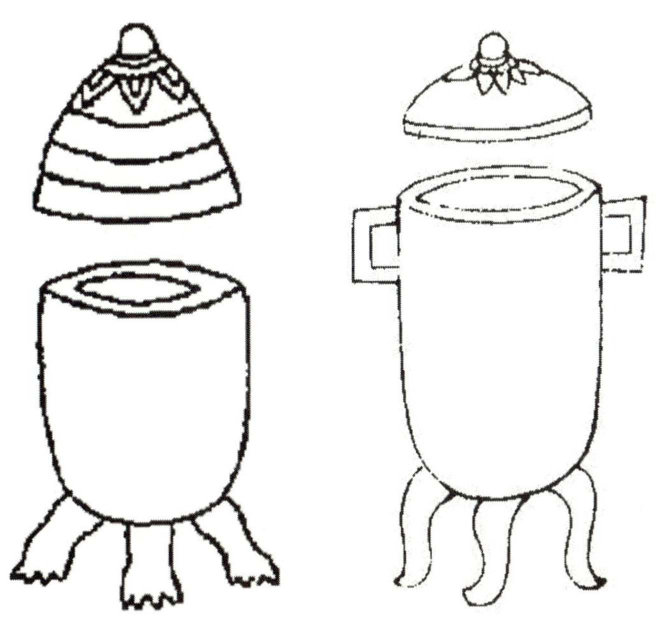

▸ **출처**: 좌-『삼례도집주(三禮圖集注)』 13권
우-『삼재도회(三才圖會)』「기용(器用)」 2권

• 제 24 절 •

노(魯)나라의 제도 : 조(俎)

【404d】

俎, 有虞氏以梡, 夏后氏以嶡, 殷以椇, 周以房俎.

직역 俎에 있어서, 有虞氏는 梡으로써 했고, 夏后氏는 **嶡**로써 했으며, 殷은 **椇**로써 했고, 周는 房俎로써 했다.

의역 노(魯)나라에는 사대(四代) 때의 도마[俎]를 갖추고 있었다. 완(梡)은 유우씨(有虞氏) 때의 도마이고, 궐(**嶡**)은 하후씨(夏后氏) 때의 도마이며, 구(**椇**)는 은(殷)나라 때의 도마이고, 방조(房俎)는 주(周)나라 때의 도마이다.

集說 梡, 嶡, 見前章. 椇者, 俎之足間橫木, 爲曲橈之形, 如椇枳之樹枝也. 房者, 俎足下之跗, 謂俎之上下兩間, 有似於堂房也.

번역 '완(梡)'과 '궐(嶡)'에 대해서는 그 설명이 앞 장에 나온다. '구(椇)'라는 것은 도마[俎] 밑의 다리에 가로 지지대를 중간에 대는데, 굽어 있는 형태로 만드니, 마치 구지(椇枳)라는 나무의 가지처럼 굽어 있는 것을 뜻한다. '방(房)'이라는 것은 도마의 다리 밑에 있는 받침[跗]을 뜻하니, 도마의 위아래 양쪽 사이에 붙어 있는 것으로, 마치 당(堂)에 있는 방(房)과 같다.

集說 疏曰: 古制不可委知, 今依註畧爲此意, 未知是否.

번역 공영달의 소(疏)에서 말하길, 고대의 제도는 자세히 알 수 없으니, 현재 정현의 주에 따른다면, 대체적으로 이러한 의미가 되지만, 옳은지는 알 수 없다.

鄭注 梡, 斷木爲四足而已. 蕨之言蹶也, 謂中足爲橫距之象, 周禮謂之距. 椇之言枳椇也, 謂曲橈之也. 房, 謂足下跗也, 上下兩間, 有似於堂房. 魯頌曰: "籩豆大房."

번역 '완(梡)'은 나무를 잘라서 네 개의 다리를 붙인 것일 뿐이다. '궐(蕨)'자는 "돌출되다[蹶]."는 뜻이니, 다리 중간이 옆으로 돌출된 모습이 되며, 주(周)나라의 의례에서는 이것을 '거(距)'라고 불렀다. '구(椇)'자는 지구(枳椇)라는 나무를 뜻하니, 굽어 있다는 의미이다. '방(房)'은 다리 밑에 받침이 있는 것을 뜻하는데, 위아래 양쪽 사이에 있으니, 마치 당(堂)에 있는 방(房)과 같다. 『시』「노송(魯頌)」편에서는 "변(籩)·두(豆)·대방(大房)을 갖추다."[1]라고 했다.

釋文 椇, 俱甫反. 斷, 丁亂反, 又丁管反. 蕨, 俱衛反. 橫, 古曠反, 又音光, 又華盲反. 枳, 吉氏反. 橈音擾. 跗, 方于反.

번역 '椇'자는 '俱(구)'자와 '甫(보)'자의 반절음이다. '斷'자는 '丁(정)'자와 '亂(란)'자의 반절음이며, 또한 '丁(정)'자와 '管(관)'자의 반절음도 된다. '蕨'자는 '俱(구)'자와 '衛(위)'자의 반절음이다. '橫'자는 '古(고)'자와 '曠(광)'자의 반절음이며, 또하 그 음은 '光(광)'도 되고, '華(화)'자와 '盲(맹)'자의 반절음도 된다. '枳'자는 '吉(길)'자와 '氏(씨)'자의 반절음이다. '橈'자의 음은 '擾(요)'이다. '跗'자는 '方(방)'자와 '于(우)'자의 반절음이다.

孔疏 ◎注"梡斷"至"大房". ○正義曰: 知"梡, 斷木爲四足"者, 以虞氏尚質, 未有餘飾, 故知但有四足而已. 云"謂中足爲橫距之象"者, 以言蕨謂足以橫蹶,

1) 『시』「노송(魯頌)·비궁(閟宮)」: 秋而載嘗, 夏而楅衡. 白牡騂剛, 犧尊將將. 毛炰胾羹, 籩豆大房. 萬舞洋洋, 孝孫有慶. 俾爾熾而昌, 俾爾壽而臧. 保彼東方, 魯邦是嘗. 不虧不崩, 不震不騰. 三壽作朋, 如岡如陵.

故鄭讀嶡爲蹶, 謂足橫辟不正也. 今俎足間有橫, 似有橫蹶之象, 故知足中央爲橫距之象, 言雞有距, 以距外物, 今兩足有橫而相距也. 云"周禮謂之距"者, 非周禮正文, 言周代禮儀, 謂此俎之橫者爲距. 故少牢禮: "腸三胃三 長皆及俎距", 是也. 云"椇之言枳椇也, 謂曲橈之也"者, 椇枳之樹, 其枝多曲橈, 故陸機草木疏云: "椇曲來巢, 殷俎似之." 故云"曲橈之也". 云"房, 謂足下跗也, 上下兩間, 有似於堂房"者, 按詩注云: "其制足間有橫, 下有跗." 似乎堂後有房, 然如鄭此言, 則俎頭各有兩足, 足下各別爲跗, "足間橫"者, 似堂之壁橫, 下二跗, 似堂之東西頭各有房也. 但古制難識, 不可委知. 南北諸儒亦無委曲解之, 今依鄭注, 略爲此意, 未知是否.

번역 ◎鄭注: "梡斷"~"大房". ○정현이 "'완(梡)'은 나무를 잘라서 네 개의 다리를 붙인 것이다."라고 했는데, 이 말이 사실임을 알 수 있는 이유는 유우씨(有虞氏) 때에는 질박함을 숭상하여, 아직까지 별다른 장식이 없었다. 그렇기 때문에 네 개의 다리만 달았을 뿐임을 알 수 있다. 정현이 "다리 중간이 옆으로 돌출된 모습을 뜻한다."라고 했는데, '궐(嶡)'이라고 말한 것은 다리 중간이 옆으로 튀어나오게 했다는 뜻이므로, 정현은 '궐(嶡)'자를 '궐(蹶)'자로 풀이한 것이니, 다리가 옆으로 튀어나와서 곧게 뻗어있지 않다는 의미이다. 현재의 도마 다리에는 그 중간에 가로로 댄 나무가 있어서, 마치 옆으로 튀어나온 것과 같은 모습을 하고 있다. 그렇기 때문에 다리 중앙부분을 튀어나오게 한 모습임을 알 수 있으니, 닭에는 발톱이 있어서, 외부 사물을 막는데, 현재 양쪽의 다리에 가로의 지지대가 붙어서 서로 떨어져 있는 것을 뜻한다. 정현이 "주(周)나라의 의례에서는 이것을 '거(距)'라고 불렀다."라고 했는데, 여기에서 말한 '주례(周禮)'는 『주례』의 경문을 뜻하는 것이 아니며, 주나라 때 시행했던 의례를 의미하니, 이러한 도마에 붙어 있는 가로 지지대를 '거(距)'라고 부른다는 뜻이다. 그래서 『의례』「소뢰궤식례(少牢饋食禮)」편에서는 "장(腸)이 세 개이고, 위(胃)가 세 개이니, 수장들은 모두 조거(俎距)에 둔다."[2]라고 한 것이다. 정현이 "'구(椇)'자는

2) 『의례』「소뢰궤식례(少牢饋食禮)」: 佐食遷肵俎于阼階西, 西縮, 乃反. 佐食二人. 上利升羊, 載右胖, 髀不升, 肩·臂·臑·膊·骼; 正脊一, 脡脊一, 橫脊一,

지구(枳椇)라는 나무를 뜻하니, 굽어 있다는 의미이다."라고 했는데, 구지(椇枳)라는 나무는 그 가지가 대부분 굽어 있기 때문에, 육기[3]의 『초목소』에서는 "구(椇)의 굽어 있는 가지에는 새가 찾아와서 둥지를 짓는데, 은(殷)나라 때의 도마도 이처럼 생겼다."라고 했다. 그렇기 때문에 "굽어 있다."라고 말한 것이다. 정현이 "'방(房)'은 다리 밑에 받침이 있는 것을 뜻하며, 위아래 양쪽 사이에 있으니, 마치 당(堂)에 있는 방(房)과 같다."라고 했는데, 『시』에 대한 주를 살펴보면, "그 제작방법은 다리 중간에 가로 지지대를 두고, 밑에 받침을 두었다."라고 했다. 이것은 당(堂) 뒤에 방(房)이 있는 모습과 같은데, 정현의 이러한 주장대로라면, 도마의 끝부분에는 각각 두 개의 다리가 붙어 있고, 다리 밑에는 각각 별도로 받침이 달려 있는 것이다. "다리 중간의 가로 지지대가 있다."라고 했는데, 이것은 당(堂)의 벽횡(壁橫)과 비슷하며, 밑에 두 개의 받침이 있는 것은 당(堂)의 동서쪽 끝에 각각 방(房)이 있는 것과 같다. 다만 고대의 제도에 대해서는 확인하기 어려워서, 정확이 알 수는 없다. 남북의 학자들 또한 굽어 있다는 뜻으로 풀이를 한 자가 없는데, 현재는 정현의 주장에 따르니, 대략 이러한 의미가 되지만, 옳은 말인지는 알 수 없다.

訓纂 聶氏三禮圖曰: 臣崇義案舊圖云: "俎長二尺四寸, 廣尺二寸, 高一尺, 漆兩端赤, 中央黑." 又案舊圖云: "椇, 殷俎, 曲橈其足."

번역 섭숭의의 『삼례도』에서 말하길, 내가 옛 『도설』을 살펴보니, "도마의 길이는 2척(尺) 4촌(寸)이며, 너비는 1척(尺) 2촌(寸)이고, 높이는 1척(尺)이며, 양쪽 끝단은 옻칠을 하여 적색으로 만들고, 중앙은 흑색으로 만든다."라고 했다. 또 옛 『도설』을 살펴보니, "'구(椇)'는 은(殷)나라 때의 도마이며, 그 다리를 굽어지게 만들었다."라고 했다.

短脅一·正脅一·代脅一, 皆二骨以並; 腸三·胃三, 長皆及俎拒; 擧肺一, 長終肺; 祭肺三, 皆切. 肩·臂·臑·膊·骼, 在兩端, 脊·脅·肺·肩, 在上.

3) 육기(陸機, A.D.261~A.D.303) : 서진(西晉) 때의 학자이다. 자(字)는 사형(士衡)이다. 저서로는 『변망론(辯亡論)』·『육사형집(陸士衡集)』 등이 있다.

그림 24-1 ▣ 구조(椇俎)와 방조(房俎)

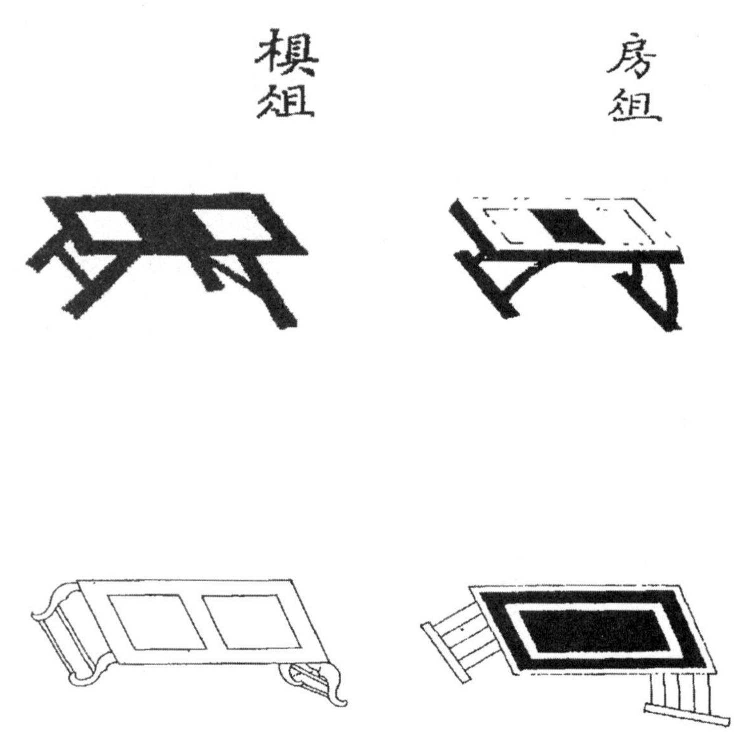

▸ **출처**: 상단-『삼례도집주(三禮圖集注)』 13권
하단-『육경도(六經圖)』 9권

• 제 25 절 •

노(魯)나라의 제도 : 두(豆)

【405a】

夏后氏以楬豆, 殷玉豆, 周獻豆.

직역 夏后氏는 楬豆로써 했고, 殷은 玉豆로써 했으며, 周는 獻豆로써 했다.

의역 노(魯)나라에는 삼대(三代) 때의 두(豆)를 갖추고 있었다. 갈두(楬豆)는 하후씨(夏后氏) 때의 두이고, 옥두(玉豆)는 은(殷)나라 때의 두이며, 헌두(獻豆)는 주(周)나라 때의 두이다.

集說 楬, 不飾也, 木質而已. 獻, 讀爲娑, 獻尊刻畫鳳羽, 則此豆亦必刻畫鳳羽, 故名也.

번역 '갈(楬)'은 장식을 하지 않은 것이니, 나무로만 질박하게 만들 따름이다. '헌(獻)'자는 '사(娑)'자로 풀이하니, 헌존(獻尊)에 조각과 그림을 그려서 봉황의 날개를 새겼다면, 여기에서 말한 두(豆)에도 반드시 봉황의 날개를 그렸기 때문에, 이러한 명칭으로 불렀을 것이다.

鄭注 楬, 無異物之飾也. 獻, 疏刻之. 齊人謂無髮爲禿楬.

번역 '갈(楬)'은 다른 사물로 장식한 것이 없다는 뜻이다. '헌(獻)'은 조각을 하여 새긴 것이다. 제(齊)나라 사람들은 머리카락이 없는 자를 '독갈(禿楬)'이라고 불렀다.

釋文 楬, 徐苦瞎反, 注同, 又苦八反. 獻, 素何反. 禿, 土木反.

번역 '楬'자의 서음(徐音)은 '苦(고)'자와 '瞎(할)'자의 반절음이고, 정현의 주에 나오는 글자도 그 음이 이와 같으며, 또한 그 음은 '苦(고)'자와 '八(팔)'자의 반절음도 된다. '獻'자는 '素(소)'자와 '何(하)'자의 반절음이다. '禿'자는 '土(토)'자와 '木(목)'자의 반절음이다.

孔疏 ◎注"獻, 疏刻之". ○正義曰: 獻音娑, 娑是希疏之義, 故爲疏刻之.

번역 ◎鄭注: "獻, 疏刻之". ○'헌(獻)'자의 음은 '사(娑)'이니, '사(娑)'자는 드문드문 새겼다는 뜻이 된다. 그렇기 때문에 조각을 하여 새겼다는 뜻이 된다.

訓纂 三禮圖云: 豆以木, 受四升, 高尺二寸, 漆赤中. 大夫以上赤雲畫, 諸侯加象飾口, 天子玉飾

번역 『삼례도』에서 말하길, 두(豆)는 나무로 만드는데, 용적은 4승(升)이고, 높이는 1척(尺) 2촌(寸)이며, 중앙은 적색의 옻칠을 한다. 대부(大夫)로부터 그 이상의 계층은 적색의 구름을 그리고, 제후는 입구에 상아로 장식을 더하게 되며, 천자는 옥으로 장식을 한다.

集解 愚謂: 楬豆, 斷木爲之, 而無他飾也. 士喪禮大斂"毼豆兩", 鄭云: "毼, 白也." 毼豆卽楬豆. 殷·周豆旣有飾, 故以夏后氏之楬豆用之喪奠也. 周禮外宗"佐王后薦玉豆", 是周亦名玉豆矣. 蓋殷之豆飾以玉而不雕, 周飾以玉而又雕刻其柄, 故別名獻豆.

번역 내가 생각하기에, '갈두(楬豆)'는 나무를 잘라서 만들지만, 여타의 장식이 없다. 『의례』「사상례(士喪禮)」편에서는 대렴(大斂)[1]을 하며, "갈두

---

1) 대렴(大斂)은 상례(喪禮) 절차 중 하나이다. 소렴(小斂)을 끝낸 뒤에, 시신

(髹豆)를 두 개 둔다."[2]라고 했고, 정현은 "'갈(髹)'자는 흰색을 뜻한다."라고 했다. '갈두(髹豆)'는 곧 '갈두(楬豆)'에 해당한다. 은(殷)나라와 주(周)나라 때의 두(豆)에는 이미 장식이 포함된다. 그렇기 때문에 하후씨(夏后氏) 때 사용하던 장식이 없는 갈두(楬豆)를 상전(喪奠)[3]에 사용했던 것이다. 『주례』「외종(外宗)」편에서는 "왕후가 옥두(玉豆) 바치는 것을 돕는다."[4]라고 했는데, 이 기록은 주나라 때에도 또한 두(豆)를 옥두(玉豆)라고 불렀음을 뜻한다. 아마도 은나라 때의 두(豆)에는 옥으로 장식을 했지만, 조각을 하지는 않았던 것이며, 주나라 때에는 옥으로 장식을 하고 재차 자루부분을 조각했기 때문에, 별도로 '헌두(獻豆)'라는 명칭을 사용했을 것이다.

을 관에 안치하는 절차이다.

2) 『의례』「사상례(士喪禮)」: 東方之饌, 兩瓦甒, 其實醴·酒, 角觶, 木柶, 髹豆兩, 其實葵菹芋, 蠃醢, 兩籩, 無縢, 布巾, 其實栗不擇, 脯四脡.

3) 상전(喪奠)은 상례(喪禮)를 시행하는 도중 아직 장례(葬禮)를 치르지 않은 상태에서, 음식물들을 진설하며 지내는 전(奠)제사를 뜻한다.

4) 『주례』「춘관(春官)·외종(外宗)」: 外宗掌宗廟之祭祀, 佐王后薦玉豆, 眂豆籩, 及以樂徹, 亦如之.

• 제 26 절 •

노(魯)나라의 제도 : 불(韍)

【405a】

有虞氏服韍, 夏后氏山, 殷火, 周龍章.

직역 有虞氏는 韍을 服했고, 夏后氏는 山했으며, 殷은 火했고, 周는 龍章했다.

의역 노(魯)나라에는 사대(四代) 때의 슬갑을 갖추고 있었다. 유우씨(有虞氏) 때에는 슬갑을 찼는데, 슬갑에 별다른 장식이 없었고, 하후씨(夏后氏) 때 착용하던 슬갑에는 산을 그려 넣었으며, 은(殷)나라 때 착용하던 슬갑에는 불을 그려 넣었고, 주(周)나라 때 착용하던 슬갑에는 용을 그려 넣었다.

集說 韍者, 祭服之蔽膝, 卽韠也. 虞氏直以韋爲之, 無文飾. 夏世則畫之以山, 殷人增之以火, 周人又加龍以爲文章.

번역 '불(韍)'이라는 것은 제복(祭服)에 착용하는 슬갑이니, 필(韠)에 해당한다. 유우씨(有虞氏) 때에는 단지 가죽으로만 만들고, 무늬와 장식을 더하지 않았다. 하(夏)나라 때가 되면 산의 모양을 그려 넣었고, 은(殷)나라 때에는 불의 모양을 추가적으로 그려 넣었으며, 주(周)나라 때에는 또한 용을 추가적으로 그려 넣어서 무늬로 삼았다.

大全 嚴陵方氏曰: 有山有火而又加之以龍, 則其文成矣. 於周特言章焉, 章者, 文之成也.

번역 엄릉방씨가 말하길, 산을 그린 것도 있고, 불을 그린 것도 있지만,

재차 용을 추가적으로 그렸다면, 무늬를 제대로 갖춘 것이다. 주(周)나라에 대해서만 유독 '장(章)'이라고 말한 이유는 '장(章)'자는 무늬가 완성된 것을 뜻하기 때문이다.

鄭注 韍, 冕服之韠也, 舜始作之, 以尊祭服, 禹湯至周, 增以畫文, 後王彌飾也. 山, 取其仁可仰也. 火, 取其明也. 龍, 取其變化也. 天子備焉, 諸侯火而下, 卿大夫山, 士韎韋而已. 韍, 或作黻.

번역 '불(韍)'은 면복(冕服)에 착용하는 슬갑이니, 순(舜)임금이 처음으로 이것을 만들었는데, 제복(祭服)을 존숭하기 때문이며, 우(禹)와 탕(湯)을 거쳐 주(周)나라에 이르게 되면, 그림을 그려서 무늬를 더하게 되었으니, 후대의 제왕들은 점차 장식을 늘린 것이다. '산(山)'은 우러러 볼 수 있는 인(仁)함에서 그 의미를 취한 것이다. '화(火)'는 그 밝음에서 의미를 취한 것이다. 용(龍)은 변화무쌍함에서 의미를 취한 것이다. 천자는 모든 무늬들을 갖추게 되지만, 제후는 화(火)로부터 그 이하의 무늬를 갖추고, 경(卿)과 대부(大夫)는 산(山)의 무늬만 새기며, 사(士)는 가죽으로 된 슬갑만 찰 따름이다. '불(韍)'자를 다른 판본에서는 '불(黻)'자로 기록하기도 한다.

釋文 黻音弗. 韎, 莫拜反.

번역 '黻'자의 음은 '弗(불)'이다. '韎'자는 '莫(막)'자와 '拜(배)'자의 반절음이다.

孔疏 ●"有虞"至"龍章". ○正義曰: 此一經論魯有四代韍制.

번역 ●經文: "有虞"~"龍章". ○이곳 경문은 노(魯)나라에서 사대(四代) 때 사용하던 슬갑의 제도를 갖추고 있었음을 논의하고 있다.

孔疏 ●"有虞氏服紱"者, 直以韋爲韍, 未有異飾, 故云"服韍". 夏后氏畫之以山, 殷人增之以火, 周人加龍以爲文章.

번역 ●經文: "有虞氏服韍". ○단지 가죽으로만 슬갑을 만든 것이며, 별다른 장식이 없었다. 그렇기 때문에 "슬갑을 찼다."라고 말한 것이다. 하후씨(夏后氏) 때에는 그곳에 산(山)을 그려 넣었고, 은(殷)나라 때에는 추가적으로 화(火)를 그렸으며, 주(周)나라 때에는 용(龍)을 더 그려서 무늬로 삼았다.

孔疏 ◎注"韍冕"至"而已". ○正義曰: 易·困卦·九二爻辭: "朱紱方來, 利用享祀." 是韍爲祭服也. 云"天子備焉, 諸侯火而下, 卿大夫山, 士韎韋而已"者, 按士冠禮: "士韎韐." 是士無飾. 推此卽尊者飾多, 此有四等, 天子至士亦爲四等, 故知卿大夫加山, 諸侯加火, 天子加龍.

번역 ◎鄭注: "韍冕"~"而已". ○『역』「곤괘(困卦)」의 구이(九二) 효사(爻辭)에서는 "붉은 불(紱)이 오니, 제사에 사용함이 이롭다."[1]라고 했는데, 이 말은 '불(韍)'이 제복(祭服)이 됨을 뜻한다. 정현이 "천자는 모든 무늬들을 갖추게 되지만, 제후는 화(火)로부터 그 이하의 무늬를 갖추고, 경(卿)과 대부(大夫)는 산(山)의 무늬만 새기며, 사(士)는 가죽으로 된 슬갑만 찰 따름이다."라고 했는데, 『의례』「사관례(士冠禮)」편을 살펴보면, "사는 매겹(韎韐)을 찬다."[2]라고 했으니, 이 말은 사가 차는 슬갑에는 장식이 없었음을 나타낸다. 이를 통해 추론해보면, 존귀한 자의 것은 장식이 많아지게 되는데, 여기에는 네 가지 등급이 나타나고, 천자로부터 사에 이르기까지도 또한 네 등급이 된다. 그렇기 때문에 경과 대부는 산의 무늬를 더하게 되고, 제후는 불의 무늬를 추가하게 되며, 천자는 용의 무늬를 추가하게 됨을 알 수 있다.

---

1) 『역』「곤괘(困卦)·효사(爻辭)」: 九二, 困于酒食, 朱紱方來, 利用享祀, 征凶, 无咎.

2) 『의례』「사관례(士冠禮)」: 爵弁服, 纁裳, 純衣, 緇帶, 韎韐.

그림 26-1 ▣ 불(韍)

▸ **출처:** 『삼례도집주(三禮圖集注)』 8권

• 제 27 절 •

노(魯)나라의 제도 : 희생물 Ⅱ

【405b】

有虞氏祭首, 夏后氏祭心, 殷祭肝, 周祭肺.

직역 有虞氏는 首로 祭했고, 夏后氏는 心으로 祭했으며, 殷은 肝으로 祭했고, 周는 肺로 祭했다.

의역 노(魯)나라에는 사대(四代) 때 희생물의 중요하게 여겼던 부위에 대한 제도를 갖추고 있었다. 유우씨(有虞氏) 때에는 우선적으로 희생물의 머리를 바쳐서 제사를 지냈고, 하후씨(夏后氏) 때에는 우선적으로 희생물의 심장을 바쳐서 제사를 지냈으며, 은(殷)나라 때에는 우선적으로 희생물의 간을 바쳐서 제사를 지냈고, 주(周)나라 때에는 우선적으로 희생물의 폐를 바쳐서 제사를 지냈다.

集說 方氏曰: 三代各祭其所勝, 蓋夏尙黑爲勝赤, 故祭心. 殷尙白爲勝青, 故祭肝. 周尙赤爲勝白, 故祭肺.

번역 방씨가 말하길, 삼대(三代) 때에는 음양오행(陰陽五行)에 따라 자기 왕조에서 이길 수 있는 것으로 제사를 지냈다. 무릇 하(夏)나라는 흑색을 숭상했으니, 적색을 이기게 된다. 그렇기 때문에 적색에 해당하는 심장으로 제사를 지낸 것이다. 은(殷)나라는 백색을 숭상했으니, 청색을 이기게 된다. 그렇기 때문에 간으로 제사를 지낸 것이다. 주(周)나라는 적색을 숭상했으니, 백색을 이기게 된다. 그렇기 때문에 폐로 제사를 지낸 것이다.

鄭注 氣主盛也.

번역 각각의 장기들은 해당 기운에 대해 융성해지는 작용을 주관하기 때문이다.

訓纂 方性夫曰: 虞祭首, 尙用氣故也. 首, 氣之陽也. 三代各祭其所勝, 夏尙黑勝赤, 故祭心. 殷尙白勝靑, 故祭肝. 周尙赤勝白, 故祭肺.

번역 방성부가 말하길, 우(虞) 때에는 희생물의 머리로 제사를 지냈으니, 기운을 사용함을 숭상했기 때문이다.[1] 머리는 기운 중에서도 양기(陽氣)에 해당한다. 삼대(三代)는 각각 이길 수 있는 것으로 제사를 지냈으니, 하(夏)나라는 흑색을 숭상했고, 흑색은 적색을 이기기 때문에, 심장으로 제사를 지냈다. 은(殷)나라는 백색을 숭상했고, 백색은 청색을 이기기 때문에, 간으로 제사를 지냈다. 주(周)나라는 적색을 숭상했고, 적색은 백색을 이기기 때문에, 폐로 제사를 지냈다.

---

1) 『예기』「교특생(郊特牲)」【339c】: 有虞氏之祭也, 尙用氣. 血·腥·爓祭, 用氣也.

• 제 28 절 •

노(魯)나라의 제도 : 술

【405b】

夏后氏尙明水, 殷尙醴, 周尙酒.

직역 夏后氏는 明水를 尙했고, 殷은 醴를 尙했으며, 周는 酒를 尙했다.

의역 노(魯)나라에는 삼대(三代) 때 사용했던 술에 대한 제도를 갖추고 있었다. 하후씨(夏后氏) 때에는 명수(明水)를 숭상했고, 은(殷)나라 때에는 오제(五齊)에 해당하는 술들을 숭상했으며, 주(周)나라 때에는 삼주(三酒)에 해당하는 술들을 숭상했다.

集說 疏曰: 儀禮設尊尙玄酒, 是周亦尙明水也. 禮運云"澄酒在下", 則周不尙酒, 故註云言尙非也.

번역 공영달의 소(疏)에서 말하길, 『의례』에서는 술동이를 설치할 때, 현주(玄酒)[1]를 숭상한다고 했으니, 이 말은 주(周)나라에서도 명수(明水)

1) 현주(玄酒)는 고대의 제례(祭禮)에서 술 대신 사용한 물[水]을 뜻한다. '현주'의 '현(玄)'자는 물은 흑색을 상징하므로, 붙여진 글자이다. '현주'의 '주(酒)'자의 경우, 태고시대 때에는 아직 술이 없었기 때문에, 물을 술 대신 사용했다. 따라서 후대에는 이 물을 가리키며 '주'자를 붙이게 된 것이다. '현주'를 사용하는 것은 가장 오래된 예법 중 하나이므로, 후대에도 이러한 예법을 존숭하여, 제사 때 '현주' 또한 사용했던 것이며, '현주'를 술 중에서도 가장 귀한 것으로 여겼다. 『예기』「예운(禮運)」편에는 "故玄酒在室, 醴醆在戶."라는 기록이 있는데, 이에 대한 공영달(孔穎達)의 소(疏)에서는 "玄酒, 謂水也. 以其色黑, 謂之玄. 而太古無酒, 此水當酒所用, 故謂之玄酒."라고

를 숭상했음을 나타낸다. 『예기』「예운(禮運)」편에서는 "징주(澄酒)는 당 아래에 둔다."[2]라고 했으니, 주나라에서는 삼주(三酒)[3]에 속하는 술들을 숭상하지 않은 것이다. 그렇기 때문에 정현의 주에서는 숭상했다고 한 말은 잘못된 기록이라고 한 것이다.

集說 方氏曰: 明水者, 取於月之水, 故謂之明水, 則淡而無味. 醴則漸致其味, 酒則味之成者.

번역 방씨가 말하길, '명수(明水)'는 달이 비친 우물에서 뜬 물이기 때문에, '명수(明水)'라고 부르는 것이니, 담박하여 아무런 맛이 없다. '례(醴)'는

풀이했다.

2) 『예기』「예운(禮運)」【270b】: 故玄酒在室, 醴醆在戶, 粢醍在堂, 澄酒在下, 陳其犧牲, 備其鼎俎, 列其琴瑟管磬鐘鼓, 脩其祝嘏, 以降上神與其先祖, 以正君臣, 以篤父子, 以睦兄弟, 以齊上下, 夫婦有所, 是謂承天之祜.

3) 삼주(三酒)는 상황에 따라 사용되는 세 가지 술을 뜻한다. 세 가지 술은 사주(事酒), 석주(昔酒), 청주(淸酒)를 가리킨다. 『주례』「천관(天官)·주정(酒正)」편에는 "辨三酒之物, 一曰事酒, 二曰昔酒, 三曰淸酒."라는 기록이 있다. 각 술들에 설명은 주석마다 약간의 차이를 보인다. 위의 기록에 대해서 정현의 주에서는 "鄭司農云, '事酒, 有事而飮也, 昔酒, 無事而飮也, 淸酒, 祭祀之酒.' 玄謂事酒, 酌有事者之酒, 其酒則今之醳酒也. 昔酒, 今之酋久白酒, 所謂舊醳者也. 淸酒, 今中山冬釀接夏而成."이라고 풀이했다. 즉 정사농(鄭司農)의 주장에 따르면, '사주'는 어떤 사안이 있어서 마시게 되는 술을 뜻하고, '석주'는 특별한 일이 없을 때 마시는 술을 뜻하며, '청주'는 제사를 지낼 때 쓰는 술을 뜻한다. 한편 정현의 주장에 따르면, '사주'는 일을 맡아본 자에게 따라주는 술을 뜻하는데, 그 술은 정현 시대의 역주(醳酒)에 해당하고, '석주'는 오래 숙성시킨 술로 백주(白酒)와 같은 것이며, '청주'는 중산(中山) 지역에서 겨울에 술을 담가서 여름쯤 다 익은 술을 뜻한다. 그리고 위의 기록에 대해서 손이양(孫詒讓)의 『정의(正義)』에서는 "三酒之中, 事酒較濁, 亦隨時釀之, 酋繹卽孰. 昔酒較淸, 則冬釀春孰. 淸酒尤淸, 則冬釀夏孰."이라고 풀이했다. 즉 손이양의 주장에 따르면, '사주'는 비교적 탁한 술이며, 또한 수시로 빚은 술을 말하는데, 술독을 열어두어서 곧바로 숙성시키는 술을 뜻한다. '석주'는 비교적 맑은 술이며, 겨울에 빚어서 봄쯤에 다 익는 술을 뜻한다. '청주'는 더욱 맑은 술이며, 겨울에 빚어서 여름쯤에 익는 술을 뜻한다.

맛을 조금 낸 술이며, '주(酒)'는 맛이 매우 좋은 술이다.

鄭注 此皆其時之用耳, 言"尙"非.

번역 여기에서 말하는 것들은 모두 그 당시에 사용된 것을 뜻할 따름이니, "숭상했다."라고 한 말은 잘못된 기록이다.

孔疏 ◎注"此皆"至"尙非". ○正義曰: 夏后氏尙質, 故用水. 殷人稍文, 故用醴. 周人轉文, 故用酒. 故云"此皆其時之用耳". 云"言尙非"者, 按儀禮設尊尙玄酒, 是周家亦尙明水也. 按禮運云: "澄酒在下." 是三酒在堂下, 則周世不尙酒, 故知經言"尙"者, 非也.

번역 ◎鄭注: "此皆"~"尙非". ○하후씨(夏后氏) 때에는 질박함을 숭상했기 때문에, 물을 사용하였다. 은(殷)나라 때에는 보다 문식을 꾸미게 되었기 때문에, 례(醴)를 사용한 것이다. 주(周)나라 때에는 더욱 문식을 꾸몄기 때문에, 주(酒)를 사용한 것이다. 그래서 "여기에서 말하는 것들은 모두 그 당시에 사용된 것을 뜻할 따름이다."라고 말한 것이다. 정현이 "'숭상했다.'라고 한 말은 잘못된 기록이다."라고 했는데, 『의례』를 살펴보면, 술동이를 진설하며, 현주(玄酒)를 숭상하여 가장 상등의 자리에 놓으니, 이 말은 주(周)나라 때에도 역시 명수(明水)를 숭상했음을 나타낸다. 또 『예기』「예운(禮運)」편을 살펴보면, "징주(澄酒)는 당하(堂下)에 놓는다."라고 했으니, 이 말은 삼주(三酒)가 당하에 있었음을 나타내므로, 주(周)나라 때에는 삼주를 숭상하지 않았다. 그렇기 때문에 경문에서 "숭상했다."라고 한 말이 잘못된 기록임을 알 수 있다.

• 제 29 절 •

노(魯)나라의 제도 : 관직

【405c】

有虞氏官五十, 夏后氏官百, 殷二百, 周三百.

직역 有虞氏는 官이 五十이고, 夏后氏는 官이 百이며, 殷은 二百이고, 周는 三百이다.

의역 노(魯)나라에는 사대(四代) 때의 관직제도를 갖추고 있었다. 유우씨(有虞氏) 때에는 50개의 관직을 두었고, 하후씨(夏后氏) 때에는 100개의 관직을 두었으며, 은(殷)나라 때에는 200개의 관직을 두었고, 주(周)나라 때에는 300개의 관직을 두었다.

集說 書言唐虞建官惟百, 夏商官倍. 先儒信此記而不信書, 固爲不可. 且謂魯得用四代禮樂, 故惟通用其官之名號, 不必盡用其數, 皆臆說也.

번역 『서』에서는 당우(唐虞) 때 설치한 관직은 오직 100개에 이른다고 했고, 하(夏)와 은(殷)나라에서는 관직을 두 배로 했다고 했다.[1] 선대 학자들은 이곳의 기록을 믿고, 『서』의 기록을 믿지 않았는데, 진실로 그렇게 보아서는 안 된다. 또 노(魯)나라에서는 사대(四代) 때 사용한 예악(禮樂)을 갖출 수 있었기 때문에, 관직의 명칭에 대해서도 통용해서 사용할 수 있었던 것이니, 해당하는 수치대로 모두 갖출 필요가 없다고 했는데, 이 모두는 억설일 뿐이다.

---

1) 『서』「주서(周書)·주관(周官)」: 曰, 唐虞稽古, 建官惟百, 內有百揆四岳, 外有州牧侯伯, 庶政惟和, 萬國咸寧. 夏商官倍, 亦克用乂.

大全 慶源輔氏曰: 魯百里之國, 決不能盡備四代之官, 此皆誇辭也. 以此例上所言可知也.

번역 경원보씨가 말하길, 노(魯)나라는 사방 100리(里)의 크기를 가진 제후국이었으므로, 결코 사대(四代) 때 설치했던 관직을 모두 갖출 수가 없었으니, 이 모두는 과장된 말이다. 따라서 이를 통해 앞에서 언급한 내용들을 추론해보면, 앞의 내용 또한 과장된 말임을 알 수 있다.

鄭注 周之六卿, 其屬各六十, 則周三百六十官也. 此云三百者, 記時冬官亡矣. 昏義曰: "天子立六官·三公·九卿·二十七大夫·八十一元士", 凡百二十. 蓋謂夏時也. 以夏·周推前後之差, 有虞氏官宜六十, 夏后氏宜百二十, 殷宜二百四十, 不得如此記也.

번역 주(周)나라에는 육경(六卿)[2]을 두었는데, 그들이 담당하는 관부에는 각각 60개의 부서가 있었으니, 주(周)나라는 총 360개의 관직이 있었던 것이다. 이곳에서 300이라고 말한 것은 『예기』를 기록할 당시에 『주례』의 「동관(冬官)」에 해당하는 편들이 없어졌기 때문이다. 『예기』「혼의(昏義)」

---

2) 육경(六卿)은 여섯 명의 경(卿)을 가리키는데, 주로 여섯 명의 주요 관직자들을 뜻한다. 각 시대마다 해당하는 관직명과 담당하는 영역에는 차이가 있었다. 『서』「하서(夏書)·감서(甘誓)」편에는 "大戰于甘, 乃召六卿."이라는 기록이 있고, 이에 대한 공안국(孔安國)의 전(傳)에서는 "天子六軍, 其將皆命卿."이라고 풀이했다. 즉 천자는 6개의 군(軍)을 소유하고 있는데, 각 군의 장수를 '경(卿)'으로 임명하였기 때문에, 이들 육군(六軍)의 수장을 '육경'이라고 부른다는 뜻이다. 이 기록에 따르면 하(夏)나라 때에는 육군의 장수를 '육경'으로 불렀다는 결론이 도출된다. 한편 『주례(周禮)』의 체제에 따르면, 주(周)나라에서는 여섯 개의 관부를 설치하였고, 이들 관부의 수장을 '경'으로 임명하였다. 따라서 천관(天官)의 총재(冢宰), 지관(地官)의 사도(司徒), 춘관(春官)의 종백(宗伯), 하관(夏官)의 사마(司馬), 추관(秋官)의 사구(司寇), 동관(冬官)의 사공(司空)이 '육경'에 해당한다. 『한서(漢書)·백관공경표상(百官公卿表上)』편에는 "夏殷亡聞焉, 周官則備矣. 天官冢宰, 地官司徒, 春官宗伯, 夏官司馬, 秋官司寇, 冬官司空, 是爲六卿, 各有徒屬職分, 用於百事."라는 기록이 있다.

편에서는 "천자는 6관(官), 3공(公), 9경(卿), 27대부(大夫), 81원사(元士)[3]를 세운다."[4]라고 했으니, 총 120명이 된다. 그런데 이것은 아마도 하(夏)나라 때의 제도를 뜻하는 것 같다. 하나라와 주나라의 기록에 따라 앞뒤 왕조의 차이를 추론해보면, 유우씨(有虞氏) 때의 관직은 마땅히 60개가 되어야 하며, 하후씨(夏后氏) 때에는 마땅히 120개가 되어야 하고, 은(殷)나라 때에는 마땅히 240개가 되어야 하니, 이곳 『예기』의 기록과 같을 수 없다.

孔疏 ●"有虞"至"三百". ○正義曰: 此經明魯家兼有四代之官, 然魯是諸侯. 按大宰職, 諸侯唯有三卿五大夫, 故公羊傳司徒司空之下, 各有二小卿, 司馬之下一小卿, 是三卿五大夫也. 今魯雖被褒崇, 何得備立四代之官? 而備三百六十職者? 當成王之時, 褒崇於魯, 四代官中, 雜存官職名號, 是使魯有之, 非謂魯得盡備其數. 但記者盛美於魯, 因擧四代官之本數而言之.

번역 ●經文: "有虞"~"三百". ○이곳 경문은 노(魯)나라에서는 사대(四代) 때의 관직을 겸비하고 있었음을 나타내고 있다. 그런데 노나라는 제후국에 해당한다. 『주례』「대재(大宰)」편의 직무 기록을 살펴보면, 제후는 오직 3명의 경(卿)과 5명의 대부(大夫)만 둔다고 했다. 그렇기 때문에 『공양전』에서는 사도(司徒)와 사공(司空) 밑에는 각각 2명의 소경(小卿)이 있고, 사마(司馬) 밑에는 1명의 소경이 있다고 한 것이니, 3명의 경과 5명의 대부가 있었음을 나타낸다. 현재 노나라가 비록 존숭을 받았다고 하더라도, 어떻게 사대(四代) 때의 관직을 모두 설치할 수 있었겠는가? 그리고 제후국

3) 원사(元士)는 천자에게 소속된 사(士) 계층 중 하나이다. '사' 계층은 상·중·하로 구분되어, 상사(上士), 중사(中士), 하사(下士)로 나뉜다. 다만 천자에게 소속된 '상사'에게는 제후에게 소속된 '상사'보다 높여서 '원(元)'자를 붙이게 된다. 그래서 '원사'라고 부르는 것이다.

4) 『예기』「혼의(昏義)」【694c~d】: 古者天子后立六宮·三夫人·九嬪·二十七世婦·八十一御妻, 以聽天下之內治, 以明章婦順, 故天下內和而家理. <u>天子立六官·三公·九卿·二十七大夫·八十一元士</u>, 以聽天下之外治, 以明章天下之男教, 故外和而國治. 故曰天子聽男教, 后聽女順; 天子理陽道, 后治陰德; 天子聽外治, 后聽內職. 教順成俗, 外內和順, 國家理治, 此之謂盛德.

에서 360개의 관직에 따른 직무를 모두 갖출 수 있었겠는가? 성왕(成王) 당시에 노나라가 존숭을 받았고, 사대 때의 관직들은 관부와 직무에 대한 명칭이 뒤섞여 존재했는데, 노나라로 하여금 그 명칭들을 사용할 수 있게끔 한 것이니, 노나라에서 그 수치에 맞는 관부를 모두 갖출 수 있었다는 뜻이 아니다. 다만 『예기』를 기록한 자는 노나라에 대해서 찬미를 하였기 때문에, 그에 따라 사대 때 설치했던 관부의 본래 수치를 제시한 것일 뿐이다.

孔疏 ●"有虞氏官五十"者, 鄭差之, 當爲六十.

번역 ●經文: "有虞氏官五十". ○정현이 순차에 따라 계산을 했는데, 마땅히 그 수는 60이 되어야 한다.

孔疏 ●"夏后氏官百"者, 鄭差之, 當爲百二十.

번역 ●經文: "夏后氏官百". ○정현이 순차에 따라 계산을 했는데, 마땅히 그 수는 120이 되어야 한다.

孔疏 ●"殷二百"者, 鄭差之, 當爲二百四十.

번역 ●經文: "殷二百". ○정현이 순차에 따라 계산을 했는데, 마땅히 그 수는 240이 되어야 한다.

孔疏 ●"周三百"者, 鄭據記時冬官亡矣, 故言三百. 若兼冬官, 則三百六十也.

번역 ●經文: "周三百". ○정현은 『예기』를 기록할 당시에는 『주례』「동관(冬官)」편에 해당하는 기록들이 망실되었음을 근거했기 때문에, 300이라고 말한 것이다. 만약 「동관」의 기록들도 포함시킨다면, 관직의 수는 360이 된다.

孔疏 ◎注"周之"至"記也". ○正義曰: 云"周之六卿, 其屬各六十"者, 小宰職文. 云"此云三百者, 記時冬官亡矣"者, 以此經四代相對, 各陳其官, 宜舉實數, 故云"冬官亡矣". 若文無所對, 卽舉其成數, 故禮器經禮三百, 曲禮三千. 鄭禮序云"舉大略小, 闕其殘"者, 是與此經不同. 引"昏義"者, 欲證明夏官百二十, 夏倍於虞, 殷倍於夏. 殷官既多, 周不可倍之, 故但加殷百二十耳. 按尚書·周官云: "唐虞稽古, 建官惟百. 夏商官倍, 亦克用乂", 與此數不同者, 禮是記事之典, 須委曲備言, 書是疏通之教, 故舉大略小.

번역 ◎鄭注: "周之"~"記也". ○정현이 "주(周)나라에는 육경(六卿)을 두었는데, 그들이 담당하는 관부에는 각각 60개의 부서가 있었다."라고 했는데, 이것은 『주례』「소재(小宰)」편의 직무 기록이다. 정현이 "이곳에서 300이라고 말한 것은 『예기』를 기록할 당시에 『주례』의 「동관(冬官)」에 해당하는 편들이 없어졌기 때문이다."라고 했는데, 이곳 경문에서는 사대(四代) 때의 제도를 서로 대비가 되도록 기록하여, 각각 그 관직의 수를 나열하고 있으니, 마땅히 실제의 수치를 거론해야 한다. 그렇기 때문에 "「동관」편이 망실되었다."라고 말한 것이다. 만약 그 문장에 대비되는 기록이 없다면, 300이라는 숫자는 대략적인 수치를 제시한 것이 된다. 그렇기 때문에 『예기』「예기(禮器)」편에서는 경례(經禮)는 300가지이고, 곡례(曲禮)는 3000가지라고 한 것이다.[5] 정현은 『예서』에서 "큰 수를 제시하고 작은 것들은 생략하였으며, 모자란 부분을 생략하였다."라고 했는데, 이것은 이곳의 경문 기록과 차이가 남을 나타낸다. 정현이 『예기』「혼의(昏義)」편을 인용한 것은 하(夏)나라 때 설치한 관직이 120개라는 것을 증명하기 위해서이니, 하나라는 우(虞) 때의 관직보다 두 배로 설치했고, 은(殷)은 재차 하나라보다 두 배로 설치했다. 은나라 때의 관직은 이미 많은 수에 이르렀으므로, 주(周)나라에서는 그 수에 두 배로 만들 수가 없었다. 그렇기 때문에 단지 은나라의 관직수에서 120개를 추가한 것일 뿐이다. 『상서』「주관(周官)」편

---

5) 『예기』「예기(禮器)」【305c~d】: 禮也者, 猶體也. 體不備, 君子謂之不成人. 設之不當, 猶不備也. 禮有大有小, 有顯有微. 大者不可損, 小者不可益, 顯者不可揜, 微者不可大也. 故經禮三百, 曲禮三千, 其致一也. 未有入室而不由戶者.

을 살펴보면, "당우(唐虞)는 고대의 제도를 고찰하여, 관직을 세움에 100개뿐이었다. 하나라와 은나라는 관직을 두 배로 했으니, 또한 잘 다스렸다."라고 하여, 이곳에 기록된 수치와 차이를 보이는데, 『예』는 사안을 기록한 전적이니, 자세하게 기술해야만 하고, 『서』의 기록은 제왕들이 사용했던 두루 소통되는 가르침에 해당한다. 그렇기 때문에 대략적인 수치만 제시하고, 자질구레한 것들은 생략한 것이다.

集解 書言"唐虞稽古, 建官惟百", "夏殷官倍", 與此不同. 此記特以時代差次畧計之耳. 周官三百六十, 而言三百, 擧成數也.

번역 『서』에서는 "당우(唐虞)는 고대의 제도를 고찰하여, 관직을 세움에 100개뿐이었다."라고 했고, "하(夏)나라와 은(殷)나라는 관직을 두 배로 했다."라고 하여, 이곳의 기록과 차이를 보인다. 이것은 『예기』를 기록한 자가 각 시대의 차이에 따라 대략적으로 계산을 했을 뿐임을 나타낸다. 『주례』에는 360개의 관직이 기록되어 있는데, 300이라고 말한 것은 대략적인 수치를 제시했기 때문이다.

• 제 30 절 •

노(魯)나라의 제도 : 상장(喪葬)의 장식

【405c】

有虞氏之綏, 夏后氏之綢練, 殷之崇牙, 周之璧翣.

직역 有虞氏의 綏이고, 夏后氏의 綢練이며, 殷의 崇牙이고, 周의 璧翣이다.

의역 노(魯)나라에는 사대(四代) 때 사용했던 상장(喪葬)의 장식을 갖추고 있었다. 수(綏)는 유우씨(有虞氏) 때 사용하던 것이고, 주련(綢練)은 하후씨(夏后氏) 때 사용하던 것이며, 숭아(崇牙)는 은(殷)나라 때 사용하던 것이고, 벽삽(璧翣)은 주(周)나라 때 사용하던 것이다.

集說 此皆喪葬之飾. 綢練, 見檀弓. 餘見上章. 又翣制, 詳見喪大記.

번역 여기에서 말한 것들은 모두 상장(喪葬)을 치를 때 하는 장식들이다. '주련(綢練)'에 대한 설명은 『예기』「단궁(檀弓)」편에 나온다. 나머지 것들에 대한 설명은 앞 장에 나온다. 또 삽(翣)의 제도는 자세한 설명이 『예기』「상대기(喪大記)」편에 나온다.

鄭注 綏亦旌旗之緌也. 夏綢其杠, 以練爲之旒. 殷又刻繒爲崇[1]牙, 以飾其

---

1) '숭(崇)'자에 대하여. '숭'자는 본래 '중(重)'자로 기록되어 있었는데, 완원(阮元)의 『교감기(校勘記)』에서는 "『악본(岳本)』에는 '중'자를 '숭'자로 기록했고, 위씨(衛氏)의 『집설(集說)』에도 동일하게 기록되어 있으며, 『고문(考文)』에서 인용하고 있는 『고본(古本)』도 동일하게 기록되어 있다. 노문초(盧文弨)는 '앞의 주석을 살펴보면 또한 숭아(崇牙)로 기록되어 있다.'"라고 했다.

側, 亦飾彌多也. 湯以武受命, 恒以牙爲飾也. 此旌旗及翣皆喪葬之飾. 周禮: 大喪葬, 巾車執蓋從車持旌, 御僕持翣, 旌從遣車, 翣夾柩路左右前後. 天子八翣, 皆戴璧垂羽. 諸侯六翣, 皆戴圭. 大夫四翣, 士二翣, 皆戴緌. 孔子之喪, 公西赤爲志, 亦用此焉. 爾雅說旌旗曰: "素錦綢杠, 纁帛[2]縿, 素陞龍於縿, 練旒九."

번역 '수(綏)' 또한 깃발에 다는 장식[緌]을 뜻한다. 하(夏)나라 때에는 깃대에 매달았고, 누인 명주로 깃술을 달았다. 은(殷)나라 때에는 비단에 새겨서 숭아(崇牙)를 만들고, 그 측면을 장식했으니, 이 또한 장식이 점차 많아진 것이다. 탕(湯)임금은 무력을 통해 천명(天命)을 받았으므로, 항상 어금니의 무늬로 장식을 했다. 이러한 깃발과 삽(翣)은 모두 상장(喪葬)에 사용되는 장식이다. 『주례』에서는 대상(大喪)[3]의 장례에서는 건거(巾車)가 개(蓋)를 들고 수레를 따르며 깃발을 잡고,[4] 어복(御僕)이 삽(翣)을 잡으며,[5] 깃발이 견거(遣車)[6]를 뒤따르고, 삽(翣)은 도로의 좌우와 전후에서 영구(靈柩)를 가린다고 했다. 천자는 8개의 삽(翣)을 사용하니, 모두 벽(璧)을 달고 깃털을 드리운 것들이다. 제후는 6개의 삽(翣)을 사용하니, 모두

---

2) '백(帛)'자에 대하여. '백'자는 본래 '백(白)'자로 기록되어 있었는데, 완원(阮元)의 『교감기(校勘記)』에서는 "포당(浦鏜)은 '백(白)'자를 '백(帛)'자로 고쳤는데, 포당의 교감이 옳다."라고 했다.

3) 대상(大喪)은 천자(天子)·왕후(王后)·세자(世子) 등의 상(喪)을 가리킨다. 이들은 가장 존귀한 자들에 해당하기 때문에, 그들에 대한 상(喪) 또한 '대(大)'자를 붙여서, '대상'이라고 부르는 것이다. 『주례』「천관(天官)·재부(宰夫)」편에는 "大喪小喪, 掌小官之戒令, 帥執事而治之."라는 기록이 있는데, 이에 대한 정현의 주에서는 "大喪, 王·后·世子之喪也."라고 풀이했다. 한편 '대상'은 부모의 상(喪)을 가리키기도 한다. 부모는 자식의 입장에서 가장 중대한 대상에 해당하기 때문에, 부모의 상(喪)을 '대상'이라고 부르는 것이다. 『춘추공양전』「선공(宣公) 1년」편에는 "古者臣有大喪, 則君三年不呼其門."이라는 용례가 있다.

4) 『주례』「춘관(春官)·건거(巾車)」: 及葬, 執蓋從車, 持旌.

5) 『주례』「하관(夏官)·어복(御僕)」: 大喪, 持翣.

6) 견거(遣車)는 장례(葬禮)를 치를 때 사용되는 수레이다. 장례 때에는 장지(葬地)에서 제사를 지내기 위해 희생물을 가져가게 된다. '견거'는 바로 희생물의 몸체를 싣고 가는 수레를 뜻한다.

규(圭)를 단 것이다. 대부는 4개의 삽(翣)을 사용하고, 사는 2개의 삽(翣)을 사용하는데, 이 모두는 깃발 장식을 단 것이다. 공자(孔子)의 상(喪)에서 공서적(公西赤)은 뜻한 바가 있어, 또한 이러한 제도를 따라했다.7) 『이아』에서는 깃발에 대해 설명하며, "흰색의 비단을 깃대에 매달며, 분홍색의 비단으로 기폭을 만들고, 흰색의 승천하는 용을 기폭에 그리며, 진홍색의 누인 명주로 깃술 9개를 단다."8)라고 했다.

釋文 緌, 耳隹反, 注並同. 綢, 吐刀反, 注同, 徐音籌. 從, 才用反, 下同. 遣, 棄戰反. 夾, 古洽反. 柩, 其久反. 熏, 字又作纁, 香云反. 縿, 所銜反.

번역 '緌'자는 '耳(이)'자와 '隹(추)'자의 반절음이며, 정현의 주에 나오는 글자도 모두 그 음이 이와 같다. '綢'자는 '吐(토)'자와 '刀(도)'자의 반절음이며, 정현의 주에 나오는 글자도 그 음이 이와 같고, 서음(徐音)은 '籌(주)'이다. '從'자는 '才(재)'자와 '用(용)'자의 반절음이며, 아래문장에 나오는 글자도 그 음이 이와 같다. '遣'자는 '棄(기)'자와 '戰(전)'자의 반절음이다. '夾'자는 '古(고)'자와 '洽(흡)'자의 반절음이다. '柩'자는 '其(기)'자와 '久(구)'자의 반절음이다. '熏'자는 글자를 또한 '纁'자로도 기록하는데, 그 음은 '香(향)'자와 '云(운)'자의 반절음이다. '縿'자는 '所(소)'자와 '銜(함)'자의 반절음이다.

孔疏 ●"有虞"至"璧翣". ○正義曰: 此一經明魯有四代喪葬旌旗之飾. "有虞氏之緌"者, 則前經注旄於竿首.

번역 ●經文: "有虞"~"璧翣". ○이곳 경문은 노(魯)나라에 사대(四代) 때 사용하던 상장(喪葬)의 깃발 장식이 갖춰져 있었음을 나타내고 있다. 경문의 "有虞氏之緌"에 대하여. 앞의 경문에서는 깃대 끝에 장식을 단다고 했다.

7) 『예기』「단궁상(檀弓上)」【85d】: 孔子之喪, 公西赤爲志焉. 飾棺牆, 置翣設披, 周也. 設崇, 殷也. 綢練設旐, 夏也.

8) 『이아』「석천(釋天)」: <u>素錦綢杠, 纁帛縿, 素陞龍于縿, 練旒九</u>, 飾以組, 維以縷.

孔疏 ●"夏后氏之綢練"者, 謂綢杠以練, 又爲之旒.

번역 ●經文: "夏后氏之綢練". ○누인 명주로 깃대를 매고, 또 이것을 깃술로 삼는다는 뜻이다.

孔疏 ●"殷之崇牙"者, 謂刻繒爲崇牙之形, 飾旌旗之側.

번역 ●經文: "殷之崇牙". ○비단을 새겨서 숭아(崇牙)의 형태로 만들고, 깃대의 측면을 장식한다는 뜻이다.

孔疏 ●"周之璧翣"者, 謂周代以物爲翣, 翣上戴之以璧, 陳之而鄣柩車.

번역 ●經文: "周之璧翣". ○주(周)나라 때에는 물(物)이라는 깃발을 삽(翣)으로 삼았고, 삽(翣) 위에는 벽(璧)을 달았으며, 그것들을 나열하여, 영구(靈柩)를 싣고 있는 수레를 가리도록 했다.

孔疏 ◎注"綏亦"至"旒九". ○正義曰: "綏亦旌旗之緌"者, 以前經云"夏后氏之綏", 是旌旗之緌, 故云"綏亦旌旗之緌", 緌, 謂注旄竿首也. 云"夏綢其杠, 以練爲之旒"者, 旣綢杠以練, 又知以練爲旒者, 以爾雅云"練旒九"也. 云"湯以武受命, 恒以牙爲飾也"者, 前經云簨虡旣以崇牙爲飾, 此旌旗又飾以崇牙, 故云"恒"也. 周亦武取天下, 但殷旣以牙爲飾, 周世尙文, 更取他物飾之, 不復用牙. 云"此旌旗及翣皆喪葬之飾"者, 以前文"崇牙"·"璧翣"是飾簨虡, 此與夏后"綢練"連文. 按檀弓: "綢練設旐, 夏也." 是喪葬旌旗, 故知喪葬之飾. 引"周禮: 大喪葬, 巾車執蓋, 從車持旌, 御僕持翣"者, 證明葬有旌旗及翣之義. 云"天子八翣皆戴璧"者, 天子八翣, 禮器文, "皆戴璧", 卽此璧翣, 天子之禮也. 云"諸侯六翣, 皆戴圭, 大夫四翣, 士二翣, 皆戴緌", 並喪大記文也. 引檀弓"孔子之喪"及爾雅者, 證明此經是喪葬之飾, 幷明綢練之義.

번역 ◎鄭注: "綏亦"~"旒九". ○정현이 "'수(綏)' 또한 깃발에 다는 장식[緌]을 뜻한다."라고 했는데, 앞의 경문에서 "하후씨(夏后氏) 때의 수(綏)이다."라고 한 것은 깃발의 장식을 뜻하기 때문에, "수(綏) 또한 깃발의 유(緌)이다."라고 말한 것이니, '유(緌)'는 깃대 끝에 장식을 매단 것이다. 정현이 "하(夏)나라는 깃대에 매달았고, 누인 명주로 깃술을 달았다."라고 했는데, 이미 누인 명주로 깃대에 맸는데, 또한 누인 명주를 이용해서 깃술로 삼았음을 알 수 있는 이유는 『이아』에서 "누인 명주로 만든 깃술이 9개이다."라고 했기 때문이다. 정현이 "탕(湯)임금은 무력을 통해 천명(天命)을 받았으므로, 항상 어금니의 무늬로 장식을 했다."라고 했는데, 앞의 경문에서는 순거(簨虡)를 언급하며, 이미 숭아(崇牙)로 장식을 한다고 했고, 이곳에서 말한 깃발 또한 숭아로 장식을 했기 때문에, '항상[恒]'이라고 말한 것이다. 주(周)나라 또한 무력으로 천하를 얻었지만, 은나라가 이미 어금니 무늬로 장식을 삼고 있었고, 주나라 때에는 문채를 숭상하여, 다시금 다른 사물을 이용해서 장식을 더하게 되어, 재차 어금니 무늬를 사용하지 않았다. 정현이 "이러한 깃발과 삽(翣)은 모두 상장(喪葬)에 사용되는 장식이다."라고 했는데, 앞 구문에서 말한 '숭아(崇牙)'와 '벽삽(璧翣)'은 순거(簨虡)의 장식이 되고, 이 구문은 하후씨(夏后氏) 때의 '주련(綢練)'과 연이어서 기록되어 있기 때문이다. 『예기』「단궁(檀弓)」편을 살펴보면, "깃발의 장대에 흰색의 비단을 묶어두고, 그 위에 거북이와 뱀을 그린 깃발을 묶어두었으니, 이것은 하(夏)나라 때의 제도에 해당한다."[9]라고 했다. 이 기록은 상장(喪葬)에서 사용하는 깃발을 가리키기 때문에, 상장을 치를 때 사용하는 장식임을 알 수 있다. 정현이 "『주례』에서는 대상(大喪)의 장례에서는 건거(巾車)가 개(蓋)를 들고 수레를 따르며 깃발을 잡고, 어복(御僕)이 삽(翣)을 잡는다."는 등의 말을 인용했는데, 그 이유는 장례를 치를 때 깃발 및 삽(翣)의 부류가 포함되는 뜻을 증명하기 위해서이다. 정현이 "천자는 8개의 삽(翣)을 사용하니, 모두 벽(璧)을 달고 있다."라고 했는데, 천자가 8개의 삽(翣)을 사용한다는 것은 『예기』「예기(禮器)」편에 나오는 문장이며,[10] "모두 벽

9) 『예기』「단궁상(檀弓上)」【85d】 : 孔子之喪, 公西赤爲志焉. 飾棺牆, 置翣設披, 周也. 設崇, 殷也. 綢練設旐, 夏也.

10) 『예기』「예기(禮器)」【297d】 : 天子崩, 七月而葬, 五重八翣, 諸侯五月而葬, 三重六翣, 大夫三月而葬, 再重四翣. 此以多爲貴也.

(璧)을 달고 있다."는 말은 곧 벽삽(璧翣)이 천자가 사용하는 예제임을 뜻한다. 정현이 "제후는 6개의 삽(翣)을 사용하니, 모두 규(圭)를 달게 된다. 대부는 4개의 삽(翣)을 사용하고, 사는 2개의 삽(翣)을 사용하는데, 이 모두는 깃발 장식을 달고 있다."라고 했는데, 이 모두는 『예기』「상대기(喪大記)」편에 나오는 문장이다. 정현이 『예기』「단궁(檀弓)」편에서 "공자(孔子)의 상(喪)이 발생했다."라는 내용과 『이아』의 내용을 인용한 이유는 이곳 경문의 내용이 상장을 치를 때의 장식이 됨과 아울러 주련(綢練)의 뜻을 밝히고자 했기 때문이다.

訓纂 江氏永曰: 此因前誤文之"璧翣", 合於周頌之"樹羽", 意其亦有垂羽, 非也.

번역 강영이 말하길, 이곳 문장은 앞에서 잘못 기록한 '벽삽(璧翣)'이라는 글자에 따르고 있는데, 이것을 『시』「주송(周頌)」편에 나오는 '수우(樹羽)'와 같은 것으로 보아서, 또한 깃털을 드리운다는 의미가 있다고 한 말은 잘못된 주장이다.

集解 愚謂: 此其喪葬旌旗之飾也. 綏, 謂以旄及羽注於旗竿之首也. 綢練, 綢其杠而以練帛爲之旒也. 士喪禮有二旌, 一爲銘旌, 一爲乘車所建之旜. 此綢練之旌, 謂乘車之所建, 諸侯則爲交龍之旂, 爾雅所言"纁帛縿, 素升龍於縿"者, 是也. 天子則爲大常, 鄭氏引巾車大喪執旌, 此旌是銘旌, 故可執, 非車上之大常. 又銘旌當在柩路前, 亦不從遣車也. 樂虡有崇牙以懸鐘磬之紘, 此崇牙蓋刻於旌竿之首, 以懸綏者也. 天子翣戴璧, 諸侯翣戴圭. 此云"周之璧翣", 則是魯之喪制用天子之璧翣與.

번역 내가 생각하기에, 여기에서 말한 것들은 상장(喪葬)에서 사용되는 깃발의 장식이다. '수(綏)'는 깃대 장식과 깃털을 깃대의 끝에 단 것이다. '주련(綢練)'은 깃대에 감고, 누인 비단으로 깃술을 만든 것이다. 『의례』「사상례(士喪禮)」편에는 2개의 깃발이 나오는데, 하나는 명정(銘旌)[11]이 되고, 다른 하나는 승거(乘車)[12]에 세우는 전(旜)이 된다. 여기에서 말한 주련(綢練)을 단 깃발은 승거에 세우는 깃발을 뜻하니, 제후의 경우에는 교룡(交龍)을 그린 기(旂)가 되니, 『이아』에서 말한 "분홍색의 비단으로 기폭을 만들고, 흰색의 승천하는 용을 기폭에 그린다."는 것에 해당한다. 천자의 경우에는 대상(大常)이 되는데, 정현이 『주례』「건거(巾車)」편에서 대상(大喪)을 치를 때, 깃발을 잡는다고 했던 내용을 인용했지만, 이 깃발은 명정에 해당한다. 그렇기 때문에 잡을 수가 있는 것이니, 수레에 세우는 대상이 아니다. 또 명정은 마땅히 영구(靈柩)가 가게 되는 길 앞에 있게 되므로, 이 또한 견거(遣車)를 따라가지 않는다. 악기의 받침대인 거(虡)에는 숭아(崇牙)를 두어서 종이나 경의 끈을 매달았으니, 여기에서 말한 '숭아(崇牙)'는 아마도 깃대의 끝부분에 조각을 하여, 깃대 장식을 매달았을 것이다. 천자의 삽(翣)에는 벽(璧)을 달고, 제후의 삽(璧)에는 규(圭)를 단다. 여기에서는 "주(周)나라의 벽삽(璧翣)이다."라고 했으니, 이것은 노(魯)나라에서 상례(喪禮)를 치르며, 천자의 벽삽에 대한 제도를 사용했다는 뜻일 것이다.

---

11) 명정(銘旌)은 영구(靈柩) 앞에 세워서 죽은 자의 관직 및 성명(姓名)을 표시하는 깃발이다.

12) 승거(乘車)는 고대의 장례(葬禮) 때 사용되었던 수레이다. 혼거(魂車)라고도 부른다. 죽은 자의 옷과 관(冠)을 실어서 마치 죽은 자가 생전에 수레를 타던 것처럼 형상화하는 것이다. 그래서 '혼거'라고 부른다.

그림 30-1 ▣ 후대의 개(蓋)

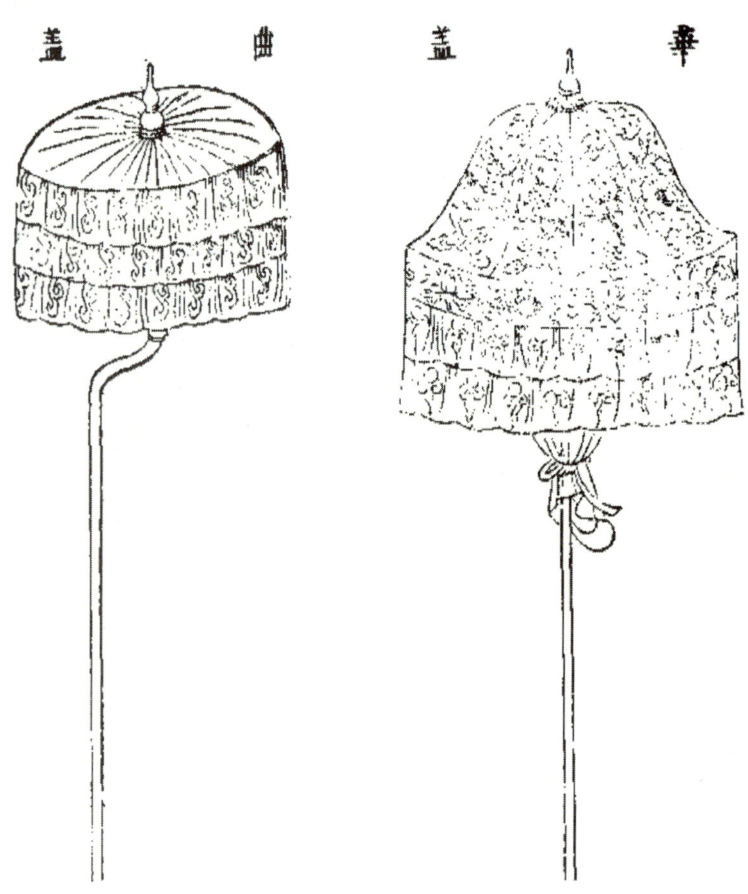

▸ **출처**: 『삼재도회(三才圖會)』「의제(儀制)」 4권

그림 30-2 ▣ 견거(遣車)

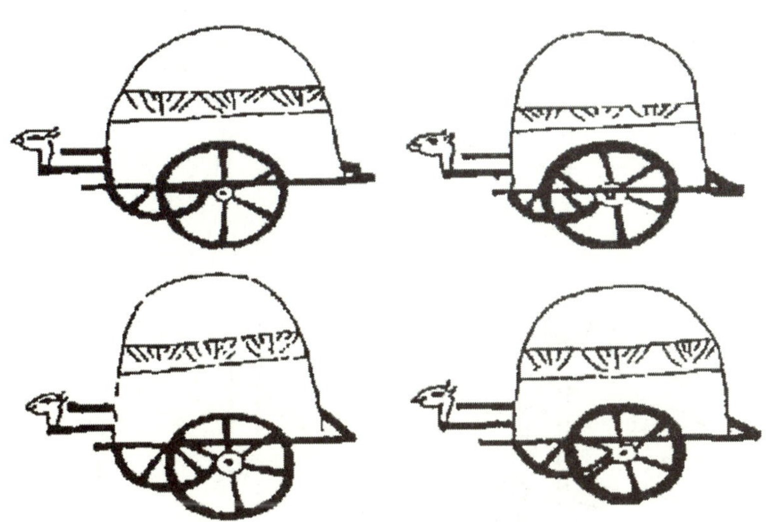

▸ **출처:** 『삼례도집주(三禮圖集注)』 18권

그림 30-3 ▣ 물(物)

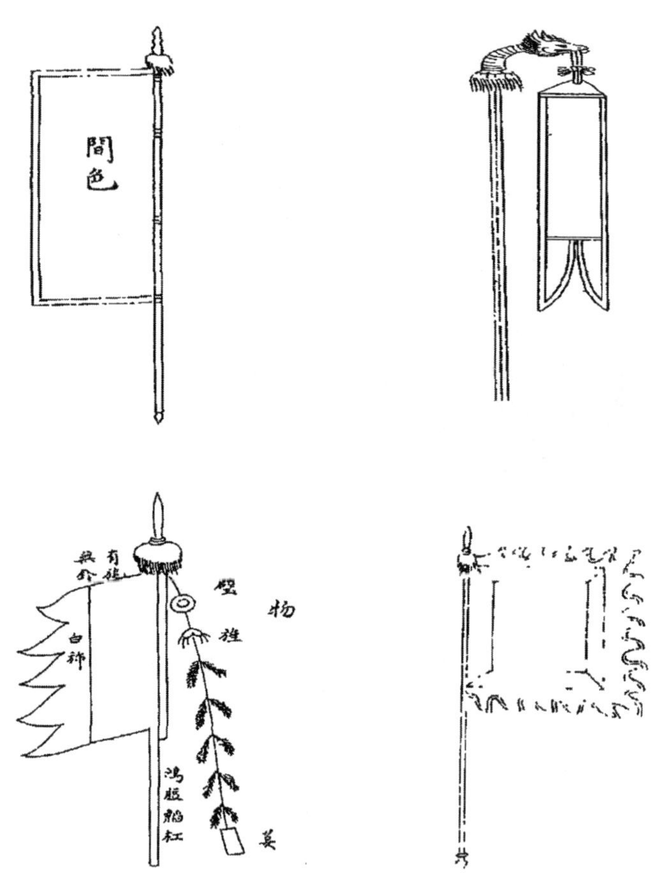

▸ **출처**: 상좌-『주례도설(周禮圖說)』 하권 ; 상우-『삼례도집주(三禮圖集注)』 9권
하좌-『삼례도(三禮圖)』 2권 ; 하우-『육경도(六經圖)』 7권

그림 30-4 ▣ 조(旐)

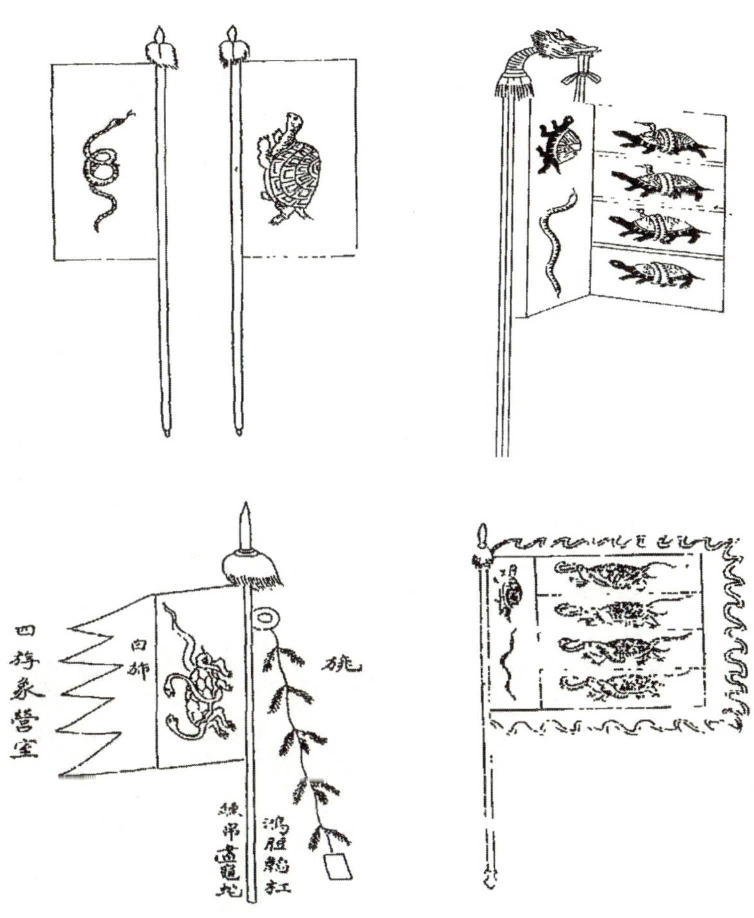

▸ **출처**: 상좌-『주례도설(周禮圖說)』 하권 ; 상우-『삼례도집주(三禮圖集注)』 9권
하좌-『삼례도(三禮圖)』 2권 ; 하우-『육경도(六經圖)』 7권

그림 30-5 ▣ 명정(銘旌)을 운반하는 모습

▸ 출처: 『삼재도회(三才圖會)』「의제(儀制)」 7권

그림 30-6 ▣ 기(旂)

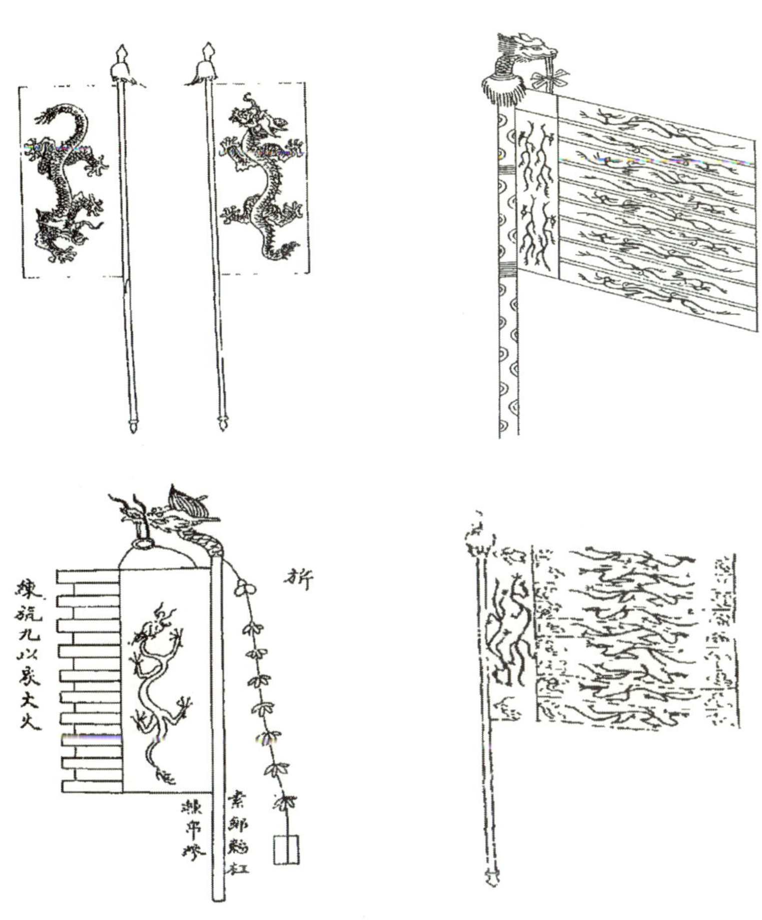

▸ **출처**: 상좌-『주례도설(周禮圖說)』 하권 ; 상우-『삼례도집주(三禮圖集注)』 9권
하좌-『삼례도(三禮圖)』 2권 ; 하우-『육경도(六經圖)』 7권

• 제 31 절 •

노(魯)나라와 천자의 예(禮)

【405d】

凡四代之服·器·官, 魯兼用之. 是故魯王禮也, 天下傳之久矣, 君臣未嘗相弑也. 禮樂·刑法·政俗, 未嘗相變也. 天下以爲有道之國, 是故天下資禮樂焉.

직역 凡히 四代의 服·器·官을 魯는 兼히 用이라. 是故로 魯는 王禮이니, 天下가 傳하길 久의니, 君臣은 嘗히 相弑를 未했다. 禮樂·刑法·政俗은 嘗히 相變을 未했다. 天下는 이를 道를 有한 國으로 爲하여, 是故로 天下는 禮樂을 資했다.

의역 무릇 사대(四代) 때의 복식·기물·관직에 대한 것들을 노(魯)나라는 모두 사용했다. 이러한 까닭으로 노나라는 천자의 예를 갖추고 있다는 말을 천하 사람들이 오래전부터 전했으니, 군주와 신하가 일찍이 서로를 죽인 적이 없었다. 또 예악·형법·정치·풍속에 있어서도, 일찍이 변화를 준 적이 없었다. 천하의 모든 사람들은 노나라가 도를 갖추고 있는 나라라고 여겼기 때문에, 천하 사람들이 노나라의 예악을 본받았다.

集說 君臣未嘗相弑, 禮樂刑法政俗未嘗相變, 先儒以爲近誣. 或以爲諱國惡, 論之詳矣. 大抵此篇主於誇大魯國, 故歷擧四代之服·器·官, 以見魯之禮樂其盛如此, 不知魯之郊禘非禮也. 周公其衰矣, 知此則此記所陳, 適足以彰其僭而已, 而奚盛大之有哉?

번역 군주와 신하가 일찍이 서로를 시해하지 않았고, 예악·형법·정치·풍속이 일찍이 서로 바꾸지 않았다고 했는데, 선대 학자들은 이 말을 거짓에 가깝다고 여겼다. 어떤 자는 나라의 악함을 피휘하기 위해서, 상세히 논의한 것이라고 여겼다. 대체로 「명당위」편은 노(魯)나라에 대해 과대 포장하는데 주안점을 두고 있다. 그렇기 때문에 사대(四代) 때의 복장 · 기물 · 관직 등을 차례대로 열거하여, 노나라에서 시행한 예악이 이처럼 융성했음을 드러낸 것이니, 노나라에서 지낸 교(郊)와 체(禘)제사가 비례(非禮)가 됨을 몰랐기 때문이다. 주공(周公)의 도가 쇠약해진 것인데, 이러한 사실을 안다면, 이곳 기록에서 열거한 내용들은 그 참람됨을 드러내기에 충분할 따름이니, 어찌 융성한 예악이 있었겠는가?

集說 朱氏曰: 羽父弑隱公, 慶父弑二君, 則君臣相弑矣. 夏父躋僖公, 禮之變也. 季氏舞八佾, 樂之變也. 僖公欲焚巫尪, 刑之變也. 宣公初稅畝, 法之變也. 政逮於大夫, 政之變也. 婦人髽而吊, 俗之變也.

번역 주자가 말하길, 우보(羽父)는 은공(隱公)을 시해했고, 경보(慶父)는 두 명의 군주를 시해했으니, 군주와 신하가 서로를 죽였던 것이다. 하보(夏父)는 희공(僖公)의 신주를 상위로 올리려고 했으니, 예(禮)가 변화된 것이다. 계씨(季氏)는 팔일무를 추게 했으니, 악(樂)이 변화된 것이다. 희공은 무당인 무왕(巫尪)을 태워 죽이려고 했으니, 형(刑)이 변화된 것이다. 신공(宣公)은 초세무(初稅畝)의 세제를 시행했으니, 법(法)이 변화된 것이다. 정권이 대부에게로 넘어갔으니, 정(政)이 변화된 것이다. 부인들이 좌(髽)의 머리모양을 하고 조문을 했으니, 속(俗)이 변화된 것이다.

集說 石梁王氏曰: 此見春秋經而不見傳者, 故謂未嘗相弑, 未嘗變法, 大抵此篇多誣.

번역 석량왕씨가 말하길, 이 기록은 『춘추』의 경문만 보고, 『전』을 살펴보지 않았기 때문에, 일찍이 서로 죽이지 않았고, 일찍이 법도를 변화시키지 않았다고 한 것인데, 대체로 「명당위」편의 내용은 대부분 거짓에 가깝다.

大全 慶源輔氏曰: 傳, 謂傳說也, 蓋言久矣, 天下共傳說魯國之有禮法也. 云天下以爲有道之國, 君臣未嘗相弑也, 雖曰隱惡, 不若不言之愈也.

번역 경원보씨가 말하길, '전(傳)'자는 전해지는 말을 뜻하니, 아마도 오래되었음을 의미하므로, 곧 천하가 모두 노(魯)나라에는 예법이 갖춰져 있었다는 말을 오래전부터 해왔다는 뜻이다. "천하 사람들이 도(道)를 갖춘 나라라고 여기고, 군주와 신하가 일찍이 서로를 죽인 적이 없었다."라고 했는데, 비록 이러한 말이 악함을 감추려고 한 것이라 하더라도, 차라리 말을 하지 않는 것만 못하다.

鄭注 王禮, 天子之禮也. 傳, 傳世也. 資, 取也. 此蓋盛周公之德耳. 春秋時魯三君弑; 又士之有誄, 由莊公始; 婦人髽而弔, 始於臺駘. 云"君臣未嘗相弑, 政俗未嘗相變", 亦近誣矣. "資"或爲"飮".

번역 '왕례(王禮)'는 천자의 예(禮)를 뜻한다. '전(傳)'자는 세상에 전한다는 뜻이다. '자(資)'자는 "취하다[取]."는 뜻이다. 이 내용은 아마도 주공(周公)의 덕을 융성하게 표현한 것일 뿐이다. 춘추시대에 노(魯)나라에서는 세 명의 군주가 시해를 당했고, 또 사(士)에게 뇌(誄)를 지어주는 사례가 생긴 것은 장공(莊公)으로부터 비롯되었으며, 부인들이 좌(髽)의 머리모양을 하고 조문을 했던 것은 대태(臺駘) 땅의 전투에서 비롯되었다. "군주와 신하가 일찍이 서로를 죽인 적이 없고, 정치와 풍속이 일찍이 변한 적이 없다."고 했는데, 이 또한 거짓에 가깝다. '자(資)'자를 다른 판본에서는 '음(飮)'자로도 기록한다.

釋文 傳, 丈專反, 注同. 弑, 本又作殺, 音試, 注同. 誄, 力軌反. 髽, 側瓜反. 臺音胡. 駘, 大來反. 近如字, 又附近之近.

번역 '傳'자는 '丈(장)'자와 '專(전)'자의 반절음이며, 정현의 주에 나오는 글자도 그 음이 이와 같다. '弑'자는 판본에 따라서 또한 '殺'자로도 기록하는데, 그 음은 '試(시)'이며, 정현의 주에 나오는 글자도 그 음이 이와 같다. '誄'자는 '力(력)'자와 '軌(궤)'자의 반절음이다. '髽'자는 '側(측)'자와 '瓜(과)'자의 반절음이다. '臺'자의 음은 '胡(호)'이다. '駘'자는 '大(대)'자와 '來(래)'자의 반절음이다. '近'자는 글자대로 읽고, 또한 '부근(附近)'이라고 할 때의 '近'자도 된다.

孔疏 ●"凡四"至"樂焉". ○正義曰: 此一經, 記者既陳四代服器官於前, 此經結之於[1]後, 美大魯國也. 然言"土鼓·葦籥, 伊耆氏之樂", 又有女媧氏笙簧, 非唯四代而已. 今此秖言四代者, 據其多者言之, 唯擧四代耳, 其間亦有但擧三代者. 此四代服器, 魯家每物之中得有用之, 不謂事事盡用.

번역 ●經文: "凡四"~"樂焉". ○이곳 경문은 『예기』를 기록한 자가 이미 그 앞에서 사대(四代) 때의 복식·기물·관직 등을 열거하였으므로, 여기에서는 그 뒷부분에 결론을 맺어, 노(魯)나라에 대해서 크게 찬양한 것이다. 그러나 "토고(土鼓)와 위약(葦籥)은 이기씨(伊耆氏) 때의 악기이다."라고 했고, 또 여와씨(女媧氏)가 만든 생황(笙簧)을 갖추고 있었으니, 단지 사대(四代)에만 한정된 것이 아닐 따름이다. 현재 이곳에서는 범범하게 '사대(四代)'라고 말했는데, 그 중에서도 대다수를 차지하는 것에 기준을 두어 말했으므로, '사대(四代)'라고 한 것일 뿐이며, 그 중간에는 또한 단지 '삼대(三代)'에 해당하는 것만 제시한 기록들도 있다. 여기에서 사대 때의 복식과 기물이라고 했는데, 노나라에서 각각의 사물들 중 사용할 수 있었던 것을 뜻하니, 모든 사안들에 대해서 천자와 똑같이 사용했다는 의미가 아니다.

孔疏 ●"天下以爲有道之國"者, 作記之時, 是周代之末, 唯魯獨存周禮, 故

1) '어(於)'자에 대하여. '어'자는 본래 없던 글자인데, 완원(阮元)의 『교감기(校勘記)』에서는 "혜동(惠棟)의 『교송본(校宋本)』에는 '어'자가 기록되어 있고, 위씨(衛氏)의 『집설(集說)』에도 동일하게 기록되어 있다. 이곳 판본은 '어'자가 누락된 것이며, 『민본(閩本)』·『감본(監本)』·『모본(毛本)』도 동일하게 누락되어 있다."라고 했다.

以爲“有道之國”. “是故天下資禮樂焉”者, 左傳襄十年云: “諸侯宋·魯, 於是觀禮.” 宋爲王者之後, 魯是周公之胤, 是“天下資禮樂焉”.

번역 ●經文: “天下以爲有道之國”. ○『예기』를 기록했던 시기는 주대(周代)의 말기에 해당하는데, 노(魯)나라만이 홀로 주나라의 예법을 보존하고 있었다. 그렇기 때문에 “도를 갖추고 있는 나라이다.”라고 여긴 것이다. 경문의 “是故天下資禮樂焉”에 대하여. 『좌전』 양공(襄公) 10년의 기록에서는 “제후국들 중 송(宋)나라와 노나라에서만 예(禮)를 살펴볼 수 있다.”[2]라고 했는데, 송나라는 천자의 후손국이고, 노나라는 주공의 맏이가 세운 나라이니, “천하가 예악을 본받았다.”라고 한 이유가 된다.

孔疏 ◎注“春秋”至“臺駘”. ○正義曰: 按隱十一年, 羽父請殺桓公, 將以求大宰, 隱公不許, 羽父使賊弑隱公, 是弑一君也. 莊三十二年, 慶父使圉人犖賊子般, 是弑二君也. 閔二年, 慶父又使卜齮賊公于武闈, 是弑三君也. 云“士之有誄, 由莊公始”者, 檀弓文, 在左傳莊十年乘丘之役也. 云“婦人髽而弔, 始於臺駘”者, 亦檀弓文. 左氏襄四年, 臧武仲與邾人戰於狐駘, 被邾人所敗, 是其事也.

번역 ◎鄭注: “春秋”~“臺駘”. ○은공(隱公) 11년에 대한 기록을 살펴보면, 우보(羽父)는 환공(桓公)을 시해하여, 대재(大宰)의 자리를 구하였지만, 은공이 허락을 하지 않아, 우보는 사람을 시켜 은공을 시해했으니, 이것이 첫 번째 군주를 시해한 사건이다. 장공(莊公) 32년에는 경보(慶父)가 어인(圉人)인 낙(犖)을 시켜서 자반(子般)을 시해했으니, 이것이 두 번째 군주를 시해한 사건이다. 민공(閔公) 2년에는 경보가 재차 복기(卜齮)를 시켜 무위(武闈)에서 군주를 시해했으니, 이것이 세 번째 군주를 시해한 사건이다. 정현이 “사(士)에게 뇌(誄)를 지어주는 사례가 생긴 것은 장공(莊公)으로부터 비롯되었다.”라고 했는데, 이것은 『예기』「단궁(檀弓)」편에 나오는

---

2) 『춘추좌씨전』「양공(襄公) 10년」: 諸侯宋·魯於是觀禮. 魯有禘樂, 賓祭用之. 宋以桑林享君, 不亦可乎?

문장으로,[3] 『좌전』에는 장공 10년 기록에 승구(乘丘) 땅에서의 전쟁이 기록되어 있다. 정현이 "부인들이 좌(髽)의 머리모양을 하고 조문을 했던 것은 대태(臺駘) 땅의 전투에서 비롯되었다."라고 했는데, 이 또한 「단궁」편에 나오는 문장이다.[4] 『좌전』에서는 양공(襄公) 4년에, 장무중(臧武仲)이 주(邾)나라와 호태(狐駘)에서 전쟁을 했는데, 주나라에게 패배를 당했다고 했으니, 이것이 바로 그 일화에 해당한다.

---

3) 『예기』「단궁상(檀弓上)」【74d~75a】: 魯莊公及宋人戰于乘丘, 縣賁父御, 卜國爲右. 馬驚敗績, 公隊, 佐車授綏, 公曰: "末之卜也." 縣賁父曰: "他日不敗績, 而今敗績, 是無勇也." 遂死之. 圉人浴馬, 有流矢在白肉. 公曰: "非其罪也." 遂誄之. 士之有誄, 自此始也.

4) 『예기』「단궁상(檀弓上)」【76c】: 魯婦人之髽而弔也, 自敗於臺鮐始也.

明堂位 人名 및 用語 辭典

ㄱ

◎ **가공언(賈公彦, ?~?)** : 당(唐)나라 때의 유학자이다. 정현(鄭玄)을 존숭하였다. 예학(禮學)에 조예가 깊었다. 『주례소(周禮疏)』, 『의례소(儀禮疏)』 등의 저서를 남겼으며, 이 저서들은 『십삼경주소(十三經注疏)』에 포함되었다.

◎ **가작(加爵)** : '가작'은 술을 따라서 권한다는 뜻이다.

◎ **가정본(嘉靖本)** : 『가정본(嘉靖本)』에는 간행한 자의 정보가 기록되어 있지 않다. 『십삼경주소(十三經注疏)』의 판본이다. 20권으로 구성되어 있으며, 각 권의 뒤편에는 경문(經文)과 그에 따른 주(注)를 간략히 기록하고 있다. 단옥재(段玉裁)는 이 판본이 가정(嘉靖) 연간에 송본(宋本)을 모방하여 간행된 것이라고 여겼다.

◎ **감본(監本)** : 『감본(監本)』은 명(明)나라 국자감(國子監)에서 간행한 『십삼경주소(十三經注疏)』의 판본이다.

◎ **강영(江永, A.D.1681~A.D.1762)** : 청(淸)나라 때의 경학자이다. 자(字)는 신수(愼修)이다. 『십삼경주소(十三經注疏)』에 대한 연구를 했으며, 특히 삼례(三禮)에 대해 해박했다.

◎ **강원(姜嫄)** : '강원'은 강원(姜原)이라고도 부른다. 전설상의 인물이다. 유태씨(有邰氏)의 딸이자, 주(周)나라의 시조인 후직(后稷)의 어머니이다. 제곡(帝嚳)의 본처이며, 거인의 발자국을 밟고서 잉태를 했고, 이후에 직(稷)을 낳았다고 전해진다. 『시』「대아(大雅)·생민(生民)」편

에는 "厥初生民, 時惟姜嫄."이라는 기록이 있고, 『사기(史記)』「주본기(周本紀)」편에는 "周后稷, 名棄. 其母有邰氏女, 曰姜原. 姜原爲帝嚳元妃. 姜原出野, 見巨人跡, 心忻然說, 欲踐之. 踐之而身動如孕者."라는 기록이 있다.

◎ **강원(姜原)** : =강원(姜嫄)

◎ **개성석경(開成石經)** : 『개성석경(開成石經)』은 당(唐)나라 만들어진 석경(石經)을 뜻한다. 돌에 경문(經文)을 새겼기 때문에, '석경'이라고 부른다. 당나라 때 만들어진 '석경'은 대화(大和) 7년(A.D.833)에 만들기 시작하여, 개성(開成) 2년(A.D.837)에 완성되었기 때문에, '개성석경'이라고도 부르는 것이다.

◎ **견거(遣車)** : '견거'는 장례(葬禮)를 치를 때 사용되는 수레이다. 장례 때에는 장지(葬地)에서 제사를 지내기 위해 희생물을 가져가게 된다. '견거'는 바로 희생물의 몸체를 싣고 가는 수레를 뜻한다.

◎ **경원보씨(慶源輔氏, ?~?)** : =보광(輔廣)·보한경(輔漢卿). 남송(南宋) 때의 학자이다. 자(字)는 한경(漢卿)이고, 호(號)는 잠암(潛庵)·전이(傳貽)이다. 여조겸(呂祖謙)과 주자(朱子)에게서 학문을 배웠다. 저서로는 『사서찬소(四書纂疏)』, 『육경집해(六經集解)』 등이 있다.

◎ **계칩(啓蟄)** : '계칩'은 경칩(驚蟄)이라고도 부른다. 24절기 중 하나이다. 동물 및 곤충들은 겨울 동안 숨죽여 지내거나 겨울잠을 자게 되는데, 봄이 도래하게 되면, 다시 활동을 시작한다. 그렇기 때문에 깨운다는 의미에서 '계(啓)'자나 '경(驚)'자를 붙여서 '계칩' 또는 '경칩'이라고 부르는 것이다. 한편 한(漢)나라 때에는 태초력(太初曆)이 시행되면서, '경칩'을 우수(雨水)라는 절기 뒤에 두어서, 하(夏)나라 때의 역법으로는 2월에 놓이는 절기가 되었지만, 고대의 '경칩'은 우수 전에 위치하여, 하나라 때의 역법으로는 1월에 놓이는 절기였다.

◎ **고공기(考工記)** : 『고공기(考工記)』는 『동관고공기(冬官考工記)』라고도 부른다. 공인(工人)들에 대한 공예기술(工藝技術) 서적이다. 작자는 미상이다. 강영(江永)은 『고공기』의 작자를 제(齊)나라 사람으로 추정하였고, 곽말약(郭沫若)은 춘추시대(春秋時代) 말기에 제나라에서 제작된 관서(官書)와 관련이 깊다고 추정하였다. 『주례(周禮)』는 천관(天官), 지관(地官), 춘관(春官), 하관(夏官), 추관(秋官), 동관(冬官) 등 육관(六官)의 체제로 구성되어 있는데, 그 중 '동관'에 대한 기록이 누락

되어 있어서, 한(漢)나라 무제(武帝) 때, 『고공기』를 가지고 누락된 부분을 보충하게 되었다. 그렇기 때문에 『고공기』를 또한 『동관고공기』라고도 부르는 것이다. 각종 공인들의 직책과 직무들이 기록되어 있다.

◎ **고문송판(考文宋板)** : 『고문송판(考文宋板)』은 일본 학자 산정정(山井鼎) 등이 출간한 『칠경맹자고문보유(七經孟子考文補遺)』에 수록된 『예기정의(禮記正義)』를 뜻한다. 산정정은 『예기정의』를 수록할 때, 송(宋)나라 때의 판본을 저본으로 삼았다.

◎ **공공(共工)** : '공공'은 고대의 관직 중 하나로, 백공(百工)들의 일을 총괄적으로 주관하던 자이다. 『주례』의 체제에 따르면, '공공'은 사공(司空)에 해당한다. 본래 '공공'이라는 말은 백공들이 임무를 수행하는데 필요한 물건과 재료를 공급한다는 뜻이었는데, 후대에는 이러한 뜻에서 착안하여, 해당 관직을 '공공'으로 부르게 되었다. 『서』「우서(虞書)·순전(舜典)」편에는 "帝曰, 兪, 咨垂, 汝共工."이라는 기록이 있는데, 이에 대한 공안국(孔安國)의 전(傳)에서는 "共, 謂供其職事."라고 풀이했고, 공영달(孔穎達)의 소(疏)에서는 "今命此人云, '汝作共工.' 明是帝謂此人堪供此職, 非是呼此官名爲共工也."라고 풀이했다.

◎ **공시선생(公是先生)** : =유창(劉敞)

◎ **공씨(孔氏)** : =공영달(孔穎達)

◎ **공안국(孔安國, ?~?)** : 전한(前漢) 때의 학자이다. 자(字)는 자국(子國)이다. 고문상서학(古文尙書學)의 개조(開祖)로 알려져 있다. 『십삼경주소(十三經注疏)』의 『상서정의(尙書正義)』에는 공안국의 전(傳)이 수록되어 있는데, 통상적으로 이 주석은 후대인들이 공안국의 이름에 가탁하여 붙인 문장으로 인식되고 있다.

◎ **공영달(孔穎達, A.D.574~A.D.648)** : =공씨(孔氏). 당대(唐代)의 경학자이다. 자(字)는 중달(仲達)이고, 시호(謚號)는 헌공(憲公)이다. 『오경정의(五經正義)』를 찬정(撰定)하는데 중심적인 역할을 했다.

◎ **공자가어(孔子家語)** : 『공자가어(孔子家語)』는 공자(孔子)의 언행 및 제자들과의 일화를 기록한 문헌이다. 전한(前漢) 초기에 공안국(孔安國)이 이 책을 편집했다는 학설도 있지만, 현존하는 『공자가어』는 일반적으로 왕숙(王肅)의 위작으로 인식된다.

◎ **공직(貢職)** : '공직'은 직공(職貢)이라고도 부른다. 제후가 천자에게 바치는 공물을 뜻한다.

◎ **곽박(郭璞, A.D.276~A.D.324)** : =곽경순(郭景純). 진(晉)나라 때의 학자이다. 자(字)는 경순(景純)이다. 저서로는 『이아주(爾雅注)』, 『방언주(方言注)』, 『산해경주(山海經注)』 등이 있다.

◎ **광아(廣雅)** : 『광아(廣雅)』는 위(魏)나라 때 장읍(張揖)이 지은 자전(字典)이다. 『박아(博雅)』라고도 부른다. 『이아』의 체제를 계승하고, 새로운 내용을 보충하여, 경전(經典)에 기록된 글자들을 해석한 서적이다. 본래 상·중·하 3권으로 구성되어 있었지만, 수(隋)나라 조헌(曺憲)이 재차 10권으로 편집하였다. 한편 '광(廣)'자가 수나라 양제(煬帝)의 시호였기 때문에, 피휘를 하여, 『박아』라고 부르게 되었다.

◎ **광운(廣韻)** : 『광운(廣韻)』은 수(隋)나라 때의 학자인 육법언(陸法言, ?~?)이 찬(撰)한 음운학 서적이다. 여러 학자들과 논의하여 『절운(切韻)』을 만들었는데, 당(唐)나라 때 그의 후손인 육눌언(陸訥言) 등이 주를 달았고, 손면(孫愐)이 증보(增補)를 하여 『광운(廣韻)』으로 제목을 고쳤다. 송(宋)나라 때에는 칙명으로 다시 증보를 하여, 『대송중수광운(大宋重修廣韻)』으로 제목을 고쳤다. 『대송중수광운』으로 개명되면서, 최초 육법언 및 손면이 편찬한 원본의 체제가 없어지게 되었다.

◎ **교감기(校勘記)** : 『교감기(校勘記)』는 완원(阮元)이 학자들을 모아서 편차했던 『십삼경주소교감기(十三經註疏校勘記)』를 뜻한다.

◎ **교기(校記)** : 『교기(校記)』는 손이양(孫詒讓)이 지은 『십삼경주소교기(十三經注疏校記)』를 뜻한다.

◎ **교제(郊祭)** : '교제'는 '교사(郊祀)'라고도 부른다. 교외(郊外)에서 천지(天地)에 제사를 지냈기 때문에 붙여진 명칭이다. 음양설(陰陽說)이 성행했던 한(漢)나라 때에는 하늘에 대한 제사는 양(陽)의 뜻을 따라 남교(南郊)에서 지냈고, 땅에 대한 제사는 음(陰)의 뜻을 따라 북교(北郊)에서 지냈다. 『한서』「교사지하(郊祀志下)」편에는 "帝王之事莫大乎承天之序, 承天之序莫重於郊祀. …… 祭天於南郊, 就陽之義也. 地於北郊, 卽陰之象也."라는 기록이 있다. 한편 '교사'는 후대에 제사를 범칭하는 용어로도 사용되었다. '교사' 중의 '교(郊)'자는 규모가 큰 제사를 뜻하며, '사(祀)'는 비교적 규모가 작은 제사들을 뜻한다.

◎ **구기(九旗)** : '구기'는 고대에 사용하던 9종류의 깃발을 뜻한다. 무늬가 각각 달랐으며, 사용하는 용도 또한 달랐다. 해[日]와 달[月]을 수놓은 깃발을 상(常)이라고 부르며, 교룡(交龍)을 수놓은 깃발을 기(旂)라고

부르며, 순색의 비단을 이용하여 만든 깃발을 전(旜)이라고 부르며, 색이 섞여 있는 깃발을 물(物)이라고 부르며, 곰[熊]과 호랑이[虎]를 수놓은 깃발을 기(旗)라고 부르며, 새매를 수놓은 깃발을 여(旟)라고 부르며, 거북이[龜]와 뱀[蛇]을 수놓은 깃발을 조(旐)라고 부르며, 새의 온전한 날개를 오색(五色)으로 채색하여, 깃술처럼 장식한 깃발을 수(旞)라고 부르며, 가느다란 새의 깃털을 오색으로 채색하여, 깃술처럼 장식한 깃발을 정(旌)이라고 부른다. 『주례』「춘관(春官) · 사상(司常)」편에는 "掌九旗之物名, 各有屬以待國事. 日月爲常, 交龍爲旂, 通帛爲旜, 雜帛爲物, 熊虎爲旗, 鳥隼爲旟, 龜蛇爲旐, 全羽爲旞, 析羽爲旌."이라는 기록이 있다.

◎ 구망(句芒) : '구망'은 오행(五行) 중 목(木)의 기운을 주관하는 천상의 신(神)이다. 목(木)의 기운을 담당했기 때문에, 그 관부의 이름을 따서 목관(木官)이라고도 부르고, 관부의 수장이라는 뜻에서 목정(木正)이라고도 부른다. '구망'은 소호씨(少皞氏)의 아들 또는 후손으로 알려져 있으며, 이름은 중(重)이었다고 전해진다. 생전에 목덕(木德)의 제왕이었던 태호(太皞: =伏羲氏)를 보좌하였고, 죽은 이후에는 목관(木官)의 신이 되었다고도 전해진다. '오행' 중 목(木)의 기운은 각 계절 및 방위와 관련되어, '구망'은 봄과 동쪽에 해당하는 신이라고도 부른다. 다만 목덕(木德)을 주관했던 상위의 신은 '태호'이고, '구망'은 태호를 보좌했던 신이다. 『예기』「월령(月令)」편에는 "其帝, 太皞, 其神, 句芒."이라는 기록이 있는데, 이에 대한 정현의 주에서는 "句芒, 少皞氏之子, 曰重, 爲木官."이라고 풀이했다. 『여씨춘추(呂氏春秋)』「맹춘기(孟春紀)」편에는 "其帝, 太皞, 其神, 句芒."이라는 기록이 있는데, 이에 대한 고유(高誘)의 주에서는 "句芒, 少皞氏之裔子曰重, 佐木德之帝, 死爲木官之神."이라고 풀이했다. 한편 『춘추좌씨전』「소공(昭公) 29년」편에는 "木正曰句芒."이라는 기록이 있다.

◎ 구목(九牧) : '구목'은 구주(九州)의 목(牧)들을 뜻한다. 고대 중국은 천하를 '구주'로 구분하였는데, 각각의 주(州)에는 여러 제후들이 속해 있었다. 그 중에서 가장 뛰어난 자를 그 '주'에 속해있었던 제후들의 수장으로 삼았는데, 그를 '목'이라고 부르는 것이다. 『예기』「곡례하(曲禮下)」편에는 "九州之長, 入天子之國曰牧"이라는 기록이 있는데, 이에 대한 정현의 주에서는 "每一州之中, 天子選諸侯之賢者以爲之牧也."라

고 풀이했다.

◎ **구복(九服)** : '구복'은 천자의 수도를 제외하고, 그 이외의 땅을 9개의 지역으로 구분한 것을 뜻한다. 천하의 정중앙에서 사방 1000리(里)의 땅을 왕기(王畿)라고 부르고, 그 밖으로 사방 500리의 땅을 후복(侯服)이라고 부르며, 그 밖으로 사방 500리의 땅을 전복(甸服)이라고 부르고, 그 밖으로 사방 500리의 땅을 남복(男服)이라고 부르며, 그 밖으로 사방 500리의 땅을 채복(采服)이라고 부르고, 그 밖으로 사방 500리의 땅을 위복(衛服)이라고 부르며, 그 밖으로 사방 500리의 땅을 만복(蠻服)이라고 부르고, 그 밖으로 사방 500리의 땅을 이복(夷服)이라고 부르며, 그 밖으로 사방 500리의 땅을 진복(鎭服)이라고 부르고, 그 밖으로 사방 500리의 땅을 번복(藩服)이라고 부른다. 『주례』「하관(夏官)·직방씨(職方氏)」편에는 "乃辨九服之邦國, 方千里曰王畿, 其外方五百里曰侯服, 又其外方五百里曰甸服, 又其外方五百里曰男服, 又其外方五百里曰采服, 又其外方五百里曰衛服, 又其外方五百里曰蠻服, 又其外方五百里曰夷服, 又其外方五百里曰鎭服, 又其外方五百里曰藩服."이라는 기록이 있다.

◎ **구봉채씨(九峯蔡氏)** : =채침(蔡沈)

◎ **구이(九夷)** : '구이'는 고대 중국의 동쪽 지역에 거주하던 아홉 종류의 소수 민족을 뜻한다. 또한 그들이 거주하는 지역 전체를 가리키는 용어로도 사용되었다. 아홉 종류의 소수 민족을 견이(畎夷)·우이(于夷)·방이(方夷)·황이(黃夷)·백이(白夷)·적이(赤夷)·현이(玄夷)·풍이(風夷)·양이(陽夷)라고 정의하기도 한다. 『논어』「자한(子罕)」편에는 "子欲居九夷."라는 기록이 있고, 이에 대한 하안(何晏)의 『집해(集解)』에서는 마융(馬融)의 주장을 인용하여, "東方之夷有九種."이라고 풀이했으며, 『후한서(後漢書)』「동이전(東夷傳)」편에는 "夷有九種. 曰, 畎夷·于夷·方夷·黃夷·白夷·赤夷·玄夷·風夷·陽夷."라는 기록이 있다.

◎ **구주(九州)** : '구주'는 9개의 주(州)를 뜻한다. 고대 중국에서는 중원 지역을 9개의 주로 구분하여, 다스렸다. 따라서 '구주'는 오랑캐 지역과 대비되는 중국 땅을 지칭하는 용어로 사용되었다. '구주'의 포함되는 '주'의 이름들은 각 기록마다 차이를 보인다. 『서』「우서(虞書)·우공(禹貢)」편에는 "禹敷土, 隨山刊木, 奠高山大川. 冀州既載. …… 濟河惟兗州. 九河既道. …… 海岱惟青州. 嵎夷既略, 濰淄其道. …… 海岱及淮

惟徐州, 淮沂其乂, 蒙羽其藝. …… 淮海惟揚州, 彭蠡其豬, 陽鳥攸居. …… 荊及衡陽惟荊州. 江漢朝宗于海. …… 荊河惟豫州, 伊洛瀍澗, 既入于河. …… 華陽黑水惟梁州. 岷嶓既藝, 沱潛既道. …… 黑水西河惟雍州. 弱水既西."라는 기록이 있다. 즉 『서』에 기록된 '구주'는 기주(冀州)·연주(兗州)·청주(青州)·서주(徐州)·양주(揚州)·형주(荊州)·예주(豫州)·양주(梁州)·옹주(雍州)이다. 한편 『이아』「석지(釋地)」편에는 "兩河間曰冀州. 河南曰豫州. 河西曰雝州. 漢南曰荊州. 江南曰楊州. 濟河間曰兗州. 濟東曰徐州. 燕曰幽州. 齊曰營州."라는 기록이 있다. 즉 『이아』에 기록된 '구주'는 『서』의 기록과 달리, '서주'와 '양'주에 대한 기록이 없고, 대신 유주(幽州)와 영주(營州)가 기록되어 있다. 또 『주례』「하관(夏官)·직방씨(職方氏)」편에는 "乃辨九州之國使同貫利. 東南曰揚州. …… 正南曰荊州. …… 河南曰豫州. …… 正東曰青州. …… 河東曰兗州. …… 正西曰雍州. …… 東北曰幽州. …… 河內曰冀州. …… 正北曰幷州."라는 기록이 있다. 즉 『주례』에 기록된 '구주'는 『서』의 기록과 달리, '서주'와 '양주'에 대한 기록이 없고, 대신 '유주'와 병주(幷州)에 대한 기록이 있다. 이외에도 일부 차이를 보이는 기록들이 있다.

◎ **궤식(饋食)** : '궤식'은 음식을 바친다는 뜻이다. 고대에는 천자 및 제후들이 매월 초하루마다 종묘(宗廟)에서 음식을 바치는 의식을 치렀는데, 이것을 '궤식'이라고도 부른다. 『주례』「춘관(春官)·대종백(大宗伯)」편에는 "以饋食享先王."이라는 기록이 있다. 한편 조사(朝事)를 시행할 때, 조천(朝踐)을 끝낸 뒤, 생고기를 삶아서 재차 바치는 의식을 가리키기도 한다.

◎ **궤헌(饋獻)** : '궤헌'은 제례(祭禮) 절차 중 하나이다. 익힌 고기를 바치는 의식을 뜻한다. 이때 주부(主婦)는 음식을 바치는데 필요한 변두(籩豆) 등을 올리게 된다. 『주례』「춘관(春官)·사존이(司尊彝)」편에는 "其饋獻用兩壺尊, 皆有罍."라는 기록이 있는데, 이에 대한 정현의 주에서는 "饋獻, 謂薦孰時, 后於是薦饋食之豆籩."이라고 풀이했다.

◎ **금릉왕씨(金陵王氏)** : =왕안석(王安石)

◎ **금방(金榜, A.D.1735~A.D.1801)** : 청(淸)나라 때의 학자이다. 자(字)는 예중(蕊中)·보지(輔之)이다. 한림원수찬(翰林院修撰) 등을 지냈으며, 외조부(外祖父)가 죽자 복상(服喪)을 하고, 이후 두문불출하며 오로지

독서와 저술에만 전념하였다. 대진(戴震)과 동학(同學)했으며, 『예전(禮箋)』 등을 저술하였다.

◎ **금천씨(金天氏)** : '금천씨'는 소호(少皞: =少昊)의 별칭이다. 『춘추좌씨전』 「소공(昭公) 1년」편에는 "昔金天氏有裔子曰昧, 爲玄冥師."라는 기록이 있는데, 이에 대한 두예(杜預)의 주에서는 "金天氏, 帝少昊."라고 풀이했다. '소호'는 오행(五行) 중 금덕(金德)을 통해 제왕에 올랐기 때문에, '금천(金天)'이라는 칭호가 붙게 되었다. 『한서(漢書)』「고금인표(古今人表)」편에는 "上上聖人, 少昊帝, 金天氏."라는 기록이 있는데, 이에 대한 안사고(顔師古)의 주에서는 장안(張晏)의 주장을 인용하여, "以金德王, 故號曰金天."이라고 풀이했다. '소호'는 고대 동이족의 제왕으로, 황제(黃帝)의 아들이었다고도 전해진다. 이름은 지(摯)인데, 질(質)이었다고도 한다. 새의 이름으로 관직명을 지었다고 전해지며, 사후에는 서방(西方)의 신(神)이 되었다고 전해진다. 『춘추좌씨전』「소공(昭公) 17년」편에는 "郯子曰 我高祖少皞摯之立也, 鳳鳥適至, 故紀於鳥, 爲鳥師而鳥名."이라는 기록이 있는데, 이에 대한 두예(杜預)의 주에서는 "少皞, 金天氏, 黃帝之子, 己姓之祖也."라고 풀이했다.

ㄴ

◎ **남복(男服)** : '남복'은 전복(甸服)과 채복(采服) 사이에 있는 땅을 뜻한다. 천자의 수도 밖으로 사방 1000리(里)와 1500리(里) 사이에 있었던 땅을 가리킨다. '남복'의 '남(男)'자는 임무를 맡는다는 뜻으로, 천자를 위해 다스리는 임무를 담당한다는 뜻이다. '복(服)'자는 천자를 위해 복종한다는 뜻이다. 『주례』「하관(夏官) · 직방씨(職方氏)」편에는 "乃辨九服之邦國, 方千里曰王畿, 其外方五百里曰侯服, 又其外方五百里曰甸服, 又其外方五百里曰男服."이라는 기록이 있고, 이에 대한 가공언(賈公彦)의 소(疏)에서는 "言男者, 男之言任也, 爲王任其職理."라고 풀이했다.

◎ **남송석경(南宋石經)** : 『남송석경(南宋石經)』은 송(宋)나라 고종(高宗) 때 돌에 새긴 『십삼경주소(十三經注疏)』의 판본이다. 그러나 『예기(禮記)』에 대해서는 「중용(中庸)」 1편만을 기록하고 있다.

◎ **노문(路門)** : '노문'은 고대 궁실(宮室) 건축물 중에서도 가장 안쪽에 있었던 정문이다. 여러 문들 중에서 노침(路寢)에 가장 가까운 위치에 있었기 때문에, '노문'이라는 명칭이 붙게 되었다. 『주례』「동관고공기(冬官考工記)·장인(匠人)」편에는 "路門不容乘車之五个."라는 기록이 있는데, 이에 대한 정현의 주에서는 "路門者, 大寢之門."라고 풀이하였고, 가공언(賈公彦)의 소(疏)에서는 "路門以近路寢, 故特小爲之."라고 풀이하였다.

◎ **노침(路寢)** : '노침'은 천자나 제후가 정무를 처리하던 정전(正殿)이다. 『시』「노송(魯頌)·민궁(閟宮)」편에는 "松桷有舄, 路寢孔碩."이라는 기록이 있는데, 이에 대한 모전(毛傳)에서는 "路寢, 正寢也."라고 풀이했고, 『문선(文選)』에 수록된 장형(張衡)의 '서경부(西京賦)'에는 "正殿路寢, 用朝群辟."이라는 기록이 있는데, 이에 대한 설종(薛綜)의 주에서는 "周曰路寢, 漢曰正殿."이라고 하여, 주(周)나라에서는 '정전'을 '노침'으로 불렀다고 풀이했다.

ㄷ

◎ **단옥재(段玉裁, A.D.1735~A.D.1815)** : 청(淸)나라 때의 학자이다. 자(字)는 약응(若膺)이고, 호(號)는 무당(懋堂)이다. 저서로는 『설문해자주(說文解字注)』, 『육서음균표(六書音均表)』, 『고문상서찬이(古文尙書撰異)』 등이 있다.

◎ **대구(大裘)** : '대구'는 천자가 제천(祭天) 의식을 시행할 때 입었던 복장이다. 『주례』「천관(天官)·사구(司裘)」편에는 "司裘掌爲大裘, 以共王祀天之服."이라는 기록이 있다. 즉 사구(司裘)는 '대구' 만드는 일을 담당하여, 천자가 하늘에 제사를 지낼 때 입는 의복으로 제공한다. 또한 이 기록에 대해 정현의 주에서는 정사농(鄭司農)의 주장을 인용하여, "大裘, 黑羔裘, 服以祀天, 示質."이라고 풀이했다. 즉 '대구'라는 의복은 검은 양의 가죽으로 만든 옷이며, 이것을 입고 하늘에 제사를 지내는 것은 질박함을 보이기 위함이다.

◎ **대대기(大戴記)** : =대대례기(大戴禮記)

◎ **대대례(大戴禮)** : =대대례기(大戴禮記)

◎ **대대례기(大戴禮記)** : 『대대례기(大戴禮記)』는 『대대례(大戴禮)』·『대대기(大戴記)』라고도 부른다. 대덕(戴德)이 편찬한 예(禮)에 대한 서적이다. 당시 사람들은 그를 대대(大戴)라고 불렀고, 그의 조카 대성(戴聖)을 소대(小戴)라고 불렀기 때문에, 이러한 명칭이 생겨났다. '대성'이 편찬한 『소대례기(小戴禮記)』는 성행을 하였지만, 『대대례기』는 성행하지 못하여, 많은 편들이 없어졌다. 현재는 단지 삼십여 편만이 남아 있다. 정현(鄭玄)의 『육예론(六藝論)』에서는 그가 85편을 전수하였다고 기록하고 있는데, 현재 남아 있는 기록 중에는 1편부터 38편까지의 내용이 모두 없어져서 남아 있지 않다. 남아 있는 편들은 39번 째 「주언(主言)」편부터 81번 째 「역본명(易本命)」편까지인데, 그 중에서도 43~35편, 61편이 없어졌으며, 73편은 특이하게도 2편으로 구성되어 있다.

◎ **대렴(大斂)** : '대렴'은 상례(喪禮) 절차 중 하나이다. 소렴(小斂)을 끝낸 뒤에, 시신을 관에 안치하는 절차이다.

◎ **대상(大喪)** : '대상'은 천자(天子)·왕후(王后)·세자(世子) 등의 상(喪)을 가리킨다. 이들은 가장 존귀한 자들에 해당하기 때문에, 그들에 대한 상(喪) 또한 '대(大)'자를 붙여서, '대상'이라고 부르는 것이다. 『주례』「천관(天官)·재부(宰夫)」편에는 "大喪小喪, 掌小官之戒令, 帥執事而治之."라는 기록이 있는데, 이에 대한 정현의 주에서는 "大喪, 王·后·世子之喪也."라고 풀이했다. 한편 '대상'은 부모의 상(喪)을 가리키기도 한다. 부모는 자식의 입장에서 가장 중대한 대상에 해당하기 때문에, 부모의 상(喪)을 '대상'이라고 부르는 것이다. 『춘추공양전』「선공(宣公) 1년」편에는 "古者臣有大喪, 則君三年不呼其門."이라는 용례가 있다.

◎ **대제(大祭)** : '대제'는 큰 제사라는 뜻이며, 천지(天地)에 대한 제사 및 체협(禘祫) 등을 일컫는다. 『주례』「천관(天官)·주정(酒正)」에 "凡祭祀, 以法共五齊三酒, 以實八尊. 大祭三貳, 中祭再貳, 小祭壹貳, 皆有酌數."라는 기록이 있다. 이에 대한 정현의 주에서는 "大祭, 天地. 中祭, 宗廟. 小祭, 五祀."라고 풀이하여, '대제'는 천지에 대한 제사를 뜻한다고 설명한다. 그리고 『주례』「춘관(春官)·천부(天府)」편에는 "凡國之玉鎭大寶器藏焉, 若有大祭大喪, 則出而陳之, 旣事藏之."라는 기록이 있다. 이에 대한 정현의 주에서는 "禘祫及大喪陳之, 以華國也."라고 풀이

하여, '대제'를 '체협'으로 설명한다. 그리고 '체(禘)'제사와 '대제'의 직접적 관계에 대해서는 『이아』「석천(釋天)」편에서 "禘, 大祭也."라고 풀이하고, 이에 대한 곽박(郭璞)의 주에서는 "五年一大祭."라고 풀이하여, '대제'로써의 '체'제사는 5년마다 지내는 제사로 설명한다.

◎ 대진(戴震, A.D.1724~A.D.1778) : 청(淸)나라 때의 학자이다. 자(字)는 동원(東原)이다. 훈고학에 조예가 깊었다. 저서로는 『이아문자고(爾雅文字考)』, 『맹자자의소증(孟子字意疎證)』, 『원선(原善)』 등이 있다.

◎ 대향(大饗) : '대향'은 큰 연회를 뜻한다. 본래는 천자가 조회로 찾아온 제후들에게 베풀었던 성대한 연회를 가리킨다. 『예기』「중니연거(仲尼燕居)」편에는 "大饗有四焉."이라는 기록이 있고, 이에 대한 정현의 주에서는 "大饗, 謂饗諸侯來朝者也."라고 풀이했다.

◎ 동(同) : '동'은 고대 토지의 면적을 재는 단위이다. 사방 100리(里)의 땅을 '동'이라고 했다. 『춘추좌씨전』「소공(召公) 23년」편에는 "無亦監乎若敖蚡冒至於武文, 土不過同, 愼其四竟, 猶不城郢."이라는 기록이 있는데, 이에 대한 두예(杜預)에 주에서는 "方百里爲一同."이라고 풀이했다. 참고적으로 사방 1리(里)의 면적은 1정(井)이 되고, 10정(井)은 1통(通)이 되며, 10통(通)은 1성(成)이 되니, 1성(成)은 사방 10리(里)의 면적이며, 10성(成)은 1종(終)이 되고, 10종(終)은 1동(同)이 되니, '동'은 사방 100리(里)의 크기가 된다. 『한서(漢書)』「형법지(刑法志)」편에는 "地方一里爲井, 井十爲通, 通十爲成, 成方十里; 成十爲終, 終十爲同, 同方百里."라는 기록이 있다.

◎ 두(豆) : '두'는 고대에 사용된 용기(容器)이다. 그 안에 수용되는 양을 표준으로 삼아서, 용량의 단위로 사용되기도 하였다. 4승(升) 만큼을 1'두'라고 불렀다. 『춘추좌씨전』「소공(昭公) 3년」편에는 "齊 舊四量, 豆·區·釜·鍾. 四升爲豆."라는 기록이 있고, 『의례』「사상례(士喪禮)」편에는 "稻米一豆實於筐."이라는 기록이 있는데, 이에 대한 정현의 주에서는 "豆, 四升."이라고 풀이했다. 한편 한 손에 담을 수 있는 양을 일(溢)이라고 부르고, 두 손에 담을 수 있는 양을 국(掬)이라고 부르는데, '국' 4개만큼을 1'두'라고 부른다. 『소이아(小爾雅)』「광량(廣量)」편에는 "一手之盛謂之溢, 兩手謂之掬, 掬四謂之豆, 豆四謂之區."라는 기록이 있다.

◎ 두(斗) : '두'는 곡식 등의 양을 재는 기구이자, 그 수량을 표시하는 단

위였다. 지역 및 각 시대마다 다소 차이를 보이는데, 고대에는 10승(升)이 1두였다.

◎ **두우(杜佑, A.D.735~A.D.812)** : 당(唐)나라 때의 정치가이자 역사학자였다. 저서로는 『통전(通典)』이 있다.

ㅁ

◎ **마씨(馬氏)** : =마희맹(馬晞孟)

◎ **마언순(馬彦醇)** : =마희맹(馬晞孟)

◎ **마희맹(馬晞孟, ?~?)** : =마씨(馬氏)·마언순(馬彦醇). 자(字)는 언순(彦醇)이다. 『예기해(禮記解)』를 찬술했다.

◎ **명당(明堂)** : '명당'은 일반적으로 고대 제왕이 정교(政教)를 베풀던 장소를 지칭하는 용어로 사용되었다. 이곳에서는 조회(朝會), 제사(祭祀), 경상(慶賞), 선사(選士), 양로(養老), 교학(教學) 등의 국가 주요 업무가 시행되었다. 『맹자』「양혜왕하(梁惠王下)」편에는 "夫明堂者, 王者之堂也."라는 용례가 있고, 『옥태신영(玉台新詠)』「목난사(木蘭辭)」편에도 "歸來見天子, 天子坐明堂."이라는 용례가 있다. '명당'의 규모나 제도는 시대마다 다르다. 또한 '명당'이라는 건물군 중에서 남쪽의 실(室)을 가리키는 용어로도 사용되었다.

◎ **명수(明水)** : '명수'는 제사 때 사용하는 깨끗한 물을 뜻한다.

◎ **명정(銘旌)** : '명정'은 영구(靈柩) 앞에 세워서 죽은 자의 관직 및 성명(姓名)을 표시하는 깃발이다.

◎ **모본(毛本)** : 『모본(毛本)』은 명(明)나라 말기 급고각(汲古閣)에서 간행된 『십삼경주소(十三經注疏)』의 판본이다. 급고각은 모진(毛晋)이 지은 장서각이었으므로, 이러한 명칭이 생겼다.

◎ **목록(目錄)** : 『목록(目錄)』은 정현이 찬술했다고 전해지는 『삼례목록(三禮目錄)』을 가리킨다. 『십삼경주소(十三經注疏)』에서 인용되고 있지만, 이 책은 『수서(隋書)』가 편찬될 당시에 이미 일실되어 존재하지 않았다. 『수서』「경적지(經籍志)」편에는 "三禮目錄一卷, 鄭玄撰, 梁有陶弘景注一卷, 亡."이라는 기록이 있다.

◎ **민본(閩本)** : 『민본(閩本)』은 명(明)나라 가정(嘉靖) 연간 때 이원양(李

元陽)이 간행한『십삼경주소(十三經注疏)』판본이다. 한편『칠경맹자고문보유(七經孟子考文補遺)』에서는 이 판본을『가정본(嘉靖本)』으로 지칭하고 있다.

ㅂ

◎ **방각(方慤)** : =엄릉방씨(嚴陵方氏)

◎ **방구(方丘)** : '방구'는 방택(方澤)과 같은 말이다. 고대에 제왕이 땅에 제사를 지냈던 제단이다. 그 모양이 사각형이었기 때문에 '방(方)'자를 붙이고, 언덕처럼 흙을 쌓아서 만들었기 때문에 '구(丘)'자를 붙여서 부르는 것이다.

◎ **방명(方明)** : '방명'은 상하(上下)와 사방(四方)의 신명(神明)을 형상화한 것을 뜻한다. 신명(神明)을 형상화한 것이기 때문에, '명(明)'자를 붙이는 것이고, 상하(上下)와 사방(四方)을 형상화한 것이기 때문에, '방(方)'자를 붙여서, '방명'이라고 부르는 것이다. 나무를 이용해서 만들며, 사방 4척(尺)의 크기로 만들고, 여섯 가지 색깔로 만들고, 또 여섯 가지 옥을 설치한다. 고대에 제후가 천자를 조회하거나 회맹을 맺을 때, 또 천자가 제사를 지낼 때 설치했었다. 여섯 가지 색깔은 상하(上下) 및 사방(四方)을 형상화하기 위한 것으로, 동쪽에 해당하는 청색, 남쪽에 해당하는 적색, 서쪽에 해당하는 백색, 북쪽에 해당하는 흑색, 상에 해당하는 현색, 하에 해당하는 황색이 여기에 해당한다. 또 여섯 가지의 옥의 경우에도 상하(上下) 및 사방(四方)을 형상화하기 위한 것으로, 상에는 규(圭)를 설치하고, 하에는 벽(璧)을 설치하며, 남쪽에는 장(璋)을 설치하고, 서쪽에는 호(琥)를 설치하며, 북쪽에는 황(璜)을 설치하고, 동쪽에는 규(圭)를 설치한다.『의례』「근례(覲禮)」편에는 "諸侯覲于天子, 爲宮方三百步, 四門, 壇十有二尋, 深四尺, 加方明于其上. 方明者, 木也, 方四尺. 設六色, 東方靑, 南方赤, 西方白, 北方黑, 上玄, 下黃. 設六玉, 上圭, 下璧, 南方璋, 西方琥, 北方璜, 東方圭."라는 기록이 있고, 이에 대한 정현의 주에서는 "方明者, 上下四方神明之象也."라고 풀이했으며, 가공언(賈公彦)의 소(疏)에서는 "謂合木爲上下四方, 故名方; 此則神明之象, 故名明. 此鄭解得名方明神之義也."라고

풀이했다.

◎ **방성부(方性夫)** : =엄릉방씨(嚴陵方氏)

◎ **방씨(方氏)** : =엄릉방씨(嚴陵方氏)

◎ **방악(方岳)** : '방악'은 '방악(方嶽)' 또는 '사악(四嶽)'이라고도 부르며, 사방의 주요 산들을 뜻한다. 고대인들이 주요 산들로 오악(五嶽)을 두었는데, 그 중 중앙에 있는 숭산(嵩山)은 천자의 수도 부근에 있었으므로, '숭산'을 제외한 나머지 4개의 산을 '방악'이라고 부른 것이다. 동쪽 지역의 주요 산인 동악(東嶽)은 태산(泰山)이고, 남악(南嶽)은 형산(衡山: =霍山), 서악(西嶽)은 화산(華山), 북악(北嶽)은 항산(恒山)이 된다. 『춘추좌씨전』「소공(昭公) 4년」에 기록된 '사악(四嶽)'에 대해, 두예(杜預)의 주에서는 "東嶽岱, 西嶽華, 南嶽衡, 北嶽恒."이라고 풀이했다.

◎ **방언(方言)** : 『방언(方言)』은 『유헌사자절대어석별국방언(輶軒使者絕代語釋別國方言)』·『별국방언(別國方言)』이라고도 부른다. 한(漢)나라 때의 학자인 양웅(揚雄)이 편찬했다고 전해지는 서적이다. 총 13권으로 구성되어 있었으며, 각 지방에서 온 사신들의 방언을 모았다는 뜻에서, 『유헌사자절대어석별국방언』이라는 제목으로 출간되었고, 또 이 말을 줄여서 『별국방언』·『방언』이라고 부르게 되었다. 현존하는 『방언』은 곽박(郭璞)의 주(注)가 붙어 있는 판본이다. 그러나 『한서(漢書)』 등의 기록에는 양웅의 저술 목록에 『방언』이 포함되어 있지 않으므로, 편찬자에 대한 의혹이 끊임없이 제기되었다.

◎ **백공(百工)** : '백공'은 각종 장인(匠人)들을 총칭하는 말이다. 『묵자(墨子)』「절용중(節用中)」편에는 "凡天下群<u>百工</u>, 輪車鞼匏, 陶冶梓匠, 使各從事其所能."이라는 용례가 있다. 또한 '백공'은 모든 관리들을 뜻하는 백관(百官)의 뜻으로도 사용된다. 『서』「우서(虞書)·요전(堯典)」편에도 "允釐<u>百工</u>, 庶績咸熙."이라는 기록이 나오고, 『춘추좌씨전』「소공(昭公) 5년」편에도 "王子朝因舊官<u>百工</u>之喪職秩者, 與靈景之族以作亂."이라는 기록이 나온다.

◎ **백관(百官)** : '백관'은 공경(公卿) 이하의 관리들을 뜻한다. 또한 각 부서의 하급 관리들을 총칭하는 용어로도 사용되었다. 『예기』「교특생(郊特牲)」편에는 "獻命庫門之內, 戒<u>百官</u>也."라는 기록이 있고, 이에 대한 정현의 주에서는 "百官, 公卿以下也."라고 풀이하였다.

◎ **백모(白牡)** : '백모'는 고대에 천자 및 제후가 제사 때 사용했던 흰색의

소를 뜻한다. 『시』「노송(魯頌) · 비궁(閟宮)」편에는 "白牡騂剛, 犧尊將將."이라는 기록이 있는데, 이에 대한 모전(毛傳)에서는 "白牡, 周公牲也."라고 풀이했다. 즉 노(魯)나라에서는 주공(周公)에 대한 제사 때, '백모'를 사용했다는 뜻이다. 한편 『예기』「교특생(郊特牲)」편에는 "諸侯之宮縣, 而祭以白牡, 擊玉磬, 朱干設錫, 冕而舞大武, 乘大路, 諸侯之僭禮也."라는 기록이 있는데, 이에 대한 정현의 주에서는 "白牡 · 大路, 殷天子禮也."라고 풀이했다. 즉 '백모'를 사용하여 제사를 지내는 것은 은(殷)나라 때 천자(天子)만이 사용할 수 있었던 예법이라는 뜻이다.

◎ **백물(百物)** : '백물'은 사방의 백신(百神)들을 지칭한다. 백신은 온갖 신들을 총칭하는 말인데, 주요 신들은 제외되고, 주로 하위 신들을 가리킨다. 또한 고대에는 백신들에게 지내는 제사를 사(蜡)라고 부르기도 했다.

◎ **백호통(白虎通)** : 『백호통(白虎通)』은 후한(後漢) 때 편찬된 서적이다. 『백호통의(白虎通義)』라고도 부른다. 후한의 장제(章帝)가 학자들을 불러 모아서, 백호관(白虎觀)에서 토론을 시키고, 각 경전 해석의 차이점을 기록한 서적이다.

◎ **번국(蕃國)** : '번국'은 본래 주(周)나라 때의 구주(九州) 밖의 나라들을 지칭하는 말이다. 후대에는 오랑캐 나라들을 범칭하는 용어로도 사용되었다. 주나라 때에는 구복(九服)으로 천하의 땅을 구획하였는데, 구복 중 육복(六服)까지는 중원 지역으로 구분되며, 육복 이외의 세 개의 지역은 오랑캐 땅으로 분류하였다. 이 세 개의 지역은 이복(夷服) · 진복(鎭服) · 번복(藩服)이며, 이 지역에 세운 나라를 '번국'이라고 부른다. 『주례』「추관(秋官) · 대행인(大行人)」편에는 "九州之外, 謂之蕃國."이라는 기록이 있는데, 이에 대한 손이양(孫詒讓)의 『정의(正義)』에서는 "職方氏九服, 蠻服以外, 有夷·鎭·藩三服. …… 是此蕃國卽職方外三服也."라고 풀이했다.

◎ **번복(藩服)** : '번복'은 번복(蕃服)이라고도 부른다. 진복(鎭服) 밖에 있는 땅으로, 가장 멀리 떨어진 지역이다. 천자의 수도 밖으로 사방 4000리(里)와 4500리 사이에 있었던 땅을 가리킨다. 오랑캐 지역에 해당한다. '번복'의 '번(藩)'자는 이 지역이 가장 멀리 떨어져서 있어서, 울타리가 둘러져 있으므로, 붙여진 글자이다. '복(服)'자는 천자를 위해 복종한다는 뜻이다. 『주례』「하관(夏官) · 직방씨(職方氏)」편에는 "又其外

方五百里曰鎭服, 又其外方五百里曰藩服."이라는 기록이 있고, 이에 대한 가공언(賈公彦)의 소(疏)에서는 "言藩者, 以其最在外爲藩蘺, 故以藩爲稱."이라고 풀이했다.

◎ **벽옹(辟廱)** : '벽옹'은 벽옹(辟雍)과 같은 말이다. 천자의 국성(國城)에 있는 태학(太學)을 지칭한다. '벽(辟)'자는 밝다는 뜻이고, '옹(雍)'자는 조화롭다는 뜻이다. '벽옹'은 천자가 이곳을 통해 천하의 모든 사람들을 밝고 조화롭게 만든다는 뜻이다. 참고로 제후국에 있는 태학을 반궁(頖宮: =泮宮)이라고 부른다.

◎ **벽옹(辟雍)** : =벽옹(辟廱)

◎ **별록(別錄)** : 『별록(別錄)』은 후한(後漢) 때 유향(劉向)이 찬(撰)했다고 전해지는 책이다. 현재는 일실되어 존재하지 않으며, 『한서(漢書)』「예문지(藝文志)」편을 통해서 대략적인 내용만을 추측해볼 수 있다.

◎ **보광(輔廣)** : =경원보씨(慶源輔氏)

◎ **보한경(輔漢卿)** : =경원보씨(慶源輔氏)

◎ **복건(服虔, ?~?)** : 후한대(後漢代)의 유학자이다. 자(字)는 자신(子愼)이다. 초명은 중(重)이었으며, 기(祇)라고도 불렀다. 후에 이름을 건(虔)으로 고쳤다. 『춘추좌씨전(春秋左氏傳)』에 주석을 남겼지만, 산일되어 전해지지 않는다. 현재는 『좌전가복주집술(左傳賈服注輯述)』로 일집본이 편찬되었다.

◎ **복희(伏羲)** : '복희'는 곧 복희씨(宓戲氏)·복희씨(伏羲氏)를 가리킨다. 전설시대에 존재했다고 전해지는 고대 제왕 중 한 명이다. 복(伏)자와 복(宓)자, 그리고 희(羲)자와 희(戲)자는 음이 같아서 통용되었다. 『한서(漢書)』「고금인표(古今人表)」편에는 "太昊帝宓羲氏."라는 기록이 있는데, 이에 대한 안사고(顔師古)의 주에서는 "宓, 音伏, 字本作戲, 其音同."이라고 풀이했다.

◎ **불모(不毛)** : '불모'는 털색이 순일하지 않고, 색깔이 섞여 있는 가축을 뜻한다. 『춘추공양전』「문공(文公) 13년」에는 "魯祭周公, 何以爲牲? 周公用白牡, 魯公用騂犅, 群公不毛."라는 기록이 있는데, 이에 대한 하휴(何休)의 주에서는 "不毛, 不純色."이라고 풀이했다.

◎ 사(祠) : '사'는 봄에 종묘(宗廟)에서 지내는 제사를 뜻한다. '사'자는 음식[食]을 뜻하는 글자로, 선왕(先王)들에게 음식을 대접한다는 의미에서, 봄의 제사를 '사'라고 부르는 것이다. 『이아』「석천(釋天)」편에는 "春祭曰祠."라는 기록이 있는데, 이에 대한 곽박(郭璞)의 주에서는 "祠之言食."이라고 풀이했다. 한편 『예기』「왕제(王制)」편에는 "天子諸侯宗廟之祭, 春曰礿, 夏曰禘, 秋曰嘗, 冬曰烝."이라는 기록이 있고, 이에 대한 정현의 주에서는 "此蓋夏殷之祭名. 周則春曰祠, 夏曰礿, 以禘爲殷祭."라고 풀이했다. 즉 하(夏)나라와 은(殷)나라에서는 봄에 종묘에서 지내는 제사를 약(礿)이라고 불렀는데, 주(周)나라에 이르러, '약'이라는 명칭을 '사'로 고치게 되었다는 뜻이다.

◎ 사대(四代) : '사대'는 우(虞), 하(夏), 은(殷), 주(周)의 4대(代) 왕조를 뜻한다. 『예기』「학기(學記)」편에는 "三王四代唯其師."라는 기록이 있는데, 이에 대한 정현의 주에서는 "四代, 虞·夏·殷·周."라고 풀이했다.

◎ 사도(司徒) : '사도'는 주(周)나라 때의 관리로, 국가의 토지 및 백성들에 대한 교화(教化)를 담당했다. 전설상으로는 소호(少昊) 시대 때부터 설치되었다고 전해진다. 주나라의 육경(六卿) 중 하나였으며, 전한(前漢) 애제(哀帝) 원수(元壽) 2년(B.C. 1)에는 승상(丞相)의 관직명을 고쳐서, 대사도(大司徒)라고 불렀고, 대사마(大司馬), 대사공(大司空)과 함께 삼공(三公)의 반열에 있었다. 후한(後漢) 때에는 다시 '사도'로 명칭을 고쳤고, 그 이후로는 이 명칭을 계속 사용하다가 명(明)나라 때 폐지되었다. 명나라 이후로는 호부상서(戶部尙書)를 '대사도'라고 불렀다.

◎ 사마(司馬) : '사마'라는 관직은 전설상으로는 소호(少昊) 시대부터 설치되었다고 전해진다. 주(周)나라 때에는 육경(六卿) 중 하나였으며, 하관(夏官)의 수장이며, 대사마(大司馬)라고도 불렀다. 군대와 관련된 일을 담당했다. 한(漢)나라 무제(武帝) 때에는 태위(太尉)라는 관직명을 고쳐서 대사마(大司馬)라고 불렀고, 후한(後漢) 때에는 다시 태위(太尉)로 고쳐 불렀다. 남북조시대(南北朝時代)에는 대장군(大將軍)과 함께 이대(二大)로 칭해지기도 했으나, 청(淸)나라 때 폐지되었다. 후세에서는 병부상서(兵部尙書)의 별칭으로 사용하기도 했고, 시랑(侍

郞)을 소사마(少司馬)로 칭하기도 하였다.

◎ **산뢰(山罍)** : =산존(山尊)

◎ **산음육씨(山陰陸氏, A.D.1042~A.D.1102)** : =육농사(陸農師)·육전(陸佃). 북송(北宋) 때의 유학자이다. 자(字)는 농사(農師)이며, 호(號)는 도산(陶山)이다. 어려서 집안이 매우 가난했다고 전해지며, 왕안석(王安石)에게 수학하였으나 왕안석의 신법에 대해서는 반대하였다. 저서로는 『비아(埤雅)』, 『춘추후전(春秋後傳)』, 『도산집(陶山集)』 등이 있다.

◎ **산존(山尊)** : '산존'은 술동이이다. 육존(六尊) 중 하나이다. 산뢰(山罍)를 가리킨다. 구름에 끼인 산을 그려 넣었기 때문에 '산존'이라고 부른다. 『주례』「춘관(春官)·소종백(小宗伯)」편에는 "辨六尊之名物, 以待祭祀·賓客."이라는 기록이 있는데, 이에 대한 정현의 주에서는 정사농(鄭司農)의 주장을 인용하여, "六尊, 獻尊·象尊·壺尊·著尊·大尊·山尊."이라고 풀이했다. 『주례』「춘관(春官)·사존이(司尊彝)」편에는 "其再獻用兩山尊."이라는 기록이 있는데, 이에 대한 정현의 주에서는 "山尊, 山罍也. …… 山罍, 亦刻而畫之, 爲山雲之形."라고 풀이했다.

◎ **살인(殺禋)** : '살인'은 희생물을 도축하여, 태조(太祖)에 대한 제사를 지낸다는 뜻이다. '살(殺)'자는 희생물을 도축한다는 뜻이며, '인(禋)'자는 제사를 지낸다는 뜻이다.

◎ **삼공(三公)** : '삼공'은 중앙정부의 가장 높은 관직자 3명을 합쳐서 부르는 말이다. '삼공'에 속한 관직명에 대해서는 각 시대별로 차이가 있다. 『사기(史記)』「은본기(殷本紀)」편에는 "以西伯昌, 九侯, 鄂侯, 爲三公."이라는 기록이 있다. 즉 은나라 때에는 서백(西伯)인 창(昌), 구후(九侯), 악후(鄂侯)들을 '삼공'으로 삼았다. 또한 주(周)나라 때에는 태사(太師), 태부(太傅), 태보(太保)를 '삼공'으로 삼았다. 『서』「주서(周書)·주관(周官)」편에는 "立太師·太傅·太保, 茲惟三公, 論道經邦, 燮理陰陽."이라는 기록이 있다. 한편 『한서(漢書)』「백관공경표서(百官公卿表序)」에 따르면 사마(司馬), 사도(司徒), 사공(司空)을 '삼공'으로 삼았다는 기록이 있다.

◎ **삼례도(三禮圖)** : 『삼례도(三禮圖)』는 삼례(三禮)에 나타나는 각종 명물(名物) 등에 대한 도해(圖解)를 한 책이다. 『수서(隋書)』「경적지(經籍志)」를 비롯하여, 각종 사서(史書)에는 각 시대마다 편찬된 『삼례도』에 대한 기록이 나오지만, 현재는 전해지지 않는다. 현재 남아있는 『삼례

도』는 송대(宋代) 섭숭의(聶崇義)의 『삼례도』 20권과 명대(明代) 유적(劉績)의 『삼례도』 4권이다.

◎ **삼왕(三王)** : '삼왕'은 하(夏), 은(殷), 주(周) 삼대(三代)의 왕을 뜻한다. 『춘추곡량전』「은공(隱公) 8年」편에는 "盟詛不及三王."이라는 기록이 있고, 이에 대한 범녕(範寧)의 주에서는 '삼왕'을 하나라의 우(禹), 은나라의 탕(湯), 주나라의 무왕(武王)을 지칭한다고 풀이했다. 그리고 『맹자』「고자하(告子下)」편에는 "五覇者, 三王之罪人也."이라는 기록이 있고, 이에 대한 조기(趙岐)의 주에서는 '삼왕'을 범녕의 주장과 달리, 주나라의 무왕 대신 문왕(文王)을 지칭한다고 풀이했다.

◎ **삼주(三酒)** : '삼주'는 상황에 따라 사용되는 세 가지 술을 뜻한다. 세 가지 술은 사주(事酒), 석주(昔酒), 청주(淸酒)를 가리킨다. 『주례』「천관(天官)·주정(酒正)」편에는 "辨三酒之物, 一曰事酒, 二曰昔酒, 三曰淸酒."라는 기록이 있다. 각 술들에 설명은 주석마다 약간의 차이를 보인다. 위의 기록에 대해서 정현의 주에서는 "鄭司農云, '事酒, 有事而飮也, 昔酒, 無事而飮也, 淸酒, 祭祀之酒.' 玄謂事酒, 酌有事者之酒, 其酒則今之醳酒也. 昔酒, 今之酋久白酒, 所謂舊醳者也. 淸酒, 今中山冬釀接夏而成."이라고 풀이했다. 즉 정사농(鄭司農)의 주장에 따르면, '사주'는 어떤 사안이 있어서 마시게 되는 술을 뜻하고, '석주'는 특별한 일이 없을 때 마시는 술을 뜻하며, '청주'는 제사를 지낼 때 쓰는 술을 뜻한다. 한편 정현의 주장에 따르면, '사주'는 일을 맡아본 자에게 따라주는 술을 뜻하는데, 그 술은 정현 시대의 역주(醳酒)에 해당하고, '석주'는 오래 숙성시킨 술로 백주(白酒)와 같은 것이며, '청주'는 중산(中山) 지역에서 겨울에 술을 담가서 여름쯤 다 익은 술을 뜻한다. 그리고 위의 기록에 대해서 손이양(孫詒讓)의 『정의(正義)』에서는 "三酒之中, 事酒較濁, 亦隨時釀之, 酋繹卽孰. 昔酒較淸, 則冬釀春孰. 淸酒尤淸, 則冬釀夏孰."이라고 풀이했다. 즉 손이양의 주장에 따르면, '사주'는 비교적 탁한 술이며, 또한 수시로 빚은 술을 말하는데, 술독을 열어두어서 곧바로 숙성시키는 술을 뜻한다. '석주'는 비교적 맑은 술이며, 겨울에 빚어서 봄쯤에 다 익는 술을 뜻한다. '청주'는 더욱 맑은 술이며, 겨울에 빚어서 여름쯤에 익는 술을 뜻한다.

◎ **삼황(三皇)** : '삼황'은 전설시대에 존재했다고 전해지는 세 명의 제왕을 뜻한다. 그러나 세 명이 누구였는지에 대해서는 이설(異說)이 많다. 첫

번째 주장은 복희(伏羲), 신농(神農), 황제(黃帝)를 '삼황'으로 보는 견해이다. 『장자(莊子)』「천운(天運)」편에는 "余語汝三皇五帝之治天下."라는 기록이 있는데, 이에 대한 성현영(成玄英)의 주에서는 "三皇者, 伏羲·神農·黃帝也."라고 풀이했다. 두 번째 주장은 복희(伏羲), 신농(神農), 여왜(女媧)로 보는 견해이다. 『여씨춘추(呂氏春秋)』「용중(用衆)」편에는 "此三皇五帝之所以大立功名也."라는 기록이 있는데, 이에 대한 고유(高誘)의 주에서는 "三皇, 伏羲·神農·女媧也."라고 풀이했다. 세 번째 주장은 복희(伏羲), 신농(神農), 수인(燧人)으로 보는 견해이다. 『백호통(白虎通)』「호(號)」편에는 "三皇者, 何謂也? 謂伏羲·神農·燧人也."라는 기록이 있다. 네 번째 주장은 복희(伏羲), 신농(神農), 축융(祝融)으로 보는 견해이다. 『백호통』「호」편에는 "禮曰, 伏羲·神農·祝融, 三皇也."라는 기록이 있다. 다섯 번째 주장은 천황(天皇), 지황(地皇), 태황(泰皇)으로 보는 견해이다. 『사기(史記)』「진시황본기(秦始皇本紀)」편에는 "古有天皇, 有地皇, 有泰皇. 泰皇最貴."라는 기록이 있다. 여섯 번째 주장은 천황(天皇), 지황(地皇), 인황(人皇)으로 보는 견해이다. 『예문유취(藝文類聚)』에서는 『춘추위(春秋緯)』를 인용하며, "天皇, 地皇, 人皇, 兄弟九人, 分九州, 長天下也."라고 기록하였다.

◎ **상(嘗)** : '상'은 가을에 종묘(宗廟)에서 지내는 제사를 뜻한다. 『이아』「석천(釋天)」편에는 "春祭曰祠, 夏祭曰礿, 秋祭曰嘗, 冬祭曰烝."이라는 기록이 있다. 즉 봄에 지내는 제사를 '사(祠)'라고 부르며, 여름에 지내는 제사를 '약(礿)'이라고 부르고, 가을에 지내는 제사를 '상(嘗)'이라고 부르며, 겨울에 지내는 제사를 '증(烝)'이라고 부른다. 한편 '상'제사는 성대한 규모로 거행하였기 때문에, '대상(大嘗)'이라고도 불렀으며, 가을에 지낸다는 뜻에서, '추상(秋嘗)'이라고도 불렀다. 또한 『춘추번로(春秋繁露)』「사제(四祭)」편에서는 "四祭者, 因四時之所生孰而祭其先祖父母也. 故春曰祠, 夏曰礿, 秋曰嘗, 冬曰蒸. …… 嘗者, 以七月嘗黍稷也."이라고 하여, 가을 제사인 상(嘗)제사는 7월에 시행하며, 서직(黍稷)을 흠향하도록 지낸다는 뜻에서 맛본다는 뜻의 '상'자를 붙였다고 설명한다.

◎ **상공(上公)** : '상공'은 주(周)나라 제도에 있었던 관직 등급이다. 본래 신하의 관직 등급은 8명(命)까지이다. 주나라 때에는 태사(太師), 태부(太傅), 태보(太保)와 같은 삼공(三公)들이 8명의 등급에 해당했다. 그런데 여기에 1명을 더하게 되면 9명이 되어, 특별직인 '상공'이 된다. 『주

례』「춘관(春官) · 전명(典命)」편에는 "上公九命爲伯, 其國家宮室車旗衣服禮儀, 皆以九爲節."이라는 기록이 있고, 이에 대한 정현의 주에서는 "上公, 謂王之三公有德者, 加命爲二伯. 二王之後亦爲上公."이라고 풀이하였다. 즉 '상공'은 삼공 중에서도 유덕(有德)한 자에게 1명을 더해주어, 제후들을 통솔하는 '두 명의 백(伯)[二伯]'으로 삼았다.

◎ 상전(喪奠) : '상전'은 상례(喪禮)를 시행하는 도중 아직 장례(葬禮)를 치르지 않은 상태에서, 음식물들을 진설하며 지내는 전(奠)제사를 뜻한다.

◎ 상존(象尊) : '상존'은 술동이 중 하나이다. 코끼리[象] 및 봉황(鳳凰)을 그려 넣은 것이라고도 하고, 상아(象牙)로 장식을 했다고도 한다. 『주례』「춘관(春官) · 사존이(司尊彝)」편에는 "其再獻用兩象尊."이라는 기록이 있는데, 이에 대한 정현의 주에서는 정사농(鄭司農)의 주장을 인용하여, "象尊, 以象鳳皇. 或曰以象骨飾尊."이라고 풀이했다.

◎ 서현(徐鉉, A.D.917~A.D.992) : 오대십국(五代十國) 때 남당(南唐)의 학자이다. 자(字)는 정신(鼎臣)이고, 호(號)는 기성(騎省)이다. 『설문해자(說文解字)』를 교정하였다. 저서로는 『기성집(騎省集)』 · 『서문공집(徐文公集)』 등이 있다.

◎ 석(裼) : '석'은 고대에 의례를 시행할 때 하는 복장 방식 중 하나이다. 좌측 소매를 걷어 올려서, 안에 입고 있는 석의(裼衣)를 드러내는 것이다. 한편 '석'은 비교적 성대하지 않은 의식 때 시행하는 복장 방식으로도 사용되어, 좌측 소매를 걷어 올려서 공경의 뜻을 표하기도 했다.

◎ 석경(石經) : 『석경(石經)』은 당(唐)나라 개성(開成) 2년(A.D.714)에 돌에 새긴 『십삼경주소(十三經注疏)』의 판본이다. 당나라 국자학(國子學)의 비석에 새겨졌다는 판본이 바로 이것을 가리킨다.

◎ 석량왕씨(石梁王氏, ?~?) : 자세한 이력이 남아 있지 않다.

◎ 석명(釋名) : 『석명(釋名)』은 후한(後漢) 때의 학자인 유희(劉熙)가 지은 서적이다. 오래된 훈고학 서적의 하나로 꼽힌다.

◎ 석의(裼衣) : '석의'는 고대에 의례를 시행할 때 입는 옷이다. 가죽옷이나 갈옷 위에 걸쳤던 외투 중 하나이다. '석의' 위에는 습의(襲衣)를 걸쳤기 때문에, 중간에 입는 옷이라는 뜻에서 '중의(中衣)'라고도 부른다.

◎ 성강(騂犅) : '성강'은 제사 때 사용된 적색의 소를 뜻한다. 희생물을 관리하는 관청에서 사육을 한 소이다.

◎ 성주(成周) : '성주'는 서주(西周)의 동쪽 도읍인 낙읍(洛邑)을 뜻하는 말이다. 『서』「주서(周書)·낙고(洛誥)」편에는 "召公既相宅, 周公往營成周."라는 기록이 있다. 한편 '성주'는 주공(周公)이 성왕(成王)을 보필하여, 태평성세를 이룬 시기를 뜻하기도 한다.

◎ 세본(世本) : 『세본(世本)』은 『세(世)』·『세계(世系)』 등으로 일컬어지기도 한다. 선진시대(先秦時代) 때의 사관(史官)이 기록한 문헌이라고 전해지지만, 진위여부를 확인할 수 없다. 『세본』은 고대의 제왕(帝王), 제후(諸侯) 및 경대부(卿大夫)들의 세계도(世系圖)를 기록한 서적이다. 일실되어 현존하지 않지만, 후대 학자들이 다른 문헌 속에 남아 있는 기록들을 수집하여, 일집본(佚輯本)을 남겼다. 이러한 일집본에는 여덟 종류의 주요 판본이 있는데, 각 판본마다 내용상의 차이를 보이고 있다. 1959년에는 상무인서관(商務印書館)에서 이러한 여덟 종류의 판본을 모아서 『세본팔종(世本八種)』을 출판하였다.

◎ 소진함(邵晉涵, A.D.1743~A.D.1796) : 청(淸)나라 때의 학자이다. 자(字)는 여동(與桐)이고, 호(號)는 이운(二雲)·남강(南江)이다. 사학(史學)과 경학 분야에 명성이 높았다.

◎ 손염(孫炎, ?~?) : 삼국시대(三國時代) 때의 학자이다. 자(字)는 숙연(叔然)이다. 정현의 문도였으며, 『이아음의(爾雅音義)』를 저술하여 반절음을 유행시켰다.

◎ 순수(巡守) : '순수'는 '순수(巡狩)'라고도 부른다. 천자가 수도를 벗어나 제후의 나라를 시찰하는 것을 뜻한다. '순수'의 '순(巡)'자는 그곳으로 행차를 한다는 뜻이고, '수(守)'자는 제후가 지키는 영토를 뜻한다. 제후는 천자가 하사해준 영토를 대신 맡아서 수호하는 것이기 때문에, 천자가 그곳에 방문하여, 자신의 영토를 어떻게 관리하고 있는지를 시찰하게 된다. 『서』「우서(虞書)·순전(舜典)」편에는 "歲二月, 東巡守, 至于岱宗, 柴."라는 기록이 있고, 이에 대한 공안국(孔安國)의 전(傳)에서는 "諸侯爲天子守土, 故稱守. 巡, 行之."라고 풀이했으며, 『맹자』「양혜왕하(梁惠王下)」편에서는 "天子適諸侯曰巡狩. 巡狩者, 巡所守也."라고 기록하였다. 한편 『예기』「왕제(王制)」편에는 "天子, 五年, 一巡守."라는 기록이 있고, 『주례』「추관(秋官)·대행인(大行人)」편에는 "十有二歲王巡守殷國."이라는 기록이 있다. 즉 「왕제」편에서는 천자가 5년에 1번 순수를 시행하고, 「대행인」편에서는 12년에 1번 순수를 시행한

다고 기록하고 있는데, 이러한 차이점에 대해서 정현은 「왕제」편의 주에서 "五年者, 虞夏之制也. 周則十二歲一巡守."라고 풀이했다. 즉 5년에 1번 순수를 하는 제도는 우(虞)와 하(夏)나라 때의 제도이며, 주(周)나라에서는 12년에 1번 순수를 했다.

◎ 승(升) : '승'은 용량을 재는 단위이다. 지역 및 각 시대마다 다소 차이를 보이는데, 고대에는 10합(合)을 1승(升)으로 여겼고, 10승(升)을 1두(斗)로 여겼다. 『한서(漢書)』「율력지상(律曆志上)」편에는 "合龠爲合, 十合爲升."이라는 기록이 있다.

◎ 승거(乘車) : '승거'는 고대의 장례(葬禮) 때 사용되었던 수레이다. 혼거(魂車)라고도 부른다. 죽은 자의 옷과 관(冠)을 실어서 마치 죽은 자가 생전에 수레를 타던 것처럼 형상화하는 것이다. 그래서 '혼거'라고 부른다.

◎ 시축(尸祝) : '시축'은 제사를 지낼 때, 신주(神主)에 대해서 축문 아뢰는 일을 담당했던 사람이다. '시(尸)'자는 태묘(太廟)의 신주를 뜻하며, '축(祝)'자는 축관을 뜻하는데, 제사를 지낼 때, 신주를 마주하며 축문을 아뢰기 때문에, 축관을 '시축'이라고 부른다. 『장자(莊子)』「소요유(逍遙游)」편에는 "庖人雖不治庖, 尸祝不越樽俎而代之矣."라는 기록이 있는데, 이에 대한 성현영(成玄英)의 소(疏)에서는 "尸者, 太廟之神主也. 祝者, 則今太常太祝是也. 執祭版對尸而祝之, 故謂之尸祝也."라고 풀이했다.

◎ 신안왕씨(新安王氏, A.D.1138~A.D.1218) : =왕염(王炎)·왕회숙(王晦叔). 남송(南宋) 때의 역학자(易學者)이다. 자는 회숙(晦叔)이다.

◎ 신찬(臣瓚, ?~?) : 서진(西晉) 때의 학자이다. 성씨(姓氏) 및 행적에 대해서는 자세히 전해지지 않는다. 『집해음의(集解音義)』를 저술하였다고 전해지며, 책은 이미 소실되었지만, 안사고(顔師古) 등이 『한서(漢書)』의 주석을 달 때 이 책에 근거했다고 전해진다.

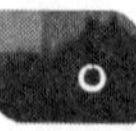

◎ 악공(樂工) : '악공'은 춤을 추는 무용수나 악기를 연주하는 자 등을 뜻한다. 악관(樂官)들 중에서도 하위 관리에 속한 자들이다.

◎ **악본(岳本)** : 『악본(岳本)』은 송(頌)나라 악가(岳珂)가 간행한 『십삼경주소(十三經注疏)』의 판본이다.

◎ **약(礿)** : '약'은 약(禴)이라고도 부른다. 하(夏)나라와 은(殷)나라 때에는 봄에 종묘(宗廟)에서 지내는 제사를 뜻하는 용어로 사용하였지만, 주(周)나라 때에는 명칭을 고쳐서, 여름에 지내는 제사의 명칭으로 삼았다. '약(礿)'이 봄 제사를 뜻하는 용어로 사용될 때에는 적다[薄]라는 뜻으로, 봄에는 만물이 아직 성숙하지 않았으므로, 제사 때 차려내는 제수(祭需)들이 적게 된다. 그렇기 때문에 그 제사를 '약(礿)'이라고 부르는 것이다. 『예기』「왕제(王制)」편에는 "天子諸侯宗廟之祭, 春曰礿, 夏曰禘, 秋曰嘗, 冬曰烝."이라는 기록이 있고, 이에 대한 정현의 주에서는 "此蓋夏殷之祭名. 周則春曰祠, 夏曰礿, 以禘爲殷祭."라고 풀이했고, 진호(陳澔)의 『집설(集說)』에서는 "礿, 薄也. 春物未成, 祭品鮮薄也."라고 풀이했다. 한편 '약(礿)'자가 여름 제사를 뜻하는 용어로 사용될 때에는 삶다[汋=礿]의 뜻으로, 여름 4월에는 보리가 익어서, 삶아서 밥을 지을 수가 있다. 여름 제사 때에는 이처럼 보리밥을 헌상하기 때문에, 그 제사를 '약(礿)'이라고 부르는 것이다. 『춘추공양전』「환공(桓公) 8년」편에는 "夏曰礿."이라는 기록이 있는데, 이에 대한 하휴(何休)의 주에서는 "薦尙麥苗, 麥始熟可礿, 故曰礿."이라고 풀이했다. 그리고 『주례』「춘관(春官)·사존이(司尊彝)」편에서는 "春祠夏禴, 祼用雞彝·鳥彝, 皆有舟."라고 하여, 약(礿)을 '약(禴)'자로 기록하고 있다.

◎ **엄릉방씨(嚴陵方氏, ? ?)** : =방각(方慤)·방씨(方氏)·방성부(方性夫). 송대(宋代)의 유학자이다. 이름은 각(殼)이다. 자(字)는 성부(性夫)이다. 『예기집해(禮記集解)』를 지었고, 『예기집설대전(禮記集說大全)』에는 그의 주장이 많이 인용되고 있다.

◎ **여불위(呂不韋. ?~B.C.235)** : 전국시대(戰國時代) 말기(末期)의 정치가이다. 진(秦)나라의 상국(相國)을 지낼 때, 여러 학자들을 초빙하여 『여씨춘추(呂氏春秋)』를 작성하였다.

◎ **여씨춘추(呂氏春秋)** : 『여씨춘추(呂氏春秋)』는 여불위(呂不韋)가 편찬한 책이다. 『사기(史記)』「문언후열전(文言侯列傳)」편의 기록에 의하면, 여불위가 여러 학자들을 불러 모아서, 학문을 토론하게 하고, 그것을 모아서 『여씨춘추』를 편찬했다고 전해진다. 12개의 기(紀), 8개의 남(覽), 6개의 논(論)으로 구성되어 있다.

◎ 여왜씨(女媧氏) : '여왜씨'는 전설시대에 존재했다고 전해지는 고대 제왕(帝王)의 이름이다. 인류의 시조(始祖)라고도 전해진다. 복희(伏犧)와 혼인하여 인류를 낳았다고 하며, 또한 흙으로 인간을 빚어서 인류를 만들었다고도 전해진다. 또한 '여왜씨'는 하(夏)나라 우(禹)임금의 부인이자, 도산씨(塗山氏)의 딸을 가리킨다. '여왜씨'를 우임금의 부인을 뜻하는 용어로 사용할 때에는 '여왜'를 또한 여교(女嬌), 여교(女趫)라고도 지칭한다.

◎ 역제(繹祭) : '역제'는 일종의 제례 의식 중 하나이다. 정규 제사를 지낸 다음날 지내는 제사이다.

◎ 연(筵) : '연'은 길이를 재는 단위이다. 1장(丈)을 1연(筵)이라고 부른다. 9척(尺)을 1연(筵)으로 보는 설도 있다.

◎ 영위앙(靈威仰) : '영위앙'은 참위설(讖緯說)을 주장했던 자들이 섬기던 오제(五帝) 중 하나이다. 동방(東方)의 신(神)이자, 봄을 주관하는 신이다. 『예기』「대전(大傳)」편에는 "禮, 不王不禘, 王者禘其祖之所自出, 以其祖配之."라는 기록이 있는데, 이에 대한 정현의 주에서는 "王者之先祖皆感大微五帝之精以生. 蒼則靈威仰, 赤則赤熛怒, 黃則含樞紐, 白則白招拒, 黑則汁光紀."라고 풀이하였다.

◎ 오경이의(五經異義) : 『오경이의(五經異義)』는 후한(後漢) 때의 학자인 허신(許愼)이 지은 책이다. 유실되었는데, 송대(宋代) 때 학자들이 다시 모아서 엮었다. 오경(五經)에 관한 고금(古今)의 유설(遺說)과 이의(異義)를 싣고, 그에 대한 시비(是非)를 판별한 내용들이다.

◎ 오면(五冕) : '오면'은 고대의 제왕이 제사를 지낼 때 착용하는 다섯 종류의 관(冠)을 뜻하니, 구면(裘冕)·곤면(袞冕)·별면(驚冕)·취면(毳冕)·치면(絺冕)을 가리킨다. 본래 면복(冕服)에는 여섯 종류가 있지만, 대구(大裘)의 경우, 그 때 착용하는 면(冕)에는 류(旒)가 달려 있지 않기 때문에, '오면'에는 포함시키지 않는다. 『주례』「하관(下官)·변사(弁師)」편에는 "掌王之五冕, 皆玄冕朱裏延紐."라는 기록이 있고, 이에 대한 정현의 주에서는 "冕服有六, 而言五冕者, 大裘之冕蓋無旒, 不聯數也."라고 풀이했다.

◎ 오복(五服) : '오복'은 천자의 수도 밖의 땅을 다섯 종류의 지역으로 구분한 것이다. 천자의 수도로부터 사방 500리(里)씩 떨어진 곳까지 한 종류의 지역으로 구분하였는데, 천자의 수도에서 가까운 순서대로 기

록하면 후복(侯服)·전복(甸服)·수복(綏服)·요복(要服)·황복(荒服) 순이 된다. 『서』「우서(虞書)·우공(禹貢)」편에는 "五百里甸服. 百里賦納總. 二百里納銍. 三百里納秸服. 四百里粟, 五百里米. 五百里侯服. 百里采. 二百里男邦. 三百里諸侯. 五百里綏服. 三百里揆文教. 二百里奮武衛. 五百里要服. 三百里夷, 二百里蔡. 五百里荒服. 三百里蠻. 二百里流."라는 기록이 있다. 한편 '오복'의 명칭에 대해서, 수복(綏服), 요복(要服), 황복(荒服) 대신 남복(男服), 채복(采服), 위복(衛服)으로 부르기도 한다.

◎ 오유청(吳幼清) : =오징(吳澄)

◎ 오적(五狄) : '오적'은 고대 중국의 북쪽 지역에 거주하던 다섯 종류의 소수 민족을 뜻한다. 또한 그들이 거주하는 지역 전체를 가리키는 용어로도 사용되었다. 다섯 종류의 소수 민족을 월지(月支)·예맥(穢貊)·흉노(匈奴)·단우(單于)·백옥(白屋)이라고 정의하기도 한다. 『예기』「왕제(王制)」편에는 "北方曰狄, 衣羽毛穴居, 有不粒食者矣."라는 기록이 있고, 이에 대한 공영달(孔穎達)의 소(疏)에서는 『이아』에 대한 이순(李巡)의 주장을 인용하며, "一曰月支, 二曰穢貊, 三曰匈奴, 四曰單于, 五曰白屋."이라고 풀이했다.

◎ 오제(五齊) : '오제'는 술의 맑고 탁한 정도에 따라서 다섯 가지 등급으로 분류한 술을 뜻한다. 또한 술을 범칭하는 용어로도 사용된다. 다섯 가지 술은 범제(泛齊), 례제(醴齊), 앙제(盎齊), 제제(緹齊), 침제(沈齊)를 가리킨다. 『주례』「천관(天官)·주정(酒正)」편에는 "辨五齊之名, 一曰泛齊, 二曰醴齊, 三曰盎齊, 四曰緹齊, 五曰沈齊."라는 기록이 있다. 각 술들에 대해 설명하자면, 위의 기록에 대한 정현의 주에서는 "泛者, 成而滓浮泛泛然, 如今宜成醪矣. 醴猶體也, 成而汁滓相將, 如今恬酒矣. 盎猶翁也, 成而翁翁然, 葱白色, 如今酇白矣. 緹者, 成而紅赤, 如今下酒矣. 沈者, 成而滓沈, 如今造清矣. 自醴以上尤濁, 縮酌者. 盎以下差清. 其象類則然, 古之法式未可盡聞. 杜子春讀齊皆爲粢. 又禮器曰, '緹酒之用, 玄酒之尚.' 玄謂齊者, 每有祭祀, 以度量節作之."라고 풀이했다. 즉 '범제'는 술이 익고 나서 앙금이 둥둥 떠 있는 것으로 정현 시대의 의성료(宜成醪)와 같은 술이고, '례주'는 술이 익고 나서 앙금을 한 차례 걸러낸 것으로 염주(恬酒)와 같은 것이며, '앙제'는 술이 익고 나서 새파란 빛깔을 보이는 것으로 찬백(酇白)과 같은 술이고, '제제'는 술이 익고

나서 붉은 빛깔을 보이는 것으로 하주(下酒)와 같은 술이며, '침제'는 술이 익고 나서 앙금이 모두 가라앉아 있는 것으로 조청(造淸)과 같은 술이다. '범주'는 가장 탁한 술이며, '례주'는 그 다음으로 탁한 술이고, '앙제'부터는 뒤로 갈수록 맑은 술에 해당한다.

◎ 오제좌(五帝坐) : '오제좌'는 오제좌(五帝座)라고도 부른다. 별자리 이름으로, 태미원(太微垣)에 속해있다. 5개의 별들로 이루어져 있으며, 그 형태는 정사각형에 가까운데, 정중앙에 1개의 별이 있고, 나머지 4개의 별이 동·서·남·북의 방향에서 둘러싸고 있는 형태이다. 중앙의 별은 황제(黃帝)의 자리로, 함추뉴(含樞紐)의 신에 해당하고, 그 위치는 '태미원'의 정중앙이 된다. 나머지 4개의 별은 동쪽에 있는 창제(蒼帝)인 영위앙(靈威仰), 남쪽의 적제(赤帝)인 적표노(赤熛怒), 서쪽의 백제(白帝)인 백소구(白昭矩: =白招拒), 북쪽의 흑제(黑帝)인 협광기(叶光紀)에 해당한다. 『사기(史記)』「천관서(天官書)」편에는 "衡, 太微, 三光之廷 …… 其內五星, 五帝坐."라는 기록이 있는데, 이에 대한 장수절(張守節)의 『정의(正義)』에서는 "黃帝坐一星, 在太微宮中, 含樞紐之神. 四星夾黃帝坐, 蒼帝東方靈威仰之神, 赤帝南方赤熛怒之神, 白帝西方白昭矩之神, 黑帝北方叶光紀之神. 五帝並設, 神靈集謀者也."라고 풀이했다.

◎ 오징(吳澄, A.D.1249~A.D.1333) : =임천오씨(臨川吳氏)·오유청(吳幼淸). 송원대(宋元代)의 유학자이다. 이름은 징(澄)이다. 자(字)는 유청(幼淸)이다. 저서로 『예기해(禮記解)』가 있다.

◎ 왕개보(王介甫) : =왕안석(王安石)

◎ 왕념손(王念孫, A.D.1744~A.D.1832) : 청(淸)나라 때의 학자이다. 자(字)는 회조(懷祖)이고, 호(號)는 석구(石臞)이다. 부친은 왕안국(王安國)이고, 아들은 왕인지(王引之)이다. 대진(戴震)에게 학문을 배웠다. 저서로는 『독서잡지(讀書雜志)』 등이 있다.

◎ 왕무횡(王懋竑, A.D.1668~A.D.1741) : 청(淸) 나라 때의 경학자이다. 자(字)는 여중(予中)·여중(與中)이며, 호(號)는 백전(白田)이다.

◎ 왕문공(王文公) : =왕안석(王安石)

◎ 왕빈(王賓) : '왕빈'은 천자의 제사를 돕는 제후(諸侯)를 뜻한다.

◎ 왕숙(王肅, A.D.195~A.D.256) : 위진남북조(魏晉南北朝) 때의 위(魏)나라 경학자이다. 자(字)는 자옹(子雍)이다. 출신지는 동해(東海)이다. 부

친 왕랑(王朗)으로부터 금문학(今文學)을 공부했으나, 고문학(古文學)의 고증적인 해석을 따랐다. 『상서(尙書)』, 『시경(詩經)』, 『좌전(左傳)』, 『논어(論語)』 및 삼례(三禮)에 대한 주석을 남겼다.

◎ **왕안석(王安石, A.D.1021~A.D.1086)** : =금릉왕씨(金陵王氏)·왕개보(王介甫)·왕문공(王文公)·왕형공(王荊公)·임천왕씨(臨川王氏). 북송(北宋) 때의 정치가이자 학자이다. 자(字)는 개보(介甫)이고, 호는 반산(半山)이다. 형(荊)에 봉작(封爵)되었다. 저서로는 『주관신의(周官新義)』 등이 있다.

◎ **왕염(王炎)** : =신안왕씨(新安王氏)

◎ **왕인지(王引之, A.D.1766~A.D.1834)** : 청(淸)나라 때의 훈고학자이다. 자(字)는 백신(伯申)이고, 호(號)는 만경(曼卿)이며, 시호(諡號)는 문간(文簡)이다. 왕념손(王念孫)의 아들이다. 대진(戴震), 단옥재(段玉裁), 부친과 함께 대단이왕(戴段二王)이라고 일컬어졌다. 『경전석사(經傳釋詞)』, 『경의술문(經義述聞)』 등의 저술이 있다.

◎ **왕중(汪中, A.D.1744~A.D.1794)** : 청(淸)나라 때의 학자이다. 자(字)는 용보(容甫)이다. 저서로는 『경의지신기(經義知新記)』·『묵자표징(墨子表徵)』·『상서고이(尙書考異)』 등이 있다.

◎ **왕형공(王荊公)** : =왕안석(王安石)

◎ **왕회숙(王晦叔)** : =신안왕씨(新安王氏)

◎ **외병(外屛)** : '외병'은 천자가 문 밖에 설치했던 담장이다. 문 안에 있는 작은 담장을 내병(內屛)이라고 부르는데, 이것과 상대되는 말이다. 문 밖에 설치했기 때문에 '외(外)'자를 붙인 것이고, 병풍과도 같은 역할을 했기 때문에 '병(屛)'자를 붙여서 '외병'이라고 부른 것이다. 후대에는 조벽(照壁)으로 부르기도 했다.

◎ **외조(外朝)** : '외조'는 내조(內朝)와 대비되는 말이며, 천자 및 제후가 정사(政事)를 처리하던 곳이다. 『주례』「춘관(秋官)·조사(朝士)」편에 대한 정현의 주에서는 "周天子諸侯皆有三朝. 外朝一, 內朝二. 內朝之在路門內者, 或謂之燕朝."라는 기록이 있다. 즉 천자 및 제후는 3개의 조(朝)를 두는데, 1개는 '외조'이며, 나머지 2개는 내조가 된다. 『국어(國語)』「노어하(魯語下)」편에는 "天子及諸侯合民事於外朝, 合神事於內朝. 自卿以下, 合官職於外朝, 合家事於內朝."라는 기록이 있고, 이 문장에 나타난 '외조'에 대해서, 위소(韋昭)는 "言與百官考合民事於外朝也."라

고 풀이했다. 즉 '외조'는 모든 관료들과 함께, 백성들과 관련된 정무를 처리하던 장소이다.

◎ 요복(要服) : '요복'은 위복(衛服)과 이복(夷服) 사이에 있는 땅을 뜻한다. 천자의 수도 밖으로 사방 2500리(里)와 3000리 사이에 있었던 땅을 가리킨다. '요복'의 '요(要)'자는 결속시킨다는 뜻으로, 중원의 문화를 수호하며 지킨다는 의미이다. '복(服)'자는 천자를 위해 복종한다는 뜻이다. 한편 '요복'은 '만복(蠻服)'이라고도 부른다. '만복'의 '만(蠻)'자는 오랑캐들의 지역과 인접해 있기 때문에 붙여진 명칭으로, 교화를 베풀어 오랑캐들도 교화되도록 한다는 뜻이다. 『서』「우서(虞書)·우공(禹貢)」편에는 "五百里要服."이라는 기록이 있고, 이에 대한 공안국(孔安國)의 전(傳)에서는 "綏服外之五百里, 要束以文教."라고 풀이했으며, 『주례』「하관(夏官)·직방씨(職方氏)」편에는 "又其外方五百里曰衛服, 又其外方五百里曰蠻服, 又其外方五百里曰夷服."이라는 기록이 있고, 이에 대한 가공언(賈公彦)의 소(疏)에서는 "言蠻者, 近夷狄, 蠻之言縻, 以政教縻來之, 自北已下皆夷狄."이라고 풀이했다.

◎ 요작(瑤爵) : '요작'은 아름다운 옥돌[瑤]을 조각하여 만든 술잔으로, 그 술잔의 중요성은 대체적으로 옥작(玉爵) 다음이 된다. 『주례』「천관(天官)·내재(內宰)」편에는 大祭祀, 后祼獻則贊, 瑤爵亦如之."라는 기록이 있는데, 이에 대한 정현의 주에서는 "其爵以瑤爲飾."이라고 풀이했고, 『예기』「제통(祭統)」편에는 "尸飲五, 君洗玉爵獻卿; 尸飲七, 以瑤爵獻大夫."라는 기록이 있다.

◎ 원사(元士) : '원사'는 천자에게 소속된 사(士) 계층 중 하나이다. '사' 계층은 상·중·하로 구분되어, 상사(上士), 중사(中士), 하사(下士)로 나뉜다. 다만 천자에게 소속된 '상사'에게는 제후에게 소속된 '상사'보다 높여서 '원(元)'자를 붙이게 된다. 그래서 '원사'라고 부르는 것이다.

◎ 원신계(援神契) : 『원신계(援神契)』는 『효경(孝經)』에 대한 위서(緯書) 중 하나이다. '위서'는 경서(經書)의 부족한 내용을 보충하기 위해 위작된 것으로, 서한(西漢) 말기에 유행하기 시작하여, 동한(東漢) 시기에 크게 성행하였으며, 남조(南朝) 송나라 때가 되어서야 비로소 금지되기 시작하였다.

◎ 원준(袁準, ?~?) : =서진(西晉) 때의 학자이다. 자(字)는 효니(孝尼)이다. 부친은 원환(袁渙)이다. 저서로는 『상복경(喪服經)』·『시전(詩傳)』·『주

관전(周官傳)』·『주역전(周易傳)』 등이 있다.

◎ **위굉(衛宏, ?~?)** : 후한(後漢) 때의 학자이다. 자(字)는 경중(敬仲)이다. 저서로는 『고문상서훈지(古文尙書訓旨)』·「모시서(毛詩序)」 등이 있다.

◎ **위복(衛服)** : '위복'은 채복(采服)과 요복(要服: =蠻服) 사이에 있는 땅을 뜻한다. 천자의 수도 밖으로 사방 2000리(里)와 2500리 사이에 있었던 땅을 가리킨다. '위복'의 '위(衛)'자는 수호한다는 뜻으로, 천자를 위해서 외부의 침입을 막는다는 의미이다. '복(服)'자는 천자를 위해 복종한다는 뜻이다. 『주례』「하관(夏官)·직방씨(職方氏)」편에는 "又其外方五百里曰采服, 又其外方五百里曰衛服, 又其外方五百里曰蠻服."이라는 기록이 있고, 이에 대한 가공언(賈公彦)의 소(疏)에서는 "言衛者, 爲王衛禦."라고 풀이했다.

◎ **유맹야(劉孟冶)** : =유씨(劉氏)

◎ **유씨(劉氏, ?~?)** : =유맹야(劉孟冶). 자세한 이력이 남아 있지 않다.

◎ **유씨(庾氏)** : =유울(庾蔚)

◎ **유울(庾蔚, ?~?)** : =유씨(庾氏). 남조(南朝) 때 송(宋)나라 학자이다. 저서로는 『예기약해(禮記略解)』, 『예론초(禮論鈔)』, 『상복(喪服)』, 『상복세요(喪服世要)』, 『상복요기주(喪服要記注)』 등을 남겼다.

◎ **유원보(劉原父)** : =유창(劉敞)

◎ **유창(劉敞, A.D.1019~A.D.1068)** : =공시선생(公是先生)·유원보(劉原父)·청강유씨(淸江劉氏). 북송(北宋) 때의 경학자이다. 자(字)는 원보(原父)이다. 유학 뿐만 아니라 불교와 도교에 대해서도 연구하였고, 천문(天文), 지리(地理) 등의 방면에도 조예가 깊었다.

◎ **육경(六卿)** : '육경'은 여섯 명의 경(卿)을 가리키는데, 주로 여섯 명의 주요 관직자들을 뜻한다. 각 시대마다 해당하는 관직명과 담당하는 영역에는 차이가 있었다. 『서』「하서(夏書)·감서(甘誓)」편에는 "大戰于甘, 乃召六卿."이라는 기록이 있고, 이에 대한 공안국(孔安國)의 전(傳)에서는 "天子六軍, 其將皆命卿."이라고 풀이했다. 즉 천자는 6개의 군(軍)을 소유하고 있는데, 각 군의 장수를 '경(卿)'으로 임명하였기 때문에, 이들 육군(六軍)의 수장을 '육경'이라고 부른다는 뜻이다. 이 기록에 따르면 하(夏)나라 때에는 육군의 장수를 '육경'으로 불렀다는 결론이 도출된다. 한편 『주례(周禮)』의 체제에 따르면, 주(周)나라에서는 여섯 개의 관부를 설치하였고, 이들 관부의 수장을 '경'으로 임명하였

다. 따라서 천관(天官)의 총재(冢宰), 지관(地官)의 사도(司徒), 춘관(春官)의 종백(宗伯), 하관(夏官)의 사마(司馬), 추관(秋官)의 사구(司寇), 동관(冬官)의 사공(司空)이 '육경'에 해당한다. 『한서(漢書)·백관공경표상(百官公卿表上)』편에는 "夏殷亡聞焉, 周官則備矣. 天官冢宰, 地官司徒, 春官宗伯, 夏官司馬, 秋官司寇, 冬官司空, 是爲六卿, 各有徒屬職分, 用於百事."라는 기록이 있다.

◎ 육기(陸機, A.D.261~A.D.303) : 서진(西晉) 때의 학자이다. 자(字)는 사형(士衡)이다. 저서로는 『변망론(辯亡論)』·『육사형집(陸士衡集)』 등이 있다.

◎ 육농사(陸農師) : =산음육씨(山陰陸氏)

◎ 육대(六代) : '육대'는 황제(黃帝)·당(唐)·우(虞)·하(夏)·은(殷)·주(周) 등의 여섯 왕조를 가리킨다. 『진서(晉書)』「악지상(樂志上)」편에는 "周始二南, 風兼六代. 昔黃帝作雲門, 堯作咸池, 舜作大韶, 禹作大夏, 殷作大濩, 周作大武, 所謂因前王之禮, 設俯仰之容, 和順積中, 英華發外."라는 기록이 있다.

◎ 육덕명(陸德明, A.D.550~A.D.630) : =육원랑(陸元朗). 당대(唐代)의 경학자이다. 이름은 원랑(元朗)이고, 자(字)는 덕명(德明)이다. 훈고학에 뛰어났으며, 『경전석문(經典釋文)』 등을 남겼다.

◎ 육면(六冕) : '육면'은 천자가 착용하는 여섯 종류의 면복(冕服)을 가리킨다. 호천(昊天) 및 오제(五帝)에게 제사지낼 때에는 대구(大裘)를 입고 면류관[冕]을 쓰며, 선왕(先王)에게 제사지낼 때에는 곤면(袞冕)을 착용하고, 선공(先公)에 대한 제사 및 향사례(饗射禮)를 시행할 때에는 별면(鷩冕)을 착용하며, 산천(山川) 등에 제사지낼 때에는 취면(毳冕)을 착용하고, 사직(社稷) 등에 제사지낼 때에는 희면(希冕: =絺冕)을 착용하며, 기타 여러 제사에는 현면(玄冕)을 착용한다. 『주례』「춘관(春官)·사복(司服)」편에는 "掌王之吉凶衣服, 辨其名物, 辨其用事. 王之吉服, 祀昊天上帝, 則服大裘而冕, 祀五帝亦如之. 享先王則袞冕. 享先公, 饗射則鷩冕. 祀四望山川則毳冕. 祭社稷五祀則希冕. 祭群小祀則玄冕."이라는 기록이 있다.

◎ 육사(六師) : '육사'는 '육군(六軍)'이라고도 부른다. 주(周)나라 때 천자가 통솔했던 여섯 단위의 군대를 뜻한다. '사(師)'는 본래 군대의 단위를 뜻하는 것으로, 1사(師)는 12,500명으로 구성된다. 후대에는 천자의

군대를 지칭하는 용어로도 사용되었다.

◎ 육원랑(陸元朗) : =육덕명(陸德明)

◎ 육융(六戎) : '육융'은 고대 중국의 서쪽 지역에 거주하던 여섯 종류의 소수 민족을 뜻한다. 또한 그들이 거주하는 지역 전체를 가리키는 용어로도 사용되었다. 여섯 종류의 소수 민족을 요이(僥夷)·융앙(戎央) 노백(老白)·기강(耆羌)·비식(鼻息)·천강(天剛)이라고 정의하기도 한다. 『예기』「왕제(王制)」편에는 "西方曰戎, 被髮衣皮, 有不粒食者矣."라는 기록이 있고, 이에 대한 공영달(孔穎達)의 소(疏)에서는 『이아』에 대한 이순(李巡)의 주장을 인용하며, "一曰僥夷, 二曰戎央, 三曰老白, 四曰耆羌, 五曰鼻息, 六曰天剛."이라고 풀이했다.

◎ 육이(六彝) : '육이'는 제사 때 설치하는 여섯 개의 술병을 뜻한다. 각각 조각하고 그려 넣는 무늬가 달랐기 때문에, 그 명칭들도 달랐다. 여섯 개의 술병은 계이(雞彝), 조이(鳥彝), 가이(斝彝), 황이(黃彝), 호이(虎彝), 유이(蜼彝)이다. 『주례』「춘관(春官)·소종백(小宗伯)」편에는 "辨六彝之名物, 以待果將."이라는 기록이 있고, 이에 대한 정현의 주에서는 "六彝: 雞彝·鳥彝·斝彝·黃彝·虎彝·蜼彝."라고 풀이했다.

◎ 육전(陸佃) : =산음육씨(山陰陸氏)

◎ 응문(應門) : '응문'은 궁(宮)의 정문을 가리킨다. 『시』「대아(大雅)·면(緜)」편에는 "迺立應門, 應門將將."이라는 기록이 있는데, 이에 대한 모전(毛傳)에서는 "王之正門曰應門."이라고 풀이하였다.

◎ 이기씨(伊耆氏) : '이기씨'는 신농(神農)을 가리킨다. 일설에는 요(堯)임금을 뜻한다고 주장하기도 한다.

◎ 이백(二伯) : '이백'은 주(周)나라 초기에 천하를 동서(東西)로 양분하여, 각 방위에 있던 제후들을 다스렸던 2명의 주요 신하를 가리키는 말이다. 구체적 인물로는 주공(周公)과 소공(召公)이 '이백'을 맡았었다고 전해진다. 『공총자(孔叢子)』「거위(居衛)」편에는 "古之帝王, 中分天下, 使二公治之, 謂之二伯."이라는 기록이 있고, 『예기』「왕제(王制)」편에는 "八伯各以其屬, 屬於天子之老二人, 分天下以爲左右, 曰二伯."이라는 기록이 있는데, 이에 대한 정현의 주에서는 "自陝以東, 周公主之, 自陝以西, 召公主之."라고 풀이했다.

◎ 이복(夷服) : '이복'은 요복(要服)과 진복(鎭服) 사이에 있는 땅을 뜻한다. 천자의 수도 밖으로 사방 3000리(里)와 3500리 사이에 있었던 땅

을 가리킨다. 이곳부터 중원과 구분되어, 오랑캐 지역으로 규정되었다. '이복'의 '이(夷)'자는 이 지역이 오랑캐 지역에 해당하기 때문에, 붙여진 글자이다. '복(服)'자는 천자를 위해 복종한다는 뜻이다. 『주례』「하관(夏官)·직방씨(職方氏)」편에는 "又其外方五百里曰蠻服, 又其外方五百里曰夷服, 又其外方五百里曰鎭服."이라는 기록이 있고, 이에 대한 가공언(賈公彦)의 소(疏)에서는 "諸言夷者, 以其在夷狄中, 故以夷言之."라고 풀이했다.

◎ **인(仞)** : '인'은 길이를 재는 단위이다. 7척(尺)이 1인(仞)이 된다. 일설에는 8척(尺)을 1인(仞)이라고도 한다. 『논어』「자장(子張)」편에서는 "夫子之牆數仞, 不得其門而入者, 不見宗廟之美, 百官之富, 得其門者或寡矣."라고 했는데, 이에 대한 하안(何晏)의 『집해(集解)』에서는 "七尺曰仞也"라고 풀이했고, 『의례』「향사(鄕射)」편에는 "杠長三仞."이라고 했는데, 이에 대한 정현의 주에서는 "七尺曰仞."이라고 풀이했다. 한편 『한서(漢書)』「식화지상(食貨志上)」편에는 "神農之敎曰: 有石城十仞, 湯池百步, 帶甲百萬而亡粟, 弗能守也."라고 했는데, 이에 대한 안사고(顔師古)의 주에서는 "應劭曰: '仞, 五尺六寸也.' 師古曰: '此說非也. 八尺曰仞, 取人申臂之一尋也.'"라고 풀이했다.

◎ **임천왕씨(臨川王氏)** : =왕안석(王安石)

◎ **자림(字林)** : 『자림(字林)』은 고대의 자서(字書)이다. 진(晉)나라 때 학자인 여침(呂忱)이 지었다. 원본은 일실되어 전해지지 않고, 다른 문헌들 속에 일부 기록들만 남아 있다.

◎ **자성(粢盛)** : '자성'의 자(粢)자는 곡식의 한 종류인 기장을 뜻하고, 성(盛)자는 그릇에 기장을 풍성하게 채워놓은 모양을 뜻한다. 따라서 '자성'은 제기(祭器)에 곡물을 가득 채워놓은 것을 뜻하며, 제물(祭物)로 사용되었다. 『춘추공양전』「환공(桓公) 14년」편에는 "御廩者何, 粢盛委之所藏也."라는 기록이 있는데, 이에 대한 하휴(何休)의 주에서는 "黍稷曰粢, 在器曰盛."이라고 풀이하였다.

◎ **장락진씨(長樂陳氏)** : =진상도(陳祥道)

◎ **전복(甸服)** : '전복'은 천자의 수도 밖의 지역이다. '전복'의 '전(甸)'자는 '전(田)'자의 뜻으로, 천자가 정사를 펼치는데 필요한 조세를 거두던 지역이라는 뜻이다. '복(服)'자는 천자를 위해 복종한다는 뜻이다. 하(夏)나라 때의 제도에서는 천자의 수도와 연접한 지역이 '전복'이 되었는데, 천자의 수도로부터 사방 500리(里) 떨어진 곳까지를 '전복'이라고 불렀다. 『서』「우서(虞書)·우공(禹貢)」편에는 "錫土姓, 祗台德先, 不距朕行, 五百里甸服."이라는 기록이 있고, 이에 대한 공안국(孔安國)의 전(傳)에서는 "規方千里之內謂之甸服, 爲天子服治田, 去王城面五百里."이라고 풀이했다. 한편 주(周)나라 때에는 '전복'의 자리에 대신 '후복(侯服)'이 위치하였으며, '전복'은 '후복' 밖의 사방 500리 떨어진 곳까지를 뜻하였다. 『주례』「하관(夏官)·직방씨(職方氏)」편에는 "乃辨九服之邦國, 方千里曰王畿, 其外方五百里曰侯服, 又其外方五百里曰甸服."이라는 기록이 있다.

◎ **정강성(鄭康成)** : =정현(鄭玄)

◎ **정사농(鄭司農)** : =정중(鄭衆)

◎ **정색(正色)** : '정색'은 간색(間色)과 대비되는 말로, 청색(靑色)·적색(赤色)·황색(黃色)·백색(白色)·흑색(黑色) 등 순일한 다섯 종류의 색깔을 뜻한다.

◎ **정씨(鄭氏)** : =정현(鄭玄)

◎ **정중(鄭衆, ?~A.D.83)** : =정사농(鄭司農). 후한(後漢) 때의 경학자이다. 자(字)는 중사(仲師)이다. 부친은 정흥(鄭興)이다. 부친에게 『춘추좌씨전(春秋左氏傳)』의 학문을 전수받았다. 또한 그는 대사농(大司農) 등의 관직을 역임하였기 때문에, '정사농'이라고도 불렀다. 한편 정흥과 그의 학문은 정현(鄭玄)에게 많은 영향을 주었기 때문에, 후대에서는 정현을 후정(後鄭)이라고 불렀고, 정흥과 그를 선정(先鄭)이라고도 불렀다. 저서로는 『춘추조례(春秋條例)』, 『주례해고(周禮解詁)』 등을 지었다고 하지만, 현재는 전해지지 않았다.

◎ **정지(鄭志)** : 『정지(鄭志)』는 정현(鄭玄)과 그의 제자들이 오경(五經)에 대해서 문답을 주고받은 내용을 기록한 문헌이다. 『논어』의 형식에 의거하여, 정현의 제자들이 편찬하였다. 『후한서(後漢書)』「장조정열전(張曹鄭列傳)」편에는 "門人相與撰玄荅諸弟子問五經, 依論語作鄭志八篇."라는 기록이 있다.

◎ 정현(鄭玄, A.D.127~A.D.200) : =정강성(鄭康成)·정씨(鄭氏). 한대(漢代)의 유학자이다. 자(字)는 강성(康成)이다. 『주역(周易)』, 『상서(尙書)』, 『모시(毛詩)』, 『주례(周禮)』, 『의례(儀禮)』, 『예기(禮記)』, 『논어(論語)』, 『효경(孝經)』 등에 주석을 하였다.

◎ 조근(朝覲) : '조근'은 군주가 신하를 만나보는 예법(禮法)을 뜻한다. 군주가 신하를 만나보는 예법에는 조(朝), 근(覲), 종(宗), 우(遇), 회(會), 동(同) 등이 있었는데, 이것을 총칭하여 '조근'으로 부르기도 한다. 한편 '조근'은 신하가 군주를 찾아뵙는 예법을 뜻하기도 한다. 고대에는 제후가 천자를 찾아뵐 때, 각 계절별로 그 명칭을 다르게 불렀다. 봄에 찾아뵙는 것을 조(朝)라고 부르며, 여름에 찾아뵙는 것을 종(宗)이라고 부르고, 가을에 찾아뵙는 것을 근(覲)이라고 부르며, 겨울에 찾아뵙는 것을 우(遇)라고 부른다. '조근'은 이러한 예법들을 총칭하는 말이다.

◎ 조묘(祧廟) : '조묘'는 천묘(遷廟)와 같은 뜻이다. '천묘'는 대수(代數)가 다한 신주(神主)를 모시는 묘(廟)를 뜻한다. 예를 들어 天子의 경우, 7개의 묘(廟)를 설치하는데, 가운데의 묘에는 시조(始祖) 혹은 태조(太祖)의 신주(神主)를 모시며, 이곳의 신주는 다른 곳으로 옮기지 않는 불천위(不遷位)에 해당한다. 그리고 좌우에는 각각 3개의 묘(廟)를 설치하여, 소목(昭穆)의 순서에 따라 6대(代)의 신주를 모신다. 현재의 천자가 죽게 되어, 그의 신주를 묘에 모실 때에는 소목의 순서에 따라 가장 끝 부분에 있는 묘로 신주가 들어가게 된다. 만약 소(昭) 계열의 가장 끝 묘에 새로운 신주가 들어서게 되면, 밀려나게 된 신주는 바로 위의 소 계열 묘로 들어가게 되고, 최종적으로 밀려나서 더 이상 갈 곳이 없는 신주는 '천묘'로 들어가게 된다. 또한 '천묘'는 위에서 서술한 것처럼 신구(新舊)의 신주가 옮겨지게 되는 의식 자체를 지칭하기도 하며, '천묘'된 신주 자체를 가리키기도 한다. 주(周)나라 때에는 문왕(文王)과 무왕(武王)의 묘를 '천묘'로 사용하였다.

◎ 조문(朝門) : '조문'은 조정에 들어가기 위해 거치는 궁성의 문을 뜻한다. 천자의 경우에는 응문(應門)에 해당한다. 이 문을 통해서 조정으로 들어가기 때문에, 응문을 '조문'이라고 지칭한다. 또한 '정문(正門)'이라고도 부른다. 천자의 궁성에 있어서, '정(正)'자는 중(中)자의 뜻으로, 응문은 궁성의 중앙에 위치한 문이 된다. 응문 밖에는 고문(皐門)이 있어서, 고문을 외문(外門)으로 지칭하기도 하고, 응문 안에는 노문(路

門)이 있어서, 노문을 내문(內門)으로 지칭하기도 한다.

◎ **조복(朝服)** : '조복'은 군주와 신하가 조회를 열 때 착용하는 복장을 뜻한다. 중요한 의식을 치를 때 착용하는 예복(禮服)을 가리키기도 한다.

◎ **조빙(朝聘)** : '조빙'은 본래 제후가 주기적으로 천자를 찾아뵙는 것을 뜻한다. 고대에는 제후가 천자에 대해서 매년 1번씩 소빙(小聘)을 했고, 3년에 1번씩 대빙(大聘)을 했으며, 5년에 1번씩 조(朝)를 했다. '소빙'은 제후가 직접 찾아가지 않았고, 대부(大夫)를 대신 파견하였으며, '대빙' 때에는 경(卿)을 파견하였다. '조'에서만 제후가 직접 찾아갔는데, 이것을 합쳐서 '조빙'이라고 부른다. 춘추시대(春秋時代) 때에는 진(晉)나라 문공(文公)과 같은 패주(霸主)에게 '조빙'을 하기도 하였다. 『예기』「왕제(王制)」편에는 "諸侯之於天子也, 比年一小聘, 三年一大聘, 五年一朝."라는 기록이 있고, 이에 대한 정현의 주에서는 "比年, 每歲也. 小聘, 使大夫, 大聘, 使卿, 朝, 則君自行. 然此大聘與朝, 晉文霸時所制也."라고 풀이했다. 후대에는 서로 찾아가서 만나보는 것을 '조빙'이라고 범칭하기도 했다.

◎ **조사(朝事)** : '조사'는 종묘(宗廟)에서 새벽에 지내는 제사를 가리킨다. 『예기』「제의(祭義)」편에는 "建設朝事, 燔燎羶薌."이라는 기록이 있고, 이에 대한 진호(陳澔)의 『집설(集說)』에서는 "朝事, 謂祭之日, 早朝而行之事也."라고 풀이했다.

◎ **조상(趙商, ?~?)** : 정현(鄭玄)의 제자이다. 자(字)는 자성(子聲)이다. 하내(河內) 지역 출신이다.

◎ **조천(朝踐)** : '조천'은 제례(祭禮) 의식 중 하나이다. 희생물의 피와 기름 등을 바치고, 단술을 따르게 되면, 비로소 제사를 본격적으로 시행하게 된다. 제주(祭主)의 부인이 되는 주부(主婦)는 이때 제사 때 진설해두는 제기(祭器)인 두변(豆籩) 등을 바치게 된다. '조천'은 바로 이러한 의식 절차를 가리킨다. 『주례』「춘관(春官)·사존이(司尊彝)」에는 "其朝踐用兩獻尊."이라는 기록이 있고, 이 기록에 대한 정현의 주에서는 "朝踐, 謂薦血腥, 酌醴, 始行祭事, 后於是薦朝事之豆籩."이라고 풀이하였다.

◎ **조향(朝饗)** : =조향(朝享)

◎ **조향(朝享)** : '조향'은 조향(朝饗)이라고도 부른다. 제사 명칭이며, 협(祫)제사를 뜻한다. 천자는 종묘(宗廟)에서 제사를 지낼 때, 이것을 기

회로 조회를 열어 시행해야 할 정령(政令)을 받게 된다. 이러한 뜻에서 '조향'이라는 단어가 생기게 되었고, 『예기』「제법(祭法)」편에서 말하는 월제(月祭)가 바로 '조향'을 가리킨다. 『주례』「춘관(春官)·사존이(司尊彝)」편에는 "凡四時之間祀, 追享·朝享."이라는 기록이 있는데, 이에 대한 정현의 주에서는 "鄭司農云, '追享·朝享, 謂禘祫也.' …… 朝享, 謂朝受政於廟."라고 풀이했고, 가공언(賈公彦)의 소(疏)에서는 "朝享謂朝受政於廟者, 謂天子告朔於明堂, 因卽朝享. 朝享, 卽祭法謂之月祭."라고 풀이했다.

◎ **조헌(朝獻)** : '조헌'은 제례(祭禮) 의식 중 하나이다. 시동(尸童)에게 술잔을 바치는 의식을 가리킨다. 『주례』「춘관(春官)·사존이(司尊彝)」편에는 "其朝獻用兩著尊."이라는 기록이 있고, 이에 대한 정현의 주에는 "朝獻, 謂尸卒食, 王酳之."라고 풀이했다.

◎ **종주(宗周)** : '종주'는 주(周)왕실을 뜻한다. 제후국은 주왕실을 종주(宗主)로 삼았기 때문에, 주왕실을 '종주'라고 부른다.

◎ **준조(樽俎)** : '준조'는 술과 음식을 담는 기구를 뜻한다. '준(樽)'은 술을 담는 기구이며, '조(俎)'는 고기를 담는 기구이다.

◎ **증(烝)** : '증'은 겨울에 종묘(宗廟)에서 지내는 제사를 뜻한다. '증'자는 중(衆)자의 뜻으로, 겨울에는 만물 중에 성숙한 것이 많다는 의미에서 붙여진 말이다. 『백호통(白虎通)』「종묘(宗廟)」편에는 "冬曰烝者, 烝之爲言衆也, 冬之物成者衆."이라는 기록이 있다.

◎ **진복(鎭服)** : '진복'은 이복(夷服)과 번복(藩服) 사이에 있는 땅을 뜻한다. 천자의 수도 밖으로 사방 3500리(里)리와 4000리 사이에 있었던 땅을 가리킨다. 오랑캐 지역에 해당한다. '진복'의 '진(鎭)'자는 이 지역이 오랑캐 지역 중에서도 깊숙한 곳에 위치하여, 그들을 진압하기 위해 보루를 만들어서 지킬 필요가 있기 때문에, 붙여진 글자이다. '복(服)'자는 천자를 위해 복종한다는 뜻이다. 『주례』「하관(夏官)·직방씨(職方氏)」편에는 "又其外方五百里曰夷服, 又其外方五百里曰鎭服, 又其外方五百里曰藩服."이라는 기록이 있고, 이에 대한 가공언(賈公彦)의 소(疏)에서는 "言鎭者, 以其入夷狄深, 故須鎭守之."라고 풀이했다.

◎ **진상도(陳祥道, A.D.1159~A.D.1223)** : =장락진씨(長樂陳氏)·진씨(陳氏)·진용지(陳用之). 북송대(北宋代)의 유학자이다. 자(字)는 용지(用之)이다. 장락(長樂) 지역 출신으로, 1067년에 과거에 급제하여 태상박사

(太常博士) 등을 지냈다. 왕안석(王安石)의 제자로, 그의 학문을 전파하는데 공헌하였다. 저서에는 『예서(禮書)』, 『논어전해(論語全解)』 등이 있다.

◎ **진씨(陳氏)** : =진상도(陳祥道)

◎ **진용지(陳用之)** : =진상도(陳祥道)

ㅊ

◎ **창제(蒼帝)** : '창제'는 창제(倉帝)라고도 하며, 동방(東方)을 주관하는 오제(五帝) 중 하나이다. 영위앙(靈威仰)을 가리킨다. 동쪽은 오행(五行)으로 따지면, 목(木)에 해당하는데, 나무의 색깔은 청색에 해당하여 '창(蒼)'자를 붙여서 부르는 것이다. 『사기(史記)』「천관서(天官書)」편에는 "蒼帝行德, 天門爲之開."라는 기록이 있고, 이에 대한 장수절(張守節)의 『정의(正義)』에서는 "蒼帝, 東方靈威仰之帝也."라고 풀이했다.

◎ **창제(倉帝)** : =청제(青帝)

◎ **채복(采服)** : '채복'은 남복(男服)과 위복(衛服) 사이에 있는 땅을 뜻한다. 천자의 수도 밖으로 사방 1500리(里)와 2000리 사이에 있었던 땅을 가리킨다. '채복'의 '채(采)'자는 돌본다는 뜻으로, 천자를 위해서, 백성들을 돌보며, 산출된 물건들을 천자에게 바친다는 뜻이다. '복(服)'자는 천자를 위해 복종한다는 뜻이다. 『주례』「하관(夏官) · 직방씨(職方氏)」편에는 "又其外方五百里曰男服, 又其外方五百里曰采服, 又其外方五百里曰衛服."이라는 기록이 있고, 이에 대한 가공언(賈公彦)의 소(疏)에서는 "采者, 事也, 爲上事民以供上."이라고 풀이했다.

◎ **채옹(蔡邕, A.D.131~A.D.192)** : 후한(後漢) 때의 학자이다. 자(字)는 백개(伯喈)이다. A.D.189년 동탁(董卓)에게 발탁되어, 시어사(侍御史)와 좌중랑장(左中郞將) 등을 역임하였으나, 동탁이 죽은 후 투옥되어 옥중에서 죽었다. 박학하였으며 술수(術數), 천문(天文), 사장(辭章) 등에 조예가 깊었다.

◎ **채구봉(蔡九峯)** : =채침(蔡沈)

◎ **채침(蔡沈, A.D.1167~A.D.1230)** : =구봉채씨(九峯蔡氏) · 채구봉(蔡九峯). 남송(南宋) 때의 학자이다. 자(字)는 중묵(仲默)이고, 호(號)는 구봉(九

峯)이다. 주자의 문인이자 사위이다. 주자가 완성하지 못했던 『서집전(書集傳)』을 완성하였다.

◎ 청강유씨(淸江劉氏) : =유창(劉敞)

◎ 청삭(聽朔) : '청삭'은 천자나 제후가 매월 초하루에 시행했던 고삭(告朔)의 의례를 뜻한다. 해당 월에 시행해야 할 정사(政事)는 바로 초하루부터 시행되므로, 정무를 처리하기 이전에, 고삭의 의식을 시행하고, 그 이후에야 정사를 펼쳤다. 현단복(玄端服) 및 피변복(皮弁服)을 착용하고 치렀으며, 남문(南門) 밖이나, 태묘(太廟)에서 시행하였다. 『예기』「옥조(玉藻)」편에는 "玄端而朝日於東門之外, 聽朔於南門之外."라는 기록과 "諸侯玄端以祭, 裨冕以朝, 皮弁以聽朔於大廟."라는 기록이 있다.

◎ 체제(禘祭) : '체제'는 천신(天神) 및 조상신(祖上神)에게 지내는 '큰 제사[大祭]'를 뜻한다. 『이아』「석천(釋天)」편에는 "禘, 大祭也."라는 기록이 있고, 이에 대한 곽박(郭璞)의 주에서는 "五年一大祭."라고 풀이하여, 대제(大祭)로써의 체제사는 5년마다 1번씩 지낸다고 설명한다. 그러나 『예기』「왕제(王制)」에 수록된 각종 제사들에 대한 기록을 살펴보면, 체제사는 큰 제사임에는 분명하나, 반드시 5년마다 1번씩 지내는 제사는 아니었다.

◎ 총재(冢宰) : '총재'는 대재(大宰)와 같은 말이다. '대재'는 태재(太宰)라고도 부른다. '대재'는 은(殷)나라 때 설치된 관직이라고 전해지며, 주(周)나라에서는 '총재'라고도 불렀다. 『주례(周禮)』의 체제상으로는 천관(天官)의 수장이며, 경(卿) 1명이 담당했다. 『주례』의 체제상으로는 가장 높은 관직이다. 따라서 '대재'가 담당했던 일은 국정 전반에 대한 것이었다.

◎ 최씨(崔氏) : =최영은(崔靈恩)

◎ 최영은(崔靈恩, ?~?) : =최씨(崔氏). 남북조(南北朝) 때의 학자이다. 오경(五經)에 능통하였고, 다른 경전에도 두루 해박하였다고 전해진다. 『모시(毛詩)』, 『주례(周禮)』 등에 주석을 달았고, 『삼례의종(三禮義宗)』, 『좌씨경전의(左氏經傳義)』 등을 지었다.

◎ 추향(追饗) : =추향(追享)

◎ 추향(追享) : '추향'은 추향(追饗)이라고도 부른다. 제사 명칭이며, 체(禘)제사를 뜻한다. 『주례』「춘관(春官)·사존이(司尊彝)」편에는 "凡四時之間祀, 追享·朝享."이라는 기록이 있는데, 이에 대한 정현의 주에서는 "鄭司農云, '追享·朝享, 謂禘祫也.' 杜子春云, '追享, 謂追祭遷廟

之主, 以事有所請禱.'"라고 풀이했다. 즉 '추향'은 체(禘)제사를 뜻하는데, 천묘(遷廟)된 신주에게도 거슬러 올라가 제사를 지내며, 기도를 드리기 때문에, '추향'이라고 부르는 것이다. 한편 손이양(孫詒讓)의 『정의(正義)』에서는 "任啓運曰, '追享, 大禘也, 以追所自出, 故曰追享. …… 陸淳春秋纂例, '古者喪除, 朝廟合群祖而祭焉, 故祫謂之朝享; 明年又禘其祖之所自出, 故禘謂之追享.'"이라고 풀이했다. 즉 임계운(任啓運)의 주장에 따르면, '추향'은 성대하게 지내는 체(禘)제사를 뜻하는데, 자신의 혈통이 비롯된 오래된 선조들에 대해서도 거슬러 올라가 제사를 지내기 때문에, '추향'이라고 부르는 것이다. 그리고 육순(陸淳)의 『춘추찬례(春秋纂例)』에 따르면, 고대에는 상(喪)을 끝내고 난 뒤, 여러 조상들의 신주들을 한곳에 합사하여 제사를 지냈는데, 이것을 협(祫)제사 또는 조향(朝享)이라고 부르며, 그 다음 해에는 자신의 선조가 비롯된 오래된 선조에 대해서도 성대한 제사를 지내게 되는데, 이것을 체(禘)제사 또는 '추향'이라고 부른다는 뜻이다.

◎ **취(就)** : '취'는 고대의 복식과 장식에 있어서, 다섯 가지 채색의 끈을 이용하여, 한 번 두르는 것을 뜻한다.

◎ **치(雉)** : '치'는 거리를 재는 단위이다. 높이가 1장(丈)이고, 길이가 3장인 것을 1'치'라고 부른다.

ㅌ

◎ **태미(太微)** : '태미'는 삼원(三垣) 중의 하나이다. 태미원(太微垣)·태미궁(太微宮)으로 부르기도 한다. 고대에는 천체(天體) 상에 나타나는 별들을 '삼원', 28수(宿) 등으로 분류하였는데, 그 중 '삼원'은 '태미원', 자미원(紫微垣), 천시원(天市垣)을 가리킨다. 송대(宋代)의 왕응린(王應麟)은 『소학감주(小學紺珠)』「천도(天道) · 삼원(三垣)」편에서 "三垣, 上垣太微十星, 中垣紫微十五星, 下垣天市二十二星. 三垣, 四十七星."이라고 기록했다. 즉 '삼원' 중 '태미원'에는 10개의 별들이 속하고, '자미원'에는 15개의 별들이 속하며, '천시원'에는 22개의 별들이 속하여, '삼원'에는 모두 47개의 별들이 속해있었다는 설명이다.

◎ **태미원(太微垣)** : =태미(太微)

ㅍ

◎ **팔만(八蠻)** : '팔만'은 고대 중국의 남쪽 지역에 거주하던 여덟 종류의 소수 민족을 뜻한다. 또한 그들이 거주하는 지역 전체를 가리키는 용어로도 사용되었다. 여덟 종류의 소수 민족을 천축(天竺)·해수(咳首)·초요(僬僥)·파종(跛踵)·천흉(穿胸)·담이(儋耳)·구지(狗軹)·방춘(旁春)이라고 정의하기도 한다. 『예기』「왕제(王制)」편에는 "南方曰蠻. 雕題交趾, 有不火食者矣"이라는 기록이 있고, 이에 대한 공영달(孔穎達)의 소(疏)에서는 『이아』에 대한 이순(李巡)의 주장을 인용하며, "一曰天竺, 二曰咳首, 三曰僬僥, 四曰跛踵, 五曰穿胸, 六曰儋耳, 七曰狗軹, 八曰旁春."이라고 풀이했다.

◎ **팽(祊)** : '팽'은 제사의 명칭이다. 정규 제사를 끝낸 뒤에, 시행하는 역제(繹祭)를 가리킨다. 또한 팽에 대한 제사를 지낼 때, 그 장소는 묘문(廟門) 안쪽이 되므로, '팽'은 종묘의 문(門)을 가리키는 용어로도 사용되었고, 묘문 안쪽 제사를 지내는 장소를 뜻하기도 한다.

◎ **포죽(匏竹)** : '포죽'은 대나무로 만든 악기로, 생(笙)·우(竽)·소(簫)·적(笛) 등의 악기를 뜻한다. 『국어(國語)』「주어하(周語下)」편에는 "匏竹利制."라는 기록이 있고, 이에 대한 위소(韋昭)의 주에서는 "匏, 笙也; 竹, 簫管也."라고 풀이했다.

ㅎ

◎ **하정(夏正)** : '하정'은 하(夏)나라의 정월(正月)을 뜻한다. 이러한 뜻에서 파생되어 하나라의 역법(曆法)을 지칭하기도 한다. 하력(夏曆)을 기준으로 두었을 때, 은(殷)나라는 12월을 정월로 삼았으며, 주(周)나라는 11월을 정월로 삼았다. 『사기(史記)』「역서(曆書)」편에서는 "秦及漢初曾一度以夏曆十月爲正月, 自漢武帝改用夏正后, 曆代沿用."이라고 하여, 진(秦)나라와 전한초기(前漢初期)에는 하력에서의 10월을 정월로 삼았다가, 한무제(漢武帝)부터는 다시 하력을 따랐다고 전해진다. 또한 '하력'은 농력(農曆)이라고도 부르는데, '하력'에 기준을 두었을 때, 농사의 시기와 가장 잘 맞았기 때문이다. 따라서 역대 왕조에서 역

법을 개정할 때에는 '하력'에 기준을 두게 되었다.

◎ 하창(賀瑒, A.D.452~A.D.510) : 남조(南朝) 때의 학자이다. 남조의 제(齊)나라와 양(梁)나라에서 각각 활동하였다. 자(字)는 덕연(德璉)이다. 『예기신의소(禮記新義疏)』 등을 찬술하였다.

◎ 허숙중(許叔重) : =허신(許愼)

◎ 허신(許愼, A.D.30~A.D.124) : =허숙중(許叔重). 후한(後漢) 때의 학자이다. 자(字)는 숙중(叔重)이다. 『설문해자(說文解字)』의 저자로 널리 알려져 있으며, 다른 저서로는 『오경이의(五經異義)』가 있으나 산일되었다. 『오경이의』는 송대(宋代) 때 다시 편찬되었으나 진위를 따지기 힘들다.

◎ 헌존(獻尊) : '헌존'은 곧 희존(犧尊)을 뜻한다. 『주례』「춘관(春官)·사존이(司尊彝)」편에는 "其朝踐用兩獻尊."이라는 기록이 있는데, 이에 대한 정현의 주에서는 정사농(鄭司農)의 주장을 인용하여, 鄭司農云, 獻讀爲犧. 犧尊飾以翡翠."라고 풀이했고, 육덕명(陸德明)의 『경전석문(經典釋文)』에서는 "兩獻, 本或作戲, 注作犧, 同. 素何反."이라고 풀이했다. 즉 '헌(獻)'자는 '희(戲)'자로도 기록하는데, 정현의 주에서는 '희(犧)'자로 기록하고 있다. '희존'은 비취(翡翠)로 장식한 술동이이다. 한편 임윤(林尹)의 주에서는 "獻尊, 六尊之一, 刻畫爲鳳凰之形 …… 詩孔疏引鄭志謂以鳳凰羽爲畫飾; 又引王肅禮器注, 謂爲犧牛及象之形, 鑿其背以爲尊. 按犧尊之說, 當以王肅爲最當. 今觀故宮博物館所藏之犧尊, 皆獸形, 鑿其背爲圓口, 上有蓋, 而以其腹爲容器. 犧爲衆之名, 固不必牛也."라고 풀이했다. 즉 '헌존'은 육존(六尊) 중 하나로, 봉황(鳳凰)의 형상을 새겨넣은 술동이이다. 『시』에 대한 공영달(孔穎達)의 소(疏)에서는 『정지(鄭志)』를 인용하여, 봉황의 날개를 그림으로 그려 넣은 것이라고 설명하고, 또한 『예기』「예기(禮器)」편에 대한 왕숙(王肅)의 주를 인용하여, '희생물로 사용되는 소[犧牛]' 및 코끼리[象]의 형상을 새겨서 만든 술동이라고 하였다. '희존'에 대한 주장들을 살펴봤을 때, 왕숙의 주장이 가장 타당한데, 현재 발굴되어 있는 '희존'을 살펴보면, 그 겉면에 모두 짐승의 형상이 새겨져 있고, 원형의 주둥이를 만들고, 그 위에는 덮개가 있다. '희(犧)'자는 희생물로 사용되는 동물들을 두루 가리키는 용어이므로, 소만을 뜻하는 용어로 풀이할 필요는 없다는 뜻이다.

◎ 현주(玄酒) : '현주'는 고대의 제례(祭禮)에서 술 대신 사용한 물[水]을 뜻한다. '현주'의 '현(玄)'자는 물은 흑색을 상징하므로, 붙여진 글자이다. '현주'의 '주(酒)'자의 경우, 태고시대 때에는 아직 술이 없었기 때문에, 물을 술 대신 사용했다. 따라서 후대에는 이 물을 가리키며 '주'자를 붙이게 된 것이다. '현주'를 사용하는 것은 가장 오래된 예법 중 하나이므로, 후대에도 이러한 예법을 존숭하여, 제사 때 '현주' 또한 사용했던 것이며, '현주'를 술 중에서도 가장 귀한 것으로 여겼다. 『예기』「예운(禮運)」편에는 "故玄酒在室, 醴醆在戶."라는 기록이 있는데, 이에 대한 공영달(孔穎達)의 소(疏)에서는 "玄酒, 謂水也. 以其色黑, 謂之玄. 而太古無酒, 此水當酒所用, 故謂之玄酒."라고 풀이했다.

◎ 형병(邢昺, A.D.932~A.D.1010) : 북송(北宋) 때의 학자이다. 자(字)는 숙명(叔明)이다. 예부상서(禮部尙書) 등을 지냈다. 저서로는 『논어정의(論語正義)』, 『이아정의(爾雅正義)』 등이 있다.

◎ 호성(弧星) : '호성'은 28수(宿)에 속하지 않지만, 28수 중 하나인 정수(井宿) 근처에 있는 별자리이다. 이리별이라고 부르는 낭성(狼星)의 동남쪽에 위치하며, 9개의 별들로 이루어져 있다.

◎ 호천상제(昊天上帝) : '호천상제'는 호천(昊天)과 상제(上帝)로 구분하여 해석하기도 하며, '호천상제'를 하나의 용어로 해석하기도 한다. 후자의 경우 '호천'이라는 말은 '상제'를 수식하는 말이다. 고대에는 축호(祝號)라는 것을 지어서 제사 때의 용어를 수식어로 꾸미게 되는데, '호천상제'의 경우는 '상제'에 대한 축호에 해당하며, 세부하여 설명하자면 신(神)의 명칭에 수식어를 붙이는 신호(神號)에 해당한다. 『예기』「예운(禮運)」편에는 "作其祝號, 玄酒以祭, 薦其血毛, 腥其俎, 孰其殽."라는 기록이 있고, 이에 대한 진호(陳澔)의 주에서는 "作其祝號者, 造爲鬼神及牲玉美號之辭. 神號, 如昊天上帝."라고 풀이했다. '호천'과 '상제'로 풀이할 경우, '상제'는 만물을 주재하는 자이며, '상천(上天)'이라고도 불렀다. 고대인들은 길흉(吉凶)과 화복(禍福)을 내릴 수 있는 능력을 갖추고 있었다고 생각하였다. 한편 '상제'는 오행(五行) 관념에 따라 동·서·남·북·중앙의 구분이 생기면서, 천상을 각각 나누어 다스리는 오제(五帝)로 설명되기도 한다. '호천'의 경우 천신(天神)을 뜻하는데, '상제'와 비슷한 개념이다. '호천'을 '상제'보다 상위의 개념으로 해석하여, 오제 위에서 군림하는 신으로 해석하는 경우도 있다.

◎ **환구(圜丘)** : '환구'는 원구(圓丘)라고도 부른다. 고대에 제왕이 동지(冬至)에 제천(祭天) 의식을 집행하던 곳이다. 자연적으로 형성된 언덕의 형상을 본떠서, 흙을 높이 쌓아올려 만들었기 때문에, '구(丘)'자를 붙여서 부른 것이며, 하늘의 둥근 형상을 본떴다는 뜻에서 '환(圜)' 또는 '원(圓)'자를 붙여서 부른 것이다. 『주례』「춘관(春官) · 대사악(大司樂)」편에는 "冬日至, 於地上之圜丘奏之."라는 기록이 있고, 이에 대한 가공언(賈公彦)의 소(疏)에서는 "土之高者曰丘, 取自然之丘. 圜者, 象天圜也."라고 풀이했다.

◎ **황간(皇侃, A.D.488~A.D.545)** : =황씨(皇氏). 남조(南朝) 때 양(梁)나라의 경학자이다. 『주례(周禮)』, 『의례(儀禮)』, 『예기(禮記)』 등에 해박하여, 『상복문구의소(喪服文句義疏)』, 『예기의소(禮記義疏)』, 『예기강소(禮記講疏)』 등을 지었지만, 현재는 전해지지 않는다. 그 일부가 마국한(馬國翰)의 『옥함산방집일서(玉函山房輯佚書)』에 수록되어 있다.

◎ **황시(皇尸)** : '황시'는 본래 군주의 시동에게 붙이는 경칭이다. 또한 일반적으로 시동을 높여 부르는 용어로도 사용되었다.

◎ **황씨(皇氏)** : =황간(皇侃)

◎ **황이(黃彝)** : '황이'는 황목(黃目) 또는 황목존(黃目尊)이라고도 부른다. 황동으로 만든 술동이이며, 사람의 눈을 그려서 장식으로 삼기 때문에, '황목'이라고 부른다. 『주례』「춘관(春官) · 사존이(司尊彝)」편에는 "秋嘗冬烝, 祼用斝彝 · 黃彝, 皆有舟."라는 기록이 있는데, 이에 대한 정현의 주에서는 "黃彝, 黃目尊也."라고 풀이했다.

◎ **회동(會同)** : '회동'은 제후들이 천자를 찾아뵙는 예법을 통칭하는 용어이다. 또한 각 계절마다 정기적으로 찾아뵙는 것을 회(會)라고 부르고, 제후들이 대규모로 찾아뵙는 것을 동(同)이라고 불러서, 구분을 짓기도 한다. 각종 회견 등을 가리키는 용어로도 사용된다. 『시』「소아(小雅) · 거공(車攻)」편에는 "赤芾金舃, 會同有繹."이라는 기록이 있는데, 이에 대한 모전(毛傳)에서는 "時見曰會, 殷見曰同. 繹, 陳也."라고 풀이했다.

◎ **후복(侯服)** : '후복'은 천자의 수도와 붙어 있는 지역이다. '후복'의 '후(侯)'자는 '후(候)'자의 뜻으로, 천자를 위해 척후병의 임무를 수행한다는 의미이다. '복(服)'자는 천자를 위해 복종한다는 뜻이다. 하(夏)나라 때의 제도에서는 전복(甸服)과 위치가 바뀌어, 천자의 수도로부터 사

방 500리(里) 떨어진 곳까지를 '전복'이라고 불렀고, 전복 밖의 사방 500리 떨어진 곳까지를 '후복'이라고 불렀다. 『서』「우서(虞書)·우공(禹貢)」편에는 "五百里甸服 …… 五百里侯服."이라는 기록이 있고, 이에 대한 공안국(孔安國)의 전(傳)에서는 "甸服外之五百里. 侯, 候也, 斥候而服事."라고 풀이했다. 한편 주(酒)나라 때에는 천자의 수도 밖으로 사방 500리 떨어진 곳까지를 '후복'이라고 불렀고, '전복'은 '후복' 밖에 위치했다. 『주례』「하관(夏官)·직방씨(職方氏)」편에는 "乃辨九服之邦國, 方千里曰王畿, 其外方五百里曰侯服, 又其外方五百里曰甸服."이라는 기록이 있다.

◎ **희존(犧尊)** : =헌존(獻尊)

번역 참고문헌

- 『禮記』, 서울 : 保景文化社, 초판 1984 (5판 1995) / 저본으로 삼은 책이다.
- 『禮記正義』 1~4(전4권, 『十三經注疏 整理本』 12~15), 北京 : 北京大學出版社, 초판 2000 / 저본으로 삼은 책이다.
- 朱彬 撰, 『禮記訓纂』 上·下(전2권), 北京 : 中華書局, 초판 1996 (2쇄 1998) / 저본으로 삼은 책이다.
- 孫希旦 撰, 『禮記集解』 上·中·下(전3권), 北京 : 中華書局, 초판 1989 (4쇄 2007) / 저본으로 삼은 책이다.
- 服部宇之吉 評點, 『禮記』, 東京 : 富山房, 초판 1913 (증보판 1984) / 鄭玄 注 번역에 대해 참고했던 서적이다.
- 竹內照夫 著, 『禮記』 上·中·下(전3권), 東京 : 明治書院, 초판 1975 (3판 1979) / 經文에 대한 이해에 참고했던 서적이다.
- 市原亨吉 외 2명 著, 『禮記』 上·中·下(전3권), 東京 : 集英社, 초판 1976 (3쇄 1982) / 經文에 대한 이해에 참고했던 서적이다.
- 陳澔 注, 『禮記集說』, 北京 : 中國書店, 초판 1994 / 『集說』에 대한 번역에 참고했던 서적이다.
- 王文錦 譯解, 『禮記譯解』 上·下(전2권), 北京 : 中華書局, 초판 2001 (4쇄 2007) / 經文 및 주석 번역에 참고했던 서적이다.
- 錢玄·錢興奇 編著, 『三禮辭典』, 南京 : 江蘇古籍出版社, 초판 1998 / 용어 및 器物 등에 대해 참고했던 서적이다.
- 張撝之 外 主編, 『中國歷代人名大辭典』 上·下권(전2권), 上海 : 上海古籍出版社, 초판 1999 / 인명에 대해 참고했던 서적이다.
- 呂宗力 主編, 『中國歷代官制大辭典』, 北京 : 北京出版社, 초판 1994 (2쇄 1995) / 관직명에 대해 참고했던 서적이다.
- 中國歷史大辭典編纂委員會 編纂, 『中國歷史大辭典』 上·下(전2권), 上海 : 上海辭書出版社, 초판 2000 / 용어 및 인명에 대해 참고했던 서적이다.
- 羅竹風 主編, 『漢語大詞典』 1~12(전12권), 上海 : 漢語大詞典出版社, 초판 1988 (4쇄 1995) / 용어에 대해 참고했던 서적이다.
- 王思義 編集, 『三才圖會』 上·中·下(전3권), 上海 : 上海古籍出版社, 초판 1988 (4쇄 2005) / 器物 등에 대해 참고했던 서적이다.
- 聶崇義 撰, 『三禮圖集注』 (四庫全書 129책) / 器物 등에 대해 참고했던 서적이다.
- 劉績 撰, 『三禮圖』 (四庫全書 129책) / 器物 등에 대해 참고했던 서적이다.

역자 **정병섭(鄭秉燮)**

- 1979년 출생
- 2002년 성균관대학교 유교철학과 졸업
- 2004년 성균관대학교 대학원 유학과 석사
- 2013년 성균관대학교 대학원 유학과 철학박사
- 역서『譯註 禮記集說大全 - 王制, 附 鄭玄注』(학고방, 2009)
『譯註 禮記集說大全 - 月令, 附 鄭玄注』(학고방, 2010)
『譯註 禮記集說大全 - 曾子問, 附 正義·訓纂·集解』(학고방, 2011)
『譯註 禮記集說大全 - 文王世子, 附 正義·訓纂·集解』(학고방, 2012)
『譯註 禮記集說大全 - 曲禮上, 附 正義·訓纂·集解』1~2(전2권, 학고방, 2012)
『譯註 禮記集說大全 - 曲禮下, 附 正義·訓纂·集解』(학고방, 2012)
『譯註 禮記集說大全 - 禮運, 附 正義·訓纂·集解』(학고방, 2012)
『譯註 禮記集說大全 - 禮器, 附 正義·訓纂·集解』(학고방, 2012)
『譯註 禮記集說大全 - 檀弓上, 附 正義·訓纂·集解』1~2(전2권, 학고방, 2013)
『譯註 禮記集說大全 - 檀弓下, 附 正義·訓纂·集解』1~2(전2권, 학고방, 2013)
『譯註 禮記集說大全 - 郊特牲, 附 正義·訓纂·集解』1~2(전2권, 학고방, 2013)
『譯註 禮記集說大全 - 內則, 附 正義·訓纂·集解』(학고방, 2013)
『譯註 禮記集說大全 - 玉藻, 附 正義·訓纂·集解』1~2(전2권, 학고방, 2013)
(공역)『효경주소』(문사철, 2011)

예기집설대전 목록

제1편 곡례 상❶❷	**제14편 명당위**	제27편 애공문	제40편 투호
제2편 곡례 하	제15편 상복소기	제28편 중니연거	제41편 유행
제3편 단궁 상❶❷	제16편 대전	제29편 중니한거	제42편 대학
제4편 단궁 하❶❷	제17편 소의	제30편 방거	제43편 관의
제5편 왕제	제18편 학기	제31편 중용	제44편 혼의
제6편 월령	제19편 악기	제32편 표기	제45편 향음주의
제7편 증자문	제20편 잡기	제33편 치의	제46편 사의
제8편 문왕세자	제21편 잡기	제34편 분상	제47편 연의
제9편 예운	제22편 상대기	제35편 문상	제48편 빙의
제10편 예기	제23편 제법	제36편 복문	제49편 상복사제
제11편 교특생❶❷	제24편 제의	제37편 간전	
제12편 내칙	제25편 제통	제38편 삼년문	
제13편 옥조❶❷	제26편 경해	제39편 심의	

譯註
禮記集說大全 明堂位

編　陳澔(元)
附　正義·訓纂·集解

초판 인쇄　2013년　11월　18일
초판 발행　2013년　11월　25일

역　　자 | 정병섭
펴 낸 이 | 하운근
펴 낸 곳 | 學古房

주　　소 | 서울시 은평구 대조동 213-5 우편번호 122-843
전　　화 | (02)353-9907　편집부(02)353-9908
팩　　스 | (02)386-8308
홈페이지 | http://hakgobang.co.kr/
전자우편 | hakgobang@naver.com, hakgobang@chol.com
등록번호 | 제311-1994-000001호

ISBN　978-89-6071-345-1　94150
　　　978-89-6071-267-6　(세트)

값 : 33,000원

이 도서의 국립중앙도서관 출판시도서목록(CIP)은 서지정보유통지원시스템 홈페이지(http://seoji.nl.go.kr)와 국가자료공동목록시스템(http://www.nl.go.kr/kolisnet)에서 이용하실 수 있습니다. (CIP제어번호: CIP2013024334)